山东大学中文专刊

一得文存

唐子恒 著

中国社会科学出版社

图书在版编目（CIP）数据

一得文存/唐子恒著. —北京：中国社会科学出版社，2024.5
（山东大学中文专刊）
ISBN 978-7-5227-3415-6

Ⅰ.①一⋯　Ⅱ.①唐⋯　Ⅲ.①汉字—文字学—文集②古文献学—中国—文集　Ⅳ.①H12-53②G256.1-53

中国国家版本馆 CIP 数据核字（2024）第 073759 号

出 版 人	赵剑英
责任编辑	郭晓鸿
特约编辑	杜若佳
责任校对	师敏革
责任印制	戴　宽

出　　版	中国社会科学出版社
社　　址	北京鼓楼西大街甲 158 号
邮　　编	100720
网　　址	http://www.csspw.cn
发 行 部	010-84083685
门 市 部	010-84029450
经　　销	新华书店及其他书店

印刷装订	北京君升印刷有限公司
版　　次	2024 年 5 月第 1 版
印　　次	2024 年 5 月第 1 次印刷

开　　本	710×1000　1/16
印　　张	28
插　　页	2
字　　数	353 千字
定　　价	159.00 元

凡购买中国社会科学出版社图书，如有质量问题请与本社营销中心联系调换
电话：010-84083683
版权所有　侵权必究

序

  本书所收文章，是从笔者过去三十余年撰写的有关汉语言文字学和古典文献学等方面的专题论文中挑选出来的，共计四十一篇。

  自20世纪80年代起，我在山东大学中文系任教，侧重于汉语语法学和《马氏文通》的解读研究。90年代中后期开始关注古今汉语词汇方面的问题，并参与山东大学古籍整理研究所承担的国家古籍整理研究项目"两汉全书"的整理工作。2012年以后，主要致力于汉语典故词语的词义及形式特征等的研究。在上述教学和研究工作中，有感兴趣的问题便搜寻有关资料，思考总结，遇有所得，随手记录，写成文章，日积月累，篇章渐多。这些文稿，大多在各类刊物上发表过，也有的未曾发表。此次便从这些文稿中选出一部分，编为本集。

  这些文稿的内容，有的涉及《马氏文通》（以下简称《文通》）产生的背景、意义以及《文通》理论体系中的各种关系与矛盾，有的对前人《文通》研究的观点进行商榷，有的涉及汉语复音词的形成和演进、汉语史上词汇要素的更替，也有的论述汉语典故词语的形成、理据特征、词义发展等，还有的对古籍的断句标点、古书中的有关字句含义提出看法或对某些史实进行考证。在写作上，尽量从汉语和古籍的实际情况出发，力争言之有据；在形式上，有话则长，无话则短，不拘一格。

古人有云："愚者千虑，亦有一得。"本书中所收文稿，便是笔者阅读思考所得，故题曰"一得文存"。由于笔者学力有限，本书所收文章中的失当之处在所难免，唯望方家同行予以教正。

唐子恒
2022 年 11 月

目 录

序 …………………………………………………………（1）
对《〈马氏文通〉代字章述评》的一点意见………………（1）
从无属动字与连字的关系看《马氏文通》
   语法体系中的几个问题 ………………………………（7）
对《马氏文通》价值的新认识……………………………（17）
关于《马氏文通》句读论的几点思考……………………（28）
关于《马氏文通》动字论的若干问题……………………（36）
从《马氏文通》产生的背景看该书矛盾的根源…………（43）
从静字章看《马氏文通》对汉语语法特点的体现………（49）
《三国志》双音词研究……………………………………（56）
汉赋复音词初探…………………………………………（73）
汉大赋联绵词研究………………………………………（100）
《尚书》复音词初探………………………………………（118）
汉语 ABB 式形容词的形成和发展………………………（127）
也谈汉语词复音化的原因………………………………（139）
汉语词复音化问题概说…………………………………（148）
从《广雅疏证》看训诂学对汉语词汇的研究……………（162）
词素间意义的横向合并…………………………………（177）
词义"贬值"现象浅论……………………………………（185）
论黏合在汉语复音词形成中的作用……………………（198）

试论用典对汉语词义的影响…………………………………（206）
论汉语词汇发展中的更替现象
　　——以《左传》《史记》用词差异为例 …………（216）
关于词义发展的一点思考………………………………（228）
现代汉语典故词语字面义与实际义的关系………………（235）
对《现代汉语词典》典故词语释义方式的几点思考 ……（248）
论典故词语对典源依赖性的减弱…………………………（258）
试论典故词语的理据特征…………………………………（268）
论现代汉语典故词语的词义特征…………………………（281）
略论典故成语意义的变化趋势……………………………（332）
从"守株待兔"看典故词语的词义变化 …………………（344）
"大鸿胪禹"小考
　　——《两汉全书》整理札记之一 …………………（353）
《史记·乐书》中的一处矛盾
　　——《两汉全书》整理札记之二 …………………（357）
关于"奉项婴头"的语义
　　——《两汉全书》整理札记之三 …………………（361）
谈《史记·高祖本纪》的一处标点失误
　　——《两汉全书》整理札记之四 …………………（365）
"昝季子犯"小考
　　——《两汉全书》整理札记之五 …………………（368）
"廷尉王恬开"小考 ………………………………………（372）
谈京房解《易》的一段佚文 ……………………………（374）
《史记》叙事的矛盾与夸张 ……………………………（379）
孙奕及其《履斋示儿编》 ………………………………（393）
由汉字使用中的一种倾向说起 …………………………（407）
汉大赋中为何多奇文僻字？ ……………………………（418）
试论孔子弟子的从政观念与实践…………………………（427）
从"介"的意义看反训的几个问题 ………………………（438）

对《〈马氏文通〉代字章述评》的一点意见

王海棻先生《〈马氏文通〉代字章述评》① 一文概括全面、条分缕析，读后受益颇多。这里想就该文中关于"有""无"两字的分析，谈一点不成熟的看法。

《马氏文通》（以下简称《文通》）代字章"指示代字"一节中有"约指代字"，又分两类。其中后一类是"后乎名代诸字而为其分子者"（第96页）。② "有""无"两字就归入这一类。在动字章"同动助动"一节中，马氏又说："凡动字所以记行也。然有不记行惟言不动之境者，如'有''似''在'等字，则谓之同动。以其同乎动字之用也。"（第226页）王先生认为，《文通》的约指代字"有""无"是"非代字划入代字"，它们与同动字"有""无"在用例上"实难找出两者的不同"。③

对于"有""无"两字是否应该分归代字和动字，抑或应该合起来归入哪一类字，这里都不想作进一步的讨论。至于说《文通》的约指代字"有""无"与同动字"有""无"没有

---

① 见《中国语文》1981年第2期。
② 本文引《马氏文通》所注页数均以章锡琛《马氏文通校注》本（中华书局1954年版）为准。
③ 王海芬：《〈马氏文通〉代字章述评》，《中国语文》1981年第2期。

区别，则似乎可以再商量。

对代字"有""无"和动字"有""无"之间的界限，《文通》作了说明。

在"约指代字"部分，马氏说：

> 后乎名、代诸字而为其分子者，则常在正次，盖分子正次，分母偏次，乃约分之例也。（第96页）

举的例子有：

> 《孟告下》"二王我将有所遇焉。"——"有"者，二王中有一焉。（第98页）
> 又《（史记）淮阴侯列传》"项王所过，无不残灭者。"——"无"者，项王所过之处，无一处不为所残灭也。（同上）
> 又《（汉书）贾山传》"雷霆之所击，无不摧折者。"——犹云"雷霆所击之物无一物不为摧折"也。（同上）
> 又《（汉书）高帝纪》"相人多矣，无如季相。"——"无"者，于所相多人之中无人如季相者。（同上）

按马氏的解释，"有""无"前面的"二王""项王所过"等都是限定"有"和"无"的范围的，是"分母"，在偏次；"有"是分母的一部分，"无"也是在分母限定的范围内"无"，都是"分子"，在正次。这就是马氏的约指代字"有""无"的特点。

在"同动字"部分，马氏说：

"有""无"两字用法不一，有有起词有止词者，有有起词而止词则隐见不常者。若记人物之有无，而不明言其为何者所有、何者所无，则有止词无起词者常也。（第226页）

我们且不谈"有""无"的止词。仅从起词上看，同动字"有""无"的用法可分两类。

一是前有起词的。例如：

《礼大学》"物有本末，事有终始。"——"物"与"事"，"有"之起词；"本末""终始"，皆其止词也。（第227页）

《孟离下》"是故君子有终身之忧，无一朝之患也。"——"有""无"二字对待为句，各有起、止两词。（同上）

二是前无起词的。从马氏的用例看，又分两种。
其一是前面什么成分都没有的。例如：

《论语学而》"有朋自远方来。"（第229页）

其二是前面有其他成分的。例如：

《孟梁下》"今有璞玉于此。"（第229页）
又《（礼记）大学》"其家不可教而能教人者，无之。"——"之"字所以指前读也。（第230页）

这第二类的前一种情况，因"有""无"前面没有成分可以充任在偏次的"分母",故此不能与约指代字"有""无"相混。至于第一类与第二类的后一种情况,"有""无"的前面有的有起词,有的有其他成分,但这些成分与后面的"有""无"之间都未形成马氏所说的"分母"与"分子"的关系,所以也不能与约指代字"有""无"相混。

王海棻先生的文章中有这样一段话:"尽管《文通》说:'约指代字篇内,有、无两字或以为代字者,以其隐指某人故耳'。(229页)想以此说明同动字'有、无'与约指代字'有、无'的区别,但从所举的一些用例看,实难找出两者的不同。试比较如下两组例句:

(5)二王我将有所遇焉。(98页)

(6)盗贼有所劝,亡逃者得轻资也。(227页)

(7)项王所过无不残灭者。(98页)

(8)仲尼之徒无道桓文之事者。(229页)

然而,例(5)(7)中的'有、无'被列入约指代字,例(6)(8)中的'有、无'则被列入同动字。"①

其实,这段话中例(5)和例(6)中的"有"字,在与它前面成分的意义关系上的区别,如同我们前面所谈,是比较清楚的。至于例(7)和例(8)中的"无",用法确无区别。因为按马氏的说法,它们都是约指代字。这里需要指出,马氏并未把例(8)中的"无""列入同动字"。这个例句是在同动字部分马氏为说明同动字"有""无"与约指代字"有""无"的区别时举的。马氏原文如下:

至《梁惠王下》"王之臣有托其妻子于其友而之楚游

---

① 见《中国语文》1981年第2期。文中引《文通》四个例句前的序号谨照王先生原文。

者"句,"王之臣"乃约数之母,非起词也,犹云"王臣之中有如是之人者"。故《孟子·梁惠王下》"古之人有行之者",《离娄上》"今天下之君有好仁者"等句,胥是道也。《滕文公上》"盖上世尝有不葬其亲者"句内,"上世"二字,非起词,亦非约母,只记时之加语耳,不可不辨也。惟如是句法,鲜有用"无"字者。《孟梁上》仲尼之徒,无道桓文之事者。——犹云"仲尼徒中无人道及桓文之事"也。舍此则仅见矣。"无"字作为"无人"之解,此约指代字篇内所以作为代字,使学者易于领悟。今既别以同动,故以类焉。(第229—230页)

在这段话中,马氏把《孟子·梁惠王上、下》及《离娄上》各例中的"有""无"都看作约指代字,只把《滕文公上》例中的"有"看作同动字。并对照说明它们的不同。"仲尼之徒"是分母,"无"是分子,马氏译作"无人",正为突出其指代作用。也正为此,杨树达《马氏文通刊误》才批评马氏:"《孟子》此文,应释云'仲尼门徒之中,无有称述桓文之事之人'。'者'字既是代字,则'无'字自是动字,非代字。马氏释'无'为'无人','者'字无可释,大非。"①杨氏不同意马氏将此"无"看成代字,而主张把它划归动字,所以释为"无有"。此说是否妥当暂可勿论,但这段话确实可以作为马氏未把"无道桓文之事"的"无"当作动字的证据。由此可见,王海棻先生认为,马氏把"仲尼之徒无道桓文之事者"的"无"归入动字,这实在是对马氏原意的一个误解。

总之,从句读中的"有""无"与前面成分(如果它前面有成分的话)的意义关系来看,马氏的约指代字"有""无"

---

① 见章锡琛《马氏文通校注》,中华书局1954年版,第233页注(五)。

与同动字"有""无"的界限基本上是清楚的。当然,是否一定要像马氏那样根据这个界限把"有""无"划入两个字类,这是另一回事。但这个界限确实存在,至少从《文通》的分析和用例上看是这样,这一点还是应该承认的。

※本文发表于《中国语文》1987年第2期。

从无属动字与连字的关系看《马氏文通》语法体系中的几个问题

一

汉语的动字和连字,本不应该发生很大的纠缠。在《马氏文通》(以下简称《文通》)中,动字的"界说"是:

> 凡实字以言事物之行者曰动字。(卷一·界说四)

连字的"界说"是:

> 凡虚字用以为提承展转字句者,统曰连字。(卷一·界说八)

从界说上看,动字和连字一属实字,一属虚字,功能和特征都不相同,似乎泾渭分明。

《文通》动字章中有"无属动字"一节。无属动字没有界说,但在这一节的开头,作者说:

> 动字所以记行,行必有所自;所自者,起词也。然有

见其行而莫识其所自者，则谓之无属动字，言其动之无自发也。（卷四·无属动字）

这就是说，无属动字就是语句中没有起词（大致相当于后来说的"主语"）的动字。从《文通》的例句中，我们发现，大部分无属动字是可以有起词的。当它们在使用中前面没有出现起词（而且一般也补不出起词）的时候，《文通》就称它们为无属动字。从这个意义上说，无属动字是动字的一种用法，它具有一般动字的共同特点。因此，它和连字也就不应该有很大纠葛。

然而，事实上，《文通》的无属动字和连字却发生了矛盾和纠缠。动字章中马氏介绍了两种无属动字，其中一种是"连字假用动字而无起词者，亦可谓无属动字"（卷四·无属动字）。所举例句有：

《后汉胡广传》："统之，方轨易因，险涂难御。"——"之"代字，指上文，"统"字止词。然何为"统"者，则无所指明，故可谓之无属动字。"统之"二字，用为总结上文之连字。（卷四·无属动字）

又（《史记》）《张释之列传》："令他马，固不败伤我乎！"——"令他马"，"设令为他马"也。然而谁令"令"之，则不言也。故"假令""假设""浸假"诸动字，假以为推宕连字者，亦此志也。（同上）

在连字章"推拓连字"一节，马氏分析例句时说：

"浸假"后承以"而"字者，盖用如无主动字（即"无属动字"——引者注）而假为连字者也。（卷八·推拓连字·设辞）

"承接连字"一节也说:

> 至如方、当、甫、自、比、及、会等字,记时之连字也,而皆假于动字。(卷八·承接连字·记时之字)

从上面的例句和马氏的论述看,《文通》的无属动字和连字之间,确实存在着界限上的含混。而且这种含混至少从一个角度涉及了与《文通》理论体系相关的三个问题:
1. "字"这个称谓的使用以及"字"的概念范围;
2. 字类假借理论以及假借后的字的语法性质;
3. 汉语语法学史上"字""词"两个称谓的分离。

二

马氏作《文通》,一方面参照了拉丁语等西洋语法,另一方面也继承了汉语传统的"小学"研究的部分成果。在语法术语上,马氏就沿用了不少传统语言学中固有的名称。例如《文通》把大致相当于后来说的"词"的语法单位称为"字"。在西方语言中,这样的语法单位是词或单词(word)。至于组成单词的字母(letter)并无词汇意义,所以,西文中不存在汉语中那种"字"和"词"的矛盾,马氏当然也无从参照如何解决这个矛盾。汉语言文字和西语不同。王力先生曾说:"中国古代没有字和词的分别,这也难怪。古代除了极少数的双音词(disyllabic words,如'仓庚''蝴蝶')之外,每一个字就代表一个词。……这是中国语被称为单音语(monosyllabic language)的原因。"[①] 另外,汉语的形态变化十分贫乏,这也使古人很少注意到汉语字和词的区别。在传统语文学中,早就

---

① 见王力《中国语法理论》,商务印书馆1944年版,第一章第一节。

有过"实字""虚字""静字""动字"等称谓,也把字和词混为一谈。所以,当时马氏在他创立的古代汉语语法理论体系中用"字"作为对能独立使用的常用语法单位的称谓,这也不是偶然的。

然而,在《文通》这样的语法著作中,"字"这个称谓毕竟有很大缺陷,因为它与"文字""汉字"的"字"常常相混。于是《文通》中就出现了两种含义的"字":"文字"的"字"(以下称为"字$_甲$")和作为语法单位的"字"(以下称为"字$_乙$")。这两种字混在一起,连马氏自己有时也感到不方便。例如在谈"有北""有夏""有殷"一类名词(马氏称"名字"或"名")时他说:

  名字有一字不成词,间加"有"字以配之者。(卷二·名字)

这句话中"'有'字"的"字"当为字$_甲$,"一字"的"字",因为它"不成词",即不能独立使用,我们也把它看成字$_甲$。值得注意的是"词"字。"词"在《文通》中本来是句子成分的称谓,大致相当于今天说的"主语""谓语"的"语"。可在这里,它的意思是"字类"的"字",即字$_乙$。按《文通》的体系,这个"词"本应换成"字"。可如果那样,这句话就变成"名字有一字不成字,间加有字以配之者",这就更令人不知所云了。因此,马氏只好不惜用表示句子成分的"词"替代了"不成字"的"字",以区别于"一字"和"'有'字"的"字"。正因为《文通》把字$_甲$和字$_乙$都用一个术语来称呼,才出现了这种不得不自乱其例的现象。

而且,问题还不止于此。这里举一个已见于上文的例子:"'统之'二字,用为总结上文之连字"。本来是"二字",怎么会成了一个"连字"了呢？也许可以这样解释："连字"的"字"是字$_乙$，而"二字"的"字"是字$_甲$，一个字$_乙$可以由两个或更多字$_甲$组成。孤立地看，这样解释似乎顺理成章。但马氏在上文中明确指出："'之'代字，指上文，'统'字止词。然何为'统'者，则无所指明，故可谓之无属动字。"即"之"是代字（大致相当于今天说的"代词"），"统"是无属动字，它们都是字$_乙$，而不是字$_甲$。这样一来，不仅无属动字与连字有纠缠，而且在《文通》的体系中，一个字$_乙$可以由两个或更多字$_乙$组成，即字$_乙$的概念范围是可大可小的。

字$_乙$的这种性质，不能不影响到《文通》语法体系的严密性。

首先，字$_乙$的可大可小，使它与"顿""读"发生了冲突。对于"顿"，马氏说："顿者，集数字而成者也。盖起词、止词、司词之冗长者，因其冗长，文中必点断，使读时不至气促。"（卷二·代字二之二）又说："凡句读中，字面少长而辞气应少住者曰'顿'。'顿'者，所以便诵读，于句读之义无涉也。"（卷十·彖五）"读"的界说是："凡有起、语两词而辞意未全者曰读。"（卷一·界说二十三）在第十卷"论句读"中马氏又重复了这个定义。

显然，"读"也是《文通》体系中的语法单位之一。它有主语、谓语，但又不能独立。至于"顿"，从定义上看好像完全是为诵读的需要而设的，似乎不能算是语法单位。马氏说它是"集数字而成者"，可能是指大多数情况。可见，在马氏心目中，顿和读大都应该不止包括一个字$_乙$。但字$_乙$又是可大可小的，这就与顿、读不好区分了。而且马氏自己也感到没有区分它们的必要：

读之式不一：或用如句中起词者，或用如句中止词者,则与名、代诸字无异;或兼附于起、止两词以表其已然者,则视同静字;或有状句中之动字者,则与状字同功。(卷一·界说二十三之解说)

在这里,马氏人为地把字$_Z$与读混淆了。字$_Z$可大可小,即也可以是"集数字而成者",那么它与顿的界限也就不清楚了。

其次,字$_Z$也与句子成分(《文通》称为"词")有冲突。在分析"统之"时,马氏把"之"看成"统"的止词。以今天习用的术语说,"统之"就成了动宾词组,而马氏又说它是个连字。也就是说,《文通》的字$_Z$不仅可以包含几个字$_甲$,而且可以包含几个句子成分。在名字章,马氏还把"周公之事""霍氏之祸""五帝三王之道""论至德者""成大功者""好德如好色者""天地之所以著""江河之所以流""日月星辰之行"等都看成名字,还说:

  要之名无定式,凡一切单字偶字,以至集字成顿成读,用为起词、止词、司词者,皆可以"名"名之。(卷二·名字结语)

这里,不仅又一次把字$_Z$与顿、读相混,而且还把它与句子成分(起词、止词、司词)混在一起。马氏看待字$_Z$的着眼点不是作为表意的一个运用单位,而是在句子中能充任一个成分,有时甚至是几个成分(如"统之"就是动词和宾语)。按说,词类划分是着眼于词的语法性质和意义,而句子成分的确定是着眼于句子中词与词之间的结构关系。因此,讲语法一般要两套术语。实际上,《文通》除了"字""词"外还有"次",用了三套术语。可是,马氏又把字$_Z$与顿、读和词(句子成分)都混在一起,这就从一定程度上失去了采用多套术语的意义。

三

在字类划分问题上,《文通》有一个重要观点,即"字类假借",据此,"令""假令""假设"以及"当""自""及""会"等才能由无属动字而假借为连字。

马氏划分字类主要根据意义:"字类者,亦类其义焉耳。"(卷一·对前十个界说的总结)根据意义确定字类后,再总结出某种句子成分经常由哪类字充任,例如作起词的主要是名字、代字,作语词的主要是动字,等等。然后,人为地规定:作了起词的一定是名字或代字。当事实与原来确定的字类发生矛盾,如非名字、代字用在了起词的位置上,马氏就说这个字假借为名字。同理,非动字作语词时则是假借为动字,非静字作表词则"用如静字",即假借为静字。这就是所谓字类假借。例如:

> 天之苍苍,其正色耶?——"苍苍"重言,本状字也,今假借为名。(卷一·名字·通名)

孤立地看,"苍苍"在《文通》的体系中是状字,在这个句中因充当起词,就"假借为名"了。

这种字类假借,不失为解决词汇意义和语法功能之间的矛盾的一种方法。像上例中的"苍苍",在句中已假借作名字,本应当作名字看待,能作起词,而且是"天"的"正次"。从理论上讲,这种解释似乎能自圆其说。但是在具体执行时却会碰到矛盾,这些矛盾往往也从动字与连字的关系中表现出来。

例如,前面已经提到无属动字中有一种是"连字假用动字而无起词者"。这个提法本身就大有讨论的余地。因为只有动字才有起词、止词。而动字既已假为连字了,就不存在有无起词的问题。马氏在分析"统之"时,也把"统"当成动字来看,因为还有"之"作它的止词。而用为连字的不是"统",而是"统之",马氏把它划入"连字假用动字而无起词者"也就不合适了。至于"假令""假设""令"等不存在这个问题,但马氏把它们同时既看成无属动字,又看成连字,这就是造成这两类字界限不清的关键所在。一个字$_z$可以有多项意义,马氏根据意义给它们划类,于是有"字无定义,故无定类"的说法(详见卷一·对前十个解说的总结)。但这是对孤立的字而言的。一个字无论有多少意义,当它用在句中时,意义一般就是确定的了。所以,在讲"字类假借"时,就不应该把同一个字一会儿看成某类字,一会儿又看成另一类字。像"假令""假设"等字,说它们"假以为推拓连字",却又因为没有主语而将它们划入无属动字,这实际上是循环论证。

由于有些连字是由动字虚化而来的,所以学者们划分这两类字时会意见不一致。但这种分歧是由于不同的划分者掌握的标准宽严不同,是不同体系之间的分歧。而《文通》的处理却造成了自己体系内部的矛盾,这就不能不说是个缺陷了。

四

由上述可见,《文通》的字$_z$与今天说的"词"有许多差异。《文通》对字$_z$的论述有如下特点。

1. 对字$_z$的定义还没有一个准确的表述。正名卷的界说有二十三条之多,但对作为语法单位的一般意义的"字"却没有规定其准确的概念范围,这一点确是令人遗憾的。

2. 字$_z$并不是"最小的"能独立使用的语法单位,这在前文中已举过不少例子。在讲承接连字"而"的作用时,以《论语·八佾》"《关雎》乐而不淫,哀而不伤"为例,说这是

"前后两动字中间'而'字以连之""上下两动字一反一正而成为四字"（详见卷八·承接连字·"而"）。这样，"不淫""不伤"就都成了动字。

马氏以后的语法学家逐渐认识到了《文通》在处理这个问题时存在的缺陷，并逐步进行了改进。这种改进主要表现在两个方面。

一方面，是在术语运用上用"词"代替《文通》的"字"。例如章士钊就把《文通》字$_乙$的概念范围做了调整后改称为"词"，并说："一字可为一词，而一词不必为一字。泛论之则为字，而以文法规定之则为词，此字与词之别也。"[①] 章氏之后，采取"字""词"分家方法的人越来越多。这样，就解决了《文通》中字$_甲$与字$_乙$的矛盾，使二者所表示的概念不再纠缠于同一术语，加强了语法理论体系的严密性、合理性。

另一方面，在后来的语法著作中，"词"的概念比《文通》的字$_乙$越来越严密、越来越合理，表达也越来越清楚。金兆梓的《国文法之研究》在术语运用上虽然还以"字"表示语法单位，但金氏注意了这种意义上的"字"与传统意义上的"字"的区别。他特别指出，作为语法单位的"字"可以由两个或更多汉字组成，并给这种"字"下了定义："表意的最后单位。"[②] 而且该书把语法单位分成字、字群、句。在运用中，"字群"在作用上虽然可以归于某一词品，但它与"字"是有区别的。这就从理论上克服了《文通》的字$_乙$那种可大可小的缺点。此后，不少语法学家把这个问题的研究不断推向深入。到20世纪40年代初，吕叔湘指出："词有单纯性

[①] 章士钊：《中等国文典》，商务印书馆1907年版，第一章第一节。
[②] 金兆梓：《国文法之研究》，中华书局1922年版，第三章第Ⅰ节。

和复合性两种：单纯的词同时兼为意义单位和表现单位，复合的词只是最小的表现单位，不是最小的意义单位。"① 王力则以"葡萄""身体""故意""桌子""石头""芥末""兄弟""妻子""先生""妹妹""慢慢""火车""银行""图书馆"等为例，详尽地分析了在实践上怎样分辨双音词和双音词组②。吕、王二位先生的分析，就与今天语法学界通行的看法相当接近了。

最后应当说明，本文通过分析，指出了《文通》体系中的一些矛盾和缺陷，但这并不意味着对《文通》的全盘否定。恰恰相反，在汉语语法学史上，《文通》堪称第一个丰碑。因此，本文对《文通》体系某些矛盾的分析，目的只在于历史地、客观地总结前人的经验教训，作为今后汉语语法研究的借鉴，而不是对《文通》的全面评价。

※本文发表于《文史哲》1988年第4期，收入本集时对个别字句做了修改。

---

① 吕叔湘：《中国文法要略》，商务印书馆1941年版，第一章，1.3"字和词"。
② 王力：《中国现代语法》，商务印书馆1943年版，第一章第一节"字和词"。

对《马氏文通》价值的新认识

一

《马氏文通》(以下简称《文通》)作为中国第一部成系统的语法学著作,其开创意义早已为人们所认识。该书在汉语语法学的建立方面功不可没,结束了两千年来汉语语法研究附属于传统小学的状况,使其成为汉语研究的成系统的一门学问,一个独立的部门。所以,梁启超称赞《文通》的写作是"创前古未有之业",指出"中国之有文典,自马氏始"。[①] 孙中山也说:"中国向无文法之学,故学作文者非多用功于咿唔咕哗,熟读前人之文章,而尽得其格调,不能下笔为文也……自《马氏文通》出后,中国学者,乃始知有是学。"[②]

接近一个世纪以来,学术界对《文通》的研究经历了由浅入深、由片面到全面的一个发展过程。初期的研究除了肯定其开创之功外,多是质疑或勘误,往往限于具体的、局部的问题。20世纪30年代文法革新运动之后,这种研究逐渐发展到从理论上、体系上对《文通》进行分析与评价。50年代以后,

---

① 梁启超:《论中国学术变迁之大势》,见《饮冰室合集》卷三,中华书局1989年版,第93页。
② 孙中山:《建国方略》之一《以作文为证》。

学者们更以新的观点和方法,既从理论和语法体系上,又从许多具体问题上对该书进行了更深入、全面的分析、探讨和考证研究。而《文通》的意义和价值,在这些研究中也逐渐被学术界所认识。现代学者一般都不只把眼光停留在该书对创立汉语语法体系的筚路蓝缕之功上,而且承认它又是富于创造性的一部语法著作。吕叔湘先生说该书的价值不仅在于它是"第一部","我不是把它当作考古学标本向读者推荐的,我推荐它是因为我们还可以从它学到些东西"。①

然而,几十年来,对《文通》的研究往往只局限在语法学界,吕先生论述的着眼点也在于《文通》对汉语语法研究的贡献上。如果不仅从语法学的角度,甚至不仅从语言学的角度,而是从马氏写作《文通》的起因和目的入手,把该书放到它产生的那一时代的特定社会环境和文化环境中去考察,我们将会受到更多启发。这不仅对马氏写作此书的初衷可以有更深刻的认识,而且对在我国目前面向世界的新形势下,如何对待传统文化,并在八面来风的新环境中正确处理传统与外来文化的关系,也将是不无裨益的。

二

《文通》的作者马建忠(1845—1900),字眉叔,晚清江苏丹徒人。在他生活的时代,西方列强的坚船利炮已经轰开了清政府闭关锁国的大门,使中国社会面临着前所未有的危急局面。一方面,几千年的封建大帝国已经是夕阳残照,政治的腐败、列强的入侵、民众的疾苦,内忧外患已使清政府走到了摇摇欲坠的境地。另一方面,西方的文化、思想、观念、科技也随着列强的入侵涌入中国,并与几千年的传统文化发生碰撞、

---

① 吕叔湘:《重印〈马氏文通〉序》,见《语文研究》1983年第1期。

融汇。

　　面对西方世界在军事、文化方面的双重挑战，清政府朝野之间出现了种种不同的态度和反应。一种是继续顽固摆出天朝大国的架子，奉行闭关锁国的保守政策和闭目塞听的思想路线，坐井观天、妄自尊大。另一种是屈服于列强的淫威，束手无策。还有一种，就是承认西方在科技方面的进步，力主学习西方长技，以求富国强兵，抵御外侮。当时有一部分朝廷官员和知识分子采取这第三种态度。他们以强烈的民族责任心和敏锐的洞察力，把目光投向了西方先进的科学技术上。马建忠就是一名这样的知识分子，《文通》就是这种态度的产物。

　　马建忠出生时，中英鸦片战争几乎刚刚结束。幼年时，他的家乡又被太平天国政权占领，他随家迁居上海。此时的马氏还有志于参加科举考试，求取功名。到他十五岁时，英法联军攻陷北京，使他"决然舍其所学"，选择了学习西方长技以图救国的道路。

　　马建忠固然是一位成就卓著的语法学家，但他所涉猎的学科领域远远不只语法学，甚至不止于语言学方面。《清史稿·马建忠传》说他"少好学，通经史""善古文辞"。在上海他又曾就读于法国人办的天主教会学校，通晓法、拉丁、希腊等语言文字，而且运用它们的能力"与华文无异"。马氏学外文，并不是为了研究语言学。他自己曾解释说，开始学习洋务时，曾"求上海所译书观之，未足厌意，遂乃学其今文字与其古文词，以进求其格物致知之功，与所以驯至于致治之要"。①马氏还曾在福建马江船政学堂学习，在世界史、地理、天算、物理、化学、生物、地质等方面都有丰富的知识。

　　1875年，马建忠被派往法国巴黎大学留学，在此期间还

----

① （清）马建忠：《适可斋记言》《适可斋记行》自序。

兼任清政府驻法使馆翻译。1877年他在法国通过了文、理科学位考试，后又通过了法律、政治、外交等科考试。毕业回国后，马氏在李鸿章幕府中协助办理新政，"历上书言借款、造路、创设海军、通商、开矿、兴学、储材，北洋大臣李鸿章颇称赏之，所议多采行"。[①] 他还先后出使印度、朝鲜，并曾任招商局总经理。

由此可见，马建忠虽然学识渊博，但他绝不只是个注重学问的书生。他具有强烈的爱国思想，学习西洋的语言文字和先进科技，了解夷人之情，是为了知彼知己，抗击外侮。在《拟设翻译书院议》一文中，马氏说："士大夫中能有一二人深知外洋之情实而早为之变计者，当不至有今日也！"其忧国之心、变革之望，溢于言表。更可贵的是，马氏当时即对列强的侵略扩张野心和虚伪行径有深刻认识。他在《勘旅顺记》中指出："英人二百年来专假互助以吞噬人之土地"，是"豺狼其心"，而"犹自称秉理之民，守义之邦。噫！是直如欧人谓英之君相唯利是图，妄谈公法，其心则长蛇也，其口则羔羊也"。在《巴黎复友人书》中又说："泰西之讲公法者，发议盈廷，非说理之不明，实所利之各异。……于是办交涉者，不过借口于公法以曲徇其私。"

马建忠在内忧外患面前，大声疾呼，揭露西方列强的野心和虚伪，企图唤起国人，变革图强，这说明他与某些妥协投降的洋务派人物有着本质上的不同。

与洋务派的"防民"政策不同，马建忠主张强国必须富民。他把自己的《富民说》列在《适可斋记言》的首篇，文中指出："外洋商务致胜之道，在于公司"，在于"纠集散股，厚其资本"；外商贸易"又可与本地商人合股设立公司……故

[①] 《清史稿·马建忠传》。

其商人互相假贷,皆可亲理,而无事取信于某国之官"。此文还提出减少贸易逆差,开采矿山,使"工役之散不出国,宝藏之聚无待外求"。在《论洋货入内地免厘》一文中,马氏更提出,对进口货物应当理直气壮地提高税收,使"利权归我农贾殷富",以"培养国脉"。值得注意的是,《富民说》一文写于1890年,比维新志士们的戊戌变法尚早八年。今天读来,我们不能不为马氏的卓识叹服。无怪梁启超于1896年为重刻的《适可斋记言》《适可斋记行》作序时,就认为马建忠"每发一论,动为数十年以前谈洋务者所不能言;每建一议,皆为数十年以后治中国者所不能易"。

可见,马建忠以振兴民族、国家为己任,积极入世,要以其学使当时的中国在新的世界形势下求生存、图发展。他的学术研究,包括对汉语语法的研究,都是为了达到这个目的而采取的手段。今天我们重读马氏这些论述之后,就不会只把《文通》当成一部单纯为研究创建汉语语法理论体系所写的书,也不会只从语法研究的角度去认识该书的意义和价值了。

三

《文通》出版在1898年,即作者去世的前两年。但他写这部书,却花费了十余年勤奋钻研之苦心,收集了大量文献语言材料,仅用到书中的例句就达7000多个,涉及古代文献三十多种。胸怀救国大志的马建忠,在他繁冗的政治、经济、外交等事务中,竟对汉语语法研究产生了如此浓厚的兴趣,花费了如此多的精力,这又一次证明,语法研究在他心目中不只是个学术研究问题,而是科学救国的重要手段。

我国古代学人讲究"读书百遍,其义自见",在浩如烟海的众多古籍中耗费了大量的时间和精力。马建忠认为,这种学习语文、写作的方法，有"循其当然而不求其所以然之蔽"，①已经不能适应新的社会现实的需要。他说："余观泰西童子入学，循序而进，未及志学之年，而观书为文无不明习，而后视其性之所近，肆力于数度、格致、法律、性理诸学而专精焉。故其国无不学之人，而人各学有用之学。"②

当时的中国，文盲甚多，勉强识字而又不能写作的人又不少。在这样一个文化知识水平如此落后的国度里，要民富国强、抵御外侮，实在是一件十分艰难的事。马建忠清楚地看到了这一点，他认为造成这种状况的原因之一是"华文经籍虽亦有规矩隐寓其中，特无有为之比拟而揭示之，遂使结绳而后，积四千余载之智慧材力，无不一一消磨于所以载道所以明理之文"。③所以，马氏才不惜花费如此多的时间和精力，用于《文通》的写作，希望"童蒙入塾能循是而学文焉，其成就之速必无逊于西人"。④这样一来，即可以腾出更多精力学习掌握当时自然科学和社会科学中的"有用之学"，达到从根本上使国家强盛的目的。

正是由于这个原因，马建忠在主观上要把《文通》写成一部对指导阅读和写作有实际用途的语法书。它的语法理论体系是为了帮助国人学汉语，而不是为了学术研究的目的建立的。因此，该书能广泛地收集例句，而不回避矛盾。吕叔湘先生指出：《文通》所用的例句里面"有不少作者没有作出令人满意的分析，就是现在也仍然缺乏令人满意的分析。但是《文

---

① （清）马建忠：《文通序》，见吕叔湘、王海棻编《马氏文通读本》，上海教育出版社1986年版。
② （清）马建忠：《文通后序》，见吕叔湘、王海棻编《马氏文通读本》，上海教育出版社1986年版。
③ （清）马建忠：《文通后序》，见吕叔湘、王海棻编《马氏文通读本》，上海教育出版社1986年版。
④ （清）马建忠：《文通后序》，见吕叔湘、王海棻编《马氏文通读本》，上海教育出版社1986年版。

通》把它们摆了出来，而后出的书，包括我自己的，却把它们藏起来了"。而且，"作者不愿意把自己局限在严格意义的语法范畴之内，常常要涉及修辞。……语法和修辞是邻近的学科。把语法和修辞分开，有利于科学的发展；把语法和修辞打通，有利于作文的教学。后者是中国的古老传统，也是晚近许多学者所倡导，在这件事情上，《文通》可算是有承先启后之功"。① 从这里也可以看出，马氏的目的并不是建立一个精密的、整齐的、严格意义上的汉语语法理论体系，所以他有不回避矛盾的勇气，遇到什么样的语言现象，就研究、揭示什么样的语言现象，而且不因为有些现象属于词汇的或修辞的范围就闭口不谈。而马氏的这种做法对汉语语法研究的进步又起到了积极作用，称得上是"歪打正着"，后来的学者们由《文通》中的一些矛盾受到启发，进而深入研究探索，使该书在学术研究领域的意义也逐渐显现出来，这部最早的有系统的汉语语法书以自己在学术上的意义登上了大雅之堂，一个世纪以来被语法学者们所研究、批评、探讨、推崇，这恐怕是马建忠本人所始料未及的。

四

如前所述，《文通》的意义和价值，不只局限在汉语语法研究方面，因为它不仅是中国第一部系统的语法专著，同时也是马建忠用以推行自己的救国主张的一件工具。对此，今天面临世界形势新格局的中国人应该看得越来越清楚。

《文通》的写作，说明马氏在世界风云变幻的年代，面对西方列强在经济、科技等方面的压力，具有强烈的竞争意识。他反对故步自封、妄自尊大，也反对屈膝投降、任人宰割，主

---

① 吕叔湘：《重印〈马氏文通〉序》，见《语文研究》1983年第1期。

张自强、自立，而且要从提高民族文化素质这个根本问题入手。这在当时是许多维新派人物的共识。黄遵宪就认识到拼音文字的许多优越性，他分析了日本文字的革新后说："汉字多有一字而兼数音者，则审音也难；有一音而具数字者，则择字也难；有一字而数十撇划者，则识字也又难。自草书平假名行世，音不过四十七字，点划又简，极易习识，而其用遂广。"①梁启超也认为"文与言合而识字读书之智民可以日多"。②1898年7月，《苏报》发表裘廷梁的文章，题目为《论白话为维新之本》，提出白话有省日力、便幼学、便贫民等"八益"。马建忠的主张与上述观点虽然不尽相同，但从语言文字领域入手以维新强国的思路却是一致的。

更可贵的是马氏不仅停留在倡导上，而且身体力行，潜心钻研十几年，写出《文通》这样的著作，想通过减少时间和精力上的浪费、提高全民族科学文化素养的途径，使中国在与列强的竞争中改变劣势。所以，马氏是把《文通》作为竞争武器来看待，并对它寄予厚望的。在今天，我们更深刻地体会到了摆脱愚昧比摆脱贫困更艰难，同时也就能进一步体会马建忠著《文通》的良苦用心。

《文通》还是顺应当时社会现状和文化潮流的产物。它的产生，一方面有汉语语言学研究的旧有成果作基础，另一方面也适应了社会现实的需要。

汉民族是世界上较少几个从很早就注意研究自己的语言的民族之一。然而，在汉语的语音学、语义学、语法学三个部门中，语法学发达得最晚，直到19世纪末才有了《文通》这样成系统的著作。实际上，中国人对汉语语法的零星研究从很早

---

① 见《日本国志》卷三十三《学术志》二。
② 《盛世元音序》。

就开始了，只不过这些研究隶属于传统的小学，没有形成一个独立的部门。《公羊传》及何休解诂、《穀梁传》及范宁集解中均有不少论及组词成句的规律的内容，《诗经》毛传、郑笺、孔颖达正义、朱熹集传等也涉及了很多虚词、破读（大部分破读是语法功能或词性转换的标志）等问题。诸子之书及注解、文字训诂之书中有关语法的资料也很丰富。虚字、实字的名目在宋代已提出，元代更出现了讲虚词用法的专书。这些都为语法学体系的建立积累了条件。

然而，只有上述条件还不够，像《文通》这样的著作直到 19 世纪末才产生。对造成这种现象的原因，以前不少学者进行过探讨，我们认为，关键问题还在于社会的需要。语法学的最基本、最实际的作用，无非是指导阅读和写作。由于汉语的特点，古人在阅读中，音韵和训诂，特别是训诂显得更重要；而对写作，则主要通过诵读前人的文章，体会其神韵，以达到代古人立言的目的。特别是要学写与当时的口语有一定距离的文言文，不通过诵读获得一定的语感是不行的，充其量再辅以讲虚词的书就够了。而且，古代学习阅读写作的只限于少数人，当时生活节奏缓慢，人们不感到有缩短学习时间的紧迫需要。而到了马建忠的时代，社会发生了前所未有的深刻变化，中国面临列强的挑战。此时的中国，有了提高民族文化素质的需要，有了普及教育的需要，有了缩短学习阅读、写作时间的需要，这些需要比以往任何时候都迫切了，于是也就有了探索、总结语法规律以指导阅读、写作的需要。马建忠敏锐地看到了这种需要，并作《文通》一书顺应了这种需要。他这种能在变化的社会条件下积极变革，适应社会的发展，勇于探索进取的做法，难道不能在更广泛的意义上给今人以启发吗？

一个民族的语言是该民族文化的重要组成部分，任何民族都不可能割断历史来重造自己的文化，但却可以而且必须在继承发扬传统文化精华的基础上，吸收、借鉴外来的东西，求得自身的发展。《文通》的写作集中反映了马建忠在这个问题上的态度和做法。

《文通》是文言文语法书，而马建忠"通经史"，"善古文辞"，这是他能写该书的基础条件之一。我们的祖先又很早就致力于语言的研究，积累了丰富的成果。仅就语法方面来说，前面提到的从《春秋》三传到清代朴学著作中都有丰富的语法学内容。《文通》对这些成果进行了细致的总结和继承。比如实字、虚字的划分，动字、静字、助字、叹字、句、读等名目的借用，对"词性转变说"的有选择的采纳等，都是对传统成果的分析继承。《文通》体系中某些部分和个别虚词的解释，更是参照了《虚字说》《助字辨略》《经传释词》等书的说法，有的直接采用，有的加以补充完善，还有的则给予批评。《文通》中注明引用《经传释词》《助字辨略》或泛称"经生家云""古人云"而实际是指这两部书的地方就有五六十处。这些都足以说明，马氏写《文通》时并没有置旧有的语言学研究成果于不顾。

此外，《文通》受西洋语法的启发和影响也是显而易见的。同段玉裁、王念孙、俞樾那样的朴学大师相比，马建忠的明显特长是在西方语言和近代自然科学、社会科学领域有更深广的造诣。没有西洋语法学的影响，就不可能产生《文通》这样的著作。这种影响和借鉴，在不同民族、不同国家的科学、文化之间的交流中是一种正常的甚至是不可避免的现象。从某种意义上说，模仿本身也是一种创造，更何况马氏还并不是单纯的模仿。比如马氏不仅设立了"助字"一类，而且解释说："泰西文字，原于切音，故因声以见意，凡一切动字之尾音，则随语气而为之变。古希腊与拉丁文，其动字有变至六七十次而尾音各不同者。今其方言变法，各自不同，而以英文为最简。惟其动字之有变，故无助字一门。助字者，华文所独，所以济夫动字不变之穷。"① 马氏受西洋语法的影响设立了"介字"，同时又指出了汉语介字与西洋之不同："泰西文字，若希腊拉丁，于主、宾两次之外，更立四次，以尽实字相关之情变，故名、代诸字各变六次。中国文字无变也，乃以介字济其穷。"②

由此可见，《文通》无论对传统语文学还是对西洋语法的继承和借鉴，都注意到了汉语本身的特点，有自己的独创性。这里并不是说，《文通》对这些问题的处理已经做到了十全十美的程度，而是认为，从该书中表现出的反对民族虚无主义，反对盲目崇洋媚外，同时又能大胆地、有选择地吸收外来的东西，为我所用、变革求新的态度和精神，确实是发人深思的。

总而言之，《文通》问世至今已近一个世纪，但除了作为一部汉语语法著作被语言学界研究之外，该书在更广泛领域内的价值，在传统文化与外来文化的交汇中集中表现出的文化上的意义，都足以给今人以深刻的启发，可惜我们对这些没有给予充分的注意。

※本文发表于《山东大学学报》（哲学社会科学版）1993年第4期，收入本集时对个别字句做了修改。

---

① 吕叔湘、王海棻编：《马氏文通读本》，上海教育出版社1986年版，第536页。
② 吕叔湘、王海棻编：《马氏文通读本》，上海教育出版社1986年版，第414页。

关于《马氏文通》句读论的几点思考

《马氏文通》(以下简称《文通》)的例言中说:"是书本旨,专论句读;而句读集字所成者也。惟字之在句读也,必有其所,而字字相配,必从其类,类别而后进论夫句读焉。"① 由此可见,句读论虽然篇幅不大,但却是该书的重点,正名、字类等内容都是为它做铺垫的。

"句"和"读"原本都是传统语言学中的术语,句指一句话完了后的停顿,读是一句话中间的停顿。马氏借用了这两个字,作为《文通》体系中语法单位的名称。正名章"界说二十三"说:"凡有起、语两词而辞意未全者,曰读。"② 句读章彖六基本上重复了上述定义。对于句,该书有两个定义。一个是正名章"界说十一":"凡字相配而辞意已全者,曰句。"③ 另一个是在"词""次"界说之后总结说:"要之,起词、语词两者备而辞意已全者曰句。"④ 句读章彖七基本上重复了上述第二个定义,并对第一个定义解释说:"盖初立界说,起、语两词犹未诠解,故以'字相配'三字隐之耳。"⑤ 这样看来,

---

① 吕叔湘、王海棻编:《马氏文通读本》,上海教育出版社1986年版,第9页。
② 吕叔湘、王海棻编:《马氏文通读本》,上海教育出版社1986年版,第61页。
③ 吕叔湘、王海棻编:《马氏文通读本》,上海教育出版社1986年版,第55页。
④ 吕叔湘、王海棻编:《马氏文通读本》,上海教育出版社1986年版,第61页。
⑤ 吕叔湘、王海棻编:《马氏文通读本》,上海教育出版社1986年版,第700页。

在马氏心目中，句的第二个定义才是清楚严密的。

从定义上看，《文通》的"读"相当于西文的从句或小句（clause），句则相当于西文的句子（sentence）。然而，在该书的论说和例句中，"读"的内容大大超出了定义的范围。这一点，许多著作指出过，如何容的《中国文法论·马氏文通的句读论》，孙玄常的《马氏文通札记·顿和读》以及吕叔湘、王海棻编《马氏文通读本·导言》，等等，这里不再赘述。此外，《文通》对"句"的论述也与汉语的实际情况有不小的距离。由此，引发出笔者的如下思考。

首先，《文通》的"读"究竟是什么性质的东西？上面说过，从马氏的定义看，读与西文中的 clause 很相似，但何容先生认为，"马氏之所谓读，并不是，至少不完全是，西文法所谓 clause；而是，或大部分是，西文法所谓 participle phrase"①。在西方传统语法中，clause 与 phrase 的明显区别之一是 clause 能有定式动词（finite verb）而 phrase 则没有。而汉语缺乏形态变化，不容易区分这两者。如果抛开马氏的定义和西文法的习惯，用今天的观点考察《文通》的例句，我们会发现该书的"读"包括的内容很广：有的是"者"字词组，如"宜为君者"；有的是"所"字词组，如"所事孔子"；有的是偏正词组，如"客之所为""其比万物"；有的是"之"字词组，如"君子之志于道也"；有的是动宾词组，如"司牧之"；有的是主谓词组，如"人闻"；有的是分句，如"寡人若朝于薛"；还有的只是单个词，如"捷，吾以女为夫人"的"捷"。《文通》的"读"，至少包括以上这些成分，很难从语法性质上给它们下一个恰切的定义，只有"辞意未全"是它们的共同特点，至于起词、语词，对很多"读"来说根本谈不上。

---

① 何容：《中国文法论》，开明书店1949年版，第170页。

其次，如此庞杂的内容，马氏为何要把它们归在一起称为"读"，而且给它们下了一个不能概括其内涵的定义？笔者认为，这应当从《文通》产生的背景以及马氏本人的学术修养上找原因。《文通》是中国语法学的开山之作，当时在汉语语法研究方面，除了传统语文学中偶有成果涉及外，根本没有成系统可借鉴的东西。而马氏本人除了有传统的经史小学功底之外，又兼通数种西语，有深厚的西学修养，且西文语法条例森严，有许多有形的东西可供参考。《文通》句读论中的许多东西都可以从以上两个方面找到渊源："句"和"读"这两个名称借自传统语言学，"句"和"读"的定义则分别与西文的句子、从句的定义有密切联系，而"读"的内容，又与传统的论述有暗合之处。唐代天台沙门湛然《法华文句记》卷一云："凡经文语绝处谓之句，语未绝而点之以便诵咏，谓之读。"[1]"读"的这种传统意义与《文通》说的"顿"的定义很相似，但如果拿它与该书例句中的"读"相比较，却也基本符合。这一方面因为"读"的传统意义很宽泛，另一方面，《文通》的"顿"和"读"本来就是不同层面上的概念，"顿"是诵读中的停顿，"读"是结构单位，二者可以重合。马氏要借用传统的"读"这个术语，于是便把它原来代表的"语未绝而点之以便诵咏"这个含义代表的语段改称为"顿"，又参照西文clause的含义给"读"下了一个新定义，使它成为次于句的语法单位的名称。可是，汉语中那些"辞意未全"的语段并不都有"起、语两词"，于是，上述矛盾便产生了。由此可见，《文通》"读"的定义和实际内容的矛盾，归根结底还是继承、借鉴与创新过程中的矛盾。

---

[1] 转引自郑奠、麦梅翘《古汉语语法学资料汇编》，中华书局1964年版，第208页。

再次，《文通》的句论与汉语的实际情况是否相符？

根据《文通》关于"句"的定义，再联系其他有关论述，我们把马氏对"句"的看法总结为如下几点。

1. 句是"起词、语词两者备而辞意已全者"。对"辞意已全"，《文通》还解释说："抑或已有两词而所需以达意如转词、顿、读之属，皆各备具之谓也。"① 但是，这些成分不是必需的，就连起词在有些条件下也可以省略，只有语词不能省略，"无语词是无句读矣"②。

2. 语词由动、静字充任，由静字充当者改称"表词"，非静字亦可用如静字而为表词。

3. 如果语词中有两个或更多动字，最先出现者称"坐动"，承接其后者称为"散动"③。

4. 句分"与读相联者"（包括以读为句子成分的句和"读先乎句"的句）与"舍读独立者"（大致相当于复句)④ 两种。

对马氏的句论，我们提出以下看法。

1. 汉语的句子并不都有起词、语词。无起词的句子又有不同情况，有的可以补出起词，例如：

《左传·隐公元年》：及庄公即位，为之请制。

从上下文可知，"请制"的是郑武公夫人武姜。这样的句子说它是省略了主语的主谓结构句也许勉强可以。也有的是泛指的，如：

---

① 吕叔湘、王海棻编：《马氏文通读本》，上海教育出版社1986年版，第700页。
② 吕叔湘、王海棻编：《马氏文通读本》，上海教育出版社1986年版，第353页。
③ 吕叔湘、王海棻编：《马氏文通读本》，上海教育出版社1986年版，第353页。
④ 吕叔湘、王海棻编：《马氏文通读本》，上海教育出版社1986年版，第700页。

《论语·为政》：温故而知新，可以为师矣。

这就不容易补出主语，说它是主谓结构恐怕有困难。还有的根本就没有起词，如：

《论语·子罕》：有美玉于此。

还有由一个叹词独立构成的句子也都不是主谓结构的。对此，马氏也承认："大抵论议句读皆泛指，故无起词，此则华文所独也。"① 但是，只因"泰西古今方言凡句读未有无起词者"②，所以，马氏就给"句"立了一个"起词、语词两者备"的定义，而且只承认句子可以无起词。其实起、语二词是相对而言的，没有起词也便无所谓语词，即句子不是主谓结构的了。

2. 非动、静字为语词就是用如动、静字，也值得商榷。用今天的术语说，名词性成分可以直接作谓语，这是汉语的特点之一。不仅在古代，即使在现代汉语中，这种句子也并不罕见。例如：

《左传·僖公三十年》：是寡人之过也。
《左传·庄公十年》：夫战，勇气也。
《战国策·齐策四》：百乘，显使也。
那年我二十岁。
他一米七，他哥哥一米七五。
一斤西瓜五毛钱。

---

① 吕叔湘、王海棻编：《马氏文通读本》，上海教育出版社1986年版，第638页。
② 吕叔湘、王海棻编：《马氏文通读本》，上海教育出版社1986年版，第638页。

这件棉袄缎子面。

他这个人急性子。

这条大汉黑脸膛，粗胳膊，虎背熊腰，一副令人望而生畏的样子。

我们不能不承认以上这些都是符合汉语语法规则的句子。因此，似乎没有必要把这些句子中作谓语的名词性成分"假借"或"用如"（马氏讲"字类假借"）某类词，就像没必要把作状语的名词说成活用为副词，把作主语的动词、形容词说成活用为名词一样。不过，也应该承认，在这个问题上，马氏的处理并未引起《文通》体系内部的明显矛盾，可成一家之言。

3. 区别坐动和散动对分析汉语的句子来说似乎没有必要。西语一般每个句子或分句有一个主要谓语动词，其他动词只能以分词等别的形式出现。谓语动词常常是定式动词（finite verb），有明显的语法范畴标志，所以，人们很容易把它与其他形式的动词区别开来。而汉语语法的明显特点之一是缺乏形态变化，并允许一个句子或分句中有两个或更多构成谓语的动词，这些动词有的以时间或事理排序，有的可以颠倒次序，而且从语法上不一定能分出哪一个是主要动词。这个特点也是古今汉语都有的。例如：

《诗经·小雅·绵蛮》：饮之食之，教之诲之。

《孟子·梁惠王上》：欲辟土地，朝秦楚，莅中国而抚四夷也。

我没工夫跟着你四处乱跑，整天去求这个，找那个。

老爷子几年前退了休，打那以后，整天吟吟诗，作作画，散散步，听听戏，会会朋友，日子过得挺自在。

这种特点与西文法的差距使马氏颇费踌躇，而传统语言学中关于此类情况又基本上没有可以参考、借鉴的东西，所以《文通》只好以在谓语中出现的先后来确定动词的地位："一句一读之内有二三动字连书者，其首先者乃记起词之行，名之曰坐动；其后动字所以承坐动之行者，谓之散动。"① 可是，马氏忽略了两个问题：一个是，首先出现的动字在意义和语法上都不一定是主要的，如助动字，但因汉语动词缺乏外部形态标志，马氏这样做也是不得已；另一个是，既然汉语的动词缺乏外部形态变化，没有类似西语中那种定式动词（finite verb）和不定式动词（infinite verb）的分别，那么把它们分为"坐动"和"散动"又有什么实际意义呢？

对多动词谓语的句子来说，不仅有时无法也没有必要确定哪个是主要动词，而且还存在一个如何断句，即怎样才算一个完整的句子的问题。马氏关于"句"的定义中，"起词、语词两者备"已不是必要条件，剩下的只有"辞意已全"。从马氏关于"所需以达意如转词、顿、读之属"的解释上看，我们认为，马氏所说的"辞意已全"指的是句子表达的意思基本完整。西语句子主谓齐全，且有按一定的时态、语态、人称等变化的主要动词做标志，所以话到哪里算一"句"，较容易判别。而汉语没有这些标志，谓语里又可以有不止一个动词性成分，当然就只能看"辞意"全不全了，虽然这不是一个很好掌握的标准。此外，笔者认为，读书、说话时的语感也是判别句子的一个条件。在读古书时，我们有时会感到有一股气韵贯穿于句中，有时句子的各种成分都已齐备，但读者还会从对这种气韵的感受中知道句子尚不完整。这种气韵虽然是更抽象、更不好把握的东西，但我们在阅读中有时会感觉到它的存在。

----

① 吕叔湘、王海棻编：《马氏文通读本》，上海教育出版社1986年版，第353页。

下面我们以李斯《谏逐客书》中的三个连在一起的多动词长句为例说明这个问题。

  孝公用商鞅之法，移风易俗，民以殷盛，国以富强，百姓乐用，诸侯亲服，获楚魏之师，举地千里，至今治强。惠王用张仪之计，拔三川之地，西并巴蜀，北收上郡，南取汉中，包九夷，制鄢郢，东据成皋之险，割膏腴之壤，遂散六国之从，使之西面事秦，功施到今。昭王得范雎，废穰侯，逐华阳，强公室，杜私门，蚕食诸侯，使秦成帝业。

  在这段话中，动词很多，分不出哪一个或哪几个是主要的，而且有时主语还频繁地变换。尽管如此，贯通的气韵仍使我们认为，这段话只包含三个句子，即如上面标点的那样。
  总之，《文通》在很多问题上都徘徊于西文法、传统语言学和汉语实际这三者之间，力图在参考借鉴的基础上反映汉语的特点，有所创新。而该书的许多矛盾也就是这样产生的。
  最后还应说明，本文仅就《文通》的部分内容提出看法，而且着重谈该书的矛盾，限于笔者的能力和本文的篇幅，并未对《文通》做更全面的评价。尽管这里指出了《文通》中的一些问题（而且不一定对，欢迎专家、同行批评），但该书作为汉语语法学史上的第一块丰碑，其意义和价值是抹杀不了的。

  ※本文发表于《山东大学学报》（哲学社会科学版）1999年第2期，收入本集时对个别字句做了修改。

关于《马氏文通》动字论的若干问题

《马氏文通》（以下简称《文通》）对动字的论述是该书的重要部分。由于动词在语句中的特殊作用，《文通》的动字论也就涉及马氏语法理论体系的许多方面。一个世纪以来，经学者们的研究，在不少问题上的认识越来越清楚，并逐渐取得了一些共识。现在，再对这些问题进行一番梳理总结，会使我们对《文通》的意义、价值以及矛盾、缺陷的认识更加系统、深刻。

《文通》动字论的大致内容

《文通》动字章的内容已很繁杂，句读章及其他章节也有不少地方涉及动字。这里总结这些内容，择其大要，归纳如次。马氏所用术语和今天通用者相比，名称、含义均有不同。为避免混乱，介绍该书内容时尽量采用原来的术语。

一　动字的概念和分类

《文通》首先将古汉语的词分为九类，称为"字类"，动字是其中的一类。该书正名章界说四："凡实字以言事物之行者，曰动字。"① 动字章开头又说动字是"所以言事物之行者"。② 这是马氏给动字下的定义。

《文通》中有"内动字"（简称"内动"）、"外动字"（简称"外动"）、"受动字"、"同动字"、"助动字"、"无属动字"、"自反动字"等诸名目，但并不是说动字可以分这么多小类。动字章说："行之所包者广，故动字之为数，至为繁赜，然要不出乎两种，前卷已略言之矣。一，其动而仍止乎内也，曰内动字；一，其动而直接乎外也，曰外动字。"③ 可见，内动和外动是动字的小类，从语法功能上看，内动没有止词，而外动可以有止词。助动字"不直言动字之行，而惟言将动之势"④，所以既不是内动也不是外动，是动字的另一个小类。受动字指被动意句子的动词，只是外动的一种用法，不能与内动、外动并列。同动字如"有""无""似""在"，等等，"不记行而惟言不动之境"⑤，其词汇意义虽与其他动字有别，但在语法功能上可以带止词，亦可不带，所以也不能与内动外动并列。无属动字指使用时没有起词的动字，这只是用法问题，也不是动字的小类。自反动字指以"自""相"等为止词的动字，既然有止词，当属外动字。

总之，《文通》动字中的诸多名目，是从不同角度提出的，交叉现象很突出。如果减缩一下出发点，动字就可以先分为助动字与一般动字，后者又可再分为内动字与外动字，这样就不会有交叉了。但马氏立了许多名目，又没说清楚它们之间的关系，所以就令人眼花缭乱了。

---

① 吕叔湘、王海棻编：《马氏文通读本》，上海教育出版社1986年版，第50页。
② 吕叔湘、王海棻编：《马氏文通读本》，上海教育出版社1986年版，第247页。
③ 吕叔湘、王海棻编：《马氏文通读本》，上海教育出版社1986年版，第247页。
④ 吕叔湘、王海棻编：《马氏文通读本》，上海教育出版社1986年版，第314页。
⑤ 吕叔湘、王海棻编：《马氏文通读本》，上海教育出版社1986年版，第304页。

二 动字的特点和用法

《文通》对动字特点和用法的论述可以总结为以下几点。

1. 外动字可以带止词和转词，内动字只能带转词，不能带止词。

2. 助动字因是"言将动之势"的，所以"其后必有动字以续之者"①。

3. 动字在句读中充当语词。"凡句读之成，必有起词、语词。起词之隐见，一以上下之辞气为定。而语词，则起词之所为语也，无语词是无句读矣。"②

4. 语词中若不止一个动字，则"其首先者乃记起词之行，名之曰坐动；其后动字所以承坐动之行者，谓之散动。散动云者，以其行非直承自起词也"③。

此外，《文通》中还讲到"动字假借""动字辨音""动字骈列"等内容，因在该书理论体系中的作用不很重要，这里就不赘述了。

对《文通》动字论的质疑

"动字"一称，古已有之，如《说文》"盖"字王筠句读："苦，盖物名。而苦之、盖之，用为动字。"④ 马氏借用这一称呼，使它成为相对严格的语法学术语，获得新的意义，在自己的语法理论体系中占有一席之地，这是他的新贡献。但他的论述值得讨论的地方很多，有些牵扯到整个体系的特色。这里从

---

① 吕叔湘、王海棻编：《马氏文通读本》，上海教育出版社1986年版，第314页。
② 吕叔湘、王海棻编：《马氏文通读本》，上海教育出版社1986年版，第353页。
③ 吕叔湘、王海棻编：《马氏文通读本》，上海教育出版社1986年版，第353页。
④ （清）王筠：《说文句读》卷二，中国书店1983年版，第32页。

以下几个方面提出质疑。

一　内动字和外动字根据什么标准区分?

马氏认为，外动字能带止词而内动字不能，这在理论上是清楚的，但执行起来常会遇到麻烦。因为内外动字都能带转词，要区分内外动，首先要区分止词和转词。为此，马氏规定了一些原则，如靠介字连接于动字之后的成分是转词，像"周公拜乎前，鲁拜乎后"的"前""后"；动字后表处所的成分即使不靠介字连接，也归入转词而不是止词，像"三过其门"的"其门"，"子适卫"的"卫"等。并规定，表言教义的动字如"教""告""言""示"等，后面可带表人和事物的两个止词。

虽然做了这些努力，但在更多时候，马氏还是单凭词汇意义区别内外动的，如"适卫"的"卫"、"入太庙"的"太庙"都因其词汇意义被定为转词，可是，像诸侯国名以及"太庙"之类，是否表处所就很难认定，在"攻卫""建太庙"中，总不能说"卫""太庙"是转词吧?

二　汉语的句、读一定要有语词吗?

这是个与动字相关的问题。马氏认为，句、读必须有语词，"无语词是无句读矣"。可是，汉语的语句不一定是主谓结构的，例如：

> 苟无岁，何以有民？苟无民，何以有君？[①]
> 不入虎穴，焉得虎子。[②]
> 细草微风岸，危樯独夜舟。[③]

[①] 诸祖耿：《战国策集注汇考》，江苏古籍出版社 1985 年版，第 620—621 页。
[②] （南朝宋）范晔：《后汉书》，中华书局 1965 年版，第 1572 页。
[③] 蘅塘退士编，陈婉俊补注：《唐诗三百首》卷五，中华书局 1959 年版，第 14 页。

这些句子都没有起词，因此也就没有语词，因为语词和起词是相对而言的。用今天的术语说，这样的句子原本就不是由主谓结构充当的，当然，也就没有主语和谓语。马氏之所以强调句、读必须有起词和语词，显然是受了西语语法的影响。西方传统语法学认为，每个句子（sentence）和小句（clause）都不应缺少主语（subject）和谓语（predicate），有些句子（如祈使句）的主语被说成"省略"的。马氏套用这种观点，却未注意它与汉语实际情况间的差距。

三　有没有必要区别坐动和散动？

西方语法中有定式动词（finite verb）与不定式动词（infinite verb）的区别，坐动与散动的区别盖源于此。然而，像马氏那样规定汉语句、读的起词之后首先出现的动字为坐动，其余动字为散动，这样做至少有两条弊病：一是语句中第一个动词常常并不"记起词之行"，而且在句中不起主要作用，如助动字。二是汉语的句子常用很多动字，它们的排列有时根据事理，有时则照顾诵读时音调的和谐，还有时次序可以颠倒，哪个动字会排在前面成为坐动常常不是语法因素决定的。例如：

> 惠王用张仪之计，拔三川之地，西并巴蜀，北收上郡，南取汉中，包九夷，制鄢郢，东据成皋之险，割膏腴之壤，遂散六国之从，使之西面事秦，功施到今。[①]

这个句子中有十几个动字，其意义很难分清主次，次序也不是不能颠倒的。既然如此，规定最先出现的动字为坐动，在语法上还有什么意义呢？

[①]（汉）司马迁：《史记》，中华书局1959年版，第2542页。

西文中动词分定式和不定式，是因为西文动词要根据时态（tense）、人称（person）、数（number）、性（gender）等语法范畴变化形式，句中的诸多动词不可能或没有必要受同样的限制。如果想一想汉语的动词是否也受这样的限制，就会明白坐动、散动的区分完全是不必要的。

结　语

一个世纪以来，汉语语法研究有了长足的发展。对动词的概念有了更精确的表述，在现代汉语研究中，还提出了语音、构词、重叠方式、句法功能等特征。《文通》套用西方语法理论，与汉语的实际情况发生矛盾，也为学术界所公认。动字论涉及马氏词法、句法理论的许多方面，所以，本文选取动字论作为研究对象，将散见于《文通》中的有关理论进行了一番归纳，并分析了由此暴露出来的马氏理论体系中的几个问题，希望借此对这些问题获得较为系统的认识。

在上面所论述到的问题中，内动、外动的区别是较难解决的。内动略同于不及物动词或自动词，外动略同于及物动词或他动词，这二者区分的关键是缺少明确而便于执行的标准。在《文通》中与之相关的是止词和转词的区分，止词略同于宾语，转词则与补语有相同之处，这二者的区分同样缺乏明确的标准。当今的学者在区别宾语和补语方面做了种种努力。黄伯荣、廖序东先生在所著《现代汉语》下册中论述了应从四个方面区分宾、补语："第一，看词性：是名词性成分，一般是宾语，否则是补语。第二，看能回答什么样的问题：能回答'谁''什么'是宾语，能回答'怎么样''多少次''多久'等问题，是补语。第三，看助词'得'。助词'得'是补语的标志。……第四，看量词性质。动词后面由名量词组成的数量词组，一般是数量宾语；由动量词组成的数量词组，一般是数量补语。"① 朱德熙先生在《语法讲义》中说："宾语可以是体词性成分，也可以是谓词性成分；补语只能说谓词性成分，不能是体词性成分。从意念上说，宾语的作用在于提出与动作相关的事物（受事、与事、工具等），补语的作用在于说明动作的结果或状态。"② 照这样看来，凡是体词性成分附于动词之后，就只能是宾语而不能是补语，所以，"走进教室"的"教室"是宾语（朱先生认为，"走进"构成述补结构，然后带处所宾语）。这些标准主要还是针对现代汉语的，在古代汉语研究中其可执行性受到限制。但是，学术界在词汇意义和功能意义的协调方面如果能就宾、补语的区分取得进一步共识，就一定能为及物动词和不及物动词的划分奠定更坚实的基础。

※本文发表于《山东大学学报》（哲学社会科学版）2000年第3期，收入本集时对个别字句做了修改。

---

① 黄伯荣、廖序东主编：《现代汉语》，高等教育出版社2002年版，第351—352页。
② 朱德熙：《语法讲义》，商务印书馆1984年版，第125页。

从《马氏文通》产生的背景看该书矛盾的根源

《马氏文通》(以下简称《文通》)问世一个世纪以来,学者们对它进行了深入的研究,指出其中的许多问题和矛盾。但是,《文通》不是凭空产生的,它的出现,是汉语语言学的发展以及中国社会历史的大背景所决定的,同时与马建忠本人的思想意识和学术修养也密不可分。离开了这些来看《文通》,对其中的许多问题就不会得到清醒的认识。

我国传统语言学对语法也早有研究,并有不少精到的见解,但是,又必须承认,在《文通》以前我国还没有系统、全面研究汉语语法的专书。笔者认为,造成这种现象的原因在于汉语的特点和古代社会文化背景两方面。汉语语法的最主要特点是缺乏严格意义上的形态变化,基本上不能用屈折方法表示语法意义,语序较为固定,结构简明灵活,注重意念、语境和虚词。灵活的结构、意念和语境,都不容易总结出形诸文字的规矩条文,对长期生活在汉语语言环境中的人来说,也不必按照规矩条文,只要凭经验和语感就能运用自如,而且比先总结出条文再照章办事的方法更便捷。语序的固定,更是比较直观而不需要参照条文就容易掌握的。至于虚词的使用,起初也并不很难,后来口语和书面语逐渐脱离,人们对文言虚词的使用才感到困难。这也是古代对虚词的实用性研究相对发达的原因。

经学兴盛以后，不管是对经文的注解还是对义理的追求，都不迫切需要建立系统的语法学。科举制度的实行，更要读书人加强对文言文的语感，灵活掌握其写作方法。若先建立一套语法理论，再按规矩写作，从应试的目的来说，恐怕是事倍功半的。

但是，到马建忠生活的时代，情况就不同了。西方列强的坚船利炮轰开了清政府的国门，清王朝突然要面对前所未见同时又是瞬息万变的世界，未免眼花缭乱，措手不及。当时，随着民族资本主义近代工业的产生和发展，在一部分投身洋务运动的人中产生了早期的资产阶级维新思想，马建忠就是具有这种思想的人之一。作为一个以国家民族的振兴为己任的进步知识分子，马建忠在这种历史条件下写出《文通》这样的书，这绝不是一件偶然的事。

《文通》的出现，还与马建忠的学术修养、知识结构有密切关系。马建忠有传统语文学的功底，但没重复走前代朴学大师们皓首穷经的老路，而正像《清史稿·马建忠传》说的那样，"愤外患日深，乃专究西学"，"自英、法现行文字以至希腊、拉丁古文，无不兼通"，这为《文通》的写作准备了必要的条件。马氏还被清政府派赴西洋留学，并在清政府驻法使馆工作，同时学习洋务，对当时的科学技术以及西方社会有广泛的了解。这些见识则成了他萌发《文通》写作念头的契机。

马氏认为，旧的靠熟读领悟的读书法有"循其当然而不求其所以然之蔽"①。他说：

---

① 吕叔湘、王海棻编：《马氏文通读本》，上海教育出版社1986年版，第4页。

余观泰西童子入学，循序而进，未及志学之年，而观书为文无不明习；而后视其性之所近，肆力于数度、格致、法律、性理诸学而专精焉。故其国无不学之人，而人各学有用之学。计吾国童年能读书者固少，读书而能文者又加少焉，能及时为文而以其余年讲道明理以备他日之用者，盖万无一焉。夫华文之点画结构，视西学之切音虽难，而华文之字法句法，视西文之部分类别，且可以先后倒置以达其意度波澜者则易。西文本难也而易学如彼，华文本易也而难学如此者，则以西文有一定之规矩，学者可循序渐进而知所止境；华文经籍虽亦有规矩隐寓其中，特无有为之比拟而揭示之。遂使结绳而后，积四千余载之智慧材力，无不一一消磨于所以载道所以明理之文，而道无由载，理不暇明，以与夫达道明理之西人相角逐焉，其贤愚优劣有不待言矣。①

可见，马氏绝不是纯粹为了语法研究才写《文通》的，他认为，掌握了语法，可以大大缩短学习"观书为文"的时间，腾出更多精力学习新知识技能，使中华民族在与别国的竞争中取胜，这才是马氏作《文通》的良苦用心。

从《文通》中，我们经常可以感到马氏徘徊于传统语言学、西方语法和汉语实际情况这三者当中，极力想理出一条头绪，该书的矛盾基本上都是由此产生的。

《文通》把词类叫"字类"，并且直接借用了"实字""虚字""动字""静字""助字"等传统语言学术语，赋予了这些名称以新的意义。汉语音节分明，音节与音节之间的界限明显，上古汉语中一个音节基本上代表一个词，而一个音节又用一个方块汉字表示。由于汉语汉字的这些特点，古代学者对汉语的

---

① 吕叔湘、王海棻编：《马氏文通读本》，上海教育出版社1986年版，第7页。

研究常以"字"为本位,因此,马氏选"字"作为语法单位的称呼。可是,这样做了以后,"字"的传统意义并没有消失,例如《文通》说叹字是"随事见情,因声拟字",这个"字"就指文字形体。于是《文通》中的"字"就至少有两种含义。后来,章士钊用"词"代替"字",他说:"一字可为一词,而一词不必为一字。泛论之则为字,而以文法规定之则为词。"① 这无疑是一大进步。至于实、虚、名、动、静、助等名称的借用应当说是很成功的,马氏赋予它们的新含义很快被学术界接受。

为汉语划分了词类是马氏的一大首创。他并未照搬拉丁语法八个品词的框架,而是从汉语的实际情况出发把词分为九类,介字、助字的立类很有见地。他还论述了介字与西文格变的关系、助字"也"和"矣"的区别等,这些不从汉语的实际出发是不可能做到的。

王力先生曾列举过《文通》中一些模仿西洋语法之处:定"其""所""者"为接读代字;定"皆""多"等为约指代字;方位词代替介词之用;坐动与散动;助动字;等等② 这其中助动字的设立还是符合汉语实际情况的,而模仿痕迹过重的怕要算坐动与散动了。西语句子一般要有所谓"定式动词"作谓语的主要部分,而非定式动词则不能作这样的成分,如英语中的动名词和不定式。同西语相比,汉语的动词至少有三点不同:一是谓语中可以没有动词,也可以有两个甚至更多动词;二是动词不仅能构成谓语,还能充当或参与构成修饰语、补语甚至主、宾语;三是无论充当什么成分的动词基本上都没有严格意义上的形态变化,在古汉语中尤其如此。因此,《文通》用不少篇幅讲"动字相承""散动诸式"是没有必要的。

---

① 章士钊:《中等国文典》,商务印书馆 1907 年版,第 8 页。
② 王力:《中国语言学史》,山西人民出版社 1981 年版,第 176 页。

《文通》分析句子用了"词"和"次"两套术语，他们都与西方语法关系密切，因为在这方面传统语言学可借鉴的东西很少，马氏只好从西洋语法寻求参考。但马氏总结出了不少汉语特有的规律，如：代词宾语的位置，介词宾语的位置，介词宾语的成分，介词短语的位置，等等。有些地方，马氏在参照西洋语法的同时，极力想总结出汉语的特有规律，但一时又难以做到，于是表现出借鉴与创新的矛盾。例如西洋的句子一般要有主语和谓语，马氏就说："凡句读之成，必有起词、语词。"① 可实际上汉语有许多句子并不是主谓结构的，所以，马氏又用很长篇幅论述省略起词或本无起词的句子。西洋句法的谓语中一般要有动词，形容词作谓语也要用系动词，称为表语，马氏便也把静字充当的语词称为表词。其实，汉语中不仅形容词能直接作谓语，数量词、名词、代词等也都可以直接作谓语，对此，《文通》就没有专门的称谓了。

"次"这套术语分明是受了西洋语法格变的影响而设立的，但马氏又说格变的意义在汉语里常常要靠介字表达，可见"次"与西洋的"格"还不完全一样。汉语没有格变，所以，在"词"这套术语之外再设一套"次"不仅是多余的，而且在效果上只能越描越黑。

《文通》论"顿""读""句"的部分更是传统语言学、西方语法理论以及汉语的实际情况三者纠缠不清的地方。马氏的"顿"即诵读中的停顿，与传统的"读"含义相似；而"读"在《文通》中的定义是"凡有起词、语词而辞气未全者"②；"句"的定义是"凡有起词、语词而辞意已全者"③。从定义看，"读"很

---

① 吕叔湘、王海棻编：《马氏文通读本》，上海教育出版社1986年版，第353页。
② 吕叔湘、王海棻编：《马氏文通读本》，上海教育出版社1986年版，第676页。
③ 吕叔湘、王海棻编：《马氏文通读本》，上海教育出版社1986年版，第700页。

像西语的 clause，句则像西语的 sentence。然而，如上所述，汉语的句子有自己的特点（如不一定有主语、谓语，谓语不一定用动词，等等），原本就不能与西方的 sentence 等同；在《文通》的例句中被称为"读"的有的并不具备起词、语词，这就又和 clause 有区别。而且，在西方语法中，clause 是包括在 sentence 之中的，而在《文通》中，有的"读"在句中充任成分，有的却独立于句外，也就是说，《文通》的"句"和"读"的关系与西文的句子和从句的关系也不完全一样。由此看来，马氏论"句""读"，其名称来源于传统语言学，其定义来源于当时的西方语法理论，其实际含义又与汉语的具体情况分不开。对传统的、外来的理论的借鉴和马氏创新的努力就这样交织在一起。

  总之，马建忠生活在民族危亡的关头，他一方面是个传统语言学功底深厚的学者，另一方面又有很深的西学造诣，且精通多种外语。这些条件使马氏写出了《文通》这样的著作，该书对传统语言学和西方语法学的借鉴也便是顺理成章的事情。在这两种借鉴的基础上，马氏做了一些筚路蓝缕的工作，其难度可想而知。明白了这些，我们才能更深刻地体会《文通》对汉语语法研究的任何一点创新和贡献都是多么难能可贵，也应该能认识到《文通》所存在的那些矛盾和对西方语法的模仿在当时存在着或多或少的必然性，并因此而对这些现象采取宽容一点的态度。

  ※本文发表于《山东大学学报》（哲学社会科学版）2000年第4期，收入本集时对个别字句做了修改。

从静字章看《马氏文通》对汉语语法特点的体现

一

研究《马氏文通》（以下简称《文通》）常常会涉及的一个问题就是该书的语法理论与西方语法的关系。《文通》在问世后的一段时间里，"被人们批评得最利害的莫过于它的模仿西方语法"。[①] 但后来人们逐渐认识到，这种批评经常是言过其实且有失公允的。语法理论原本就是外国的东西，马氏是在传统语言文字学领域没有多少成果可以继承借鉴和参考的情况下，受西方语法理论的启发和影响写出《文通》的，这一点在马氏自己写的《文通序》和《后序》中说得很明白，那么，《文通》中有模仿西文语法的痕迹就是很正常的事情了。但是，该书并没有一味地模仿而毫无创见，相反，它的学术价值和意义，它对后代汉语语法研究的影响却日益清楚地表现出来。对此，语法研究者们曾从不同角度做出了越来越客观的评价。而本文则欲以《文通》的"静字"一章为具体研究对象，通过分析，探讨该书在体现汉语语法特点方面所做的工作。

---

① 吕叔湘、王海棻编：《马氏文通读本》，上海教育出版社1986年版，第44页。

二

"静字"这一术语是从传统语言学中继承来的。清人王筠的《说文句读》、朱骏声的《说文通训定声》等著作中屡次提到"静字",例如:

粪,弃除也。……"粪"动字,《孟子》"百亩之粪";《老子》"却走马以粪",则用为静字。①

但这里的"静字"是表示静止事物的词,与表示动作变化的"动字"相对。马氏继承了这个名称,又赋予了它新的含义,作为自己语法理论体系中的一个术语。

《文通》在"正名"一章"界说五"中说:"凡实字以肖事物之形者,曰静字。"②"静字"章开头又说:"静字,所以肖事物之形者。"③仅从这个定义看,如果要将《文通》的静字与西文当中的某一个词类相比附的话,那么与它最接近的是形容词。可是,马氏说的静字,无论与西文的 adjective 还是与今天我们说的"形容词"相比,都有很大的差别。

首先是马氏选用"字类"作为对词类的称呼,而这其中的"字"与西文的 word 和我们今天说的"词"的关系就不是三言两语能说清楚的。关于这一点,笔者已有拙文做了分析④,这里就不再赘述了。

其次是《文通》的静字又可分两小类:"是故静字统分两

---

① (清)王筠:《说文句读》第8卷,尊经书局1882年版。
② 吕叔湘、王海棻编:《马氏文通读本》,上海教育出版社1986年版,第51页。
③ 吕叔湘、王海棻编:《马氏文通读本》,上海教育出版社1986年版,第199页。
④ 唐子恒:《略谈〈马氏文通〉的"字"与后来的"词"之间的概念差异》,见《语文研究》1988年第4期。

门：曰象静，曰滋静。象静者，以言事物之如何也；滋静者，以言事物之几何也。"① 也就是说，马氏在静字定义中说的"事物之形"不仅指"事物之如何"，还包括"事物之几何"，也就是事物的数量。因此，如果拿今天语法学中的词类与《文通》的静字相比附，则与静字接近的不仅是形容词，而且还有数词。

总之，仅从概念上看，《文通》论静字就很注意反映汉语的结构特点。马氏不仅借用了传统的静字名称，而且将表性状和表数目这两种含义差别较大的词归为一类，这无疑是考虑了这两种词在古代汉语中的某些共同的语法性质，例如都可以直接修饰名词，都可以作谓语，等等。当然，这二者之间，也有差别，马氏也指出"滋静一字一数，无对待，无司词，无比品"②，所以，我们并不认为，把这二者划归一类是完美无缺的做法，但是，这个做法是考虑了古汉语的特点，而不是模仿西语的产物，这是毫无疑问的。

三

《文通》对静字用法的阐述更是突出了汉语的特点，基本上没有西方语法理论影响的痕迹。这方面的内容包括以下几点。

1. 指出名、代、动、状诸字可用如静字，静字也可以用如名字。马氏本来是主张"字无定类"的，然而，他又根据汉语的特点提出了"字类假借"理论，这就为字类的相对固定提供了保障。汉语的词缺乏外部形态标志，如果彻底承认字无定类，那么划分词类的根据和前提就不存在了。这个矛盾在

---

① 吕叔湘、王海棻编：《马氏文通读本》，上海教育出版社1986年版，第199页。
② 吕叔湘、王海棻编：《马氏文通读本》，上海教育出版社1986年版，第214页。

《文通》一书中表现得很突出。尽管如此，马氏还是首次为古代汉语划分了"字类"，并提出"字类假借"条例，这说明他在内心深处并不想把"字无定类"原则贯彻到底。

2. 静字修饰名字时中间是否加"之"字，要看字数的奇偶。这虽然不是一条十分严格的规律，但在大多数情况下是符合古代汉语的实际的。

笔者曾对《论衡》体词性偏正结构中定语和中心语间是否加"之"字做了考察，发现：①是否用"之"与定语的意义有关。表材料、质地、指示等义的定语后很少用"之"字，代词"其""何"等作定语时后面基本上不用"之"。②表领属、性状、动作、时地等的定语后是否用"之"则在很大程度上取决于定语与中心语的字数。一般地说，这二者均为单音词时，中间很少加"之"。在所统计的2241个偏正结构中，定语和中心语都是单音词的共796个，其中765个中间没有"之"。定语与中心语合起来有三个字的例子有1190个，中间没有用"之"的只有177例，而且这177例中还有38例的修饰语是代词"其"（代词"其"作定语，无论中心语有几个字，二者间均不用"之"）。在所统计的偏正结构中，还有200余例是定语、中心语合起来有4个或更多音节的，在这种情况下，二者间用"之"和不用"之"的例数无太大差别。

从以上统计的数字看，在不违背某些语法习惯（如"其""何"作定语时，在定语和中心语之间不加"之"，等等）的前提下，2—4个音节的体词性偏正结构的定语与中心语间的"之"字有配成偶数音节的作用。具体地说，定语和中心语音节数合起来是2或4时，则很少用"之"，以保持偶数音节；如果定语、中心语合起来共有3个音节，则多用"之"，以配成4个音节。

以上结论，与《文通》论静字的有关内容是相符合的。

尽管马氏尚未就这个问题进行很细致总结，但他在一个世纪以前就注意到了静字后的"之"与静字音节数有关，这确实是难能可贵的。

3. 静字后加"者"可以代替名字，而且可区别同类事物。静字前加"其"字也"必有所指"，后面仍可再加"者"字。

4. 几个静字连用，中间可用"而""且""以""又"等字连接，但不能用"与""及""并"等字连接，因为"与""及""并"等是连接名字的。

5. 滋静字分表基数、序数、分数三种形式。整数后有零，则加"有""又"等字。而且涉及了量词（《文通》叫作"别称"）的有无以及滋静与别称的关系。

以上第2、3、4、5条意见论述的完全是汉语的特点，在西方语法理论中绝无可借鉴或模仿的东西。这不仅说明马氏的主要成就绝不是靠模仿取得的，同时还说明他对古代汉语结构规律的观察细致入微，许多结论是经得住语言事实的考验的。

四

《文通》静字章还包括部分句法方面的内容，总结起来主要有三点。

第一点，马氏认为，静字的主要功能是作表词。这里所谓表词大致上就是由静字充当的谓语。在汉语特别是古代汉语中，谓语由什么成分充当在形式上本无明显的区别，名词性成分作谓语时也不必加系动词。可是，《文通》还是把静字充任的谓语称为"表词"，以区别于动字充当的"语词"。后来的一些语法著作也把形容词性、名词性成分直接充当的谓语以及判断句中系词"是"后面的成分称为"表语"，可见《文通》的说法对后世产生了不小的影响。但笔者认为，这种处理方式受西方语法的影响是较明显的。

53

第二点，马氏认为，象静字可以有"司词"。象静司词分两种，一种是前有介字的，如"勇于公战，怯于私斗"的"公战""私斗"；另一种是前无介字的，如"言寡尤，行寡悔"的"尤""悔"。这种做法也明显地受了西方语法的影响。动词性谓语可以有宾语、补语，而形容词性谓语的关联成分则要与之区别，这才设了象静司词。但司词在《文通》中本是对介字的宾语的称呼，这里又把静字的连带成分称为司词，对于前有介字的那一部分（如上面举的"公战""私斗"）来说，就既是介字的司词，又是象静司词，而对前无介字那一部分（如上所举"尤""悔"）则只是象静司词，而不是介字的司词了。这使得《文通》的体系有些混乱。

第三点，静字章还附带谈到了"比"，即比较。象静字是表性质的，而性质有程度的不同，所以就有比较。为表示比较的结果，西文的形容词有"级"这个语法范畴，而汉语没有。马氏受西文的启发，注意到了这个问题，又根据汉语的特点总结出了"平比""差比""极比"三个条例。平比就是参与比较的两个或多个因素在某一性质上相同或相当，差比就是各因素间有差别，极比则是某因素在一定范围内在某一性质方面达到极致。书中引用了大量的例句，对这三个条例中的各种表达方式做了很详尽的分析。这些表达方式是西方所没有的，所以马氏并无模仿的对象，只能从汉语的语言现象中总结归纳。

五

从与西方语法理论的关系这个角度看，《文通》静字章的论述，可以大致看出以下几点。

1. 这一章所论述的内容包括词法和句法两方面。从《文通》一书的篇章题目上看，除开头的"正名"和结尾的"句读"外，其余章节都是介绍各类"字"的，没有为句法内容立章节，而是把句法的内容分别放在了各类"字"的论述当中，所以静字章中就有了"象静司词""比"等内容。

2. 《文通》对"静字"名目的采用、静字概念的界定以及静字章中的词法部分的论述基本上都是从古代汉语的实际情况出发的，所分析总结的各种语言现象和规律充分表现了古代汉语的有关语法特点。

3. 静字章中有关句法的论述，则较为复杂。有些问题的提出和论述确实受到了西方语法理论的启发或影响，其中也有因受这种影响而不太符合汉语实际或对《文通》的体系造成矛盾的地方，例如象静司词的设立。但是，西方语法的消极影响并不能掩盖这部分内容的成就，因为静字章句法内容中，仍有许多部分对汉语语法的特点进行了细致、中肯的揭示和总结，如论"比"中所总结的各种条例和句式。如果再结合词法部分看，西方语法理论在整个静字章中的消极影响就更是微不足道了。

※本文发表于《山东大学学报》（哲学社会科学版）2002年第4期。

《三国志》双音词研究

《三国志》的作者陈寿,一生约有一半时间生活在三国时期,东汉灭亡才十几年他就出生了。《三国志》成书于西晋时期,按王力先生的看法,此时仍与先秦两汉同属汉语史的上古期①。也就是说,该书应能在一定程度上反映上古汉语末期将向中古汉语转化时的语言情况。本文打算以《三国志》一书的双音词(因为双音词占当时复音词的绝大数,基本上能代表复音词的发展情况)为对象,对有关汉语词复音化的某些现象做一点研究探讨。

一 双音词的数量分布

经过调查统计,我们把《三国志》双音词的数量情况列成了表1。

表1　　　　　《三国志》双音词数量统计

总数	2181									
结构分类	单纯词		合成词								
^	叠音词	非叠音词	附加式		联合式	偏正式	陈述式	支配式	补充式	连动式	其他
^	^	^	加前缀	加后缀	^	^	^	^	^	^	^
数目	55	84	14	46	1168	625	10	88	74	13	4

---

① 王力:《汉语史稿》,中华书局1980年第6版,第35页。

续表

总数	2181									
百分比	2.52	3.85	0.64	2.11	53.55	28.66	0.46	4.03	3.39	0.6	0.18
例词	谆谆区区元元翼翼	逍遥鹓鶵弥漫歔欷	有汉有司阿党	眸子赫然燠若	干戈制度倾覆贫穷	先王物故不肖非常	口吃地震	更衣知音作色寒心	持久惊动蝗虫丁壮	识别闻知归附	友于弱冠首级

对表1，应当作如下说明。

（一）《三国志》中许多双音结构处于由词组向词发展的过程中，鉴别它们是否为双音词时令人颇费踌躇；有些词的结构类属不太鲜明（如"缢杀""绞杀"在统计中我们归入偏正结构，但算作补充结构也不无道理）。所以，表1中所列数字只能大体上反映各种双音词的数量和比例情况。

（二）本文旨在探讨汉语词复音化的某些规律和双音词的结构情况。有些双音词在《三国志》中出现的频率颇高，却不太能反映上述规律，笔者就没把它们列入表1的数字之内。这些词包括：①人的姓名、表字，如"夏侯""董卓""孟德"等；②官职名或其他称号，如"司空""太祖""卞氏""齐王""贤良"等；③方国、部族名以及地名，如"鲜卑""兖州"等；④星宿名、年号、干支、书名等，如"太白""癸酉""建安""周易"等。

根据表1，《三国志》中的双音词单纯词不多，附加式合成词更少，而联合、偏正则是最多产的两种构成双音词的方式。在其余几种形式中，支配式和补充式稍多，剩下的形式在数量上几乎是微不足道的了。

笔者对这些词的词类也做了粗略考察，发现它们主要是名词、动词和形容词。其中名词约1000个，接近总数的一半；动词约770个，形容词约360个，这三类就占总数的97%—98%了。其余的有副词、代词、数词、连词和语气词。因为当时词的兼类情况很普遍,所以,这些数字也只反映大致情况。

二 双音词的结构、词类分析

(一) 联合式

联合式在《三国志》双音词中数量最多,但其构成方式却较单一,大多用两个意义相同、相类或相反的词素结合而成。下面分词类阐述。

1. 名词

最常见的是[名+名→名]的形式,如:

(1)《三国志·魏书·程昱传》(以下《三国志》引文,只标国名、篇名):"黄巾起,县丞王度反应之,烧仓库。"

(2)《魏书·贾逵传》:"自为儿童,戏弄常设部伍。"

这样的例子还有:

宾客 人民 容貌 精神 形势 规模 锋芒 纲纪
旗帜 坟墓 骨肉 妇女

等等。

此外还有[动+动→名]和[形+形→名]式,例如:

(3)《魏书·东夷传》:"其人性愿悫,少嗜欲,有廉耻。"

(4)《吴书·吴主权传》:"周旋民间,语言饮食,与人无异。"

这两种形式的例子还有：

举动　著述　消息　书契　教化　完好　忠良　故旧
老小　奥秘　盛衰　精锐

等等。

还有少数联合式双音词，其中的两个词素性质不同，总结起来，有［名＋形→名］式，例如"权贵""机要"；［形＋名→名］式，如"荣利"；［形＋动→名］式，如"虚无"，等等。

2. 动词

绝大多数是［动＋动→动］的形式。例如：

（5）《魏书·卫觊传》："今议者多好悦耳，其言政治则比陛下于尧舜，其言征伐则比二虏于狸鼠。"
（6）《蜀书·魏延传》："延独与其子数人逃亡，奔汉中。"

这样的例子还有：

萌生　攻击　驱逐　防备　救援　休息　杀害　谈论
解放　宠爱　哭泣　焚烧

等等。

非［动＋动］式的联合双音动词在《三国志》中极少，如"经纬"是［名＋名→动］式，"友善"是［名＋形→动］式。

3. 形容词

几乎全是［形＋形→形］的形式，例如：

(7)《魏书·于禁传》:"且公聪明,谮诉何缘!"

(8)《蜀书·诸葛亮传》:"臣敢竭股肱智之力,效忠贞之节。"

这样的例子还有:

危险　辛苦　艰难　肥美　美丽　壮烈　温暖　荒芜
茂盛　奢侈　公平　谦虚　空虚　和睦　刚直　清高
软弱　廉洁

等等。

非［形＋形］式的双音联合形容词数量极少,如"狼狈"是［名＋名→形］式,"光明"是［名＋形→形］式,"危亡"是［形＋动→形］式,等等。

4. 其他类词

在《三国志》联合式双音词中,还有副词、代词和连词,数量都很少。副词例有:

(9)《魏书·荀攸传》:"我每有所行,反复思惟,自谓无以易,以咨公达,辄复过人意。"

(10)《吴书·周瑜传》:"策亲自迎瑜授建威中郎将。"

此外还有"互相""再三"等。

代词只有一个询问数目的"多少":

(11)《魏书·常林传》:"林叔父挝客,为诸生所白,匡怒收治,举宗惶怖,不知所责多少。"

连词也只有几个，如：

（12）《魏书·曹髦纪》："若使包羲因燧皇而作《易》，孔子何以不云燧人氏没包羲氏作乎？"

此外还有"假令""纵令"等。

（二）偏正式

偏正式双音词在《三国志》中的数量仅次于联合式，大多数是名词、动词，其他类词较少。

1. 名词

偏正式名词多以名词性词素为中心成分，其修饰限制成分则多种多样，但以形容词性、动词性、名词性三种词素居多。下面分别举例。

［形＋名→名］式：

（1）《魏书·武帝纪》："其公卿大臣列将有功者，宜陪寿陵。"
（2）《吴书·朱桓传》："兵法所以称客倍而主人半者，谓俱在平原，无城池之守。"

此外还有"贵族""平民""忠臣""旱魃""雄才""锐气"等。

［名＋名→名］式：

（3）《魏书·乐进传》："承破走，逃入海岛。"
（4）《魏书·魏延传》："亮出北谷口，延为前锋。"

此外还有"地道""军粮""沙漠""山寇""海内""塞

北",等等。

[动+名→名]式：

（5）《魏书·赵俨传》："羽围仁遂坚，余救兵未到。"
（6）《魏书·武帝纪》："授土田，官给耕牛，置学师以教之。"

此外还有"食物""禁地""战士""算术""死刑""行迹"，等等。

除以上三种外，《三国志》双音偏正名词还有[数（量）+名→名]和[名（形、副）+动→名]等形式，但数量都很少。第一种有"六艺""尺牍"等，第二种有"内应""美谈""当归""同谋""乡导"等。

2. 动词

其中心词素基本上都是动词性的，修饰限定词素主要有名、动、形、副四种性质的成分。

[名+动→动]式：

（7）《蜀书·法正传》："上可以倾覆寇敌，尊奖王室；中可以蚕食雍、凉，广拓境土；下可以固守要害，为持久之计。"

其名词性词素多作比喻，还有的表示与行为有关的方式、工具、时地等。这样的例子还有"响应""鹰扬""物故""符合""鉴戒""粉饰""郊祀""后悔"等。

[动+动→动]式：

（8）《蜀书·先主传》："臣昔与车骑将军董承图谋讨

曹，机事不密，承见陷害。"

修饰成分一般表方式。此类例子还有"生禽""追述""回避""购求"。

［形＋动→动］式：

(9)《蜀书·许靖传》："靖虽年逾七十……清谈不倦。"

修饰词素多表示行为的特征、效果或目的。这种形式的例子还有"草创""小便""强迫""污染""优待""清扫"等。

［副＋动→动］

副词性修饰词素只发现一个"相"字，在"相持""相似""相拒""相见""相思"中表"交互"或一方对另一方的行为，在"相继"中表示"递相"。

3. 其他类词

在《三国志》双音形容词中，偏正式比联合式少得多，例子有"太平""不朽""不肖""清贫"等。该书还有偏正式副词，数量也屈指可数，如"精心""未必""相与""万一"等。

（三）陈述式、支配式和连动式

这三种结构的词多为动词，此外还有陈述式形容词、名词和支配式名词，但数量都很少。

先说动词。陈述式、连动式动词数量不多，如：

(1)《魏书·明帝纪》："十一月，京都地震。"
(2)《魏书·曹奂纪》："甲子，行幸长安。"

陈述式几乎均为［名＋动→动］式，如例(1)。其他的还有"愤发"等；连动式均为［动+动→动］式，如例（2），另外还有"出征""出奔""归服""攻取"等。

支配式动词较多，一般为［动+名（动、形）→动］式，例如：

（3）《吴书·鲁肃传》："权起更衣。"
（4）《魏书·毌丘俭传》："大将军遣兖州刺史邓艾……示弱以诱之。"

其他例子还有：

犯法　即位　称职　亡命　发迹　操心　寒心　断后
挑战　绝望　解围　告急

等等。

除动词外，陈述式"口吃"等是形容词，支配式"带甲""指南""将军"等是名词。

（四）补充式和附加式

1. 补充式

补充式只有名词、动词，动词略多于名词。

补充式名词分两种，第一种是［名+名→名］式，前一词素表事物，后一词素说明该事物所属的大类。例如：

（1）《蜀书·董刘马陈董吕传评》："董和蹈羔羊之素，刘巴履清尚之节。"

其他例子还有"特牛""蛟龙""蝗虫""桑树""绿色""烽火"等。

第二种是［名+动（形）→名］式，前一词素表事物，后一词素说明与该事物有关的性状、动作、用途等，例如：

（2）《蜀书·先主传》："曹公……乃释辎重，轻军到襄阳。"

其他的还有"器用""服饰""饭食""车驾""辞讼""丁壮""技巧"等。

补充式动词一般为［动+动（形、名）→动］式，前一词素表行为，后一词素说明有关的结果、时地等。从词义上也可以分为两种。

第一种如果带宾语，其后一词素说的是宾语出现的行为或性状，作为前一词素的补充。例如：

（3）《魏书·邓艾传》："艾在西时，修治障塞，筑起城坞。"

其他的还有"攻破""慑服""惊动""杀伤""扇动""招致""匡正"等。

第二种情况一般不带宾语，后一词素也不说明宾语的情况，例如：

（4）《吴书·周瑜传》："今寇众我寡，难与持久。"

其他的还有"病死""梦见""起来""迫近""弃市"等。

2. 附加式

在《三国志》产生的时代，名词前缀"有"基本上已经消亡，带前缀"有"的词在书中只有"有汉""有司"等几个。而前缀"阿"则刚兴起，书中带"阿"的词除"阿谁""阿党"等以外也很难找到。但曹操小字"阿瞒"，刘禅小字"阿斗"是今天很多人知道的，"阿斗"还在书中出现过。

名词后缀"子"在《三国志》中尚不十分成熟，例如：

（5）《魏书·王昶传》："颍川郭伯益……吾以所知亲之昵之，不愿儿子为之。北海徐伟长……吾敬之重之，愿儿子师之。东平刘公干……吾爱之重之，不愿儿子慕之。乐安任昭先……吾友之善之，愿儿子遵之。"

（6）《吴书·甘宁传》："宁已观刘表，虑既不远，儿子又劣，非能承业传基者也。"

（7）《魏书·钟会传》："观其眸子，足以知人。"

（8）《蜀书·先主传》："布虏先生妻子……先生求和于吕布，布还其妻子。"

"眸子"已见于《孟子·离娄上》，《史记·项羽本纪》中还有"瞳子"，但这些"子"可以理解为小而圆的东西，还很难说是纯粹的词缀。"儿子"也已见于《汉书·高帝纪》，因"子"在古代本有"儿女""子女"义，所以"儿子"又可以理解为联合式。"妻子"上古多指"妻子儿女"，其中的"子"是单音名词，不是词缀。但例（8）所说刘备家属被劫，事在公元196年，而蜀后主刘禅生于公元207年，故刘备家属被劫时，有可能有妻无子。如果是这样，例（8）中的"子"就是后缀。王力先生说上古"妻子"（如《诗经》中的"妻子好合"）的"子"可能是后缀，也可以认为"妻子"是个偏举词[①]。笔者

[①] 王力：《汉语史稿》，中华书局1980年第6版，第35页。

认为，虽然上面几例的"子"均可有别的解释而不好断定为纯粹的后缀，但说它们至少与后缀"子"有密切关系，或者说是后缀"子"的萌芽期，应当不会错。

《三国志》中最常见的后缀是"然"，大多用以构成形容词。此外，还有"尔""若""如""忽"等。如"涣然""赫然""愕然""侃然""率尔""燠若""晏如""奄忽"等。

（五）单纯词

《三国志》中的双音单纯词不多，而且大都是前代已经习用的，主要有名词、动词和形容词。在形式上，又分为叠音词和非叠音词。

1. 叠音词

基本上全是形容词，只有"元元"是名词。"区区"有时用作自称，但其基本类属仍是形容词。《三国志》的叠音形容词从意义上可分为两种：一种是单字本身即有整个词的基本义，重叠后只起加强程度或色彩意义的作用，例如"欣欣""忿忿""凄凄"等；另一种是单字另有意义，只有重叠后才表示这个双音词的意义，单字在其中只代表一个音节，如"堂堂""汲汲"等。

2. 非叠音词

主要是名词、动词，少数是形容词。名词除"须臾""睚眦"外，都表具体事物，多是动植物，如"麒麟""玳瑁""鸳鸯""枇杷""翡翠"等。动词则在意义上表现出动作性不明显的特性。其中动作性最强的例子有"陆梁""逡巡""栖迟""邂逅"等，还有的表示人的声气感情或心理活动，动作性就更差了，如"欷歔""咳嗽""缱绻""首鼠"等。形容词都不正面表示性状，只描摹性状的情貌，色彩意义浓重。这与叠音形容词相同，在别的文献里也是这样，不是《三国志》里独有的特征，例如"恺悌""弥漫""踟蹰""从容"等。

三　有关词双音化的几个问题

（一）汉语词双音化的方式

根据上述情况，在当时已经为数不少的双音词中，单纯词不多，且基本上是先秦已有的。附加式也没有很大发展，数量激增的是由词组凝固后形成的双音词。而这种凝固常常通过两种方式来完成。

1. 两字组合后，在频繁的使用中格式逐渐固定，意思也发展成一个整体，原本的双音词组就变成了双音词。如"刚直""轻薄"表人的品性，每个词的意义都已不是两字意义的简单相加；"辛苦"的意思也不是"辛"和"苦"两种味道所能概括的。再例如"藩""屏""经""纬"，四个字分别表示四种事物，但"藩屏"表示"保卫，守卫"义，"经纬"表示"经营，治理"义，与原来的四种事物虽有联系，但其差别还是显而易见的。

2. 原双音组合中有一个字意思虚化，只起表音节的作用，原组合就变成了双音词。例如：

（1）《魏书·荀彧传》："且河、济，天下之要地也……不可以不先定。"

（2）《魏书·程昱传》："知足不辱，吾可以退矣。"

（3）《蜀书·先主传》："天命不可以不答，祖业不可以久替，四海不可以无主。"

这几例中的"以"已没有了"用来"或"根据"等义，"可以"就由固定组合变成了双音词。

（二）双音词增多的原因

王力先生认为，汉语词复音化的原因主要有两个，一是语音的简化，二是外语的吸收①。笔者认为，此说建立在一个基本认识的基础上，即双音词在上古期（按王力先生所说，在西晋末五胡乱华以前）还很少，是在中古期语音发生了较大变化、外来词较多时才逐渐增多的。然而，我们发现，在三国、晋初，双音词已经如此丰富，而据程湘清先生统计，东汉《论衡》中的复音词就已达 2300 个②。而东汉至晋初比起西汉和春秋战国，汉语的语音体系并没有发生明显的简化，《三国志》双音词中的外来词数量也微乎其微。这就说明，汉语词的复音化还另有原因，起码在西晋以前是这样。

时代的发展，生活的丰富，会促进思维、语言的发展。单音词中的同义词、近义词和反义词增多，才会为大量产生联合式双音词提供必要性与可能性；带修饰、限定或说明成分的复音词增多，才能适应思维、概念日益精密的需要。以前说"喜"说"悦"即可，后来则要区分"欢喜""欢笑""欢悦""欢洽""喜悦"；以前说"杀"说"戮"即可，后来要表示出"残杀""杀害""缢杀""斩杀""屠戮"等的不同。这些应当是汉语词复音化的原因之一。

对某种文风的追求也是词双音化的一个原因。《华阳国志·陈寿传》说陈寿"属文富艳""品藻典雅"，而《三国志》文笔精洁爽朗，每篇后的评语还有意追求句式的整齐和语音的节奏感，单字只语就很难做到这些。如：

> 《魏书·武帝纪评》："汉末，天下大乱，雄豪并起，而袁绍虎视四州，强盛莫敌。太祖运筹演谋，鞭挞宇内，

---

① 王力：《汉语史稿》，中华书局 1980 年第 6 版，第 225 页。
② 程湘清：《〈论衡〉复音词研究》，见程湘清主编《两汉汉语研究》，山东教育出版社 1985 年版。

揽申、商之法术，该韩、白之奇策，官方授材，各因其器，矫情任算，不念旧恶，终能总御皇机，克成洪业者，惟其明略最优也。抑可谓非常之人，超世之杰矣。"

《三国志》还抄录了不少当时人的书信、奏章等，其中也表现出对这种文风的追求。此举《魏书·钟会传》所载钟会给蜀将士吏民的檄文片段为例：

> 往者汉祚衰微，率土分崩，生民之命，几于泯灭。太祖武皇帝神武圣哲，拨乱反正，拯其将坠，造我区夏。高祖文皇帝应天顺民，受命践祚。烈祖明皇帝奕世重光，恢拓洪业。然江山之外，异政殊俗，率土齐民未蒙王化，此三祖所以顾怀遗恨也。今主上圣德钦明，绍隆前绪，宰辅忠肃明允，劭劳王室，布政垂惠而万邦协和，施德百蛮而肃慎致贡。……明者见危于无形，智者规祸于未萌。……诚能深鉴成败，邈然高蹈，投迹微子之踪，错身陈平之轨，则福同古人，庆流来裔，百姓士民，安堵旧业，农不易亩，市不回肆，去累卵之危，就永安之福，岂不美与！若偷安旦夕，迷而不反，大兵一发，玉石皆碎，虽欲悔之，亦无及已。其详择利害，自求多福，各具宣布，咸使闻知。

这种例子还有很多，其中骈辞俪语很常见，这必然促使词语音节趋于偶数化，不仅对后代文学作品的语言有影响，而且对词语的双音化起了推波助澜的作用。

（三）词的复音化对汉语发展的作用

词的复音化本身就是汉语发展的标志之一，而双音词的增多至少在两个方面又促进了汉语的发展。

首先，推动了某些词义的演进，又使词义的表达更细致、更准确。

单音词"恨"在汉代的常用义还是"遗憾"，但又渐有"不满"义，进而发展为"仇恨"。《三国志》双音词有"恚恨""忌恨""忿恨""怨恨"，这一方面说明当时"恨"的"仇怨"义已很常用，另一方面，这些词的频繁使用，在"恨"的"仇怨"义逐渐发展并取代"遗憾"义的过程中，无疑会起到促进作用。

《三国志》中有"拯救""营救""救援"，意思和用途各有细微差别，这些差别只用一个"救"字显然无法区分，只用"拯""援"也不能表达得详尽；"大臣""朝臣""功臣""忠臣""近臣""旧臣""逆臣"等则把各种"臣"区别得更精细。"愤"在先秦为"憋闷"义，后又有了"怨怒"义，只说"愤"难以断定用的是哪项意义，而说"愤懑""激愤""愤怒"，意思就确定了。

其次，复音化促进了词类的固定。

一词多义常使单音词兼类，如"将"可以指带兵（动词），也可以指带兵的人（名词），所以《史记·淮阴侯列传》有"陛下不能将兵，而善将将"的句子。而《三国志》中的"将帅""武将""名将""良将""将士"则都是类别比较固定的名词。再如该书中的"谈论"和"美谈"，"驱逐"和"先驱"，都是因为组成了双音词才使词类比较明确而且固定了。

词类活用在古代是比较常见的现象。如"器"可以比喻人才，而认为某人有才能，可以说"器之"（"器"可以看作意动用法），例如《汉书·翟方进传》："丞相官缺，群臣多举方进，上亦器其能，遂擢方进为丞相。"后代的文言文中也这样用，如宋代王谠《唐语林·赏誉》："白敏中在郎署，未有知者。虽李卫公器之,多所延誉,然而无资用以奉僚友。"这里的"器"就用作动词了。再如表"碎裂"义的"破"是形容词,但《诗·豳风·破斧》"既破我斧,又缺我斨"以及"破釜沉舟"的"破"是"使碎裂"的意思,就成了动词。而《三国志·吴书·孙虑传》说孙虑有才,孙权"器爱之"。"器爱"的动词性很明显,这样说就不必把"器"活用为动词了。同理,有了"攻破""摧破""击破"等说法,就既不必使"破"的词性变来变去,而且能更精确地表达出弄破的方法。

总之,双音词的发展不仅使语意的表达更加完善,也使词类趋于固定,促进了汉语语法的发展,这从《三国志》双音词的情况中可以得到证明。

※本文发表于《文史哲》1998年第1期,收入本集时对个别字句做了修改。

汉赋复音词初探

　　汉赋特别是其中的散体大赋在中国古代文学作品中颇具特色。汉赋在体制上可以大致分为三类，即四言赋、骚体赋、散体赋。汉代的四言赋继承《荀子·赋》篇中的《礼》《知》《云》《蚕》《箴》等的写作手法，多以咏物为主，篇幅一般比较短，其作品保存至今的不多。《西京杂记》中记载的邹阳的《酒赋》《几赋》，公孙诡的《文鹿赋》，羊胜的《屏风赋》，《古文苑》《艺文类聚》中保存的刘安的《屏风赋》，《孔丛子》中记载的孔臧的《杨柳赋》《鸮赋》《蓼虫赋》，等等，都属四言赋。骚体赋在形式上直接来源于屈原的"楚辞"体，与散体赋相比，骚体赋抒发个人内心感慨的内容多一些。《文选》所载贾谊《吊屈原赋》、王褒《洞箫赋》、张衡《思玄赋》，《古文苑》所载贾谊《旱云赋》、刘歆《遂初赋》，《汉书·叙传》所载班固《幽通赋》，等等，都是骚体赋。散体赋则是在汉帝国走向繁荣强盛，儒家思想定于一尊，南北文化交汇融合的历史条件下成熟发展起来的，特别是大赋，在内容上最能代表大汉帝国的时代精神，在形式上句式丰富、韵散结合，极尽铺张扬厉之能事。从这个意义上说，散体大赋在汉赋的内容和艺术特点上应当最有代表性。见于《文选》的司马相如的《子虚赋》《上林赋》，扬雄的《蜀都赋》《甘泉赋》《羽猎赋》《长杨赋》，班固的《西都赋》《东都赋》，张衡的《西京赋》《东京赋》《南都赋》，马融的《长笛赋》以及王延寿的《鲁灵光殿赋》，等等，都是典型的散体大赋。

由于种种原因，新中国成立后的汉赋研究先是不能采取客观公正的态度，后来则主要致力于作品的社会背景及文学创作和意义价值等方面的探讨，对其语言的特色则注意很少。

曾经有一段历史时期，学界对汉赋的评价是以批判为主的。批评家们不仅从内容和表现手法上指责汉赋"劝百而讽一"，是"虚辞滥说"，而且对它的语言也基本上持否定态度。有的古代文学史教材就评价司马相如的大赋"层层排比，板滞少变，堆砌辞藻，好用奇词僻字，读之令人生厌"[①]。新时期以来，学术界解放思想，从社会历史背景和文学发展的角度重新审视汉赋特别是汉大赋，对这种文体在中国文学史上的地位逐步有了比较客观公正的认识。但是这些新认识主要是针对作品的立意、内容和创作方法的，而很少有人从实际材料出发对其语言特点进行深入研究。因此，对汉赋语言的评价就仍然停留在仅凭阅读时的感觉下结论的阶段。这样得到的结论只能是浮光掠影的表面印象，很难保证其准确性。本文则拟从具体材料出发，对汉赋中的复音词进行初步考察，以求总结有关规律。

在汉语词汇发展史上，古代汉语特别是先秦汉语中的单音词占大多数，而在近现代汉语中复音词占大多数，这一点已经成为语言学界的共识。

在目前可以辨识的甲骨文中，复音词的数量十分有限，而且主要是人名、部族名等专有名词，如"报乙""武丁""妇

---

① 游国恩等主编：《中国文学史》，人民文学出版社1963年版，第122页。

好""鬼方""中商"等；还有官职名和干支词，前者例如"多臣""又尹""大史"，后者有从"甲子"到"癸亥"。此外，复音词就很少了。两周金文中的复音词有所增加，有的词的结构尚不很固定。如"对扬"一词，屡见于金文，用于臣受君赐表示答谢、颂扬的场合，有时表现为"对……扬"或者"扬……对"的形式，到《尚书》《诗经》的时代"对扬"一词在结构上才比较固定了。

《尚书》今文篇中的复音词比起金文又有较大发展。其中的人名、地名、山水名、部族名、星宿名等专有名词仍然占不小的比例，此外，还有一些官职名、干支词等，但普通词语中的复音词数量更大，其中名词占大多数，而且几乎全是双音词。

据赵克勤先生统计，《孟子》共用单音词1565个，其中使用频率1000次以上的3个，400次以上的10个，100次以上的51个；全书的复音词有713个，去掉专有名词，剩下的普通词有500个左右①。《诗经》共用不重复的字2900多个，据向熹先生统计，该书有4000多个词，其中复音词1329个，占全书词数的30%弱②。《诗经》在先秦典籍中是复音词含量相当高的。它产生得比较早，再经过春秋后期及战国时代的发展，到秦朝建立前夕，汉语复音词的数量达到总词量的三分之一左右应当是没有问题的。

从词中包含的音节数看，先秦的复音词即以双音词为主，这一点一直到今天仍是这样。从词的性质看，时代越早，复音词中的专有名词、职官名等所占的比例越大。从构词方式上

---

① 赵克勤：《古汉语词汇概要》，浙江教育出版社1987年版，第12页。
② 向熹：《〈诗经〉里的复音词》，载《语言学论丛》第6辑，商务印书馆1980年版，第28页。

看，可能由于体裁的原因，《诗经》及屈原的作品复音词中的单纯词多一些。

尽管诗歌中的单纯复音词比例较高，但先秦复音词仍然是合成词占多数。到战国末，汉语的合成词已经粗具规模，今天所有的绝大部分结构类型在当时都已具备。

赵克勤先生还从两个方面说明汉语复音词的发展。一个方面是后代作者引述或借用前代典籍中的话语时在用词上所做的改动常常是用后来通行的复音词语代替原来典籍中的单音词。另一个方面是古代注释家在注解前代典籍时常常用复音词语解释单音词。这两种现象确实能很有力地证明汉语复音词的发展。①。

到汉代为止，汉语复音词的发展状况大致如此。尽管在不同体裁的文献中复音词情况不一样，不同结构的复音词发展不平衡，但是有一个大趋势是比较明显的，那就是时代越向后，复音词就越发达。从这个意义上说，汉语词汇的发展，是复音词数量逐渐增多、使用频率逐渐提高、结构形式逐渐完善、意义逐渐丰富的一个过程。换一句话说，复音词所占比例的提高，是汉语词汇发展的趋向之一。

关于复音词的发展，还牵扯到口语和书面语的关系的一个问题。

在语言的发展变化中，口语的发展是第一性的，这种发展在书面语中反映出来总需要一段时间。而且，由于各种复杂的原因，在相当长的一个历史时期里，汉语的口语和书面语还存在明显的脱节现象，其主要表现是有些典籍中的书面语大大滞后于口语的发展。当与口语严重脱节的书面语被看作正统语体的时候，在有些场合，人们行文时不得不采用更加接近口语的

---

① 赵克勤：《古代汉语词汇学》，商务印书馆1994年版，第60—64页。

新语体，因而形成了古代汉语书面语中的文言文和古白话文两大系统。

目前学术界一般认为，先秦典籍如《尚书》《诗经》《左传》《国语》及秦汉诸子散文等中的语言，是在当时口语的基础上形成的语体文，与当时的口头语言差别并不很大。大约自汉魏时起，汉语的书面语和口语产生了越来越严重的脱节现象，并由此形成了古代汉语的两大系统。

总之，在古代，书面语的发展不同程度地落后于口语，在同一时代的文章中，越接近口语的语料才越能代表当时语言的发展状况。而复音化又是汉语词的发展趋势，时代越往后，复音词就越发达，那就是说，比较接近口语、比较能代表汉语发展方向的文章中往往复音词的数目大、使用频率高。

因此，我们也可以换个角度思考问题，即通过语料中复音词的使用情况考察它记录的语言在当时汉语发展中表现出的性质和作用：如果某一历史时期中一部分特定的书面语料中的复音词所占的比例比同时代的其他语料高，而且使用的频率也高的话，那么首先可以说明这部分特定语料至少在一个角度上代表了汉语发展的趋向，其次还能说明这部分书面语料所记录的语言在一个角度上比较接近当时的口语。

在汉代，特别是在西汉，口语和书面语的差别还不太大。拿汉赋中使用复音词的情况与同时代或前后的非赋体文章相比较，就可以看出汉赋在语体方面的某些特色。

为了大致了解汉赋中复音词的数量，笔者选取了司马相如《子虚赋》《上林赋》、扬雄《长杨赋》《甘泉赋》《羽猎赋》、班固《两都赋》、张衡《二京赋》等共48篇汉赋作品，大约55000字，统计了其中的复音词，将得到的数字列成表1。

表1　　　　　　　　　　汉赋复音词数量统计

结构分类	单纯词		合成词						结构不明
	叠音词	非叠音词	附加式		联合式	偏正式	支配式	补充式	陈述式	
			加词头	加词尾						
总数	3372								
数量（个）	169	733	4	52	811	1442	58	32	19	52
合计	902		2418							52
占总数百分比%	5.01	21.73	0.12	1.54	24.05	42.76	1.72	0.95	0.56	1.54
占单纯词或合成词百分比%	18.73	81.26	0.17	2.15	33.54	59.64	2.40	1.32	0.79	—

对表1中的数字需要作三点说明。

（一）关于同形词

汉赋中有些多音名词，其文字形式相同，却可以表示完全不同的事物。如"金马"，在汉赋中主要有两项意思，一是"金马门"的省称，是汉代宫门名，二是"金马署"的省称，是西汉时国家藏书处。例如：

　　《文选·扬雄〈解嘲〉》："公孙创业于金马，骠骑发迹于祁连。"李善注引孟康曰："公孙弘对策于金马门。"
　　《文选·班固〈两都赋〉》序："内设金马石渠之署，外兴乐府协律之事。"

前例中的"金马"指金马门，后例中的"金马"则指金马署。《文选》李善、张铣注均将《两都赋》序例中的"金马"注作金马门，误。"金马石渠之署"，既将"金马"与"石渠"（即石渠阁，亦西汉皇家藏书处，见《三辅黄图·阁》）并称，又明言"之署"，是其证。唐代刘肃《大唐新语·匡赞》云：

"圣上好文，书籍之盛事……前汉有金马石渠，后汉有兰台东观。"可见刘肃也不把与"石渠"并称的"金马"理解为金马门。

类似情况还有："翡翠"（二义，一为一种硬玉，二为鸟名）、干将（二义，一为人名，二为剑名）、"甘露"（二义，一为甘甜的露水，二为汉宣帝年号）、"麒麟"（二义，一为传说中的动物名，二为宫殿名）、"蟋蟀"（二义，一为昆虫名，二为《诗经》篇名），等等。此外，汉赋中的许多宫殿台阁等建筑物名，如"鼎湖""紫微""黄山""清凉""神仙""金华""合欢""飞翔""白杨""豫章""鸳鸯"，等等，除了是宫观台阁名外，也都另有其他意思。

像这种文字形式相同，但表示了完全不同的两种或多种事物的同形名词，我们在统计时分别计算。

（二）关于音义相同而字不同和音近义通的词

在汉赋中，有不少复音词音同或音近，意义完全相同，但用字不同。这种情况中有些是人名，如"飞廉"又作"蜚廉"，"伏羲"又作"庖羲"，"宓妃"又作"虙妃"，"句芒"又作"钩芒"，等等；也有些是其他事物的名称，如"大辂"又作"大路"，"玳瑁"又作"毒冒"，"泰山""泰液"又分别作"太山""太液"，"太一"又作"泰壹"，"昆仑"又作"崐崘""崐崙"，"凤凰"又作"凤皇"，"駏驉"又作"距虚"，等等；还有的是音译词，如"橐驼"又作"橐它"。在这里每一组词所用的相应的字形体虽然有异，但它们之间有明显的通假关系，而且每组词的所指完全相同，在统计时，我们即作一个词计算。

至于形容性的联绵词，音同或音近意义又相通的更多一些。例如"委蛇"又作"逶蛇""蜲蛇""逶迤"；"相羊"又作"襄羊""尚阳""相佯"；"澎濞"又作"彭濞"，转作

"滂濞""彭湃"等；"崔嵬"又作"崔巍"，转作"嶉嵬""摧崣"；"纷纭"又作"纷云""汾沄""蚡缊"；"仿佛"又作"彷彿""髣髴"；"旖旎"又作"猗抳""猗靡""旖柅"；等等。这种情况中的每一组词相应的异形字之间的关系比较复杂，在语音上的差别有时也比前一种要大，而且同一组中各个词的意义虽有联系，但有的也有细微的差别。对这些语音和意义上的差异区别起来非常麻烦，所以我们的原则是只要字形不同的，都分别统计。

（三）关于结构不明的词

汉赋中有些复音词的结构类属不太鲜明。例如：

《文选·枚乘〈七发〉》："于是使伊尹煎熬，易牙调和。"

这里的"调和"，表1归入了补充式。但是如果考虑《七发》产生的时代，这个"调和"可以理解为"调之使和"，如果把"调"看作"使和"的手段，把"使和"看作"调"的目的，那么"调和"算作偏正式似乎也不无道理。"震动""震慑""感动"等也与"调和"的情况相类似。但笔者以为把这些词看作补充或更妥帖。

结构不明的词还有人名，如："皋陶""句践""共工""比干""由余""奚仲"，等等。"共""比""由""奚"等后来都是姓氏，春秋时有共华（见《左传·僖公十年》），汉代有比铜钳（见《后汉书·西羌传》）、长沙太守由章（见《通志·氏族四》）、奚涓、奚意（见《汉书·高惠高后文功臣表》）等，而且相传这些姓氏分别来源于共工、比干、由余、奚仲等人。然而，后代的共华、比铜钳等人是否真的分别是共工、比干等人的后裔，共华、比铜钳等的姓氏是否来源于共工、比干等人，都缺乏确凿的证据，这里只能姑妄听之。即使有证据证明真的是这样，那也只能说明共华、比铜钳、由章、奚涓、奚意等人的姓名可以列入偏正式，而在共工、比干、由余、奚仲等命名之时，"共""比""由""奚"等还不是姓或氏，我们也无从查考他们命名时所取的字义，说"共工"等人名是单纯词也缺乏证据，所以这些词在结构上的类型归属仍然不清楚。

为了就复音词数量问题把汉赋与其他文献进行比较，笔者又粗略统计了《论语》《孟子》《论衡》《世说新语》诸书的字数，再采用程湘清先生《〈论衡〉复音词研究》①《〈世说新语〉复音词研究》② 中关于上述几部书复音词的统计数字，与表1中统计的汉大赋复音词的数字，列成表2。

表2　　　　　汉赋与《论语》诸书复音词比较

文献名	总字数（个）	复音词数（个）	其中单纯词数（个）	每千字含复音词数（个）	单纯词占复音词百分比数%
论语	约22100	183	1	8.28	0.55
孟子	约44930	336	12	7.48	3.57
论衡	约259200	2300	75	8.87	3.26
世说新语	约80800	2126	58	26.31	2.73
笔者所选汉赋	约55000	3372	902	61.3	26.74

从表2可以看出两个明显的倾向。

1. 汉大赋中复音词的比例很高

表2的数据说明，复音词的比例上升是汉语词汇发展的趋势。《孟子》每千字所含复音词的数量略低于《论语》，这可能是因为《孟子》的篇幅是《论语》的两倍还多。从理论上讲，在某一共时平面上，汉语复音词的数量是一定的。当所统

---

① 程湘清主编：《两汉汉语研究》，山东教育出版社1985年版。
② 程湘清主编：《魏晋南北朝汉语研究》，山东教育出版社1988年版。

计的语料字数达到一定的量之后，统计出的复音词就基本上不再增加了，所以，当统计的语料字数超过这个量之后，统计的语料越多，每千字所含复音词的比例就会越低。尽管如此，卷帙比《论语》《孟子》大得多的《论衡》每千字含复音词的数量仍然超过了《论语》《孟子》，而《世说新语》中这个数字竟达到26.31，复音词增加的趋势非常明显。更令人瞩目的是早于《世说新语》的汉大赋中复音词的含量竟然如此之高，大大超出了同时代甚至南北朝时期的散文语料。

2. 汉赋复音词中单纯词的占比很高

表2显示，复音词中单纯词的占比有随着时代的发展而下降的趋势。而汉赋复音词中的单纯词占比竟比先秦时期的《论语》《孟子》还高出很多。

以上两种现象，与汉赋的文体、语言特点应当不无关系。汉赋的语言带有十分突出的两重性，一方面，侈靡华丽，另一方面又带着浓重的口诵特色，有接近当时口语的一面。而这两个方面，都与复音词的使用有密切关系。

侈靡华丽是汉赋语言特色的一个方面。汉赋在创作的当时，其社会功能之一是歌功颂德、"润色鸿业"。西汉的大赋向世人充分展现的是大汉帝国由于稳定繁荣而兴旺发达的时代精神风貌。这样的文体，当然要表现博大的气势，既要典重，又要富于文采。歌功颂德、"润色鸿业"的需要使得汉赋的语言不能一味地俚俗，赋家们不仅自觉追求语言华美，又有足够的学问和修养给这种追求提供保证，所以，汉赋"极丽靡之辞"也就不足为怪了。

汉赋文辞的绮靡以及作品风格的闳丽，都与复音词特别是双音词的使用关系密切。确切地说，双音词的使用在构成汉赋语言风格的过程中起到了十分重要的作用。因为赋家们所追求的这种语体风格，靠单字只语是很难实现的。

汉赋特别是散体大赋非常重视描绘，汉赋的描绘在继承了前人成就的基础上有了引人瞩目的发展。在先秦文章中，描绘常常是以写意手段传播被描写事物的神韵，文字简练。而汉赋改变了这种做法，更注重事物的外形描写，并对每个细节都不厌其烦地尽量作充分的刻画。这样的描绘、刻画、铺陈，常常要罗列许多名物，如人物、宫殿、都邑、山泽、苑囿、动物、植物等，而表示这些事物的词常常是多音节的。此外，在描绘过程中，赋家还要刻画事物的形状、性质、状态、动作、神情等，这些刻画务求细致入微、穷形尽相，于是需要使用大量的叠音词、联绵词，而这些词基本上是多音的。有些事物原本可以用单音词表示，但两个或更多的字通过联合、偏正等手段结合起来构成词，可以使表达的意思更加准确，更能表现事物之间的细微差别。而这种效果，正是汉赋所刻意追求的。

　　汉赋不仅可供阅读，而且可供朗诵，人们不仅能作为读者，而且能作为听众通过"耳治"而不仅是"目治"来领略作品的艺术魅力。《文心雕龙·诠赋》说：

> 《诗》有六义，其二曰"赋"。"赋"者，铺也，铺采摛文，体物写志也。昔邵公称："公卿献诗，师箴瞍赋。"《传》云："登高能赋，可为大夫。"《诗序》则同义，"传"说则异体；总其归涂，实相枝干。刘向云："明不歌而颂"。班固称："古诗之流也"。

　　从这段话可以看出，"赋"的主要含义一是铺陈事物，二是不歌而诵。而作为文体的赋也具有这两方面的特点。第一个特点使赋与散文有相同之处，第二个特点则是因为赋与诗歌有千丝万缕的联系。因此，赋与一般散文相比，更具口诵特点。

　　《汉书·礼乐志》："凡乐，乐其所生，礼不忘本，高祖乐楚声。"① 刘邦及汉初上层统治集团中的许多成员来自楚地，好楚舞楚歌。汉赋在形式和内容上与《楚辞》存在某种关系，后来也受到上层统治者的喜爱，这可能也是原因之一。而《楚辞》在汉代也经常被诵读、演唱。据《汉书·王褒传》记载，汉宣帝曾召文人入宫朗诵辞赋；当太子身体不适时，宣帝还"诏使褒等皆之太子宫虞侍太子，朝夕诵读奇文及所自造作，疾平复，乃归"；"太子喜褒所为《甘泉》及《洞箫颂》，令后宫贵人左右皆诵读之"②。可见汉代确有诵读辞赋的习惯。汉赋既然不仅是可以诵读的，而且能使身体不适的宣帝太子恢复健康，可见它不仅要让人不通过阅读就能听得懂，而且能通过听来享受其美感。那么，它的语言在华丽典雅的同时就又不能太晦涩。

要收到上面所说的效果，复音词的使用在其中也起到了很大的作用。复音词至少有以下特点。首先是可以有效地减少同音词，使不必借助于字形的口语交际得以正常进行，对汉赋来说，就是不必通过书面，只要朗读就可以使对方听懂。只有做到了这一点，才谈得上对作品的美的欣赏。其次是复音词的结构相对复杂，含意更加丰富，有利于作品的描写铺排。再次是复音词中的双音词能更好地调节作品的音律节奏，增强诵读的效果。可见，汉赋的口诵特色与复音词的使用关系十分密切。所以，对于汉赋的语体特点，如果只看到它典雅的一面，而忽视了它接近口语的一面，显然是有失公允的。

在汉赋的复音词中，很能突出地表现作品的口诵特色的是叠音词和联绵词。汉赋复音词中的叠音词和联绵词数量之丰富，也是很突出的。从汉语发展史的角度看，联绵词应当是出

---

① （汉）班固：《汉书》，中华书局1962年版，第1043页。
② （汉）班固：《汉书》，中华书局1962年版，第2821、2829页。

现得很早的复音词，在早期汉语的复音词中应当占很大比例，长期活跃在人们的口语当中。后来，随着社会和人类思维的发展，通过语法造词手段造出的合成词越来越多，联绵词在复音词中的比例才逐渐下降了。许多联绵词在古代文学作品中被长期使用，到了汉代，人们还可以通过声音从感性上领略这些词的形象色彩所表现出的艺术效果，这种领略应当比远离古代的今人要深刻得多。

事实证明，在汉语里，双音结构最能表现语音的节奏。这不仅因为双音结构便于使用双声、叠韵、叠音等手段，即使不用这种手段，两字结合也比只用单字的节奏感要强，以至后来格律诗的平仄也多以两个字为节奏单位。

为了进一步探讨汉赋的句式与复音词使用的关系，我们有必要把汉赋的句式做个大概的分析。汉赋是韵散结合的，有些部分类似于散文，其句式不容易总结出比较整齐的规律，但有些部分的句式是有章可循的。在较有规律的句式中，常见的有四字句、六字句、七字句，也有三字句和五字句。

汉赋中的三字句的节奏多是"□-□□"式，即后两个音节的结合比较紧密，形成一个节奏点。例如：

《文选·班固〈东都赋〉》："于是荐三牺，效五牲，礼神祇，怀百灵，觐明堂，临辟雍，扬缉熙，宣皇风，登灵台，考休徵……抗五声，极六律，歌九功，舞八佾，韶武备，泰古毕。"

《后汉书》载杜度《论都赋》："推天时，顺斗极，排阊阖，入函谷。……规龙首，抚未央，厩平乐，仪建章。"

上面例子中的三字组都是"□-□□"结构的。也有少数三字句用"□□-□"结构，即前面两个音节的结合更紧密。例如：

《文选·班固〈西都赋〉》："擢女讴，鼓吹震，声激越，謍厉天。"

这个例子中的"擢女讴""鼓吹震"就都是"□□－□"结构的三字句。

四字句是汉赋中最常见的句式之一，许多咏物赋都是由四字句组成的，而且其结构绝大部分是"□□－□□"式的，即由两个两字组构成。本文统计的篇章中的例子如：

《古文苑》载司马相如《美人赋》："时日西夕，玄阴晦冥，流风惨冽，素雪飘零，闲房寂谧，不闻人声。于是寝具既设，服玩珍奇，金鉔薰香，黼帐低垂。衽褥重陈，角枕横施。女乃驰其上服，表其亵衣。皓体呈露，弱骨丰肌。时来亲臣，柔滑如脂。臣乃脉定于内，心正于怀，信誓旦旦，秉志不回，翻然高举，与彼长辞。"

五字句在汉赋中使用得不太多，其音节结构也不很统一。六字句和七字句也分别是汉赋中最常见的句式之一，特别是在骚体赋中。六字句的节奏格式一般是"□－□□之□□"式，其中的"之"字也有时用"以"、"而"或"其"等字。例如：

《古文苑》载班婕妤《捣素赋》："测平分以知岁，酌玉衡之初临。风骎骎以麎色，听霜鹤之传音。伫风轩而结睇，对愁云之浮沉。虽松梧之贞脆，岂荣雕其异心。……改容饰而相命，卷霜帛而下庭。曳落裙之绮靡，振珠佩之精明。……胜云霞之迩日，似桃李之向春。"

此外，黄香的《九宫赋》以及班彪《北征赋》中的一部分也用这种六字句。这样的句式后面加上一个"兮"字就构成七字句，而骚体赋中最典型的句式就是把七字句和六字句交替使用，形成"□-□□之□□兮，□-□□之□□"的句式，其中的"之"字也可以用"以""而"等字代替。

由于诵读节奏的需要，在汉赋的句子中存在大量在音节上结合比较紧密的双音结构，这些结构在加强汉赋朗读节奏感的过程中起了重要作用，同时也大大地促进了双音词的产生和使用。下面我们再看司马相如《子虚赋》中对云梦泽的一段描写：

其山则盘纡弗郁，隆崇律崒，岑崟参差，日月隐亏；交错纠纷，上干青云；罢池陂陀，下属江河。其土则丹青赭垩，雌黄白附，锡碧金银，众色炫耀，照烂龙鳞。其石则赤玉玫瑰，琳珉昆吾，瑊玏玄厉，礝石碔砆。其东则有蕙圃，蘅兰芷若，穹穷昌蒲，茳蓠蘪芜，诸柘巴苴。其南则有平原广泽，登降陁靡，案衍坛曼，缘以大江，限以巫山。其高燥则生葴菥苞荔，薛莎青薠。其埤湿则生藏莨蒹葭，东蔷雕胡，莲藕觚卢，奄闾轩于。众物居之，不可胜图。其西则有涌泉清池，激水推移，外发芙蓉菱华，内隐巨石白沙。其中则有神龟蛟鼍，玳瑁鳖鼋。其北则有阴林，其树楩楠豫章，桂椒木兰，蘗离朱杨，楂梨樗栗，橘柚芬芳。其上则有鹓雏孔鸾，腾远射干。其下则有白虎玄豹，蟃蜒貙犴。

从形式上看，这段文字的前半部分全都是由"其山则""其土则""其石则"领起的四字结构组成的；后半部分除了"外发芙蓉菱华，内隐钜石白沙"两句各有六字外，其余句子则都是由"其东则有""其南则有""其西则有""其北则有""其中则有""其上则有""其下则有"领起的四字结构;中间有两组四字结构是由"其高燥则生"和"其埤湿则生"领起的。朗读时,我们会觉得"其□则""其□□则"等很像是相对整齐的四字或六字结构之外的"散字",而"其□则有"因为也是四个字,所以连"散字"也不像了。

为了达到加强节奏感的目的,赋家们当然要更多地使用双音词或双音词组。从上面所举的《子虚赋》的例子看,其中有些被提到的事物或性状等本来就是由双音词表示的,如"玫瑰""昆吾""雌黄""昌蒲""茳蓠""诸柘""巴苴""蒹葭""舤卢""芙蓉""豫章""瑊玏""腾远""射干""参差""芬芳"等。如果是单音词,有时就联合两个词组成双音结构,如"日月""江河""金银""鳖鼋"等,更多的情况是在单音名词前面加上一个字的修饰成分,以构成双音结构。于是江称"大江",云称"青云","涌泉""清池""激水""钜石""白沙""神龟"等都是这样。这种双音词语的拼凑有时甚至做得有些生硬。例如:

《文选·张衡〈西京赋〉》:"于前则终南太一……爰有蓝田珍玉,是之自出。于后则高陵平原,据渭踞泾,澶漫靡迤,作镇于近。"

玉本来就珍贵,并没有不珍之玉,但在这里仍然被称为"珍玉"。"陵""原"二字原本就分别包含"高""平"之义。《说文》:"陵,大阜也。"《诗·大雅·公刘》:"于胥斯原,既庶既繁。"郑笺:"广平曰原。"可是在这里,它们仍然分别被加上了"高""平"二字作修饰成分。如果单纯追求文字的精练与简洁,也许可以说这里的"珍""高""平"等字都是多余的，但是为了配成双音词语以求节奏的和谐，它们又都是必不可少的。"平原"等词语也就是因为二字经常连用，后来形成了双音词。

汉赋对偶数音节词语的追求还可以从作品中出现的人物姓名、字、号中表现出来。在笔者所统计的作品中共出现表各类人物的复音名词400多个，其中人物的姓名、字、号有近300个，其中三音节的只有不到40个，其余全是偶数音节。在偶数音节的对人的称呼中，有12个是四音节的：

乌有先生　非有先生　司马相如　东方先生
司马长卿　徒华公子
虞丘寿王　越王句践　无为先生　务世公子
凭虚公子　安处先生

这些四音节的词语在节奏上都构成"□□－□□"的格式。双音节的称人词语250多个，值得注意的是，有不少双音节的称人词语是经过处理的，即在通常情况，对该人物的称呼一般要用三个音节，但在汉赋中都被改造成了双音节。例如：

齐桓（齐桓公）楚严（楚庄王）周成（周成王）
董生（董仲舒）
蔺生（蔺相如）段干（段干木）龙逢（关龙逢）
鲁连（鲁仲连）
包胥（申包胥）柳惠（柳下惠）烛武（烛之武）
介推（介之推）
卓氏（卓王孙）呼韩（呼韩邪）公孙（公孙弘）
文成（李少翁）

这些对人物称呼的改造有的甚至很生硬，之所以要这样做，造成双音节至少是目的之一。

结合前面的表1我们可以看出，在汉赋的复音词中，数量最多的是合成词中的偏正式，其次是联合式，再次是单纯词，这三项在复音词总数中就占了93.56%。从词的内部构成情况看，合成词的各种类型以及附加式、单纯词（包括叠音的和非叠音的）都是先秦已有的，也就是说，汉赋在复音词的构成形式方面没有显著的发展，它的复音词数量多，主要是利用已有的形式，造出了更多的词。在这方面，表现得最突出的是由词组凝固后形成的双音词。这种凝固，常常通过两种方式来完成。

第一种，两字组合之后，在频繁的使用中格式逐渐固定，意思也发展成一个整体。由这种方式形成的复音词主要是偏正式和联合式。例如"竹帛"原指竹简和白绢，是两种用来写字的物件，后凝固为一体，指书籍之类：

《汉书》载东方朔《答客难》："讽诵《诗》《书》百家之言，不可胜数，著于竹帛。"

又如"规矩"，原指规和矩，是校正圆形和方形的两种工具。这个意义在汉赋中也有，例如：

《文选·班固〈西都赋〉》："士食旧德之名氏，农服先畴之畎亩，商循族世之所鬻，工用高曾之规矩。"

后凝固为一体，指法度、标准之类。例如：

《文选·王延寿〈鲁灵光殿赋〉》："然其规矩制度，上应星宿，亦所以永安也。"

第二种，原来的双音词组中有一个字的意义虚化，只起表音节的作用，词组就变成了双音词。例如"可以"，"可"的意思是"能够"，"以"的意思是"用"或"使"，这时的"可以"是词组。这样的例子在汉赋中有：

《文选·枚乘〈七发〉》："客曰：今太子之病，可无药石针刺灸疗而已，可以要言妙道说而去也。"

《汉书》载司马相如《上林赋》："且二君之论不务明君臣之义，正诸侯之礼，徒事争于游戏之乐，苑囿之大，欲以奢侈相胜，荒淫相越，比不可以扬名发誉，而适足以贬君自损也。"

《汉书》载班固《答宾戏》："且功不可以虚成，名不可以伪立。"

《后汉书》载蔡邕《释诲》："今子责匹夫以清宇宙，庸可以水旱而累尧、汤乎？"

当"以"失去了"用来"或"使"的意思以后，"可以"就成了偏义词，意思与"可"相同了。例如：

《汉书》载东方朔《非有先生论》："吴王曰：可以谈矣，寡人将竦意而览焉。"

《汉书》载司马相如《难蜀父老》："百姓虽劳，又恶可以已哉？"

《汉书》载班固《答宾戏》："是故仲尼抗浮云之志，孟轲养浩然之气，彼岂乐为迂阔哉？道不可以贰也。"

上面三个例句中的"可以"都已经是双音词。

从复音词的结构分布来看，在汉赋的接近 3380 个复音词中，偏正式词就达1440多个，是数量排第二位的联合式的1.778倍，这是个很值得注意的现象。

据程湘清先生对《论语》《孟子》两书中双音词的统计，《论语》中联合式双音词在双音词总数中占26.7%，偏正式则占37.2%，也就是说，《论语》中偏正式双音词要多于联合式；《孟子》中联合式双音词在双音词总数中占34.5%，而偏正式只占30%，可见，在《孟子》中，联合式双音词的比例增大了。据此，程先生说："偏正式主要构成名词，联合式则可构成名词、动词和形容词。但偏正式构成名词的方式较多，联合式构成每类词的方式则比较单纯，多数是同类联合。然而，进入战国时期以后，联合式双音词的增长速度却比偏正式显著加快了。"① 在先秦两汉时期，复音词中的绝大多数是双音词，所以，程先生的统计和总结虽然是针对双音词作的，但它大致上也能代表复音词中联合、偏正两种形式的比例情况。程先生对《论衡》复音词统计的结果是：在全书2300个复音词中，联合式有1404个，而偏正式只有517个。② 这个数字也支持战国后联合式复音词增长速度加快的结论。

可是，为什么在汉赋里，偏正式复音词的数量会如此之大呢？经考察，其原因可能有两个方面。

一个方面的原因是汉赋重铺排，作品中罗列的名物很多，特别是人物，而人物的称呼中很多是偏正式复音词。本文统计的作品中提到的人物，包括实有的、神话中和传说中的以及作者虚构的，总共400个左右，称呼他们的词中有接近300个是偏正式的，例如：

---

① 程湘清主编：《先秦汉语研究》，山东教育出版社1982年版，第111—112页。
② 程湘清主编：《两汉汉语研究》，山东教育出版社1985年版，第263页。

神农　夏禹　成汤　文王　太公　周公　老氏　孔子
弈秋　庄周　王良
宋翟　齐桓　秦伯　鲁连　苏秦　张仪　屈原　韩非
始皇　陈平　班固
吴娃　郦生　董父　扬雄　程姬　柳惠　高祖　留侯
恭王　武帝　吴濞
刘歆　灵娲　风伯　雨师　金虎　阳侯　织女
赤疫　上帝　宓妃　赤松
王乔　羲皇　少昊　湘娥　王母　叔孙通　董仲舒
楚灵王　楚襄王　齐宣王
蔺先生　虞丘寿王　司马相如

等等。

还有些虽不表示专人但表示人的身份、地位、职业等的复音词，也常常是在一个单字前面加上一个字作为修饰或限制成分，因此也以偏正式居多。例如：

古人　太宗　王子　人君　人主　皇帝　先王
公族　孝子　兆民　庶士
虎贲　藩臣　仆夫　匹夫　布衣　玉女　吾子　先生
足下　太师　京尹
史官　常侍　膳夫　渔父　樵夫　保母　傅父　郡守
县令

等等。

此外，常见于汉赋的山陵名、水泽名、地名以及宫殿名、亭台楼阁名、苑囿池沼名、动植物名等，也有很多是用偏正式复音词表示的。山陵名中最常见的形式是"□山"（岳），水泽名中常见的形式是"□水"（江、渊、谷、湖），这就自然构成了偏正式，例如：

荆山　巫山　成山　介山　泰山　西山　黄山　钟山
昆山　恒山　南山
秦岭　岱岳　丹水　弱水　易水　都江　汤谷　紫渊
甘泉　醴泉　兰泉　汝海　鼎湖

宫室台阁、苑囿亭池等的名称，有时采用"□宫"（馆、殿、室）、"□台"、"□苑"（园、池等）的形式，这也就自然形成了偏正式。例如：

桂宫　射宫　凤阙　闲馆　历观　章台　丛台　荆台
瑶台　渐台　灵台　云阁
明堂　椒房　宣室　旋室　兰堂　菟园　上林
大驾宫　灵光殿　射熊馆　显明苑

等等。

因为汉赋中多用双音词，而不常用三个或更多音节的词，所以三音节的宫观、园池等名称中的"宫""台""苑"等字经常被省掉，如把未央宫称为"未央"就是这样。但是，这样处理后剩下的两个字往往也是前一个字修饰或限制后一个，形成偏正式。例如：

长杨（宫）　神光（宫）　五柞（宫）
天梁（宫）　永宁（宫）　长年（殿）
白虎（殿）　朱鸟（殿）　椒风（舍）
白杨（观）　天禄（阁）　石渠（阁）

飞廉（馆）　　金马（门）　　太液（池）

地名的情况与宫观、池沼等名有些相似之处。有时为了凑成双音词，就在单字后面加上"州""县""城""京""邑""都"等之类的字，这就构成了偏正式。也有时一个地名原本就有两个字，一般就不再加"州""县"之类的字，以保持双音节，而这原本就有的两个字也有不少是偏正形式的。例如：

梁州　中州　卬州　荆州　瀛洲　巩县　鲁县　蒲城
彭城　平城　蜀都
幽都　东京　西京　镐京　洛邑　龙门　广陵　长沙
平原　长安　蓝田
长平　牧野　岐阳　荥阳　彭阳　晋阳　咸阳
衡阳　昆阳　汾阴　淮南
汉中　细柳　白水　雁门　龙门　鸿门　永昌

等等。

至于动植物名，则有相当一部分是在原来单字的基础上加上一个字作为修饰、区别或限定成分，这样就又形成了一些偏正式的词。例如：

孔雀　孔鸾　黄雀　玄鸾　玄鹤　玄猿　王雎　骏马
玄豹　白虎　豪猪
沉牛　封豕　紫贝　鸣蛇　飞兔　驳龙　青鸟　应龙
碧鸡　黄鹄　朱杨
华枫　沙棠　昌蒲　石菌　灵芝　朱草　王刍

等等。

另一个方面的原因是，偏正式词因为有一个修饰成分，在表达上更加准确、生动，更适合于对事物进行细致的描绘、刻画，所以在汉赋这样的文体中特别受欢迎。下面我们举几个有关车辆的词为例：

《文选·司马相如〈上林赋〉》："前皮轩，后道游。"李善注："文颖曰：皮轩，以虎皮饰车。"

同上："于是历吉日以斋戒，袭朝服，乘法驾，建华旗，鸣玉鸾。"司马彪注："法驾，六马也。"

《汉书》载扬雄《河东赋》："于是命群臣，齐法服，整灵舆，乃抚翠凤之驾，先六景之乘。"

《文选·班固〈西都赋〉》："飨赐毕，劳逸齐，大路鸣銮，容与徘徊。"李善注："《礼记》：大路者，天子之车也。"

《文选·班固〈东都赋〉》："乃动大辂，遵皇衢，省方巡狩，躬览万国之有无。"

同上："去后宫之丽饰，损乘舆之服御，抑工商之淫业，兴农桑之盛务。"

《文选·张衡〈东京赋〉》："结飞云之袷辂，树翠羽之高盖。"薛综注："袷辂，次车也。"

同上："龙辂充庭，云旗拂霓。"

同上："属车九九，乘轩并毂。"薛综注："副车曰属，言相连也。属车有藩者曰轩。"

同上："天子乃抚玉辂，时乘六龙，发鲸鱼，铿华钟。"薛综注："玉辂，谓玉饰之也。"

在上面的例句中，"皮轩""法驾""灵舆""大路""大辂""乘舆""袷辂""龙辂""属车""玉辂"等都是表示车驾的名词，诸多偏词素从不同角度区别、限定、修饰各种车，这些词都是偏正式的,它们的使用可以使作品的铺排、描写更细致多变。

我们观察一下汉赋中以"人""士""民"三字为正词素的词,就会发现因为有了各种各样的偏词素,而使这些词的含义十分丰富。以"人"为正词素的词例如:"主人"(扬雄《逐贫赋》、班固《答宾戏》等)、"圣人"(班固《答宾戏》《幽通赋》等)、"仁人"(东方朔《非有先生论》)、"小人"(东方朔《答客难》、刘歆《遂初赋》等)、"大人"(贾谊《鵩鸟赋》、司马相如《大人赋》等)、"寡人"(司马相如《子虚赋》、傅毅《舞赋》等)、"鄙人"(司马相如《子虚赋》《难蜀父老》等)、"贵人"(枚乘《七发》)、"美人"(司马相如《美人赋》、张衡《七辩》等)、"佳人"(司马相如《美人赋》《长门赋》)、"丽人"(枚乘《梁王菟园赋》)、"妇人"(同上)、"胡人"(扬雄《长杨赋》、王延寿《鲁灵光殿赋》等)、"羌人"(马融《长笛赋》)、"古人"(张衡《思玄赋》《七辩》等)、"先人"(东方朔《非有先生论》、扬雄《逐贫赋》等)、"后人"(班固《答宾戏》、陈琳《应讥》)、"世人"(陈琳《应讥》)、"虞人"(扬雄《羽猎赋》、班固《西都赋》等)、"榜人"(司马相如《子虚赋》)、"胪人"(张衡《东京赋》)、"工人"(马融《长笛赋》)、"韦人"(陈琳《武军赋》)、"舞人"(刘桢《鲁都赋》)、"诗人"(班彪《北征赋》、王延寿《鲁灵光殿赋》)、"文人"(傅毅《舞赋》)、"庸人"(崔骃《达旨》)、"英人"(张衡《七辩》、崔骃《达旨》)、"贤人"(马融《长笛赋》、崔骃《达旨》)、"达人"(陈琳《应讥》)、"中人"(东方朔《非有先生论》)、"神人"(扬雄《长杨赋》)、"真人"(张衡《南都赋》)、"谗人"(东方朔《非有先生论》)、"佞人"(同上)、"嬖人"(张衡《西京赋》、东方朔《非有先生论》)、"众人"(班固《西都赋》)、"金人"(扬雄《甘泉赋》、班固《西都赋》等)等近40个。以"士"为正词素的词有:"战士"(杜笃《论都赋》、蔡邕《释诲》)、"处士"(东方朔《答宾戏》、祢衡《鹦鹉赋》)、"游士"(班固《西都赋》)、"辩士"(枚乘《七发》)、"学士"(傅毅《七激》)、"儒士"(张衡《应间》)、"武士"(张衡《西京赋》《东京赋》)、"成士"(张衡《东京赋》)、"列士"(班固《答宾戏》、王延寿《鲁灵光殿赋》)、"吉士"(王延寿《鲁灵光殿赋》)、"庶士"(马融《长笛赋》)、"贤士"(同上)、"巧士"(同上)、"勇士"(扬雄《甘泉赋》、班固《西都赋》)、"壮士"(司马相如《子虚赋》、王褒《洞箫赋》等)、"烈士"(贾谊《鵩鸟赋》)、"志士"(东方朔《非有先生论》) 17个。以"夫"为正词素的词，有"樵夫"(扬雄《长杨赋》)、"仆夫"(张衡《思玄赋》、傅毅《舞赋》、蔡邕《述行赋》等)、"膳夫"(张衡《东京赋》)、"武夫"(蔡邕《释诲》)、"贪夫"(张衡《应间》、蔡邕《释诲》)、"逸夫"(东方朔《非有先生论》)、"鄙夫"(张衡《东京赋》)、"庸夫"(陈琳《应讥》)、"匹夫"(扬雄《解嘲》、蔡邕《释诲》)、"大夫"(枚乘《七发》、班固《西都赋》) 等，共10个。以"民"为正词素的词有"农民"(扬雄《长杨赋》)、"居民"(班昭《东征赋》)、"生民"(班固《幽通赋》)、"先民"(张衡《七辩》、班固《幽通赋》)、"贫民"(东方朔《非有先生论》)、"下民"(班固《东都赋》)、"万民"(司马相如《难蜀父老》、东方朔《非有先生论》)、"兆民"(张衡《东京赋》)、"烝民"(张衡《思玄赋》《东京赋》)、"黎民"(司马相如《难蜀父老》)，共10个。

上面所列举的这些词，接近80个，而其正词素只有4个，完全靠不同的偏词素组合而成。而且这些词中绝大部分是前代已有的，有些还不太成熟，介于偏正词组和偏正式复音词之间，但它们在汉赋细致的描写中起了积极的作用。

基于上述情况，我们认为在本文统计的复音词中，偏正式之所以数量特别多、比例特别高，主要是汉赋的体裁特点造成的，并不一定能代表当时汉语的普遍情况。如果只根据这种现象就断定在两汉汉语的复音词中偏正式词占大多数，恐怕是不符合客观情况的。

总而言之，汉赋中的复音词数量特别多，这一点，与同时代甚至以后很长一段时间的文献相比都很突出。而且汉赋中的复音词有自己的鲜明特色，如单纯词含量很高，偏正式合成词占比较其他文献也明显偏大。这些都与汉赋的文体特点和语言特点有密切关系。由于汉赋的口诵特色，赋家们就要努力追求语句音节的和谐。与先秦散文以单音词为主的情况相比，双音组合的节奏感更强，更容易造成听觉上的美感，于是被赋家们广泛采用。要做到这一点，他们主要从以下两个方面努力。

第一方面，尽可能使用已有的双音词。在先秦两汉，双音词中的联绵词比例很高，口语性强，而且特别便于描情状物，于是被大量用于赋的创作。这就是汉赋复音词中单纯词特别多的原因。除了单纯词以外，当时已经形成的其他双音词也很受赋家青睐，这又是汉赋中双音词比例很高的原因。

第二方面，多采用尚未成词或处于由词组向词发展过程中的双音组合。被采用的有些是当时已经通行的较为固定的双音词组，还有些可能是赋家自己采用联合、偏正等方式造出来的双音词组。这种对双音词语的追求，会刺激或促进一些双音词的形成。

因此，不论从大量使用已有的双音词方面，还是从促进汉语词的复音化特别是双音化的作用方面，我们都有理由提出这样的看法：汉赋的词语使用在加快汉语词的多音化进程中无疑起到了推波助澜的作用。

※笔者曾在《福建论坛》2000年第5期发表论文《汉大赋双音词初探》。此次在该文基础上重新统计了有关典籍的字数等信息，扩充内容，撰成《汉赋复音词初探》，收入本集。

汉大赋联绵词研究

一

本文说的汉大赋指的是汉代篇幅较长（约600字以上）的散体（或以散体为主）的赋作。汉大赋在语言方面的显著特点之一是大量使用联绵词。为更清楚地了解联绵词在汉大赋中的使用规模，笔者做了一点统计，并参考前人已有的统计结果，与汉代及以前的文献进行比较。

《诗经》共约38000字，据向熹先生统计，其中有联绵词98个[①]。《论语》共约24000字，《孟子》共约45000字，《论衡》共约259200字；据程湘清先生统计，《论语》中只有1个单纯复音词[②]，《孟子》有12个[③]，《论衡》有75个[④]。现存基本完整的篇幅约600字以上的汉代散体大赋约55000字，经考察统计发现，如果字形不同即分别计算的话，这些赋作中的联

[①] 向熹：《〈诗经〉里的复音词》，载于《语言学论丛》第6辑，商务印书馆1980年版，第30页。

[②] 程湘清：《〈论衡〉复音词研究》，载于《两汉汉语研究》，山东教育出版社1985年版，第335页。

[③] 程湘清：《〈论衡〉复音词研究》，载于《两汉汉语研究》，山东教育出版社1985年版，第336页。

[④] 程湘清：《〈论衡〉复音词研究》，载于《两汉汉语研究》，山东教育出版社1985年版，第263页。

绵词竟达约 900 个之多（实际词数可能少于这个数字，因为有些联绵词音义相同，只是字形不同，如"委蛇"又作"逶蛇""蜲蛇""逶迤"，"澎濞"又作"彭濞"，"崔嵬"又作"崔巍"，"仿佛"又作"彷彿""髣髴"等，它们实际上是同一个词。但"澎濞"又转作"滂濞""彭湃"等；"崔嵬"又转作"嶵嵬""摧崣"等，这种情况中的每一组词相应的异形字之间的关系比较复杂，有的在语音上有细微的差别，而且同一组中各个词的意义虽有联系，但有时也有细微的差别。对这些语音和意义上的差异区别起来非常麻烦，所以我们只好根据字形来区别，只要字形不同的，都分别统计）。

按上面的数字计算，《诗经》平均每千字有联绵词约 2.59 个，《论语》只有约 0.05 个，《孟子》有约 0.27 个，《论衡》有约 0.29 个，而汉大赋平均每千字中所用联绵词竟然多达 16.4 个。

《诗经》中联绵词较多，可能因为它是韵文，句式比较整齐，而且有不少作品产生于周初甚至更早的民间，口语性特别强。而汉大赋是继《诗经》以后更大规模使用联绵词的文体。

汉大赋中为何会有如此丰富的联绵词？或者说，联绵词本身有哪些特征使其获得赋家如此青睐？大量使用了联绵词后，汉大赋在艺术上和语体风格上收到了什么样的效果？本文即拟对这些问题做粗浅的探讨。

二

组成联绵词的两个字之间在语音上的联系是联绵词比较引人注意的特点之一，这些特点包括两字双声、叠韵、叠音等，这些前人已经指出过。由于汉大赋中的联绵词十分丰富，所以两字语音关联的各种类型基本上都存在，下面分别列举。

1. 两字同音。

在汉赋的联绵名词中，只有"蚉蚉"和"禺禺"是叠音词。"蛮蛮"见于《文选·司马相如〈子虚赋〉》，郭璞注："张揖曰：蛮蛮，青兽，状如马。""禺禺"见于《文选·司马相如〈上林赋〉》，郭璞注："禺禺，鱼皮有毛，黄地黑文。"

除"蛮蛮""禺禺"外，其余的叠音联绵词全是描摹性质、状态的形容词或副词。例如：

《汉书·东方朔传》载东方朔《答客难》："此士所以日夜孳孳，敏行而不敢怠也。"颜师古注："孳与孜同。"

《文选·张衡〈西京赋〉》："神木灵草，朱实离离。"薛综注："离离，实垂之貌。"李善注："毛苌曰：离离，垂也。"

《文选·张衡〈西京赋〉》："增桴重栜，锷锷列列，反宇业业，飞檐辙辙。"李善注："锷锷、列列，皆高貌。"薛综注："凡屋宇皆垂下向而好，大屋飞边头瓦皆更微使反上，其形业业然……辙辙，高貌。"

这里的"孳孳""离离""锷锷""列列""业业""辙辙"等都是叠音联绵词。

在汉赋中，赋家经常把两个叠音词连在一起用，构成"AABB"的形式。其例子有：

《文选·枚乘〈七发〉》："其始起也，洪淋淋焉，若白鹭之下翔。其少进也，浩浩澄澄，如素车白马帷盖之张。其波涌而云乱，扰扰焉如三军之腾装。其旁作而奔起也，飘飘焉如轻车之勒兵。……颙颙卬卬，椐椐强强，莘莘将将。……沌沌浑浑，状如奔马。混混庉庉，声如雷鼓。"

《文选·司马相如〈上林赋〉》："扬翠叶，杌紫茎，发红华，垂朱荣，煌煌扈扈，照耀钜野。"

这里的"浩浩澶澶""颙颙卬卬""椐椐强强""莘莘将将""沌沌浑浑""煌煌扈扈"等都是这种情况。汉大赋中的叠音联绵词还有：

惕惕 沌沌 浑浑 洋洋 济济 淫淫 沈沈 潜潜
溶溶 泱泱 汩汩 漫漫
汹汹 岩岩 岳岳 巍巍 峨峨 炎炎 炜炜 闇闇
翼翼 亭亭 将将 幢幢
莘莘 猗猗 硌硌 落落 冉冉 皑皑 茕茕 榛榛
蔚蔚 彤彤 离离 骚骚
蟠蟠 蔓蔓 莫莫 襄襄 苕苕 油油 烈烈 列列
奕奕 霭霭 烂烂 延延
习习 祁祁 裴裴 彤彤 彬彬 抑抑 蓁蓁 绎绎
芒芒 霏霏 蒸蒸 眇眇
幡幡 裔裔 匈匈 与与 徨徨 旭旭 回回 翊翊
营营 屑屑 栖栖 蜿蜿
扈扈 展展 总总 搏搏 郁郁 菲菲 怵怵 隐隐
遑遑 攸攸 煌煌 纷纷
它它 藉藉 绵绵 殷殷 轸轸 扈扈 震震 闻闻

等等。

2. 两字双声

有唇音双声者，例如：

彭湃（滂母，见《文选·司马相如〈上林赋〉》）

匍匐（并母，见《文选·马融〈长笛赋〉》）

靡曼（明母，见《文选·枚乘〈七发〉》）

有舌音双声者，例如：

饕餮（透母，见《文选·张衡〈东京赋〉》）

颓唐（定母，见《文选·王褒〈洞箫赋〉》）

姌嫋（泥母，见《文选·傅毅〈舞赋〉》）

流烂（来母，见《汉书》载司马相如《大人赋》）

聊戾（来母，见《古文苑·刘歆〈遂初赋〉》）

陆梁（来母，见《文选·扬雄〈甘泉赋〉》）

陆离（来母，见《文选·张衡〈南都赋〉》）

玲珑（来母，见《后汉书》载班固《东都赋》）

周章（照母，见《文选·王延寿〈鲁灵光殿赋〉》）

有齿音双声者，例如：

凄怆（清母，见《文选·枚乘〈七发〉》）

飒洒（心母，见《文选·王延寿〈鲁灵光殿赋〉》）

参差（穿母，见《汉书》载司马相如《上林赋》）

有喉牙音双声者，例如：

蒹葭（见母，见《文选·张衡〈南都赋〉》）

慷慨（溪母，见《汉书》载扬雄《羽猎赋》）

嘘唏（晓母，见《文选·枚乘〈七发〉》）

恍惚（晓母，见《后汉书》载冯衍《显志赋》）

荒昒（晓母，见《古文苑·刘歆〈遂初赋〉》）

鸳鸯（影母，见《古文苑·扬雄〈蜀都赋〉》）

等等。

3. 两字叠韵

例如：

偪仄（职部，见《文选·张衡〈西京赋〉》）

巧老（幽部，见《文选·马融〈长笛赋〉》）

要绍（宵部，见《文选·张衡〈西京赋〉》）

芍药（药部，见《文选·张衡〈南都赋〉》）

的砾（药部，见《文选·张衡〈思玄赋〉》）
侏儒（侯部，见《文选·司马相如〈上林赋〉》）
龌龊（屋部，见《文选·张衡〈西京赋〉》）
芃茸（东部，见《汉书》载司马相如《大人赋》）
从容（东部，见《文选·马融〈长笛赋〉》）
固护（鱼部，见《文选·马融〈长笛赋〉》）
扶疏（鱼部，见《文选·枚乘〈七发〉》）
骆驿（铎部，见《文选·张衡〈南都赋〉》）
骆漠（铎部，见《文选·傅毅〈舞赋〉》）
旁唐（阳部，见《文选·司马相如〈上林赋〉》）
彷徨（阳部，见《文选·班固〈西都赋〉》）
望浪（阳部，见《古文苑·刘歆〈遂初赋〉》）
傥莽（阳部，见《文选·王褒〈洞箫赋〉》）
霹雳（锡部，见《文选·枚乘〈七发〉》）
峥嵘（耕部，见《文选·司马相如〈上林赋〉》）
阿那（歌部，见《文选·王延寿〈鲁灵光殿赋〉》）
婆娑（歌部，见《文选·班固〈答宾戏〉》）
便娟（元部，见《古文苑·枚乘〈梁王菟园赋〉》）
半汉、蟠蜿（均元部，见《文选·张衡〈东京赋〉》）
翡翠（微部，见《古文苑·扬雄〈蜀都赋〉》）
葳蕤（微部，见《文选·张衡〈南都赋〉》）
玫瑰（微部，见《文选·司马相如〈子虚赋〉》）
勿述（物部，见《文选·王褒〈洞箫赋〉》）
纷纭（文部，见《文选·班固〈东都赋〉》）
飒沓（缉部，见《古文苑·班婕妤〈捣素赋〉》）
狎猎（叶部，见《文选·张衡〈西京赋〉》）
踟蹰（侯支旁转，见《文选·王延寿〈鲁灵光殿赋〉》）
丽靡（支歌旁转，见《文选·司马相如〈上林赋〉》）

旖旎（歌脂旁转，见《文选·王褒〈洞箫赋〉》）
折盘（月元对转，见《文选·张衡〈南都赋〉》）
喷勃（文物对转，见《文选·马融〈长笛赋〉》）
芙蓉（鱼东旁对转，见《文选·张衡〈东京赋〉》）
等等。

4. 两字既叠韵又双声

例如：
翩翻（滂母双声，真元旁转，见《文选·张衡〈西京赋〉》）
缤纷（滂母双声，真文旁转，见《文选·张衡〈东京赋〉》）
披靡（滂明旁纽，歌部叠韵，见《文选·司马相如〈上林赋〉》）
玢豳（帮母双声，文部叠韵，见《文选·司马相如〈上林赋〉》）
瞟眇（滂明旁纽，宵部叠韵，见《文选·王延寿〈鲁灵光殿赋〉》）

5. 两字既不双声也不叠韵

汉大赋联绵词中也有两字既不双声也不叠韵的，例如：
珊瑚（见《文选·司马相如〈上林赋〉》）
玳瑁（见《文选·司马相如〈子虚赋〉》）
聿皇（见《文选·马融〈长笛赋〉》）
指桥（见《汉书》载《司马相如传·〈大人赋〉》）

上面所列的前四种情况在汉赋的联绵词中占大多数，也就是说，构成联绵词的两字之间在语音上存在某种联系是较为普遍的现象。除此之外，联绵词两字之间的语音联系还远不止上面所列的前四种情况。例如"蒙茸"一词（见扬雄《甘泉赋》），二字同属东部，为叠韵关系，但其声纽"蒙"为唇音，"茸"为舌音，不能算是双声。可是，上古的唇音和舌音之间并不是完全泾渭分明的。例如："厉"和"迈"二字声符相同，但"厉"声纽为舌音，"迈"声纽为唇音。"弥"的声符是"尔"，但"弥"的声纽为唇音，"尔"的声纽为舌音，同样从"尔"得音的"迩"声纽也是舌音，而且"弥"字在方言中有读 ni 音者。"谬""醪"的声符相同，但"谬"的声纽为唇音，"醪"的声纽为舌音，而"谬"字在方言中有读 niu 者，即读为舌音。"柳"的声符是"卯"，"卯"的声纽是唇音，而"柳"的声纽是唇音。

以上例子至少可以说明在上古声纽中，唇音和舌音的纠葛不是偶然的现象。那么，像"蒙茸"一词两字在声纽上也可以说是有联系的，只是一般的双声条例包括不了这种情况。

联绵词的产生，极有可能是早期汉语口语中适应复音词增加趋势的产物。语音体系不可能无限制地复杂化，单音词为主的状况又会造成大量的同音词，纯用口耳相接的交际无法借助表意文字来区别词义，所以复音词的增加是势所必然。除了用语法手段造成合成词以外，先民们还通过把一个音节拉长为两个音节的方法造出复音词。一个音节重叠使用，就出现了叠音联绵词。随着口语的发展，原本重叠的两个音节中的一个起了变化，于是产生了两个音节不同，但还保留着语音联系的联绵词。可见，联绵词应当是活跃在先民口语中的词，在上古汉语中带有强烈的口语特色。

三

在词义方面，汉大赋联绵词中的名词经常表示动植物名、自然现象名、宫室、珠玉等人们在生活中接触的具体事物，例如：

禺禺　蛮蛮　翡翠　鸳鸯　凤凰　麒麟　玳瑁　焦明
鹦鹉　鹢鸠　蜘蛛　蟾蜍
蟋蟀　蚯蚓　蝘蜓　枇杷　留夷　芙蓉　菡萏　薜荔

107

蒺藜　并闾　蘪芜　霹雳

沆瀣　琳珉　玫瑰　琉璃　珊瑚　旁唐

等等。

这些事物都是具体、实在的，可以由人的感官直接感受到的。联绵词中的名词基本上不表示抽象的事物或概念，甚至没有诸如文献典籍、音乐、学校、朝廷职官、制度、礼仪等社会文明发展到一定阶段才能有的事物。

汉大赋联绵词中的动词较少，而且有些与形容词或副词往往存在兼类现象。例如：

匍匐　扶与　披靡　储与　聊浪　逡巡　陵夷　彷徨
狐疑　襄羊　尚羊　徘徊
容与　盘桓　彷徨　逍遥　蹉跎　径庭　惆怅　靡拉
仿佛　委蛇　骆驿　从容
便姗　曼衍　憔悴　翘遥　躞蹀　怫郁　踟蹰　聊戾

等等。

与普通动词相比，联绵动词除了含有基本的动作、行为或存现、进行以及心理活动等意思之外，往往还带有对所表示的动作、行为等的状貌态式的描摹，带有丰富的附加意义和形象色彩。这可能是联绵动词经常与形容词或副词兼类的原因。例如"委蛇"（又作"委迤""逶迤""逶蛇""蜲蛇"等），可以作为形容词表示"绵延曲折的样子"，也可以作为动词表示"迂回曲折延伸或行进"的意思。而在表示后一个意思时，它所附带的"曲折蜿蜒"的状态形貌远远比普通动词只交代一个基本的动作或行为的概念更能激发读者和听众的想象。但在动作等基本意义方面，却又不像普通动词那样确定。

汉赋联绵词中的大部分是形容词、副词，例如：

鲜扁　半汉　沛艾　睢维　狼戾　攒仄　巧老　胶葛
揭孽　溥漠　怫郁　猗靡
便娟　离楼　的砾　倜傥　绰约　便姗　蹁跹　恺悌
聿皇　指桥　坛曼　扶疏
葳蕤　蒙笼　杳蔼　喷勃　穹隆　雍容　阿那　寋产
蜿蜒　参差　汹涌　浩唐
温汾　潢漾　汩活　崭岩　崔嵬　嶙峋　郁律　揭孽
靡迤　玲珑　訇隐　萃蔡
澎濞　牢落　窈窕　沆茫　坎坷　捷猎　缯绫　案衍
坛曼　曼衍　暧昧　萧条
连卷　峥嵘　局促　岑岩

等等。

此外，叠音联绵词除"蛩蛩""禹禹"外，其余的全是描摹性质、状态的形容词或副词，这里不再举例。与动词的情况相似，汉大赋中联绵词中的形容词、副词也与普通的形容词、副词不同。

首先，联绵词中的形容词、副词并不直接表示某种性质、状态等，而是描摹这种性质或状态表现在具体事物上时的情貌。例如：

张衡《西京赋》："神山崔嵬。"
班固《西都赋》："尔乃正殿崔嵬，层构厥高。"

不直接说山或殿宇之"高"，而说"崔嵬"，"崔嵬"能表示高峻义，但它的意思和"高"并不完全相等。"高"是直接表述一种性质,而"崔嵬"则是描述这种性质表现在山或宫殿等事物上时的样子。

其次,联绵词中的形容词、副词比普通的形容词、副词带有更丰富的附加意义和形象色彩。还拿"高"和"崔嵬"比较,"高"的意思只是"从地面向上的距离长",是个相对抽象的概念。而"崔嵬"本指有石的土山,后用来形容山岭、殿宇等的高峻雄伟,它除了有抽象的"高"的意义外,还着力于描摹从山陵、宫殿等具体事物上表现出的高峻性质作用于人的感官时给人带来的形象上的感受。

总而言之,联绵词中的名词往往都是较具体的事物名称,基本上没有抽象概念。与一般的动词、形容词和副词相比,联绵词中的动、形、副词的词义缺乏抽象概括,色彩意义往往比较浓厚,它们并不单纯地表示一种行为或性状,而是附带上了动作行为的某种形象特征或性质状态的某种感情的或形象的色彩。

词义方面的这些特点也说明联绵词带有较浓厚的较早期汉语的口语风格,这与联绵词的语音特点所表现出的语体风格是一致的。因为人类对客观世界的认识往往是从具体的、外在的、形象的因素开始,逐渐向一般的、内在的、抽象的因素发展。而联绵词在词义上更适合表达具体、外在、形象的事物,在语音上又很有利于增强听觉上的美感。这种词也许不适合表达推理、论辩的抽象思维,但对汉赋这样以铺排、描写为主的文艺文体无疑是非常适合的。

四

因为联绵词是单纯词,一个词只包含一个词素,所以构成词的两个字之间并没有语法上的结构关系。从这个意义上说,用以表示联绵词的汉字就应当只起表音的作用,而字的意思与它所表示的联绵词的意思没有严格的对应关系，就如同用汉字表示外语音译词时汉字的意义与所表示的音译词的意义无关一样。为某个联绵词特意造出专用的字，这样的字单个出现时也没有意义。那么，把联绵词记录进书面语时，选用汉字的原则就应当是字音而不是字形。

因此，从理论上讲，联绵词的用字只要符合了读音要求，选用哪个汉字是可以随便的，于是联绵词的用字常常变化不一。这种变化，固然也受到汉字通假原则的制约，但是，联绵词的用字的灵活性与非联绵词用字的通假并不完全相同。

从单个字来说，在古代汉语里大多数汉字可以表示一个单音词。尽管这个词可以假借他字来表示，但根据字形和词义往往可以确定本字与借字。另外，从非单纯的双音词来看，表示其构成词素的两个字在意义和结构上有联合、偏正、陈述、支配、补充等各种关系，尽管两字中的任何一个都有可能假借他字而为之，但是根据两字的意义和结构，往往也可以判定本字和借字。

联绵词的不同之处在于：从词中单取出一字时，这个字常常不具备与原词有关的语义，只表示一个音节，只要是读这个音甚至是与之相近音的字，在理论上都可能被用来表示该音节，而且无所谓本字和借字之别。如果取整个联绵词，虽然作为词，它具备了语义，而且是词汇意义，但是就字来说，它并不能直接表示动作行为或性质状态，所以也难以确定其本字。于是就有了许多词同而字异的现象。表现在汉赋中的例子如：

漫漫—蔓蔓

"漫漫"义为延展不绝貌，这个意思在现代汉语中仍然较常用。字亦作"蔓蔓"。蔓蔓，亦延展貌。再例如：

他他—它它—佗佗

"他他"义为交横杂错貌,见《文选·司马相如〈上林赋〉》。《汉书·司马相如传》载《上林赋》"他他"作"它它"(第2568页),《史记·司马相如传》则作"佗佗"(第3037页)。

以上是叠音联绵词的例子。非叠音联绵词的例子如:

蘪芜—蘼芜—薇芜

"蘪芜"为香草名,《汉书·司马相如传》所载《上林赋》之"蘪芜",《史记》《文选》中均作"蘼芜"。"蘪""薇"在上古音中均为明母字,故"蘪芜"又转作"薇芜",见《文选·张衡〈南都赋〉》。

在汉大赋的联绵词中,这种一个词有多种写法的例子还有:"崔嵬"(班固《西都赋》)又作"崔巍"(司马相如《上林赋》)、"嶵嵬"(张衡《南都赋》)、"摧崣"(《史记·司马相如传》载《上林赋》)、"嶀隗"(《汉书·扬雄传》载《甘泉赋》),等;"仿佛"(《史记·司马相如传》载《子虚赋》)又作"彷彿"(扬雄《甘泉赋》)、"髣髴"(《汉书·司马相如传》载《子虚赋》)等;"襄羊"(《汉书·司马相如传》载《上林赋》)又作"相羊"(张衡《西京赋》)、"儴佯"(司马相如《上林赋》)、"相佯"(张衡《思玄赋》、冯衍《显志赋》)等;"纷纭"(班固《西都赋》)又作"纷云"(《汉书·司马相如传》载《难蜀父老》)、"汾沄"(扬雄《长杨赋》)、"蚡缊"(马融《长笛赋》);"块圠"(贾谊《鵩鸟赋》)又作"泱轧"(司马相如《大人赋》);"旖旎"(王褒《洞箫赋》)又作"猗抳"(司马相如《大人赋》)、"猗靡"(枚乘《七发》）；"逍遥"（张衡《南都赋》）又作"消摇"（张衡《思玄赋》、冯衍《显志赋》）；等等。

不仅如此，联绵词在先民的口头流传，一定的意义可以引申使用来形容不同的事物（例如"崔嵬"的"高貌"义可用于形容山岭，也可用于形容殿宇等其他事物），这就可能促使词义发展，其发音又常因时代和地域的不同而发生细微的变化，因此，就常常会派生出一些字异音同或音近而意义相通的同源联绵词。这种分化又会使书面语中的联绵词在用字上更加复杂多变。例如："漫漫"与"绵绵"音义相通，"绵绵"也形容长而不绝的样子：

《汉书》载东方朔《非有先生论》："余国之不亡也，绵绵连连，殆哉，世之不绝也。"

再如"滂沛""滂浡""滂渤""滂濞""彭湃""澎濞"：

《汉书》载扬雄《甘泉赋》："云飞扬兮雨滂沛。"
《后汉书》载冯衍《显志赋》："泪汍澜而雨集兮，气滂浡而云披。"
《六臣注文选·枚乘〈七发〉》："江水逆流，海水上潮……观其两傍则滂渤怫郁。"张铣注："滂渤怫郁，怒激貌。"
《文选·司马相如〈上林赋〉》："荡荡乎八川分流……汹涌澎湃……滂濞沆溉。"郭璞注引司马彪曰："彭湃，波相戾也"；"滂濞，水声也"。
《文选·马融〈长笛赋〉》："于是山水猥至……汩活澎濞。"李善注："《字林》曰：澎濞，水暴至声也。"

"滂沛"形容水、雨之盛多。"沛""浡"为唇音双声，故"滂沛""滂浡""滂浮"音近义通。"沛"字古韵在月部，旁转到临韵质部，则"滂沛"又作"滂濞"。《史记·司马相如传》载《大人赋》"涉丰隆之滂沛"，《汉书·司马相如传》所载"滂沛"即作"滂濞"，颜师古注："滂濞，雨水多也。""滂""彭"唇音双声，其韵同在阳部，"沛"、"浡"与"湃"亦唇音双声，"湃"古韵亦在月部，与"沛"叠韵，故又作"彭湃"。上面所引《文选·司马相如〈上林赋〉》郭璞注引司马彪语，在《史记·司马相如传》司马贞索隐中被引作："澎湃，相戾也。"现代汉语的规范写法亦作"澎湃"。又作"澎濞"，上所引《文选·司马相如〈上林赋〉》"滂濞沆溉"，《汉书·司马相如传》同，但在《史记·司马相如列传》中即作"澎濞沆瀣"。

还有"徘徊"（俳回）"裴回""彷徨"（徬徨、方皇）"盘桓""般桓"：

《文选·司马相如〈子虚赋〉》："于是楚王乃弭节徘徊，翱翔容与。"

《后汉书》载班固《西都赋》："大辂鸣銮，容与裴回。"

《后汉书》载张衡《思玄赋》："魂眷眷而屡顾兮，马倚輈俳回。"

《汉书》载班固《西都赋》："既惩惧于登望，降周流以彷徨。"

《文选·马融〈长笛赋〉》："协比其象，徬徨纵肆。"

《汉书》载扬雄《甘泉赋》："溶方皇于西清。"颜师古注："方皇，彷徨也。"

《文选·张衡〈西京赋〉》："袒裼戟手，奎踽盘桓。"

《文选·傅毅〈舞赋〉》："或有宛足郁怒，般桓不发。"

"徘徊"是微部叠韵联绵词，表示回旋不进的样子。上所举《文选·子虚赋》的"徘徊"，在《史记·司马相如传》所载《子虚赋》中作"裴回"，上所举《后汉书·班固传》载《西都赋》中的"裴回"在《文选·西都赋》中又作"徘徊"。且"徘"与"裴"均从"非"得声，同在微部，同为並母，"徊"即从"回"得声。所以，"裴回"是"徘徊"的另一种写法。"徘""彷"双声，"徊""徨"亦双声，故"徘徊"分别一声之转而为"彷徨"。"彷徨"字又作"徬徨""方皇"，此与"徘徊"同义。《荀子·礼论》："方皇周挟，曲得其次序，是圣人也。"杨倞注："方皇，读为仿偟，犹徘徊也。""彷徨"为阳部叠韵联绵词，旁转为元部即为"盘桓""般桓"，其意思也是回旋不进的样子。

可见，联绵词用字要以声音为原则，同一个词可能有几种写法；词的辗转分化也以声音为线索，分化出的新词也可能有不同写法，所以，联绵词的用字常变幻不定。

然而，这只是问题的一个方面。记录汉赋的字既然处在汉字的大环境中，除了受通假原则的作用外，它当然还要受到其他各项造字用字原则（特别是形声原则）的制约，联绵词也不能例外。在不少汉赋作品中，就存在着排列同形符字的倾向。描写山陵或与之有关的事物的联绵词用字多从"山""石"等，刻画江河或与之有关的事物的联绵词用字多从"水"等。例如"嶄岩""岑岩""崔嵬""峥嵘""崎岖""崛崎""嶙峋""嵯峨""岩崿""峨峨""岩岩""巍巍""岳岳"等常用以描写山陵；而"澹淡""浩唐""温汾""沉溉""汹涌""潢漾""澎湃""滂沛""沸渭""没滑""汩活""汩湟""鳞沦""淋淋""滔滔""溶溶""潜潜""浩浩""泱泱""澹澹""汤汤"常用以描绘溪流川瀑等与水有关的事物。还有,铺排植物的联绵词用字多从"艹""木"等,这里就不多举例了。这种现象说明,汉字作为表意文字,即使在记录无本字可言的联绵词时,也常常在顽强地体现自己的表意功能,形声原则在这里又一次表现了自己的灵便与多产的特性。而不少赋家则喜欢在不改变(或基本上不改变)读音的前提下根据描写对象的意义范畴选用某一形符的形声字来记录自己所用的联绵词。

由此可见,联绵词的词义特征给赋家们选字提供了广阔的空间,在汉字的通假、形声等原则以及赋家的某种审美追求的共同作用下,汉大赋中联绵词的用字呈现出了如此变幻不定而又丰富多彩的局面。

五

汉赋不仅可供阅读,而且带有很强的口诵特色,可供朗诵,人们不仅能作为读者,而且能作为听众通过"耳治"而不仅是"目治"来领略作品的艺术魅力。

据《汉书·王褒传》记载,汉宣帝曾经召文人入宫朗诵辞赋;当太子身体不适时,宣帝还"诏使褒等皆之太子宫虞侍太子,朝夕诵读奇文及所自造作,疾平复,乃归";"太子喜褒所为《甘泉》及《洞箫颂》,令后宫贵人左右皆诵读之。"[①]可见汉代确有诵读辞赋的习惯。有些汉代赋家还直接参与宫廷或郊庙祭祀乐歌的创作。《汉书·礼乐志》载:"(武帝)以李延年为协律都尉,多举司马相如等数十人造为诗赋,略论律吕,以合八音之调,作十九章之歌。"[②] 这些都说明汉赋与可

---

① (汉)班固:《汉书》,中华书局1962年版,第2821、2829页。
② (汉)班固:《汉书》,中华书局1962年版,第1045页。

以吟唱、诵读的说唱文学有着明显的相通之处。汉赋既然不仅是可以诵读的，而且能使身体不适的宣帝太子恢复健康，可见它不仅要让人不通过阅读就能听得懂，而且能通过听来享受其美感，起码在西汉时期是这样。那么，它的语言在华丽典雅的同时就又不能离当时的口语太远。

要收到上面所说的效果，联绵词的使用在其中也起到了很大的作用，这应该也是汉大赋中联绵词数量特别多的重要原因。

同合成复音词相比，大多数联绵词至少有两个方面的特点。一是色彩意义更加丰富，描情状物方面的功能更强，所以，联绵词十分适合赋体作为描绘性文学作品在铺排名物、展现场面、烘托气氛等方面的需要。二是许多联绵词直接来自口语，更能适应作品口诵的节奏、声律等方面的要求。于是，大量使用联绵词就成了汉赋的显著特色之一，这样做一方面加强了作品的修辞效果，另一方面也使作品的口诵特色更加突出。

由于时代的变迁，汉语的语音、词汇与汉代相比已经发生了很大变化，许多联绵词今天已经不常用了。再加上赋家用字的诡奇，都增加了今人阅读、领会汉大赋的难度。然而，如果历史地看待汉大赋中的联绵词，就不应该抹杀它们在汉大赋语体和艺术上曾经起到的积极作用。

※本文发表于《山东大学学报》（人文社会科学版）2002年第1期，收入本集时对部分内容做了修改扩充。

《尚书》复音词初探

　　《尚书》是我国现存最早的历史文献之一，虽然今天看来其语言古拗，但其中频繁出现的"吁""於""都""嗟""噫""呜呼"等叹词，说明它比较真实地记录了当时的口语。有些篇章很细致地再现了当时的情景与会话，如《尧典》中尧与群臣讨论政事及接班人的安排，《皋陶谟》中皋陶与舜对政务的商讨，等等。又例如，《费誓》："嗟！人无哗，听命！"《秦誓》："公曰：'嗟！我士，听无哗！'"如果不是据实记录，这些叹词和句子很可能被省掉。从这些迹象看，《尚书》应当能在很大程度上反映当时汉语口语的情况，考察其中的复音词，对了解汉语早期书面语的词汇状况很有意义。

　　唐孔颖达作《五经正义》时，对《尚书》采用了东晋梅赜所献本，该本对后世影响很大。但是，梅本中的古文篇已经为学界所证实为后人伪造，所以不能反映上古汉语的实际状况。因此，本文仅以今文28篇（其中《尧典》包括梅本《舜典》但无《舜典》篇首28字，《皋陶谟》包括梅本《益稷》，《顾命》包括梅本《康王之诰》）为考察对象，文中所说"《尚书》复音词"也仅指这28篇中的复音词。

一

　　在本文考察的语料中，一共发现了443个复音词。其中名词 376 个，占复音词总数的 84.88%；动词 23 个，占复音词总数的 5.19%；形容词 43 个，占复音词总数的 9.71%；叹词 1 个，占复音词总数的 0.23%。在名词中，专有名词 166 个，占名词总数的 44.15%。在形容词中，叠音词 26 个，占复音形容词总数的 60.47%。

在复音专有名词中，人名或其他用以称呼专人的词有 77 个，例如：

放勋　皋陶　迟任　蚩尤　共工　义和　丹朱　放齐
欢兜　伯夷　散宜生　南宫括
　祖甲　武丁　成汤　王季　文王　高宗　中宗　西伯
微子　周公　虢叔　保奭

等等。

朝代名、国名、部族名等有 16 个，例如：

有夏　有殷　有周　有苗　析支　涂山　渠搜

等等。

山水名、沼泽名、地名等有 79 个，例如：

熊耳　岱宗　碣石　终南　太华　大别　桐柏　恒山
岷山　羽山　荆山　黎水
　降水　沧浪　荥波　菏泽　彭蠡　倍尾　九江　牧野
青州　徐州　扬州　荆州

等等。

在复音普通名词中，用来称人的最多，有 67 个，例如：

天子　皇帝　百工　民献　先祖　黄发　君子　小子
元首　股肱　赤子　冲人
　　胄子　夫子　黎民　烝民　小人　众庶　有民　有众
有王　万姓　有司　穑夫

等等。
官位、职务、身份名等共47个，例如：

　　司空　司徒　司马　司寇　父师　少师　太史　内史
师尹　太保　虎贲　尹伯
　　常伯　艺人　牧夫　大夫　宗人　小尹　小臣　少正
州牧　百夫长　千夫长

等等。
干支词在所考察的篇章中出现了15个，例如：

　　甲子　甲寅　乙丑　乙卯　丙午　丁未　戊辰　戊午

等等。
其他非专有名词共81个，例如：

　　天下　中国　疆土　上帝　昊天　甸服　荒服　东方
西土　仲春　仲冬　星辰
　　正月　今日　冀日　河图　法度　威仪　宗彝　介圭
雀弁　大辂　百谷　糗粮
　　锋刃　旅力　誓言　凤凰　鸥鹦

等等。

在《尚书》复音词中，名词占了绝大多数，其他类词只有动词、形容词和叹词。动词和形容词的例子如：

越至　平章　巡守　殂落　左右　建立　震惊　殄灭　稼穑　奔走　弥留　亮阴

稽首　诅祝　经营　张皇　艰难　迷乱　永远　杌陧　丛脞　安定　平康　豫逸

正直　昭明　汤汤　荡荡　浩浩　烝烝　呱呱　跄跄　桓桓　孜孜　兢兢业业

《尚书》复音词中的叹词只有一个，即"呜呼"。

二

在本文考察的复音词中，有些词的内部结构不明确，如人名"皋陶""放勋""蚩尤""共工""欢兜"等。对《尧典》"曰若稽古帝尧，曰放勋，钦明文思安安"数句，伪孔传解释说："勋，功；钦，敬也。言尧放上世之功化而以敬明文思之四德安天下之当安者。"① 这是把"放勋"的"放"看作"仿"的古字。而《经典释文》引郑玄、王肃的看法认为"放"当读如字②。宋蔡沈《书经集传》采纳如字说，并进一步解释说："放，至也，犹《孟子》'放乎四海'是也。勋，功也。言尧之功大而无所不至也。"③ 这是把"放勋"看作述宾结构。上述说法，未详孰是。《经典释文》引马融、皇甫谧的解释则是："放勋，尧名。"如果只是个简单的人名的话，

---

① （清）阮元校刻：《十三经注疏》，中华书局1980年版，第118页。
② （清）阮元校刻：《十三经注疏》，中华书局1980年版，第118页。
③ 蔡沈注：《书经集传》，上海古籍出版社1987年版，第91页。

那伪孔传及蔡沈的说法就靠不住了。既然《尚书》原文说"曰放勋",我们就倾向于相信《经典释文》引马融、皇甫谧的解释。这样的称呼原本也许存在一定的内部结构关系,但因笔者学力有限,现在已经无从考证,只好暂付阙如。还有西域国名"析支""渠搜"等,不知是否音译外来词,如果不是的话,其内部结构也不可考了。在本文考察的复音词中,这样内部结构不明的词共有 16 个。

除了结构不明的词之外,本文所考察的复音词主要由以下几种结构组成。

1. 偏正式。共 296 个,占《尚书》复音词总数的 66.82%。基本上全是名词。上面所举名词例中的"恒山""荆山""岷山""黎水""降水""九江""牧野""扬州""荆州""百工""天子""先祖""冲人""稿夫""牧夫""上帝""州牧""少师""太史""昊天""东方"等都是偏正式复音词。

2. 联合式。共 90 个,占《尚书》复音词总数的 20.32%,多是动词或形容词,例如:

  殂落 耽乐 平章 左右 建立 震惊 殄灭 稼穑 奔走 教诲 诅祝 经营

  艰难 迷乱 永远 正直 安定 平康 昭明 汤汤 荡荡 浩浩 烝烝 呱呱

等等。也有少数名词,如"鸟鼠""众庶""臣仆""幼冲""星辰""法度"等。

3. 支配式。共 14 个,占《尚书》复音词总数的 3.16%。主要是名词和动词,例如:

司马　司寇　执事　纳言　食言　御事　巡守

4. 补充式。只有 5 个，占《尚书》复音词总数的 1.13%。名词有"星火""星鸟""星昴"，动词有"震动""平章"（辨别彰明）。此外还有一个"扑灭"，二字结合得还不太紧密，应该还是补充式词组，如果算是复音词还有些勉强。

5. 陈述式。只有一个"虎贲"。但这个词的字面义也可以理解成"如虎之奔"的意思，那就应当归入偏正式了。

6. 附加式。共 9 个，占《尚书》复音词总数的 2.03%。都是带词头"有"的名词，如"有夏""有殷""有周""有苗""有扈""有王""有民""有众""有居"等。

7. 单纯词。共 28 个，占《尚书》复音词总数的 6.32%。其中大部分是叠音词，如"汤汤""呱呱""孜孜""畏畏""休休"等，非叠音词如"凤凰""鸱鸮""杌陧""呜呼"等。

三

在本文考察的《尚书》篇章中，只出现过一次的复音词有 275 个，占《尚书》复音词总数的 62.08%。

在《尚书》复音词中使用频率最高的是叹词"呜呼"，共出现 47 次。除了叹词以外，名词的使用频率最高。在 376 个复音名词中，使用 20 次以上的有 4 个，使用 10—19 次的 11 个，使用 2—9 次的 135 个；只出现过 1 次的 226 个，占名词总数的 60.11%。

动词和形容词的使用频率接近。在 23 个动词中，出现 16 次的 1 个，出现 10 次的 1 个，出现 5 次和 6 次的各 1 个，出现 4 次的 2 个；有 17 个动词只出现过 1 次，占动词总数的 73.91%。在 43 个形容词中，出现 4 次的 3 个，出现 3 次的 3

个，出现2次的8个；其余29个只出现过1次，占形容词总数的67.44%。

在本文统计的复音词中，使用20次以上的有："呜呼"（47次）、"周公"（32次）、"文王"（25次）、"小子"（23次）、"上帝"（22次）。使用10—19次的有"先王"（19次）、"御事""稽首"（均16次）、"夏氏"（15次）、"皋陶""庶民"（均14次）、"太保"（13次）、"武王"（12次）、"百姓"（11次）、"卿士""拜手"（均10次）。在上述使用频率较高的复音词中，除"呜呼"之外，一共15个。其中名词13个，且大部分是专有名词，其余两个是动词，没有形容词。

在动词中，除了"稽首""拜手"之外，使用次数较多的是"稼穑"（6次）、"巡守"（5次）、"左右""奔走"（均4次）。在形容词中，出现频率最高的是"艰难""穆穆"（均4次），其次是"荒宁""正直""康宁"（均3次）。

四

通过以上考察，我们大致可以形成如下看法。

1. 《尚书》古文28篇仅约20000余字，所使用的不重复的汉字不超过2000个，其中就有440多个复音词，说明在这些篇章产生的时代，汉语的词就有了复音化，特别是双音化的倾向。从某些山水地名来看，其名称原本是单音节的，往往后面要加"山""水""谷""泽"等字，形成诸如"羽山""荆山""黎水""降水""昧谷""菏泽"等词。这可能是为了表义明确，于是促进了双音词的产生。而山水地名等原本就有两个音节时，后面就很少加"山""水"等字，如"碣石""龙门""太行""大别""鸟鼠""沧浪""三澨""信尾""嵎夷"等。

此外，《尚书》中还有不少相对固定的词组，在当时还不是成熟的复音词，但有发展成复音词的倾向。例如"九州""六卿""九族""洪水""甲胄""垣墉""扑灭""聪明""耳目"等。

2. 除了专有名词、官职名称、干支词、附加式之外，早期的合成复音词中有些还不太成熟，主要是构成复音词的词素之间的结合尚不够紧密。如"民献"（《大诰》）和"献民"（《洛诰》），两个词素的顺序可以颠倒，说明该词结构还不够稳固。又如"庶民"在《尚书》今文篇中出现了 14 次，"天命"出现了 18 次，从其使用频率上看，均可认定为双音词；但众草在《尚书》中可以称"庶草"，各种征候可以称为"庶征"（均见《洪范》）。还有，"天命"两字中间可以加上"之"字，"天之命"的说法也出现过 5 次（《多方》）。这些都说明当时的复音合成词词素之间的结合还不太紧密。

3. 《尚书》古文篇虽然已有数量不少的复音词，但相对于单音词来说，当时复音词的使用频率还很低。复音词使用频率情况已见于上文，而单音词虽然也有使用一两次的，但大部分单音词出现的次数都是远远多于复音词的。例如动词"曰"使用了 470 多次，名词"人"使用了 170 多次，"于"（不含"於"）使用近 400 次，"乃"使用 250 多次。正因为如此，所以《尚书》今文篇中虽然已经有不少复音词，但在总体上给读者的感觉仍然是基本上以单音词为主的。

4. 据周荐先生统计，甲骨文中的单音词约占 77.51%[①]，照此看来，《尚书》复音词的比例比甲骨文增加得并不十分明显。然而，甲骨文中的复音词绝大部分是专有名词、官职名、干支词等，其他词很少。如果从词义、词性上观察《尚书》复音词，就会发现其中大多仍是用于表示各种人的名词，而且

---

① 周荐：《双字组合与词典收条》，载《中国语文》1999 年第 4 期。

专名又占多数。其次是表示山、水、地、国等的专名，再次是官职名，再次是干支词，其余名词较少，动词、形容词也不多。但是如果与甲骨文、金文相比，专名、官职名、干支词之外的复音普通名词以及复音动词、形容词的数量还是有明显的增加，这是《尚书》复音词的新发展。

5.《尚书》中的复音单纯词在复音词中占比很小，这一点与后来的《诗经》相比尤其突出。汉语复音词的发展趋向应该是语音造词法所造词的占比逐渐降低，语法造词所造的合成词的占比逐渐增大。如果只看《尚书》和《诗经》两部典籍，其复音词中单纯词的占比情况则与这个规律不符。笔者认为，发生这种情况的主要原因在于这两部书的体裁特点。《尚书》是散文体的历史文献，而《诗经》是诗歌，是押韵的文学作品。作为艺术作品，诗歌要创造意境、抒发感情，在语言上对音律、节奏的追求力度要远远大于《尚书》，所以使用双声、叠韵、叠音等词语要大大多于《尚书》，而这样的词多是单纯的联绵词。

6. 从合成词的构成方式来看，在早期汉语的书面语中，偏正式发达得最早，其次是联合式。这两种结构的复音词就占了本文统计的复音词总数的87.13%。支配式的数量较少，补充式、陈述式还处在萌芽阶段。附加式构词法较为成熟，但构成的词的数量很少，主要是带词头"有"的双音词，基本上还没发现其他成熟的词头和词尾。

※本文发表于《理论探讨》2003年第5期，收入本集时对部分语句做了修改。

汉语 ABB 式形容词的形成和发展

本文所讨论的是 ABB 式形容词,汉语中有些 ABB 式非形容词,如"大猩猩""洋娃娃""小九九""姑奶奶""过家家"等不在本文讨论之列。还有的 ABB 式音节序列不是词,如"来看看""斗蛐蛐"等,也不在此列。

一

ABB 式形容词的起源可以追溯到先秦。在《楚辞》屈原的作品中,ABB 式音节序列大致可以分为两种常见的情况。第一种,例如"老冉冉其将至兮"(《离骚》)、"路漫漫其修远兮"(同上)中的"老冉冉""路漫漫"。在"老冉冉"中,"老"是描述的对象,"冉冉"是对"老"的描述语中的一部分,"路漫漫"类此。这类例子还有"日忽忽其将暮"(《离骚》)的"日忽忽","君欣欣兮乐康"(《九歌·东皇太一》)中的"君欣欣","云霏霏而承宇"(《九章·涉江》)中的"云霏霏",等等。但这种情况与后来的 ABB 式形容词没有直接关系,这里不再讨论。

第二种情况的 ABB 常处于句首,形成一个三字状语。例如:

纷总总其离合兮，斑陆离其上下。（《离骚》）
杳冥冥兮羌昼晦，东风飘兮神灵雨。（《九歌·山鬼》）
灵连蜷兮既留，烂昭昭兮未央。（《九歌·云中君》）
绿叶兮素华，芳菲菲兮袭予。（《九歌·少司命》）
惨郁郁而不通兮，蹇侘傺而含慼。（《九章·哀郢》）
尧舜之抗行兮，瞭杳杳而薄天。（《九章·哀郢》）
纷郁郁其远承兮，满内而外扬。（《九章·思美人》）
独茕茕而南行兮，思彭咸之故也。（《九章·思美人》）
穆眇眇之无垠兮，莽芒芒之无仪。（《九章·悲回风》）
藐蔓蔓之不可量兮，缥绵绵之不可纡。愁悄悄之常悲兮，翩冥冥之不可娱。（《九章·悲回风》）
纷容容之无经兮，罔芒芒之无纪。轧洋洋之无从兮，驰委移之焉止？漂翻翻其上下兮，翼遥遥其左右。泛潏潏其前后兮，伴张弛之信期。（《九章·悲回风》）

由于这种三字状语比较适合楚骚的句式要求，所以在《楚辞》中频频出现。除了ABB式以外，还有ABC式，上面《离骚》例的"斑陆离"、《哀郢》例中的"蹇侘傺"等即是，又如：

发郢都而去闾兮，怊荒忽其焉极？（《九章·哀郢》）

等等。这种三字状语的组成，常常是在一个联绵词前加上一个表性状的字。当这个联绵词是叠音词时，就形成了ABB式音节序列。

联绵词在周秦两汉很发达，尤其适合用在诗赋等韵文中状物拟声，表现情貌，使语言生动传神并加强音乐感，所以在《诗经》《楚辞》以及后来的辞赋作品中被大量使用。但是，由于联绵形容词不直接表述事物性状，而是从侧面描摹某种性质或状态表现在具体事物上时的情貌，所以这些词往往带有浓重的色彩意义。例如不直接说某事物高大，而说"崔嵬"，不直说某事物长远或久远，而说"漫漫"。"崔嵬"的含义并不等于"高"或"高大"、"高峻"，它只描摹高耸或高峻的样子，传统的训诂家常解释为"高貌"。同理，"漫漫"的意思也只是"远貌"或"久貌"。《管子·四时》："五漫漫，六惛惛，孰知之哉！"尹知章注："漫漫，旷远貌。"此外，联绵词的色彩义往往比较发达，所表达的含义经常随具体语境的不同而发生很大的变化，像"漫漫"有时就表示"众多貌"（宋玉《钓赋》"漫漫群生，孰非吾有"）、"平缓展延貌"（沈约《早发定山》诗"归海流漫漫，出浦水溅溅"）等。也就是说，联绵词虽然有表达情貌形象生动的优点，但也有概念表达不明确的缺点。此外，联绵词只有两个音节，在以四言为主的《诗经》中比较适用。而《楚辞》大部分句子都较长，屈原作品除了《天问》之外，较典型的句式有"□□□其（之）□□兮，□□□而（以）□□"或"□□□兮□□"以及"□□□兮□□□"。这样的句式当然容易促使三字组的使用。于是，作者在使用叠音词时，往往在前面加上一个表示性状的单字，这样，在不影响叠音词生动形象效果的同时，又可以使语义的表达更明确，而且满足了句式的需要。屈原作品中数量不少的ABB式三字状语就是这样产生的。

上面例子中的ABB序列，其中的A和BB都是可以独立运用的词，这两部分的结合是松散的。因此，它们还不是后来的ABB式形容词，但却与ABB式形容词的产生不无关系。正是因为有了这样一种音节序列，才为A和BB的结合并日趋紧密创造了条件。

《楚辞》所收汉代作品中仍然继续使用ABB式三字状语，

例如：

> 般纷纷其离此邮兮，亦夫子之故也！（贾谊《吊屈原》）
> 清泠泠而歼灭兮，溷湛湛而日多。（东方朔《怨世》）
> 专精爽以自明兮，晦冥冥而壅蔽。（东方朔《怨世》）
> 驾青龙以驰骛兮，班衍衍之冥冥。忽容容其安之兮，超慌忽其焉如。（东方朔《自悲》）
> 怊茫茫而无归兮，怅远望此旷野。（严忌《哀时命》）
> 观中宇兮浩浩，纷翼翼兮上跻。（王褒《陶壅》）
> 立江界而长吟兮，愁哀哀而累息。（刘向《离世》）
> 望高丘而叹涕兮，悲吸吸而长怀。（刘向《惜贤》）
> 辞九年而不复兮，独茕茕而南行。（刘向《忧苦》）

汉赋中也出现了一些ABB式音节序列，例如：

> 遥望白云之蓬勃兮，滃澹澹而妄止。（贾谊《旱云赋》）
> 聊兮慓兮，混汨汨兮，忽兮慌兮……慌旷旷兮。（枚乘《七发》）
> 波涌而涛起，其始起也，洪淋淋焉。（同上）
> 秋风扬焉，满庶庶焉。（枚乘《梁王菟园赋》）
> 纷湛湛其差错兮，杂逯胶辄以方驰。（司马相如《大人赋》）
> 惨郁郁其芜秽兮，隐处幽而怀伤。（刘彻《李夫人赋》）
> 参天地而独立，廓荡荡其亡双。（扬雄《河东赋》）
> 君臣欢康，具醉熏熏。（张衡《东京赋》）
> 动容饰而微发，穆斐斐以承颜（陈琳《迷迭赋》）

这些例子中的ABB式中的BB仍然是可以独立使用的叠音词。虽然其中有的（例如"醉熏熏"）在后来的使用中进一步凝固，其BB部分的独立使用受到越来越大的限制，因而发展成了ABB式形容词，但在当时，"熏"又作"薰""醺"，《说文》："醺，醉也。"可见其意思还很实在。因此，当时的"醉熏熏"还应当看作一个单音词和一个叠音词的组合比较妥当。

东汉高诱所作《淮南子·叙》中引民歌："一尺缯，好童童；一升粟，饱蓬蓬。兄弟二人，不能相容。"这里的"好童童""饱蓬蓬"已是较成熟的ABB式形容词了，蒋绍愚先生认为这是ABB式复音词最早的例子①。但是，该民歌在《史记·淮南衡山列传》中作："一尺布，尚可缝；一斗粟，尚可舂。兄弟二人，不能相容。"《汉书·淮南王传》与此略同。《史记》《汉书》与高诱的记录孰是孰非，这里不好断定。据《史记》《汉书》载，这个民歌的流传发生在汉文帝十二年，如果高诱的记录不错，那么成熟的ABB式形容词在西汉的初期就产生了。如果其中的"好童童""饱蓬蓬"系高诱误记，那它们的产生也不应当晚于高诱生活的时代，即东汉末。

二

ABB式形容词虽然在汉代就产生了，但在文献中较大规模出现则是唐宋以后的事。唐五代已出现的例子如：

唐岑参《望秦岭微雨作贻友人》诗："崖口悬瀑流，半空白皑皑。"
唐杜牧《郡斋独酌》诗："后岭翠扑扑，前溪碧泱泱。"
唐杜牧《兰溪》诗："兰溪春尽碧泱泱，映水兰花雨发香。"
唐白居易《宿灵岩寺上院》："最爱晓亭东望好，太

---

① 蒋绍愚：《古汉语词汇纲要》，北京大学出版社1989年版。

湖烟水绿沉沉。"

唐白居易《对酒》诗:"所以刘阮辈,终年醉兀兀。"

唐张鷟《朝野佥载》卷一:"开元五年,洪潭二州复有火灾,昼日,人见火精赤炖炖,所诣即火起。"

唐张鷟《朝野佥载》卷二:"易之为铁笼,置鹅鸭于其内,当中取起炭火,铜盆贮五味汁,鹅鸭绕火走,渴即饮汁,火炙痛即回,表里皆熟,毛落尽,肉赤烘烘乃死。"

唐韩偓《屐子》诗:"六寸肤圆光致致,白罗绣屦红托里。"

唐吕岩《七言》诗之六九:"共语难兮情兀兀,独自行时轻拂拂。"

南唐张泌《浣溪沙》词:"晚逐香车入凤城,东风斜揭绣帘轻。慢回娇眼笑盈盈。"

前蜀花蕊夫人《宫词》之八:"三面宫城尽夹墙,苑中池水白茫茫。"

前蜀韦庄《天仙子》词:"惊睡觉,笑呵呵,长道人生能几何。"

前蜀李珣《酒泉子》词之四:"秋月婵娟,皎洁碧纱窗外,照花穿竹冷沉沉。"

此外,像"气愤愤""薄松松"等ABB式字组在当时文献中也使用,但A与BB的结合仍较松散,其BB部分的意义比较实在,而且BB部分可以在保持这个意义不变的前提下独立使用。所以,这些ABB字组还不宜看作复音词,至少不是成熟的复音词。

宋代出现的例子明显增多了,如:

宋蒋捷《梅花引》词:"风拍小帘灯晕舞,对闲影,冷清清,忆旧游。"

宋汪元量《满江红·吴江秋夜》词："渔火已归鸿雁汊，棹歌更在鸳鸯浦。渐夜深、芦叶冷飕飕，临平路。"

宋王禹偁《和冯中允炉边偶作》："春日雨丝暖融融，人日雪花寒栗栗。"

宋梅尧臣《送赵谏议知徐州》诗："莫问前朝　张仆射，球场细草绿蒙蒙。"

《朱子语录》卷六五："只就身上体看，才开眼，不是阴便是阳，密拶拶在这里，都不着得别物事。"

宋欧阳修《盐角儿》词："慧多多，娇的的。天付与、教谁怜惜。"

宋陆泳《吴下田家志》："初二月下有横云，初四暗盆盆。"

宋王安石《和张仲通忆钟陵绝句》之四："西山映水碧潭潭，楚老长谣泪满衫。"

宋辛弃疾《最高楼》词："花知否？花一似何郎，又似沈东阳。瘦棱棱地天然白，冷清清地许多香。"

宋葛天民《寄杨诚斋》诗："参禅学诗无两法，死蛇解弄活泼泼。"

宋周必大《二老堂诗话·康与之重九词》："重阳日，四面雨垂垂……茱萸胖，黄菊湿鬙鬙。"

宋周邦彦《红窗迥》词："情性儿，慢腾腾地，恼得人又醉。"

《朱子语类》卷一二一："看公来此，逐日只是相对默坐无言，恁地慢腾腾，如何做事！"

五代孙光宪《菩萨蛮》词："碧烟轻袅袅，红战灯花笑。"

宋晏几道《玉楼春》词："临风一曲醉腾腾。"

宋苏轼《东坡志林·冢中弃儿吸蟾气》："有大蟾蜍

133

如车轮，气咻咻然出穴中。"

宋陈克《谒金门》词："愁脉脉，目断江南江北。"

宋辛弃疾《踏莎行·庚戌中秋后二夕带湖篆冈小酌》词："夜月楼台，秋香院宇，笑吟吟地人来去。"

宋无名氏《张协状元》戏文第三三出："扑簌簌泪两下。"

等等。不成熟的例子如"细蒙蒙"。

元代是 ABB 式形容词大规模出现的时代，这与元曲的发达有直接关系。常见的例子如：

直挺挺	直僵僵	光塌塌	冷化化	冷冰冰
勃腾腾	圪登登	尖恰恰	可丕丕	叫丫丫
吸力力	各琅琅	喜溶溶	喘吁吁	嗔忿忿
孤伶伶	乐陶陶	乐跎跎	支楞楞	死丕丕
战兢兢	战簌簌	曲躬躬	明朗朗	暖烘烘
活泼泼	滑擦擦	滴屑屑	滴涟涟	滴溜溜
湿浸浸	湿淋淋	湿渌渌	湿挝挝	圪支支
扑剌剌	扑碌碌	扑邓邓	扑腾腾	气丕丕
气哈哈	气昂昂	望巴巴	文绉绉	火匝匝
烟支支	热烘烘	必律律	忽拉拉	急巴巴
急旋旋	急飑飑	急簌簌	急攘攘	悄促促
悲切切	愁冗冗	慌速速	憨支支	惨可可
懒设设	甜津津	硬邦邦	硬铮铮	碧油油
碧茸茸	碧荧荧	碧澄澄	磕扑扑	磕擦擦
眼巴巴	眼睁睁	生剌剌	生擦擦	稠紧紧
稳拍拍	白森森	白浩浩	白生生	白雪雪
白邓邓	瘦岩岩	瘦㤳㤳	空索索	空荡荡
空洒洒	穷滴滴	疏剌剌	笑加加	笑呷呷

笑哈哈	笑欣欣	笑哈哈	笃速速	血渌渌
血沥沥	美孜孜	羞答答	苦孜孜	苦厌厌
薄怯怯	薄设设	翻滚滚	红溜溜	红馥馥
缉林林	赤律律	细袅袅	软怯怯	软设设
软揣揣	软簌簌	酸溜溜	醉陶陶	迭屑屑
骨岩岩	骨崖崖	骨碌碌	香馥馥	黄甘甘

等等。明清时代又产生了一些新的用例，这里就不再列举了。

除数量增多以外，元明时代 ABB 式形容词中还出现了为数不少的单纯词。这种词在宋代及以前只有"扑簌簌"等极少的例子，而在元代则明显增多了。例如拟声词"圪登登""吸力力""各琅琅""支楞楞""圪支支""扑剌剌""扑碌碌""扑腾腾""必律律""忽拉拉""磕扑扑""磕擦擦""赤律律"等，拟态词"勃腾腾""滴溜溜""扑邓邓""笃速速""缉林林""迭屑屑""骨碌碌"（兼拟声）等，都是这样。这些词的 A 和 BB 之间不存在内部结构关系。

ABB 式单纯词用以拟声或拟态，三个音节均不直接表示性状，这一点与联绵词有相似之处，其文字形式有时也并不固定，例如"圪登登"亦作"矻蹬蹬"。对大部分 ABB 式非单纯形容词来说，A 是表性状的，BB 则是拟态或拟声的，所以 BB 的文字形式往往不固定。而大部分 ABB 式单纯词可能也受此习惯影响，其 A 音节用字一般相对固定，BB 部分则有时比较自由。例如"美孜孜"亦作"美姿姿"，"文绉绉"亦作"文骤骤"，"骨碌碌"亦作"骨渌渌""骨鲁鲁""骨噜噜"等。也有时，一组词的 BB 部分书写形式不同，但存在明显的语音联系，这样的一组词可看作同一个词的音转。例如：

元关汉卿《一半儿·题情》曲："乍孤眠好教人情兴

懒，薄设设被儿单，一半儿温和一半儿寒。"形容单薄。

元王实甫《破窑记》第三折："又无那暖烘烘的被卧，都是些薄湿湿的衣服。"

元关汉卿《单刀会》第一折："他上阵处赤力力三绺美髯飘，雄赳赳一丈虎躯摇。"

元刘君锡《来生债》第三折："赤历历，那电光掣一天家火块。"

元张国宾《合汗衫》第二折："他可便那里怕人笑怕人骂，只待要急煎煎挟橐携囊，稳拍拍乘舟骗马。"

明丘汝成《端正好·上太师》套曲："文修武备，日转迁阶，稳拍拍的抚边庭把烟尘尽扫。"

元马致远《黄粱梦》第四折："我这里稳丕丕土坑上迷颩没腾的坐。"

元无名氏《杀狗劝夫》第二折："越惹他必丢疋搭的向骂儿这一场扑腾腾气。"

元关汉卿《金线池》第二折："我见了他扑邓邓火上浇油。"

元李寿卿《伍员吹箫》第二折："千金宝剑赛吴钩，一片精光射斗牛。藏处非冰寒凛凛，舞时无雨急飕飕。"

元杨显之《潇湘雨》第三折："怎当这头直上急簌簌雨打，脚底下滑擦擦泥淤。"

上面例句中的"薄设设"和"薄湿湿"、"赤律律"和"赤力力"、"稳拍拍"和"稳丕丕"、"扑腾腾"和"扑邓邓"、"急簌簌"和"急飕飕"，等等，就分别是同一个词的音转。

三

现代汉语中的 ABB 式形容词表现出如下特征。

1. A 绝大多数是形容性词素，这样的例子很多，这里不必再举。也有少数动词性和名词性词素，动词性的例如"笑眯眯""笑吟吟""乐呵呵"等，名词性的如"眼巴巴""汗津津""毛茸茸"等。但不论 A 的性质是什么，加上后面的叠音部分后组成的都是形容词。

2. 有些词其 AB 部分即可构成与原有的 ABB 形式的性质、含义均相似的双音词。例如：

干巴巴—干巴　紧巴巴—紧巴　冷清清—冷清
亮堂堂—亮堂　热乎乎—热乎　硬邦邦—硬邦

在古代，这样的例子不多，比较典型的有"笑哑哑"可以作"笑哑"：

宋梅尧臣《戏酬高员外鲫鱼》诗："我所共乐仲与伯，羡君赴约笑哑哑。"
宋范成大《嘲峡石》诗："顽质贾憎垂，傀状发笑哑。"

不过这个例子比较特殊，"笑哑哑"和"笑哑"是两个典故词，均语出《易·震》："震来虩虩，笑言哑哑。"而其他 ABB 式词极少是有出典的。现代汉语中，绝大部分 ABB 式形容词没有这种相应的 AB 形式。

还有的 ABB 式词可以形成 AABB 式的形式，含义也基本不变，例如：

颤巍巍——颤颤巍巍　　干巴巴——干干巴巴
急巴巴——急急巴巴　　冷清清——冷冷清清
亮堂堂——亮亮堂堂　　满当当——满满当当

羞答答——羞羞答答　　慢腾腾——慢慢腾腾

但大部分 ABB 式形容词没有这样相应的 AABB 形式。

3. 相对于一般的叠音词或联绵词来说，ABB 式形容词表义都比较准确，这主要因为其中的 A 部分的标志作用。A 的含义以表视觉结果的为多，其中表颜色的字在构成 ABB 或形容词时最活跃，如"白""黑""碧""红""黄""灰""蓝""绿"等，其中"黑"字就可构成"黑黝黝""黑油油""黑沉沉""黑洞洞""黑糊糊""黑黢黢""黑魆魆"等。表示对温度、味道（或气味）的感觉的字也表现得非常活跃，如"冷""凉""热""酸""甜""香""臭"等，其中"冷"就可以构成"冷冰冰""冷清清""冷森森""冷丝丝""冷飕飕"等。

4. BB 的意义主要表现在两个方面。首先是色彩意义，增加整个词在感情、形象、风格等方面的色彩。其次是语法意义，加在 A 后面使整个词成为形容词。这在 A 是非形容性词素的词中尤其突出。例如：

汗津津　虎彪彪　火辣辣　毛茸茸　血淋淋
兴冲冲　眼巴巴　水汪汪　活生生　乐呵呵
闹哄哄　赤条条　喜洋洋　笑吟吟　羞答答

等等。有的词的 BB 部分还带有较为明显的词汇意义，例如"恶狠狠""光秃秃""赤裸裸""红艳艳""冷冰冰""明晃晃""虚飘飘""直挺挺"等。也有的词 BB 部分的词汇意义较为模糊，如"潮呼呼""热乎乎""干巴巴""急巴巴""紧巴巴"等。

※本文发表于《山东大学学报》（哲学社会科学版）2004年第 1 期，收入本集时修改了个别字句，并补充了部分例句。

也谈汉语词复音化的原因

一

汉语词经历了由单音词为主向复音词特别是双音词为主的一个发展过程,这早已是被学术界公认的事实。

关于汉语复音词特别是双音词形成、增多的原因,许多学者进行过研究,从不同角度提出了自己的观点。伍宗文把这些观点做了比较全面的总结,其内容大致如下。

①语音简化说,由王力先生在《汉语史稿》一书中提出。②义类义象分离说,由徐通锵先生在《语言论》一书中提出。③精确表义说,马真、郭锡良、张世禄、史存直、许威汉、唐钰明等先生持此观点。④审美观念说,吕云生、杨琳等先生持此说法。⑤韵律构词说,伍宗文先生就持此观点。[①]

上述总结中没有列出的说法至少还有两种:①外语的吸收。这也是王力先生提出的,他把汉语词复音化的原因总结为:"第一是语音的简化,第二是外语的吸收。"但他又说:"当然,语言随着社会的发展而发展,词汇必然越丰富越纷繁;即使语音不简化,也不吸收外来语,汉语也会逐渐走上复音化的道路,因为这是汉语的内部规律之一。不过,由于有了这两

[①] 伍宗文:《先秦汉语复音词研究》,巴蜀书社2001年版,第374—446页。

个重要因素，汉语复音化的发展速度更快了。"① ②句法结构的词汇化。董秀芳认为："句法结构是由语法性成分与词汇性成分共同组成的句法单位。在汉语史上，一些句法结构由于其中的语法性成分功能的衰退而变成了词，原来的可以自由运用的语法性成分往往变成了词缀。"② 董秀芳在《词汇化：汉语双音词的衍生和发展》一书中更全面地论述了各种合成词在词汇化的过程中由词组变成词的种种现象和规律。③

二

在上面列举的这些观点中，语音简化和精确表义两种说法的含义实际上是密切联系的：语音简化了，音节数就会减少，导致单音词中的同音词增多，口头交际才会因词义混淆而产生困难。如果语音繁化，音节数就会增加，单音词中就不会有许多同音词，意义也就可以区别了。另外，如果不考虑语义的精确和交际的效果，那么语音即使再简化，同音词即使再多，词汇也不必复音化。所以说这两种观点都强调了一方面而暗含了另一方面。

语音简化说在理论上有一定的道理。在现代汉语中，某些方言（如广东话）的语音比普通话复杂，其复音词的数量也少于普通话，这种现象可以用语音简化说来解释。但是，语音简化说至少难以解释两个问题：第一是自殷周至隋唐，汉语语音并未明显简化（有些阶段还繁化了），复音词却大量增加，这一点，伍宗文在《先秦汉语复音词研究》一书中已经分析过了④。

---

① 王力：《汉语史稿》，中华书局1958年版，第342—343页。
② 董秀芳：《论句法结构的词汇化》，《语言研究》2002年第3期。
③ 董秀芳：《词汇化：汉语双音词的衍生和发展》，四川民族出版社2002年版，第48—218页。
④ 伍宗文：《先秦汉语复音词研究》，巴蜀书社2001年版，第374—375页。

第二点是同处于一个时代，诗歌、辞赋等韵文往往比散文的复音词含量高。

很多复音词的意义特点也支持精确表义说。大部分偏正式复音词表义确实比单音词精确（早期复音词许多是语法造词，且偏正式占优势），这种精确有多方面的表现，首先是词汇意义精确（"月"—"月亮"—"月份"），其次是语法意义精确（"类"—"种类"—"类似"）。部分联合式等形式复音词含义也比相应的单音词精确。其实，复音化不仅可以使有些词表义精确，还能使词义更丰富复杂，因为有了两个或更多语素，它们之间就有了语法关系，便于使用更多修辞手段，在表义上还可以用多个语素配合，暗含更多方面，吕叔湘先生就以"谢幕"等词为例说明了这种显示和暗示①。精确表义说还可以解释复音词中也有一部分三音节或更多音节的词。

但精确表义说难以解释以下复音化现象：①复音单纯词。②复音词中大多是双音词，三个或更多音节词较少，且有压缩为双音词的趋势。③某些合成词表义反而不如单音词精确。例如某些联合式偏义词，像"窗户"（窗）、"针灸"（针）、"是非"（非）、"臣子"（臣）、"甘苦"（苦）等，还有的合成词中的一个语素在表义上是不必要的，如"下降""上升"的"下""上"，"平原"的"平"（《尔雅·释地》："广平曰原。"）。④某些复音虚词（如"而后""否则""关于""等于""然而"）的形成用精确表义说也不好解释。

早期汉语中有许多单音词意义个别或具体，其中除基本概念外还包含许多相关的性状、动作、对象等义素。由于词义从个别到一般、从具体到抽象的发展，原来单音词中所带的某些此类义素消失，要表示原来的意义，就需要另外加上限制性成

---

① 吕叔湘：《语文常谈》，生活·读书·新知三联书店1980年版，第61—64页。

分，原来的单音词就变成了复音词（或词组），例如"匠"——"木匠"、"牡"——"公牛"、"骏"——"骏马"、"洌"——"水清"、"涅"——"在水中的黑土"、"澡"——"洗手"，等等。义类、义象分离说可以解释这种现象。但是它难以解释下列复音词的形成：①附加式（"有殷""阿斗""桌子""潸焉"等）。②许多偏正、联合式（"虎臣""百姓""朋友""宾客""司马"等）。③复音单纯词（"芍药""穆穆""济济"等）。④许多复音虚词。

审美观念说和韵律构词说都可以解释：①双音词占复音词的大多数，叠音词、联绵词和很多附加式词都是双音的。②古代韵文、骈文的双音词往往比同期散文的含量高。③同义连文或连类而及（有时甚至连及反义成分）而构成复音词，如"泥土""得失""死活""好歹"等。

但是，汉语词汇的复音化是一个渐进的过程，历史上崇尚成双的审美追求的发展是否与复音化的过程同步，因而成了汉语词复音化的原因？这个问题还缺乏进一步探讨，现在下结论恐怕为时过早。而且，不能不承认，词的复音化在很大程度上使词义比原来明确、丰富了。可见，复音化与表义的关系非常密切，换句话说，词的复音化不仅仅是为了追求韵律或音步的和谐。

外语吸收说可以解释历史上特别是鸦片战争后汉语中受外语影响产生的复音词，但难以解释的是西汉以前，汉语外来词并不多，复音词却大量出现。

汉语词汇化的观点可以解释：①许多复音词是由词组变成的。②跨层结构变成复音词。但是，各种附加式、叠音词、联绵词，以及受外语影响产生的复音词，就不能以这个观点解释它们生成的原因。

三

通过上面的分析可见，上列各种说法在一定方面、一定程度上各有道理，但是，这些说法又都不能单独地解释所有复音词的成因。

不可否认，与单音词相比，复音词在表义方面的特点很明显，这使得以往许多学者从表义入手探求复音化的原因。实际上，追求语义精密丰富确实是许多早期复音词（特别是偏正式）的成因之一。而复音词的产生，又要符合汉语音步或韵律的要求，这二者必须最大限度地一致起来。当二者矛盾时，语言的交际功能首先要求词表义要准确（不能与原意相反或有严重的矛盾），含混或歧义必须降低到一定限度。而且，韵律或音步的要求不是绝对的，为了表义准确，有时不能甚至不必完全顾及音步或韵律，因此汉语中有许多三音、五音词存在。在这个前提下调整音节，使之符合音步韵律要求（三音词多为 1+2 或 2+1 形式，如"魏公子""大丈夫""三足乌""葡萄酒""卡宾枪""外祖母""难为情""吃大户""赤条条""委员会""开幕式""黄粱梦"等）。

有一些语言事实可以说明：许多原本是三个或更多音节的词语被压缩成了双音词或缩略语（"张总""李处""王队""刘工""导员""非典"等），对单音姓氏者可以称"小张""老李"，对复姓者则很少称"小欧阳""老淳于"。单音地名一般要配上行政区划名或"山""河"等字，凑成双音节（"单县""沛县""嵊州""沙市""嵩山""淮河""太湖"等），双音节的就不一定要配（"济南""武汉""定陶""武夷""洞庭"等）。原本是较长的语句被整合为四音节的成语：

"犹以一杯水救一车薪之火也"——"杯水车薪"

"门外可设雀罗"——"门可罗雀"

"一顾倾人城，再顾倾人国"——"倾国倾城""倾城倾国"

"车如流水，马如游龙"——"车水马龙"

"为他人作嫁衣裳"——"为人作嫁"

"山雨欲来风满楼"——"山雨欲来"

等等。桌、椅、凳是三种东西，但要加"板"字构成四音节的"桌椅板凳"；花、草、树是三种东西，也要加"木"字构成四音节的"花草树木"；民间所谓"开门七件事"是"柴米油盐酱醋茶"，或被整合成"油盐酱醋"，或被整合成"柴米油盐"。以上例子说明，在不影响起码的表义效果的前提下，词语的形成确实有追求偶数音节的倾向。

综上所述，笔者认为，汉语词的复音化不是由一方面的原因造成的，而是多方面因素的综合结果。

还有一个值得深思的问题是，精确表义、凑成偶数音节等要求常常可以通过语法手段（构成词组）来实现，为什么还要形成复音词？笔者以为，在这其中，词义的发展变化也是形成复音词的重要原因之一。词义是一个系统，一个或部分词的词义发生了变化，也就必然影响到周围相关的词，从而促使一批词含义的再分配，并促使复音词产生。例如："匠"的本义是木匠（《说文》："匠，木工也"）。它的意义由个别发展到一般，就产生了"木匠""铁匠""工匠""理发匠""泥瓦匠""教书匠"等词；"绝"的本义是把丝截断（《说文》："绝，断丝也"）。它的意义由具体到抽象，就产生了"绝望""绝交""灭绝""断绝"等词。而且，当一个词组一旦形成并逐渐固定，其中各个词的含义不会就此静止，而会继续发展并相互影响，整个词组的含义逐渐成为一个整体，原来的词组就会变成复音词。当这样的复音词发展得比较成熟时，会产生各种标志。

每个音节的原义都消失，产生一个整体的新意义。例如：

规矩　聪明　要领　干戈　薪水　耳目　心腹　水土
出家　辛苦　寻常

产生新意义后其功能也发生变化：

消息　买卖　交易　物色　世故　形容　牺牲　分别
究竟　阴谋　经理　考试
保守　同情　先驱　亲信　开关　裁缝　顾问　将军
影响　抱负　指示　知己

其中一个音节的意义消失或弱化，有些词在产生之初就加上了一个表义性较弱或表义羡余的音节，例如：

知道　月亮　数量　事情　缓急　甘苦　国家　窗户
人物　马戏　步伐　耳朵
头发　眼泪　味道　响亮　板凳　首饰　前额　松树
菊花

构成成分之间原有的结构关系被打破，通过错误类推重新组合，例如：

颜色（由偏正到联合）　　洗澡（由联合到述宾）
跳舞（由联合到述宾）
唱歌（由联合到述宾）　　汉子（由偏正到附加）

同义、近义联合，次序不同意义有别，例如：

和平—平和　生产—产生　计算—算计

语言—言语　子孙—孙子
弟子—子弟　斗争—争斗

原有句法结构被打破，形成跨层结构，例如：

认为　关于　等于　除以　几乎　然而　来自　甚至
之后　友于　弱冠

后一个音节可以或必须读儿化或轻声，如词尾"子""头"等构成的词，又如：

朋友　窗户　规矩　街坊　买卖　财主　秘书　将军
政治　算计　认识　聪明
至于　亲信　人家　开关（儿）　动静（儿）　洗澡（儿）　好歹（儿）

其理据意义与表达的意义有矛盾，例如：

（大）少爷　（小）广场　（老）小姐　（新）故事
（红）粉笔
（墨绿色）黑板　（藏族）汉子　（动物剧中的）人物　（绿）黄瓜/白菜
（男）保姆　飞船　（电气）火车　（穿黑衬衣的）白领

各成分结构紧密，不能拆分，例如：

请坐（可以说"您请坐"，一般不说"请您坐"）

当一个结构在形式和意义上发展到具有了上面的特征，这个结构就肯定已经变成复音词了。可见，在由词组变成复音词的过程中，其意义的发展和融合才是促成这种变化的关键性原因。当几个单字组合在一起，其含义只是这几个单字意义的简单相加，那么这几个字只是词组，还不是复音词。只有当它们发展为一个整体时，这几个字才是一个比较成熟的复音词。

　　※本文发表于《文史哲》2004年第6期，收入本集时对部分语句做了修改，并补充了部分例子。

汉语词复音化问题概说

所谓汉语词的复音化是指汉语词汇由古代以单音词为主逐渐演变到后来以复音词（特别是双音词）为主的发展变化，也就是汉语词汇中复音词的数量和所占比例不断增加的过程。

汉语词的复音化现象早就引起了学界的注意。最近几十年来，许多学者对这种现象进行了研究，取得了丰硕的成果。本文打算在这些成果的基础上，把词的复音化现象放到整个汉语这个符号系统中做综合考察，以求对汉语内部各部门、各因素间的相互关联和影响有一点新认识。

一　词的复音化倾向与复音词的增加

汉语词的复音化倾向可以通过相关语料的比较感觉出来。例如《左传·隐公元年》"若阙地及泉"在《史记·郑世家》中作"穿地至黄泉"，《尔雅·释诂》"赉、贡、锡、畀、予、贶，赐也。"郭璞注："皆赐与也。"但是，更科学精确地认识一个时代或一种典籍词汇中复音词所占的比例，则要通过数量统计。

周荐统计赵诚《甲骨文简明词典——卜辞分类读本》（中华书局1988年版）中的单音词占77.51%,[①] 这说明甲骨文中

[①] 周荐：《双字组合与词典收条》，见《中国语文》1999年第4期。

已有部分复音词。唐钰明考察的结果是：在不包括人名、地名的情况下，"甲骨文有复音词35个，而金文复音词有237个"。①

甲骨文中的复音词主要是人名、神名、地名、方国名、宗庙神主名等专名，以及宫室、职官名称等，基本上没有普通名词，也没有动词、形容词。唐钰明考察后指出：金文复音词中，名词仍占压倒优势，但大约在周初就有了动词，西周晚期有了形容词、副词；"复音虚词虽然只产生了'呜呼'和'至于'两个，但却有力地表明金文复音化已达到了相当的广度"。②

笔者考察了《尚书》今文28篇（其中《尧典》包括梅赜本《舜典》，但无梅本《舜典》篇首28字，《皋陶谟》包括梅本《益稷》，《顾命》包括梅本《康王之诰》），发现上述语料约20000余字，用不重复的汉字不足2000，复音词有440余个。在这些复音词中，名词占84.88%，动词占5.19%，形容词占9.71%。专名、官职名、干支词等又占名词的60.64%。赵克勤先生统计《孟子》共用单音词1565个，复音词713个；③据张双棣先生对10部先秦典籍的统计，《韩非子》用词3762个，其中复音词1484个，占总词数的39.7%，该书可能是先秦典籍中复音词比例最高的。④《论衡》使用的单音词不到2000，而据程湘清先生统计，该书中共用复音词2300个。⑤赵克勤先生还发现，在篇幅基本相同的情况下，韩、柳古文中的复音词是《左传》的2.5倍。⑥

---

① 唐钰明：《金文复音词简论》，见《人类学论文集》，中山大学出版社1986年版，第451页。
② 唐钰明：《金文复音词简论》，见《人类学论文集》，中山大学出版社1986年版，第451页。
③ 赵克勤：《古代汉语词汇学》，商务印书馆1994年版。
④ 张双棣：《〈吕氏春秋〉词汇研究》，山东教育出版社1989年版。
⑤ 程湘清：《〈论衡〉复音词研究》，见《两汉汉语研究》，山东教育出版社1985年版。
⑥ 赵克勤：《古代汉语词汇学》，商务印书馆1994年版。

复音词的发展除了词数增加以外，还表现在使用频度的提高上。笔者所统计《尚书》今文 28 篇中的 440 多个复音词（含专名）中，只使用过 1 次的有 275 个，约占所统计复音词总数的 62.08%；使用 10 次以上的只有 18 个，约占 4%。赵克勤所统计《孟子》500 左右个复音词（不含专名）中使用 10 次以上的 24 个，占 4.8%。①

　　总之，汉语词的复音化倾向在甲骨文中就出现了，到战国末，复音词数大约可占总词数的 30%—40%，而至晚在东汉时期，复音词的数量就超过了单音词。复音化倾向最早表现在专名上，后来发展到普通名词。西周时期出现了复音动词、形容词和虚词。此后，在复音词中，名词的比例下降，动词、形容词的比例上升，是先秦复音词发展的趋势。关于复音词的使用频度，目前还没有很详细的统计，但就现有的数据看，时代越晚的典籍中的复音词使用频度越高，这个大趋势基本上是不错的。

二　词的复音化与构词、语法结构的关系

　　对单音词来说，在不改变原来语音系统的前提下，只能靠原有词的语义分化、语音（包括声调）的转移造成词形变化，产生新词。这种方法的能产性很低，无法适应社会发展的需要。词的复音化则使词根复合法和词根派生法越来越发达，开辟了大量快速产生新词的途径，这应当是汉语词复音化的动因之一。

　　甲骨文中的复音词全是由词根复合法构成的合成词，金文及以后的复音词中有了单纯词，但合成词一直占大多数。汉语的合成词几乎全部是由词组凝固后形成的，合成词内部词素与

---

　　①　赵克勤：《古代汉语词汇学》，商务印书馆 1994 年版。

词素之间的结构关系原本就是词组中词与词之间的结构关系，这就使汉语的句法结构类型与合成词内部的结构类型表现出很强的一致性。

偏正式是合成词中发达得最早的构词方式。甲骨文中的复音词几乎全是偏正式，联合式、支配式尚处于萌芽状态。在金文复音词中，偏正式仍然超过半数，联合式的比例明显增大，支配式也有发展，而且出现了附加式和单纯词。至晚在战国时期，联合式的数量就超过了偏正式，成为汉语合成词中最能产的构词方式。战国时期还产生了表述式，补充式也有萌芽。

我们根据程湘清先生《〈论衡〉复音词研究》对《论衡》复音词的统计数字，计算出各种构词方式的词数比例，列成表1。

表1　　　　　　《论衡》复音词统计

总数（个）	单纯叠音	附加式 前级	附加式 后级	联合	偏正	补充	支配	表述	综合
2300	101	2	61	1404	517	101	52	14	48
百分比%	4.39	2.74		61.04	22.48	4.39	2.26	0.61	2.09

这个比例分布在以后很长一段历史时期中没有太大的变化。

除此之外，合成词中还有割裂原有结构而形成的跨层结构形式。这种词的产生最常见的一种情况源于对语句结构层次在认知上的重新分析。例如"重/于泰山"是述补结构，"于泰山"作为介宾结构补充说明"重"的程度。首先，由于"重"和下面的介词"于"连用，其次，由于汉语以双音节为节奏单位的倾向（这个问题下文还要谈到），再次，由于频度重复，使"重"和"于"逐渐凝固为一个整体，于是原来的结构就被重新分析成了"重于/泰山"，这就为"重于"发展成双音词创造了条件。汉语中有一部分复音词就是在这种情况

（或类似的情况）下产生的，后来还有一些复音词是模仿这种结构造成的。例如：

  等于　大于　小于　勇于　急于　鉴于　见于　乐于
忙于　便于　友于　归于
  出于　限于　难于　源于　由于　免于　基于　可以
难以　足以　无以　乘以
  除以　加以　给以　予以　赖以　看作　交给　嫁给
认为　来自　指向　然而

  等等。这些词数量虽然不多，但是汉语原有的结构规则并不能很好地解释它们。

  合成词在发展过程中，由于人们认知习惯的变化，有些词词素之间的结构关系会发生变化。例如"恢复"一词，《文选·班固〈东都赋〉》中"恢复疆宇"，五臣刘良注："恢，大也。……言大复前后之疆宇。"① 在"恢宏""恢卓""恢宣""恢恢"等词中，"恢"的意思均为"大"或"广大"、"宏大"，因此，"恢复"原为偏正结构，但后来逐渐被认作了联合结构。其他例子还有"睡觉""跳舞""唱歌""游泳""洗澡"（联合→支配），"责任"（支配→联合），"孩子""汉子"（偏正→附加），等等。此外，"公主"一词原为表述结构，但对公主可简称"主"，后来的郡公主又简称"郡主"，这样类推，"公主"就有了变为偏正结构的倾向；"学习"（"好好学习"的"学习"，而非《礼记·月令》"鹰乃学习"的"学习"）本为联合结构，但现今的青少年学生对"正学着习""学了一天习"等说法并不感到不规范，说明"学习"

---

① （梁）萧统编，（唐）李善等注：《六臣注文选》，中华书局1987年版，第36页。

正在变为支配结构。

三　词的复音化与词义表达的关系

与单音词相比，大部分早期的复音词特别是合成词明显地表现出词义的单一性，因为多个词素的相互制约，可以把词义限定在更明确的范围内，例如"书"的意义不如"书籍""书信""书写"明确。也有时，原来的单音词的词义扩大，要表示原来的意义就要加上原本不必要的限制成分。例如"匠"，《说文》释"木工也"，段注："工者，巧饰也。百工皆称工，称匠独举木工者，其字从斤也。以木工之称引申为凡工之称也。"[①]"匠"引申为"凡工之称"后，要表示原来的意思就要在"匠"前加"木"，于是有了"木匠"一词，后来又有了"铁匠""银匠""匠心""理发匠""教书匠"等词。

但是，并不是所有的复音词表义都比单音词精确。有时用其中一个字基本上就可以表示该词的意思了，却还要加上一个同义或近义的字或者在表达词汇意义方面作用不大的字以凑足双音节。例如：

　　田地　脸面　衣服　村庄　哥哥　桌子　老虎　追赶
　　站立　坠落　缠绕　漂浮
　　睡眠　燃烧　欢乐　悲哀　迟缓　崇高　艰难　富裕
　　明亮　遥远　巨大　因为

还有时，加上的那个字在表达词汇意义方面基本上是多余的，甚至会产生消极作用，例如：

---

① （汉）许慎撰，（清）段玉裁注：《说文解字注》，上海古籍出版社1981年版，第635页。

人物　国家　窗户　妻室　干净　知道　忘记　松树
槐树　菊花　芹菜　淮河
牛犊　羊羔　山峰　外甥　挂漏　眉毛　白昼　死尸
眼泪　耳朵　头发　边疆
头盔　针灸　朝市　臣子　名字　姓氏　死亡　宝剑
忆憎　是非　甘苦　好歹

　　在这里，"国家"的"家"、"知道"的"道"、"针灸"的"灸"、"朝市"的"朝"、"臣子"的"子"、"名字"的"字"、"姓氏"的"氏"、"死亡"的"亡"、"宝剑"的"宝"、"忆憎"的"憎"等原本是有意义的，但在发展中其意义被消磨掉了，这些字就成了陪衬的字。至于"是非""甘苦""好歹"等由意义相反或相对的字组成，当整个词的意义偏指一个方面（往往是消极方面）时，其中的一个字意义就与整个词的意义相矛盾了。由此可见，词的音节数增加只会使一部分而不是全部词的意义表达更精确。

　　大部分合成词是由词组变成的，原来的词组变成了词，原来词组中的词变成了词素。当一个复音结构还是词组时，它的意义是由构成这个词组的词的意义按一定的语法关系简单拼合在一起而产生的。当这个结构向合成词发展时，其意义也会作为相对稳定的一个整体起变化，这种变化会促使该结构的意义与原词组的意义产生越来越大的差别。等到该结构成为一个成熟的复音词时，它的意义往往与它的字面意义的差别就很明显了。常见的情况有以下几种。

　　一种是合成词的词义范围大于字面义，这是最常见的情况。吕叔湘先生曾以"布鞋""谢幕"为例分析词义的概括性，认为除了字面上显示出的意义之外，词还有隐含意义，一个词用两个或几个字显示出一定的意义，同时又相互配合着隐含更大的范围,"有点象打仗,占据一点,控制一片"。① 这种隐含要通过各个词素的配合才能实现,所以说吕先生分析的这种显现和隐含主要表现在复音词中的合成词上。比如"贿选"一词概括的范围就比"贿"和"选"两个孤立的字的意义范围大得多。再如"劝进""留门""灭口""怯场""陪绑""勤王""人烟"等词也都是很典型的例子。

用典也能大大地丰富词的隐含义,单音词很难概括典故的含义,所以典故词绝大部分是复音词。在现代汉语中还很常用的典故词,如出自《诗经》的"乔迁""弄璋""弄瓦""殷鉴",出自《左传》的"问鼎""东道主""食言""孺子牛""染指",出自《论语》的"先进""后进""问津",出自《荀子》的"滥觞",出自《孟子》的"垄断""援手""天时""地利",出自《庄子》的"中肯""莫逆""碧血""浮生",出自《韩非子》的"矛盾""中饱""株守",出自《列子》的"知音",出自《礼记》的"先河""失足",出自《史记》的"逐鹿""偏袒",出自《汉书》的"请缨""下马威",出自《后汉书》的"下榻",等等,这些词因为有出典,所以概括的信息量很大。

表达上的泛指也会使合成词的词义范围大于字面义,例如"起居"可泛指日常生活,"稼穑"可泛指农业劳动。

第二种情况是合成词的词义范围小于字面义,上面所举的"干净""窗户"等,由于词中包含一个表义羡余的字("干""户"),所以词义就比字面义小了。

与泛指相反,特指则能使复音词的词义范围小于字面义,例如"洞房"的字面义是"幽深如洞的房间",而在现代汉语中只用以称"新婚夫妇的卧房","爱情"的字面义是

---

① 吕叔湘:《语文常谈》,生活·读书·新知三联书店1980年版,第63—64页。

"爱的感情",而在现代汉语中则专指"男女之间的爱恋之情"。还有,"无行"不是"没有品行",而是"没有好品行";"刑场"不是"行刑的场所",而是"执行死刑的场所";"提琴""熊猫"在不加限制语的情况下常分别指"小提琴""大熊猫"。

第三种情况是合成词的词义与字面义相比发生了整体转移。例如"知音"原有"通晓音律"义,现在指"能理解自己的人","知己"的情况与此类似。又如"薪水"由"柴和水"泛指"生活必需品",又转移为"工资";"物色"字面义是"大牲畜的毛色",转移为"寻求"(需要的人或物)。还有,在现代汉语中,"开关"的意思不是"打开和关闭","影响"的意思不是"日影和回声",等等。

总之,在一个语言单位由词组变成复音词的过程中,这个单位的含义与构成它的各组成成分的含义之间的关系会发生变化,由原来的基本一致变得越来越不一致。因此,越成熟的复音词的词义与构成它的各词素的含义之间的差距往往也越大。这种差距有时还表现在同义或基本同义的词素构成的复音词的词义却可能相去甚远。例如"呼"和"唤"的意义基本相同,但是"传呼"和"传唤"的含义就相差很大。类似的例子还有"让座"和"让位"、"消灭"和"消亡"、"水泥"和"水土"、"大人"和"巨人"、"办案"和"作案"等。

四 词的复音化与韵律、语体风格的关系

冯胜利先生认为,在汉语的自然音步中,"双音节自成一个韵律单位(音步)"。[①] 汉语中确实存在追求双音节韵律单位的倾向,这是促使汉语词复音化(特别是双音化)的重

---

① 冯胜利:《论汉语的"自然音步"》,见《中国语文》1998 年第 1 期。

要因素之一。这种倾向会从许多语言现象中表现出来，现举例如下。

1. 汉语成语绝大部分是四音节的，而且大多是由两个双音韵律单位构成，这种例子俯拾皆是，不必列举。但其中有两种情况特别值得注意。

一种是许多成语在形成过程中是由更多音节压缩成四个音节的，有的压缩得还相当生硬。例如"分我杯羹"或"分一杯羹"由"幸分我一杯羹"压缩成，"当仁不让"由"当仁，不让于师"压缩成，"再衰三竭"由"再而衰，三而竭"压缩成，"成仁取义"则由"有杀身以成仁"和"舍生而取义者也"两句压缩成。此外还有"筑室（于）道谋"、"山雨欲来"（风满楼）、"明察秋毫"（之末）、"奇文共（欣）赏"、"（唯余）"马首是瞻、"为（他）人作嫁"（衣裳）等。

另一种情况是有些四音节成语从语义、语法结构上看并不是［2+2］的形式，但其韵律节奏却常会违背语义和语法结构，被读成或说成［2+2］形式。例如"不共戴天""如鸟兽散""泣不成声""在所难免"等在语义和语法上应当是［1+3］的形式，而"一衣带水"则应当是［3+1］或［1+2+1］形式，但是它们在读或说时表现出的节奏都经常被处理为［2+2］的形式。

2. 许多四音节熟语或普通四字音节序列也表现出上述特点。例如"锅碗瓢盆"表示日常生活所用炊事或饮食器具，此类器具并不止这四种，但一般只用四个字概括。"柴米油盐酱醋茶"为日常生活所必需，自古被俗称为"开门七件事"，而现代概括生活必需品有时说"柴米油盐"，有时说"油盐酱醋"。类似的情况还有"亭台楼阁""刀枪剑戟""声光电化""煎炒烹炸""甜酸苦辣"等，并不是这些被概括的事物恰恰都是四种，而是用四个音节词语表示这些事物最符合汉语的节

汉语词复音化问题概说

157

奏要求。而"日月星辰""桌椅板凳""笔墨纸张""花草树木"等分别只包含三种事物，而且"喜怒哀乐"中的"喜"和"乐"的区别也不明显，即使这样也不能只用三个字，还是要加上一个字凑成四个音节。

3. 非双音节的对人、地等的称呼常被改造成双音节。称山、水、地等时，后面的"山""河""县""市"等标志字有凑足双音节或多音节的作用。这些字可以加在单音节的山水、地名后面，组成"嵩山""秦岭""淮河""滇池""洪湖""滁县""嵊州""沙市"等，如果不加这些标志字，剩下的字在现代汉语中一般不能单独用来表示山水或地名。可是，当地名或山水名在不加此类标志字原本就有两个或更多音节时，标志字的使用与否在韵律上就不太重要了，例如"太行""峨嵋""洞庭""秦淮""汶上""保定"等。总之，表示地名、山水名等的词语最好是两个音节的，也可以是三个或更多音节的，但一般不可以是单音节的；三音节的常被改造为双音节。

4. 在非正式场合下称人时也往往把所用词语简化为双音节。例如："刘局"（长）"李处"（长）"王队"（长）"谢导"（演）"张检"（察长）"赵工"（程师）"吴总"（工程师/经理/指挥）。以上称呼如果前面不出现姓氏，后面括号中的部分就不能省略，这是为了避免单音节称呼语出现。对与自己关系密切的单姓者为了简便亲热，在其姓前加"老""小"称"老张""小李"，这很常见，但对复姓者常见的是只称其姓，如"欧阳""端木"，在复姓前加"老""小"等字的称呼则较少见。对与自己关系密切的双名者亦可省略其姓而只称名，但如果被称者是单名单姓，就要连姓都带上，如果是单名复姓，一般就只称姓了。这所有变化都遵循一个原则，那就是比较亲热而简便的称呼应当是双音节的。

5. 其他称谓也有双音化倾向，例如"八股文"可简称"八股"，而"散文"却不能简称"散"，"骈文"一般也不简称"骈"。这固然有表义方面的原因，但与韵律肯定也是有联系的。再如梵语 Arhat 本来音译为"阿罗汉"，后来一般简称为"罗汉"。

从上述种种现象可以看出，汉语在韵律方面有着明显的追求复音特别是双音节奏单位的倾向。而从文体、语体方面则可以看出以下两条规律。

第一，韵文、骈文对句式、韵律节奏的要求比散文严格，其中复音词特别是双音词的含量往往比同时代的散文多。笔者统计了现存篇幅较长的 48 篇共约 55000 字的汉大赋，共发现复音词 3300 多个。程湘清先生统计《论衡》约 218200 字，有复音词 2300 个；他还统计《世说新语》约 60000 字，有复音词 2126 个。① 这样算来，每千字使用复音词数《论衡》为 10.54，《世说新语》为 35.43，而汉大赋高达 60 多。也就是说，汉大赋中复音词的含量不仅比东汉《论衡》高，而且比南朝宋时《世说新语》也要高。当然，这种算法没有考虑到复音词的使用频度，因此对上述典籍中复音词含量的差距的反映可能并不十分精确，但是其大致倾向是不错的。汉赋中复音词多，原因之一是大赋罗列的人物、宫殿、都邑、山泽、物产等很多以及使用的联绵词较多，但是汉赋追求韵律和谐，节奏感、口诵特色强也是重要原因。骈体文的四六句，诗词中对平仄节奏要求严格的律句等，都促使作者一方面更多地使用已有的双音词，另一方面也促进双音词语凝固化。所以说，某些文体对句式和韵律的要求对汉语词的复音化起了不小的

---

① 程湘清：《〈世说新语〉复音词研究》，见《魏晋南北朝汉语研究》，山东教育出版社 1988 年版。

推动作用。

第二，在现代汉语口语中，有些复音词（大多是联合式）不经常使用。前人早就注意了复音词在表达风格上的特点，马建忠曾说："按古籍中诸名往往取双字同义者，或两字对待者，较单辞只字，其辞气稍觉浑厚。"[1] 在现代汉语中，不少复音词与词汇意义基本相同的单音词相比，在语体风格上更加庄重，宜于用在比较正式的场合，所以它们多出现在较为严肃的书面语当中，而在口语中却较少出现。例如书面语中的"购置"或"购买"，口语里一般只说"买"；书面语中说"举行了一次会议"，口语只说"开了个会"。在下面所列的每组例子中，前者在现代汉语口语中使用的就不如后者经常：

  河流—河 湖泊—湖 昂贵—贵 书籍—书 庙宇—庙 书信—信
  疾病—病 土地—地 墙壁—墙 食用—吃 饮用—喝 观看—看
  书写—写 疼痛—疼 饥饿—饿 更换—换 芳香—香 丑陋—丑
  荒芜—荒 忙碌、繁忙—忙 偷盗、偷窃、盗窃—偷 抄写、誊写—抄
  探视、看望—看 焚烧、燃烧—烧 哭泣、啼哭—哭 等候、等待—等

等等。由此可见，虽然口语和书面语不能绝然分开，汉语中也有很多风格平易通俗、适宜口语使用的复音词，但是口语对复音词的使用并不是无条件的，并不是口语化程度越强的语

---

[1] 吕叔湘、王海棻编：《马氏文通读本》，上海教育出版社1986年版，第77页。

料使用的复音词就越多，某些复音词由于其风格上的庄重正式，在现代汉语口语中的使用受到限制。

※本文发表于《临沂师范学报》2005年第2期，收入本集时对部分语句做了修改。

从《广雅疏证》看训诂学对汉语词汇的研究

传统的训诂学的核心是语义的阐释和探求,这就决定了训诂学与词义、词汇研究之间存在着密不可分的关系。事实上,训诂学对汉语词汇的研究经历了两千多年的历程,积累了丰富的经验,取得了大量优秀成果。而且其研究方法、经验完全是从当时汉语的实际出发,在传统文化的背景下积累起来的,其成果对今天的汉语词汇研究有着直接的借鉴作用。本文即打算主要以《广雅疏证》为例,谈谈训诂学在词汇研究方面的成就以及值得总结的经验。

一

《广雅》属"雅学"类训诂著作,是扩充《尔雅》而成的。《尔雅》在古汉语词汇研究方面即已奠定了坚实的基础。殷师孟伦先生曾高度评价《尔雅》价值,专门撰写了论文《从〈尔雅〉看古汉语词汇研究》,认为:"今天研究汉语词汇,虽然可以利用词汇学新的体系作为蓝图,但对《尔雅》却不能低估了它的价值。尽管现代的任何一部辞书所收集的词语,多至十几万个乃至几十万个的那样丰富,编制的条理尽管也是细密非常,为二千年前的辞书——《尔雅》所不能比拟,但《尔雅》的重要性和所起的启导作用仍然不可忽视。"① 该文还认为："(《尔雅》) 又总结了曾经行用过的古汉语的词语，加以类聚群分，勒成专书，这便为古汉语词汇的研究勾画出了一个大的轮廓。惟其如此，这就使《尔雅》由主要以服务于古代文献为目的的著作，进而成为独立研究词汇这一学科的开端的著作，而且成为最早一部研究古汉语词汇规模初具的一部著作。"②

该文还从五个方面总结了《尔雅》在汉语词汇研究史上的地位：①明显区分了当时汉语的基本词汇和一般词汇，为后人的研究开分类之端；②从篇制上已明显区分了通用词和专用词；③方言词和全民词的区别在《尔雅》中也有较明显的反应，这主要从《方言》、《说文》及郭璞《尔雅》注等稍后于《尔雅》的一些语言学著述中反映出来；④从该书所类聚的一般词语中可以证明同义词在语言中的作用；⑤其编制者本着舍异求同的原则，建立若干义类，以古代文献可证为断，今天的读者可以通过这些义类认识古人思想意识中所概括反映出的客观对象的轮廓。因此，"《尔雅》的出现，是汉语词汇研究史上的一个重要里程碑"。③

后来的"雅学"的出现，一方面更能说明《尔雅》一书的意义价值和影响，另一方面也使传统的训诂学对词义、词汇研究付出了越来越多的精力，产生了一大批在训诂、词汇方面都很引人瞩目的成果，《广雅》就是其中的佼佼者。

《广雅》的分篇一如《尔雅》，其分条、释义的方式也与《尔雅》有许多相似之处，但是，《广雅》绝不是《尔雅》的简单重复。

---

① 殷孟伦：《子云乡人类稿》，齐鲁书社1985年版，第61页。
② 殷孟伦：《子云乡人类稿》，齐鲁书社1985年版，第61—62页。
③ 殷孟伦：《子云乡人类稿》，齐鲁书社1985年版，第83页。

自《尔雅》到《广雅》，已经历了四百余年的历史变迁，汉语词汇有了明显的发展变化，如新词新义的产生，古今语、方俗语之间的音转字异，等等。学者对语言本身的变化也有了越来越深刻的认识，在语言学史上影响巨大的《方言》《说文》等书产生于汉代，就是这种认识的部分结果。从词汇研究上看，特别是《方言》的出现，说明语言学者们对方言词语的意义以及与共同语之间在语音文字上的关系等问题给予了相当程度的关注。而且自西汉以来，经学在思想界的统治地位确立并不断巩固，学者传经、解经，兼及诸子、文史，注释章句之学大兴，在训诂方面出现了很多《尔雅》时没有的新成果。在这种情况下，张揖"择撢群艺，文同义异、音转失读、八方殊语、庶物易名，不在《尔雅》者，详录品核，以箸于篇"[1]，写成了《广雅》。可见，《广雅》的产生本身就是以社会的发展、语言的变化为背景的。清人王念孙在《广雅疏证自叙》中总结该书的体例、内容、意义说："（《广雅》）分别部居，依乎《尔雅》，凡所不载，悉著于篇。其自《易》《书》《诗》《三礼》《三传》经师之训，《论语》《孟子》《鸿烈》《法言》之注，《楚辞》、汉赋之解，谶纬之记，《仓颉》《训纂》《滂喜》《方言》《说文》之说，靡不兼载。盖周秦两汉古义之存者，可据以证其得失；其散逸不传者，可藉以窥其端绪。则其书之为功于训诂也大矣。"[2] 而且，同《尔雅》一样，《广雅》的学术意义不仅表现在训诂方面，在词汇研究方面的作用也是不可低估的。

　　为了更具体地认识《广雅》对汉末、三国初时汉语词汇的概括作用，我们应当考察两方面的材料：第一是当时的文献常用字词的大致数量，第二是《广雅》所解释的词语数量。

---

[1] （清）王念孙撰：《广雅疏证》，江苏古籍出版社1984年版，第3页。
[2] （清）王念孙撰：《广雅疏证》，江苏古籍出版社1984年版，第1页。

对第一方面的材料，现在很难得到一个准确的结论，但也不是完全无法了解的。据《汉书·艺文志》记载，秦汉间社会上流行一些童蒙识字课本之类的书，秦代即有所谓"三仓"，即李斯的《仓颉篇》、赵高的《爰历篇》、胡毋敬的《博学篇》。到西汉，又有司马相如的《凡将篇》、史游的《急就篇》、李长的《元尚篇》等。"至元始中，征天下通小学者以百数，各令记字于庭中。扬雄取其有用者以作《训纂篇》，顺续《仓颉》，又易《仓颉》中重复之字，凡八十九章。臣复续扬雄作十三章，凡一百二章，无复字，六艺群书所载略备矣。"① 扬雄《训纂篇》连同秦代的"三仓"共收字5430个，班固增收的字780个，共6210个，班固说这些字"六艺群书所载略备矣"，可见在东汉时期文献常用的汉字有6000多个。

以上所说的虽然只是汉字数，不是词语数，但是，当时典籍中的单音词数量较多且使用频率较高，所以上面的数字对我们大致了解当时常用词语的数量也不是完全没有参考价值的。

对第二方面的材料，笔者根据江苏古籍出版社1984年影印版《广雅疏证》，对《广雅》各篇作了一次粗略的统计，此将有关数据列成表1。

表1　　　　　　　　《广雅》收词统计

篇名	条数	所释词数			解释中用双音词数	解释中用三音词数
		总数	其中双音词数	其中三音词数		
释诂	504	4793	0	0	0	0
释言	670	798	0	0	0	0
释训	137	477	477	0	66	0
释亲	73	140	9	0	7	0
释宫	58	330			15	0

---

① （汉）班固：《汉书》，中华书局1962年版，第1721页。

续表

篇名	条数	所释词数			解释中用双音词数	解释中用三音词数
		总数	其中双音词数	其中三音词数		
释器	358	1177	77	0	52	0
释乐	18	57	28	0	4	0
释天	64	212	101	11	69	0
释地	14	118	5	0	1	0
释丘	13	46	3	0	0	0
释山	15	17	10	1	12	0
释水	16	108	9	1	3	0
释草	194	305	175	4	114	1
释木	40	57	21	0	9	1
释虫	47	92	66	0	26	0
释鱼	30	52	18	0	5	0
释鸟	36	91	79	0	16	0
释兽	44	78	32	0	2	0
释畜	38	49	36	0	0	0
合计	2369	8997	1146	17	401	2

从表 1 中可以看出，《广雅》释词共近 9000 个，与经班固修订后的《训纂篇》所收的 6210 个常用字相比，就可以大体上知道《广雅》收词与汉末魏初典籍中常用词语间的数量关系了。

我们可以从历史发展的角度把《广雅》和《尔雅》做个简单的比较。据前人统计，《尔雅》全书 13113 字，2091 条，收词 4300 有余，其中通用词 2000 多，余为专用词，通用词约占总词数的一半。[①]

而《广雅》共 18150 字，2369 条，收词近 9000 个，是《尔雅》所收词数的两倍还多，而且，这些词还是《尔雅》所不载的，也就是说，是在《尔雅》收词的基础上新增的。

---

① 殷孟伦：《子云乡人类稿》，齐鲁书社 1985 年版，第 62 页。

《广雅》所释的通用词（指《释诂》《释言》《释训》三篇中所收的词）共6068个，占该书释词总数的67.44%，这个数字比《尔雅》也有明显提高。

此外，据笔者的粗略统计，《尔雅》所释的双音词约465个，三音词20个，加起来约485个多音词，大约占该书释词总数的11.28%。而《广雅》所释的词中有1146个双音词和17个三音词，加起来共有1163个，占《广雅》释词总数的近13%。

以上分析说明，《广雅》并不唯古是视，它在很大程度上反映了汉语的发展变化，对汉末魏初的词汇情况的概括作用不可忽视。

二

《广雅》之所以能成为研究汉语词汇史和语义发展的不可或缺的典籍，在很大程度上是因为有了王氏父子的疏证。

注《广雅》的著作，在清以前只有隋曹宪的《博雅音》（避炀帝讳改"广"为"博"）。清代注《广雅》者除王氏外，主要还有两家，一是谢启昆《小学考》著录卢文弨有《广雅注》三卷，但未见传本。二是钱大昭有《广雅疏义》，桂馥曾为作序并加推重，惜未刊行，后有抄本流入日本，于1941年影印出版，国内见者很少。钱氏《疏义》与王氏《疏证》几乎同时问世，而钱氏之书却至今在国内未见刊行，恐怕与钱氏的学术功力略逊王氏一等不无关系。

《广雅疏证》的署名作者是王念孙。他不仅是训诂学史上的泰斗人物，而且在汉语词汇的研究方面作出了巨大贡献，对《广雅》所做的工作使他成了该书的大功臣。他作《广雅疏证》历时八年，完成了一至九卷，第十卷用的是其子王引之的稿子，因此也可以说该书是王氏父子的共同成果，但其绝大部分工作是王念孙做的。在此之前，《广雅》历经散佚、误抄、

167

臆改，积误已久。据王氏自序，他做疏证时，曾校正讹字580个，补脱文490个，删衍文39个，改正前后错乱的字123个，校订正文误入曹宪音内者19个，曹宪音文字误入正文者57个①。如果没有这样的整理工作，我们今天要看到一个相对准确的《广雅》的本子恐怕也是很困难的。

《广雅》收集了丰富的训诂资料，保存了大量当时及前代的词语、词义，为正确理解古籍、研究汉语词汇史提供了可靠的证据。但该书的解释仍很简略，且缺乏书证。王念孙不仅为《广雅》补充了书证，而且由于他对古籍的熟悉程度十分惊人，所以选取例证十分充分恰切，涉及的面又很宽，给后代词义研究和文献解读都留下了十分丰富而且珍贵的资料。

我们以《释诂》的"婴、笙……眇、蔱、鄙，小也"②条为例，考察一下《广雅疏证》引用典籍的情况。此条共释词27个，王念孙在疏证中所引的工具书就有《方言》（12次，郭注4次）、《说文》（17次）、《广韵》（6次）、《集韵》（4次）、《类篇》（1次）、《玉篇》（5次）、《尔雅》（5次，郭注4次）、《群经音义》（2次）、《释名》（1次），共计9种61次。此外，还引用了以下古籍中的例句：《尚书》（《顾命》及郑注、《君奭》及郑注、正义等）、《诗经》（《召南·甘棠》及传、《郑风·遵大路》及正义、《魏风·葛屦》及传、《豳风·七月》及传、《小雅·小宛》、《小雅·緜蛮》及传、《大雅·緜》及笺、《大雅·召旻》及传、笺、正义等）、《周礼》（《天官·内饔》及注等）、《仪礼》（《乡饮酒礼》及注等）、《礼记》（《三年问》《学记》及注等）、《左传》（桓公二年、昭公十六年及注等）、《论语》（《宪问》等）、《孟子》（《告子》

---

① （清）王念孙撰：《广雅疏证》，江苏古籍出版社1984年版，第1页。
② （清）王念孙撰：《广雅疏证》，江苏古籍出版社1984年版，第53页。

及注、孙奭音义等)、《尚书大传》(及郑注)、《史记》(《太史公自序》及徐广注等)、《汉书》(《艺文志》及如淳注,《律历志》《食货志》《刑法志》,《贾谊传》及晋灼注,《叙传》及刘德注等)、《战国策》(《齐策》)、《国语》(《周语》及注)、《逸周书》(《和寤解》、《祭公解》及孔晁注等)、《庄子》(《秋水》、《列御寇》及郭象注等)、《荀子》(《劝学》及注)、《列子》(《汤问》及张湛注)、《吕氏春秋》(《求人》及注、《尊师》及注等)、《淮南子》(《主术训》及注)、《尉缭子》(《守权》)、《鹖冠子》(《道端》)、《盐铁论》(《国疾》)、《法言》(《学行》)、《潜夫论》(《救边》)、《楚辞》(《离骚》及王逸注、《九章》等)、《古诗十九首》("迢迢牵牛星")、《文选》(司马相如《上林赋》及张揖注、扬雄《甘泉赋》及李善注、左思《吴都赋》、《魏都赋》及张载注),等等共27种,而且所引文献的注、疏等未计算在内。在《广雅疏证》中,这种举例丰富、论述详密的词条举不胜举。据粗略统计,该书引用典籍近300种。

因为《广雅疏证》所引的材料十分丰富,所以该书的篇幅就比《广雅》增加了20多倍。但这绝不是有意求繁,实际上王氏对有些条目的注解很简略,甚至没有加注。这主要有两种情况,一是词义浅显易懂的,二是王氏自己不了解的。第一种情况如《释言》中的:"恭,肃也";"泄,漏也;固,陋也";"齐,整也";"条,枝也";"殃,祸也;数,术也;劣,鄙也;钞,掠也"[①] 等条目。第二种情况如《释言》中的"伪、言,端也"疏证云:"皆未详。"[②]《释言》"科、伪,条也"疏证云:"伪义未详。"[③]

---

① (清)王念孙撰:《广雅疏证》,江苏古籍出版社1984年版,第126页。
② (清)王念孙撰:《广雅疏证》,江苏古籍出版社1984年版,第142页。
③ (清)王念孙撰:《广雅疏证》,江苏古籍出版社1984年版,第143页。

王念孙对《广雅》例证的补充，并不像后世的辞书那样进行机械的罗列，而是把例证与词义的解释、分析、考证结合起来，而且分析辩证很有说服力，屡见精彩之笔。与丰富的古代文献资料结合起来，以参考互证，比类旁通。

以典籍词义证《广雅》的例子如《释诂》"侦，问也"疏证：

> 侦，读为贞。《说文》："贞，卜问也。"《周官·天府》"陈玉以贞来岁之恶"，"大卜，凡国大贞"，郑众注并云："贞，问也。"《吴语》云："请贞于阳卜"，《缁衣》引《易》"恒其德侦"，郑注云："侦，问也。"今《易》作"贞"，是"侦"与"贞"同。曹宪读为"侦伺"之"侦"，失之。①

以《广雅》证典籍词义的例子如《释诂》"时，善也"疏证：

> 时者，《小雅·頍弁篇》"尔肴既时"毛传云："时，善也。""尔肴既时"犹言"尔肴既佳"也。"维其时矣"犹言"维其佳矣"也，"威仪孔时"犹言饮酒孔佳，维其令仪也。他若"孔惠孔时""以奏尔时""胡臭亶时"及《士冠礼》之"佳荐亶时"，皆谓善也。《既济象传》"东邻杀牛，不如西邻之时也"，言不如西邻之善也。《杂卦传》"大畜，时也，无妄，灾也"，"时"与"灾"相对，亦谓善也。《内则》云："母某敢用时日"，谓善日也。春秋曹公子欣时，字子臧，是其义也。解者多失之。②

---

① （清）王念孙撰：《广雅疏证》，江苏古籍出版社1984年版，第43页。
② （清）王念孙撰：《广雅疏证》，江苏古籍出版社1984年版，第8页。

更多的时候是典籍词义与《广雅》互证。例如《释言》"曼、莫，无也"疏证：

> 《小尔雅》："曼，无也。"《法言·寡见篇》云："曼是为也。"《五百篇》云："行有之也，病曼之也。"皆谓无为曼。《文选·四子讲德论》："空柯无刃，公输不能以斫；但悬曼矰，蒲苴不能以射。"曼亦无也。李善注训为长，失之。曼、莫、无一声之转，犹覆谓之幔，亦谓之幕，亦谓之幠也。《汉书·西域传·罽宾国》："以金银为钱，文为骑马，幕为人面。"张晏曰："钱文面作骑马形，漫面作人面目也。"如淳曰："幕，音漫。"师古曰："幕即漫耳，无劳借音。今所呼幕皮者，亦谓其平而无文也。"案："幕"字如淳音"漫"，师古音"莫"，而同训为"无文"，犹"曼"与"莫"之同训为"无"也。任氏幼植释"缦"云：《说文》："缦，缯无文也。"《管子·霸形篇》："君何不发虎豹之皮、文锦以使诸侯，令诸侯以缦帛、鹿皮报？"《左氏成五年传》"乘缦"注："车无文。"是凡物之无文者谓之"缦"，义与"曼"同也。①

这种典籍词义与《广雅》的互证，对今人更好地理解、利用《广雅》，对古代典籍的正确解读，对古代汉语的词义研究都具有十分重要的意义和价值。

《广雅疏证》还注意用当时的语言解释前代的词语，力求明了，不避俚俗。例如《释宫》对"椴"字的疏证："椴之言段也，今人言木一段两段是也"②；《释器》"瓵……，缶也"

---

① （清）王念孙撰：《广雅疏证》，江苏古籍出版社1984年版，第135页。
② （清）王念孙撰：《广雅疏证》，江苏古籍出版社1984年版，第213页。

疏证："然则缶是瓦器，可以节乐，有可以盛水盛酒，即今之瓦盆也"①；"鏖，釜也"疏证："一曰鏖，小釜类，即今所谓锅也"②；"皁，枥也"疏证："皁，食牛马器……今人言马槽是也"③；《释草》"王延，署预也"疏证："今之山药也"④；等等。

此外，《广雅》因循《尔雅》"一训兼为两义"的条例，有时将具有不同含义的两组词列入一条中，再用一个兼有两项意义的多义词加以训释，即所谓"二义不嫌同条"。这实际上对精确地区别词义和阅读理解都不利。每逢这种情况，王氏总是加以明确的区别说明，有时还指出两个意义之间的联系。例如：

《释诂》："朋、党、毖、右、频，比也。"疏证："朋、党、右、频，为亲比之比，毖为比密之比。"⑤

《释诂》："皃、奕、裕、心、形，容也。"疏证："皃、奕、形为容皃之容，裕为宽容之容。"⑥

《释诂》："駃、劲、坚、刚……悻、快，强也。"疏证："此条强字有二义：一为刚强之强，《说文》作彊，云'弓有力也'；一为勉强之强，《说文》作勥，云'迫也'。……强、勥、彊古多通用。《尔雅》：'竞、逐，强也。'郭璞注云：'皆字勉彊。'是勉强之强与刚强之强，义本相通也。"⑦

---

① （清）王念孙撰：《广雅疏证》，江苏古籍出版社1984年版，第217页。
② （清）王念孙撰：《广雅疏证》，江苏古籍出版社1984年版，第218页。
③ （清）王念孙撰：《广雅疏证》，江苏古籍出版社1984年版，第243页。
④ （清）王念孙撰：《广雅疏证》，江苏古籍出版社1984年版，第327页。
⑤ （清）王念孙撰：《广雅疏证》，江苏古籍出版社1984年版，第104页。
⑥ （清）王念孙撰：《广雅疏证》，江苏古籍出版社1984年版，第127页。
⑦ （清）王念孙撰：《广雅疏证》，江苏古籍出版社1984年版，第28页。

《释诂》："诙、啁、譀、话、诚、譀、誤、周，调也。"
疏证："诙、啁、诚为调戏之调，譀、话、譀为调欺之调，
周为调和之调。"①

　　最后一例的一组词包含了三项意义。而且，从例中可以看
出，王氏区别同条中不同词义的方法主要是用双音词语来解释
单音词。这些解释词义的做法，无疑比前代人要进步得多。

三

　　《广雅疏证》的一条最突出的特点，也是该书最精彩的地
方，是从文字、声音、训诂三者的古今关系相互推求，以声音
为突破口，打破文字形体的局限，探索词义以及词与词之间的
音义关系。这一点，前人已经有不少总结。这不仅是王氏父子
治学的特色，也集中体现了乾嘉朴学训诂学所达到的水平。

　　汉字的表意特点决定了它本身不能很好地反映词与词之间
在语音和语义上的联系。而且汉字从产生时在先民的心目中应
当是一种极为神圣的东西。关于汉字起源的流传最广的传说大
概要算《淮南子·本经训》中所记载的"昔者仓颉作书而天
雨粟，鬼夜哭"②了。对此，今天的人当然不会轻易相信，但
是如果认为这只是个无中生有的传说而不予理睬，那也过于简
单化了。这个说法的产生本身就是一种值得注意的文化现象，
它至少说明汉字的产生在古人心目中是一件惊天地泣鬼神的大
事。汉代及以后，经学的兴起，书面文言与口语的脱节，只有
少数人熟悉和掌握文字，这些都会使人产生这样的误解：文字
或由文字记载的书面语才是语言的正宗，而口语，特别是与文

---

① （清）王念孙撰：《广雅疏证》，江苏古籍出版社1984年版，第109页。
② 《淮南子》，见《诸子集成》第七册，中华书局1954年版，第116页。

言不同的白话是俚俗的，登不得大雅之堂的。

从理论上认识口语才是语言的真正代表，文字只是记录语言的符号，而不是语言本身，进而把这种认识贯彻到语言研究的实践中，这应当看作汉语研究史上的一场革命。而王氏父子"就古音以求古义，引伸触类，不限形体"的做法，正是这场革命的产物。

古代学者对书面词语音、形、义关系的认识经历了一个漫长的过程。汉代扬雄首先大规模地调查研究方言词汇，使他更容易对同一词语在不同方言中的不同读音有比较集中的认识，《方言》一书中首次采用了"转语"一词，以说明词语读音的转变。古人传注中已有一些声训资料，至汉末刘熙所作的《释名》就企图根据当时的语音用声训的方法探讨事物名称的来源。尽管该书的很多说法不尽可信，但它为汉语语源研究积累了很多资料，提供了不少线索，也为后人加深对词汇及语音转变的认识起了重要的作用。晋人郭璞注《尔雅》《方言》，也能不为文字所拘束，注意从语音上考察某些词语的关系，用"语之转""声之转"等术语说明音近字异的同源词。唐初颜师古作《匡谬正俗》，从历史流变中运用转语理论研究方言俗语，进行语词寻源。孔颖达作《五经正义》，也懂得"义存于声"的道理，指出了不少音近义通的同源词。宋人王子韶、王观国的"右文说"从形声字的声符推求字义来源，也对后来的因声求义研究有很大的启发作用。明末清初方以智作《通雅》，多次声称"此类借声，不必论字"，因声求义，解决了一些训诂、考据上的问题。特别是对双声叠韵的联绵词的训释取得了很大的成就。

王念孙继承了前人的成果，又精通古音，熟悉典籍，并能广泛而又客观、审慎地运用音近义通的理论，在《广雅疏证》中表现出的训诂方法是空前完整、精密和系统的。该书在这方面的成就在联绵词的训释中表现得尤为突出。类似的做法和成果，在王氏父子的《读书杂志》《经传释词》《经义述闻》中也有许多。这些成果通过语音线索，再结合词义分析，探索其间的联系和规律，透过文字形体的现象看到某些词之间的联系，并把它们放到一起考察。由于王氏父子的工作，使典籍中不少悬而未决的问题得到了解决，也纠正了一些穿凿附会的说法，对后代汉语词义及音义关系的研究的贡献是巨大的。

四

总结《广雅疏证》对汉语词义、词汇研究的贡献，我们可以得到一些有益的启迪。

首先，关注语言的发展，兼顾古今。从《广雅疏证》中反映出的情况看，作者并不厚古薄今，这主要表现在两个方面。一是《广雅》收了如此之多的汉代新词并加以解释，王念孙为之作疏证，这本身就说明张揖、王念孙都注意语言的发展，眼光并不只盯着上古文献。而且如前所述，在疏证文字中还经常以作者当时的口语词说明前代文献的词义。二是作者征引前人的研究成果时，不仅采用《尔雅》《方言》《说文》《释名》等书的说法，也采用后来人的可取的成果，比作者稍早或与作者同时的如顾炎武、惠栋、戴震、邵晋涵、段玉裁、钱大昕、程瑶田、阮元等人的成果都被引用过。

其次，对词义研究、解释的目的并不完全为了解经。如果说《尔雅》编纂的目的还主要是解经的话，那么到《广雅》所解释的词则已大大超出了经书的范围，王氏的疏证则更是从语言学角度对词义进行了深入细致的探讨。如果只是为解经服务，王氏就没有必要广征博引求证词义（《广雅疏证》征引典籍近300种，经书只占其中很小部分），也没有必要对汉代以后产生的许多新词新义、对词的音义关系与同源关系等问题作如此深入的考察和探求。正因为《广雅》及其疏证对词义的解释和研究不完全是为解经服务的,所以《广雅疏证》并不只注意对冷僻词的含义的求证,而是涉及大量的常用词以及不少口语词甚至俚俗词语。

再次,十分注意词义与语音、文字、语法等其他部门的联系,而不是孤立地研究词义或词汇。语言是一个符号系统,现代语言学为分析研究的方便,把语言分成语音、词汇、语法等部门,分别加以考察,这当然不无道理,但如果割裂各部门之间的联系,孤立地看待某一方面,则势必阻碍某些语言规律的发现。段玉裁在《广雅疏证序》中说:"小学有形,有音,有义,三者互相求,举一可得其二;有古形,有今形,有古音,有今音,有古义,有今义,六者互相求,举一可得其五。"[1]说的就是这个道理。王念孙如果不了解古音,不采用三者互求、六者互求的方法,不把词语的古今音、义以及对前代有关音义关系的认识结合起来考虑,就不可能总结出"训诂之旨本于声音"的理论,并在《广雅疏证》中大量阐发这种理论,发现诸多音近义通的同源词之间的联系,在训诂和词汇研究上取得如此高的成就。

※本文发表于《民俗典籍文字研究》第二辑,商务印书馆2005年版。

---

[1] (清)王念孙撰:《广雅疏证》,江苏古籍出版社1984年版,第2页。

词素间意义的横向合并

一

词义的发展、新词义的产生途径一直是汉语研究界关注的问题。清代学者朱骏声在《说文通训定声》中把词义（从一定意义上说是字义）从来源上总结为三类："本义"、"转注"（引申）、"假借"。于是后来的学者谈词义的产生往往只关注引申和假借。也有的学者把新义衍生的途径分析为引申、比喻、借代、特指、语法影响等。如果考虑到由比喻、借代、特指等途径发展出的新义，其衍生的起点也是该词的本义或原有义，那么这些衍生方式也可以归入广义的引申。至于假借，正如蒋绍愚等先生所说，"只是文字问题，与词义无关"[①]，因为所谓假借是借文字形体，而作为音义结合的词，则原本没有形体问题，也就无所谓"假借"。所以，说字义时可以有假借，说词义则没有。这样，作为一个词，其新义的产生似乎只有引申（广义的）一途了。

然而，有些词新义的产生途径并不能用引申来解释，也不属于文字上的假借义，也就是说词义的衍生除了引申之外，还有其他方式。20世纪后期，学者们在这方面努力探索，取得

---

① 蒋绍愚：《古汉语词汇纲要》，商务印书馆2005年版，第70页。

了引人瞩目的成果。蒋绍愚先生提出了"相因生义"说①，孙雍长先生提出了"词义渗透"说②，此外还有聚合类推、词义浸润等各种观点。其中相因生义和词义渗透两种说法指的基本上是同一种现象：A 词原来只与 B 词的一个义位相同（或相类、相反），由于类推作用，A 词又衍生出与 B 词的另一个义位相同（或相类、相反）的义位。词义的这种运动使 A 词产生的新义并不来自 A 词的本义或原有义，而是来自与 A 词有聚合关系的 B 词，因此，这种词义衍生方式就与引申有区别了。张博先生把这种由聚合关系的影响和制约而发生的词义衍生现象称为"聚合同化"，并在伍铁平先生"词义感染"③ 等观点的基础上提出了"组合同化"说④，指的是这样一种现象：A 词原本与 B 词不同义，但 A 词与 B 词频繁地组合使用，导致组合体内发生语义类推，使 A 词获得了 B 词的某个义项。

　　经考察，张文所举组合同化的例子可大致分为两类：一类是两个词组合后，组合体内的语义类推促使其中的一个词获得了另一个词的某项意义，如"学→习""箕←踞"等；另一类是两个词组合后，语义的运动使组合体中的一个词获得了整个组合体的意义，如"蚕←食""审←问"等。这后一种情况，其实是把原来组合体内由两个成分共同承担的意义合并起来，由其中的一个成分来承担。对于后来承担了合并后的意义的这个成分来说，也是增加了一项新意义，即"蚕"新增了"蚕食"义，"审"新增了"审问"义。为了与张文所讲的前一种情况区别开来，本文姑且把这后一种情况称为语义的"横向合并"。由横向合并产生新义的词例叙述如下。

---

① 蒋绍愚：《古汉语词汇纲要》，商务印书馆 2005 年版。
② 孙雍长：《古汉语的词义渗透》，见《中国语文》1985 年第 3 期。
③ 伍铁平：《词义的感染》，见《语文研究》1984 年第 3 期。
④ 张博：《组合同化：词义衍生的一种途径》，见《中国语文》1999 年第 2 期。

"粉"的"粉红"义。《说文》："粉，傅面者也。""粉"字从"米"，其本义可能是米或粮食粉末，也可能古代化妆即用米粉，由此引申为粉末、白色等义，所以，白色的丝棉称"粉絮"，白色的汗巾称"粉巾"。汉黄琼《移疾疏》"朱紫共色，粉墨杂糅"的"粉"就是白色，"粉墨杂糅"犹言"黑白混淆"。而"粉红"是指白色与红色混合而成的一种颜色，即浅红色，由于语义的横向合并，"粉"也有了"粉红"的意思，"粉色"在古代曾是白色的意思，而在现代汉语中一般指粉红色。"粉"单独表示粉红色的例子如"这条丝巾是粉的"，这个意思的"粉"还可以构成复音词"粉领"（与"白领""蓝领"相对）。

再例如"符"的"符合"义。"符"本来意思是任命、封爵、调兵、借贷等时用作凭证的信物。《说文》："符，信也。汉制以竹，长六寸，分而相合。""分而相合"是为验明真伪，符信之两半如果契合，就是"符合"。后来"符合"引申为相合义，如宋司马光《看阅吕公著所陈利害札子》："今公著所陈，与臣所欲言者正相符合。""符"与"合"连用，使"符"也具有了"符合"义，例如：

克符周公业，奕世不可追。（汉王粲《共宴》诗）
盖是夜，三郎亦梦遇姊泣诉，愤激投石也。三梦相符，但不知丽人何许耳。（清蒲松龄《聊斋志异·凤阳士人》）
女喜，自力起，窥审其状不符，零涕而返。（清蒲松龄《聊斋志异·鲁公女》）

二

在汉语中，横向合并现象不仅发生在词组中的词与词之间，而且随着汉语词的复音化进程，也越来越经常地发生在复合词的词素与词素之间。例如：

1. 机场　机票　机组　机长　机群　长机　僚机　客机　班机　敌机　战斗机　侦察机　轰炸机　运输机　歼击机　直升机　劫机

2. 火轮　货轮　渔轮　巨轮　油轮　江轮　海轮　拖轮　轮渡

第1组例子中的"机"意思都是飞机。但作为单音词的"机"还没有飞机义，至少不专指飞机。"机"的本义是弩机（后代有了火枪，用来扣扳以发射的部件也叫"机"或"扳机"），引申为机械、关键、机会、技巧等义，其机械义在古代可以特指织布机。"机"的"飞机"义是有了"飞机"一词后，两个词素的意义横向合并的结果。获得了飞机义的"机"一般不能像上面所举的"粉"那样独立用来造句，而是作为非词词素用来构成像上面第1组例子中那样的词。第2组例子中的"轮"都是轮船的意思。"轮"原来也无轮船义，而指车轮，引申为车子、运转、轮流等义。"轮船"一词产生的时间比"飞机"早，起初用来指称一种以轮击水推进的快船，此称至晚在宋代已见于典籍，后来指机动船。也因为意义的横向合并，使"轮"获得了轮船义。这个过程发生得比"机"获得"飞机"义要早，例如：

兵轮不足，并以商轮继之。（清高太痴《梦平倭虏记》）

在现代汉语中，义为"轮船"的"轮"作为非词词素组成像上面第2组例子中的那些词。

这样的例子还有：

电报→电：通电　急电　贺电　唁电　电文　电告　电贺　电复　电令　电码　电陈　电汇

警察→警：民警　武警　特警　乘警　刑警　法警　巡警　交通警　户籍警　警方　警车　警服　警务　警署　警棍　警犬　报警

近 20 年来，汉语中由于横向合并而衍生新义的词素越来越多。与中国社会科学院语言研究所编、商务印书馆 1978 年版《现代汉语词典》相比，该词典 2005 年版就在为数不少的词素下新增了义项，这些新义项大多是由横向合并的途径产生的。例如："编"的"编制"义（在编、超编、编外），"标"的"标准、指标"义（达标、超标），"导"的"导演"义（导戏、执导），"调"的"调查"义（函调、调研），"宫"的"子宫"义（宫颈、刮宫、宫外孕），"冠"的"冠军"义（夺冠、三连冠），"黄"的"黄金"和"蛋黄"义（黄货、双黄蛋），"汇"的"外汇"义（换汇、创汇），"介"的"介绍"义（简介），"篮"的"篮球运动"义（男篮、女篮），"科"的"科举考试"义（科场），"排"的"排球运动"义（排坛、中国女排）"派"的"摊派"义（派粮派款），"频"的"频率"义（高频、频段、调频），"塑"的"塑料"义（涂塑壁纸、全塑家具），"套"的"套购"义（套外汇），"屉"的"抽屉"义（三屉桌），"卧"的"卧铺"义（硬卧、软卧），"勋"的"勋章"义（授勋），"胭"的"胭脂"义（胭粉、胭红），"音"的"音节"义（单音词、复音词），"足"的"足球运动"义（男足、女足），等等。从这些例子看，近年来汉语词素间意义横向合并的速度是相当快的。

三

复音词的词素之间之所以容易发生语义上的横向合并，至少有以下几方面的原因。

　　首先，是语言成分之间意义的运动变化的结果。汉语的复音合成词大多是由词组在结构和意义上凝固后形成的，这种凝固的根本原因是词义的运动变化。为了准确表义、音律节奏等各种需要，词在使用中会组成各种相对固定的词组。词组形成后，词义的运动变化并不因此而停止，这就可能使该词组的意义由原来的各词意义简单相加的状况趋于整体化，如"如何"的意思由"像什么"变成"怎么样"或"怎么"。当意义发展凝固到这种程度，词组就变成了复音词。正如词组的形成不能阻止词义的发展一样，复音词形成后，整个词和词内部的词素的意义仍然会处于运动变化的状态中，词素之间在意义上互相影响、制约，当然也存在发生横向合并的条件与可能。

　　其次，复音词的词素之间存在紧密的组合关系。张博先生所说的"组合同化"的前提是两个语言成分经常连在一起使用。词义的运动和发展，无论是引申还是同化、合并，往往需要经历较长的一个过程。在这个过程中，语言成分的频繁使用是变化发展的前提。一个已经停止使用的词，它的词义也就会停止发展变化。同理，如果一个词组是由两个词临时组成的，且并不经常使用，词义发生同化或合并的可能性就很小；两个成分形成固定的组合体，并频繁使用，才容易促使其语义发生变化。复音合成词由语言成分的临时组合到固定组合的过程也是以原词组的频繁使用为重要条件的。到复音词形成后，其内部的词素之间在结构和意义上的组合关系都必定已很紧密，很多词素已经不能再单独用来造句。这种情况非常符合语义发生横向的同化或合并的条件。

　　再次，语言实践的经济原则发挥作用。吕叔湘先生这样解释语言实践的经济原则："能用三个字表示的意思不用五个字，一句话能了事的时候不说两句"①;"像'谢幕'那样的字眼,就放弃了很多东西,只抓住两点,'谢'和'幕'。说是'放弃',并不是不要,而是不明白说出来,只隐含在里边"②。横向合并其实就是把原本用两个字表达的意思改用一个字表达(当然要以表意明确,不造成误解为前提),把其中的一个字"放弃"了,但把它的意思隐含在留下的那个字里。机动轮船起初曾被称作"火轮船",但后来则称"火轮"或"轮船"(因为非机动轮船已经不复存在,所以表义上不会引起误解),这恐怕就是经济原则在起作用。

为了符合经济原则,汉语在词语使用中有省称和简称条例。用"机"表示飞机,用"绅"表示"绅士"就是一种省称。而简称往往是由全称缩略而成,简称虽然不如全称庄重、正式,但由于它符合经济原则,其使用频度有时不亚于全称,如"北大""中科院""党委""国家发改委"等。

其实用缩略或省称的方式形成符合经济原则的词语,在古代已经这样做了。《孟子·离娄上》:"天下溺,援之以道;嫂溺,援之以手。"其中的"援之以手"就被后人缩略为"援手"。《史记·淮阴侯列传》中韩信有刘邦"解衣衣我,推食食我"的话,后被合并为"推食解衣",又被缩略为"推解"。还有"月下老人",被缩略为"月老","挂一漏万"被缩略为"挂漏","沧海桑田"被缩略为"沧桑","激浊扬清"被缩略为"激扬","金城汤池"被缩略为"金汤",等等。当然,语言是约定俗成的,这样缩略是否会引起语义的横向合并要经过语言实践的检验,但缩略确实为横向合并创造了条件,"火轮船"称为"火轮"就为"轮"合并"轮船"义提供了条件。

---

① 吕叔湘:《语文常谈》,生活·读书·新知三联书店1980年版,第61页。
② 吕叔湘:《语文常谈》,生活·读书·新知三联书店1980年版,第63—64页。

"北大""南大""山大""武大"的"大"代表大学,那么"大"就更容易被用在别的缩略语词中代表大学,例如"夜大""电大""农大""科大""交大""师大""函大",等等。同样"科"在"科技""科盲""科研""科教""科普"等词语中表示"科学",如果这种词语多了,且长期频繁使用,"科"就有可能作为词素获得"科学"义。

四

语言要用来交际,表意必须明确。而发生语义横向合并后的一个词素实际上兼有了原本两个词素的意义,这个新意义与该词素原来的意义可能相去甚远,这就容易造成含混。因此,经横向合并后获取了新义的词素一般不能单独构词,而要与其他词素合起来构成新词。或者说只在这时,它才显示出经横向合并后获得的新意义。像"电"只有在"通电""急电""电汇""电贺"等词中才是电报的意思,而单音词"电"则没有这项意思。

还有的单音词素经横向合并获得的新义与该词素原有的意义同时存在,都可以构成新的复音词。在这种情况下,该词素所用的意义也要靠与之构词的其他词素来区别。例如"影"在"电影"一词中通过语义横向合并后获得了"电影"的意义,可以组成"影视""影院""影星""从影""影片""影评""影迷"等词,但在"影楼""合影""留影""影集"等词中,"影"就是摄影或照片的意思了。可见,通过横向合并而获得新意义的词素在构词时,与之结合的其他词素在区别意义时起着更加重要的作用。

※本文发表于《山东大学学报》(哲学社会科学版)2006年第5期。

词义"贬值"现象浅论

一

词义发展演变的形式多种多样,本文所关注的是汉语词义发展中的一种"贬值"现象。我们以"先生""女士"二词为例试作说明。

"先生"的字面义应当是出生在先,但在先秦就已经形成一个成熟的双音词了。当时"先生"的意思主要有以下几项。一是指父兄。《论语·为政》:"有酒食,先生馔。"何晏集解引马融:"先生,谓父兄。"这个意思与"先生"的字面义最接近。二是指因年老等原因而致仕者。《礼记·士相见礼》提到"先生异爵者",郑玄注:"先生,致仕者也。"王引之《经义述闻·先生君子》:"盖卿大夫已致仕者为先生,未致仕者为君子。"三是指有学问的长者。《孟子·告子下》载孟子称宋牼为"先生",赵岐注:"学士年长者,故谓之先生。"四是特指老师,这项意义与前一项意义有明显的联系。《礼记·玉藻》说到学童"见先生",孔颖达疏:"先生,师也。"

可见,在先秦时代,能被称为"先生"的人地位是相当高的。到了汉代,"先生"的意思有所扩大:可以称一般的文人学者,补写《史记》的褚少孙就被称为"褚先生"。《文选·皇甫谧〈三都赋序〉》"玄晏先生曰"李善注:"先生,学人之通称也。"还可以称医生。《史记·扁鹊仓公列传》："有先生则活，无先生则弃捐填沟壑。"

在后代，上面的意思大多沿用了下来。由于被称为"先生"的多是有较高地位、学识或技艺的人，所以称人"先生"是带着敬意的。近代以后，许多原来不能称先生的人也被称为"先生"了，如担任文书、账目等文职管理的人，占卦、看风水的人，卖唱艺人，在某些场合从事礼仪性服务工作的男子，等等，例如"账房先生""算命先生""礼宾先生"等。《文明小史》第十九回中还有"上海妓女，都是称先生的"这样的话。在今天，几乎对所有成年男子都可以称"先生"了。此外，"先生"还特指丈夫。女子称丈夫为"先生"，至晚汉代已有，刘向《列女传·楚於陵妻》："乱世多害，妾恐先生之不保命也。"但於陵子仲为战国有名的贤士，楚王欲聘之为官，其妻称之为"先生"也含有敬意，与今天单纯和"妻子"或"太太"相对的"先生"是不同的。

当然，在今天"先生"一词作为对人的尊称，其尊崇的程度有多高，与所称之人有很大关系，如说"鲁迅先生""宋庆龄先生"与在商店称呼一位服务员"先生"是很不一样的。但从历史发展来看，"先生"一词所称呼的人的地位、学识越来越低，于是这个称呼所含有的尊敬意味也越来越少，这一点是不可否认的。

"女士"作为对人的称呼在先秦远不如"先生"那样固定。《诗·大雅·既醉》："其仆维何？厘尔女士。厘尔女士，从以孙子。"郑玄笺："予女以女而有士行者，谓生淑媛使为之妃。"孔颖达疏："女士，谓女而有士行者。"这个"女士"指有士大夫操行的女性。而且从《既醉》诗句和郑笺来看，这个"女士"指的应当是周王室的女儿。后来，"女士"作为对女性的尊称，在很长的一个历史时期内，还是用以称呼贵族或官员等社会地位较高的家庭中的妇女。在今天，"女士"降而成为对一般妇女也可以用的尊称了。

以上两例的词义发展有相同之处，即两词原本用以称呼的对象的社会地位、学养等比较高，后来，这两个称呼被降格使用，由此造成了词义的弱化。当然，这种降格和弱化有一个渐变的过程，其中也受到过外来语的影响。经过了一个相当长的历史阶段后，这两个词的词义就随着其所指对象地位等的下降而发生了明显的变化，这就是本文所说的词义贬值情况中的一种。

二

上面所举的两例都是表人的名词，其意义贬值表现在该名词指称的对象的地位下移。除了上面所举的两例之外，发生类似贬值现象的名词还有不少，叙述如下。

夫人

"夫人"在先秦指帝王之妾或诸侯之妻。《礼记·曲礼下》："天子有后，有夫人。"《吕氏春秋·季春纪》："后妃斋戒。"高诱注："王者，一后三夫人。妃即夫人。"《论语·季氏》："邦君之妻，君称之曰夫人。"被封侯者之妻在汉代还称夫人。《汉书·文帝纪》："七年冬十月，令列侯太夫人、夫人、诸侯王子及吏二千石无得擅征捕。"颜师古注引如淳："列侯之妻称夫人。"《汉书·外戚传》："汉行，因秦之称号，帝母称皇太后，祖母称太皇太后，适（嫡）称后，妾皆称夫人。"看来在先秦两汉所谓天子的配偶中，地位最高的是后，夫人的地位低于后，则与诸侯正妻的地位相当，故诸侯正妻称夫人。照这样看来，诸侯国中的卿大夫的正妻也没有资格被称为夫人。

今见古籍中较早打破这个规矩的是《战国策·韩策二》

第二十一，讲到严遂（即仲子）获罪于韩相韩傀（《史记》作"侠累"），惧诛亡去，欲求聂政刺杀韩傀，便赠聂政黄金百镒，说是"特以为夫人粗粝之费"（据剡川姚宏本）。当时聂政母亲健在，靠聂政奉养，故有人以为此"夫人"指聂母。然而这里的"夫人"鲍彪本作"丈人"，鲍云："亦尊称政也。"《史记·刺客列传》作"大人"，张守节正义引韦昭："古者名男子为丈夫，尊妇妪为大人。"认为还是尊称聂母。注《战国策》的金正炜赞同此说。总之，姚本《战国策》中的"夫人"很难靠得住。

到西汉，"夫人"开始被用以称呼普通的已婚妇女。《史记·刺客列传》载聂政刺杀侠累（韩傀）后毁容自杀，其姊聂荣前来认尸，街市上众人对她说："此人暴虐吾国相，王县（悬）购其名姓千金，夫人不闻与？何敢来识之也？"聂政是屠夫，要靠自己劳作奉养老母，看来聂荣的丈夫地位应当不会太高，至少不会是王侯将相之类。司马迁借韩市人之口称聂荣为"夫人"，固然带有对这位不惜牺牲生命而成全其弟美名的"烈女"的尊敬，但这也说明至晚在西汉，对自己尊重的已婚妇女就可以称"夫人"了。如果《史记》所载的这段话是韩市人的原话，那么称普通妇女为"夫人"的时代就还要早（《战国策》未见此语，很可能是司马迁揣摩韩市人说的话）。

尽管西汉时已经有人把自己尊崇的妇女称为"夫人"，但在以后很长一段时间里，"夫人"还多用来作为宗室或高官之妻子、母亲的封号，后来也泛称官员未受封者的妻子、母亲。到今天，"夫人"这个称呼对被称者身份的限制已经很小了。

太太

"太太"之称当起源于西汉元帝傅昭仪。傅昭仪子为定陶恭王，元帝死后，傅随子归国，称定陶太后。恭王死，其子刘欣代为王。成帝刘骜无后，立刘欣为太子。成帝死，刘欣即位，为哀帝，尊其祖母为"帝太太后"，后改为"皇太太后"，以区别于成帝母太皇太后。事见《汉书》之《哀帝纪》《外戚传》《师丹传》。这个皇太太后是汉元帝的昭仪，汉哀帝的祖母，后人从她的封号中截取"太太"二字作为尊称，当然只能用于有相当高的地位的官绅之家的长辈妇女，用于称官绅的妻子就已经是降格使用了。蒲松龄《聊斋志异·夏雪》："若缙绅之妻呼太太，裁数年耳。昔惟缙绅之母始有此称。"后来某些大户人家的仆人或其他人也用"太太"称呼男主人的妻妾，而不论这个男主人是否为官绅，这是"太太"一词的又一次贬值。后来"太太"成了对他人妻子或已婚妇女的尊称，现在甚至有人说到自己的妻子时也说"我太太"如何如何。

公子

"公子"在先秦指诸侯的庶出的儿子，也可作为对诸侯子女的泛称。《仪礼·丧服》"公子为其母"郑玄注："公子，君之庶子也。"《礼记·大传》："有小宗而无大宗者……公子是也。"郑玄注："公子，先君之子，今君之昆弟。"《左传·桓公三年》："凡公女嫁于敌国，姊妹则上卿送之，以礼于先君；公子则下卿送之；于大国，虽公子亦上卿送之。"杜预注："公子，公女。"

若按这个规矩，后来被称为"战国四公子"的平原君、孟尝君、信陵君和春申君中至少有两位不能称为"公子"。信陵君，司马迁准确地知道他是"魏昭王少子而魏安釐王异母弟"，所以《史记》中他的传记题为《魏公子列传》。而平原君赵胜可能是赵惠文王之弟，所以他的传记在《史记》中是《平原君列传》，只在文中说他是"赵之诸公子也"。至于孟尝君田文只是齐威王之孙，其父田婴是公子，而田文是田婴的庶子；春申君黄歇是楚人，与楚君的血缘关系不详。对他二人，司马迁均不称"公子"，其传记题目也是"某某君列传"。可见，司马迁在介绍上述四人时，对"公子"这一称呼的标准掌握得还比较严格，但是在不指称具体人时，这个标准就有了松动，这是"公子"一词贬值的开始，其范围首先降及豪门贵族子弟。其实这种松动在《战国策》中就有了，《楚策四》中说有黄雀"倏然之间坠于公子之手"，这个"公子"就不一定是诸侯的儿子，《史记·货殖列传》中的"游闲公子饰冠剑，连车骑"的"公子"也是这样。

"公子"一词的进一步贬值表现在它不仅用于贵族豪门子弟，也可以用于稍有点地位、权势或有钱人家的子弟；再后来，可以用来尊称别人的儿子，而对被称者家庭的权势、地位、钱财等的限制也很小了。

阁下

这里的"阁"原指国家的中央官署，后也泛指一般官署。"阁下"作为尊称，用于有较高官位的人。唐代段成式《酉阳杂俎·礼异》："秦汉以来，于天子言陛下，于皇太子言殿下，……二千石长史言阁下。""阁下"贬值的表现是可以用于无官职者。这个变化很早就发生了，唐代赵璘《因话录》卷五："古者三公开阁，郡守比古之侯伯，亦有阁，所以世之书题有阁下之称。……与宰相大僚书，往往呼执事，言阁下之执事人耳。……近日官至使府御史及畿令，悉呼阁下，至于初命宾佐，犹呼记室。今则一例阁下，亦谓上下无别矣。……今又布衣相呼，尽曰阁下。"这段话说到了"阁下"这个称呼从指高官，到指低级官员，后来用于无官职者之间的情况，说明古人已注意到了这种变化。

相公

"相公"原是对宰相的尊称。清周亮工《书影》卷八以为"前代拜相者必封公，故称之曰相公"。宋吴曾《能改斋漫录》卷二《事始》："丞相称相公，自魏已然矣。王仲宣《从军诗》

曰：'相公征关右，赫怒震天威。'注：'曹操为丞相，故曰相公。'谢灵运《拟陈琳诗》曰：'永怀恋故国，相公实勤王。'亦谓曹操也。"《旧唐书·颜真卿传》："宰相元载谓真卿曰：'公所见虽美，其如不合事宜何？'真卿怒，前曰：'用舍在相公耳，言者何罪？'"可见"相公"的这个意思在后代很长时间里还在使用。后来"相公"可用为对长官的尊称。宋代无名氏《道山清话》："陈莹中云：岭南之人……不问官高卑，皆呼为相公。"这种现象可能较早出现在岭南，后来别处也这样了。《祖堂集》卷十一中有"太尉相公"，《警世通言》卷十三中有"知县相公"。再扩大范围，"相公"可以用为对未做官的儒生，如幕宾、秀才等人的尊称，有时特指秀才，《儒林外史》中的胡屠户多次说到自己的女婿"中了相公"。清翟灏《通俗编》卷五《仕进》："今凡衣冠中人，皆僭称相公，或亦缀以行次，曰大相公、二相公。"看来，即使到了清代"衣冠中人"被称为相公还被有些正统观念较强的人看作"僭称"。

"相公"继续贬值，就可以称普通男子或他人的子弟，有时甚至可以称自己的子弟。清张际亮《金台残泪记》卷三《杂记》："北方市人通曰爷，讯其子弟或曰相公。南方市人通曰相公，吴下自呼其子弟亦曰相公。"询问别人的子弟时用"相公"这个说法在南方一些省份的乡下至今还保留着。

不仅如此，与妓女可称"先生"相似，清后期及民国期间，"相公"还可用以称男妓。《官场现形记》第二十四回："什么相公、婊子我都玩过了，倒要请教请教这尼姑的风味。"郭沫若《反正前后》第三篇："他本来是一位府学的儿子，后来府学死了，一家人流落在嘉定也相继死了，只剩下这位儿子竟成了'鸡仔'。——这是相公的别名。"这大概是"相公"这一称呼贬值所达到的最低点了。

爷、兄

"爷"和"兄"本来都是亲属称谓。"爷"称父亲，现在多以称祖父，称父亲的用法在方言里也还保留着。后扩大到男性尊长，又扩大到有权有势的男性，而不管其年龄、辈分是否为尊长，甚至用于对一般男人的尊称，即上文所引《金台残泪记》所说"北方市人通曰爷"。"奶奶"也有类似情况。"兄"本来用以称哥哥，后来用以泛称亲属中年长于己的同辈男性，再扩大到对同辈男子的尊称，被称者不一定年长于自己。鲁迅在《两地书》中曾称呼当时还是自己的学生的许广平为"广平兄"，可见"兄"还可用于年资低于自己的人。

三

在汉语中，较集中地发生意义贬值的除了词义中带有尊敬、崇尚成分的名词外，还有一部分副词，主要表现在一些表示程度深的程度副词上，以下试叙之。

极、绝

"极"的本义是屋脊的栋梁，引申为顶点，作为程度副词，表示某种性质的程度达到极致。但事实上达到极致的事物是很少的，而"极"却是个使用的比较经常的副词，常用来表述客观上并未达到极致的事物，这就使它的意思发生贬值。不仅现代汉语中的"好极了""多极了"的意思并不是好到了极致或多到了极致，而只是很好或很多，即使在古代汉语中，程度副词"极"的意思与"甚""很"等就几乎没有差别了。

"绝"有断绝义，引申为竭、尽。作程度副词时与"极"同义。后来贬值的情况也与"极"相似。"绝妙"的意思与"很妙"或"非常妙"几乎没有差别。

最

"最"在古代可表示政绩或军功考核的最上等，与"殿"

形成反义词。作为副词，常表示在一定范围内某方面的性质属第一。由于"最"比"极""绝"更强调一定的范围，所以"最"的贬值就不如"极"和"绝"那样明显，表示某种属性超过同类所有人或事物直到今天仍是"最"的主要意思。但是，一旦这种范围比较模糊，或说话人因对某种性质过度强调而重叠使用"最"，它的意思就难免贬值。

前一种情况如"最初""最早"的意思常常就是"当初""起初"，"最近"意思是"不久前"或"不久后"，其中的"最"的程度达到极致的意思已渐渐消磨甚至丧失了。因为说"最初""最早"，往往表示一件事情或一个过程开始的时候，而这样的事情或过程的起始有时是比较模糊的，如果换一种思考的方法或角度，就可以追溯到更早的时候，这样一来，"最初""最早"的"最"所表达的程度就不是极致或顶点了，"最近"的"最"所表达的更不是"近"的极致程度，以上这些"最"的意思都发生了贬值。

后一种情况，尽管从逻辑上讲表示程度达到极致的副词不应当重叠使用，但人们说话写作却常常违反这个规矩。例如：

  水牛，水牛，你最最可爱。你有中国作风，中国气派。（郭沫若《水牛赞》诗）

  很多人都认为哭是一件可耻的事情，尤其是男人们，他们甚至在最最伤心的时候，也宁可磨牙齿、握拳头、呕吐、晕倒，冒着生命危险，千方百计的想尽办法，总不肯让眼泪轻弹。（林语堂《你且能哭即哭吧！》）

  大夫护士受了感动，很替他向上美言了一番，夸他是个最最忠于天皇的中国人。（老舍《四世同堂》第96章）

  不过，就我看过的来说，这是最最好的一张。（周而复《上海的早晨》第三部第10章）

在上海，延年过世后，你是我身上最最亲的人了。
（同上，第四部第41章）

这些例句中都有"最最"如何如何的说法，我们读起来也并不觉得是语病。这样把"最"重叠起来使用，如果其中的一个"最"（无论是前一个还是后一个）表示程度达到极致，那么另一个"最"就失去了意义；从反面看，既然第二个"最"有存在的意义，就说明第一个"最"表达的程度并未达到极致，还有加深的余地。

四

张志毅等先生曾把义位演变的语言学模式总结为转移、转类、虚化、缩小、扩大、深化、贬降、扬升、弱化和强化等几种。① 其中"贬降"模式中转引了程祥徽在《传意需要与港澳新词》一文中所举的"人士"一例：该词原指有名望的人物，常与"权威、高级、进步、爱国"等义位组合，现在某些地区的"人士"出现中性化苗头，可以与中性和贬义义位组合，构成"吸烟人士、在逃人士、黑社会人士"等。这与上面所分析的"先生"等词贬值的情况有相同之处。但张先生等所说的义位贬降还包括褒义变贬义（如"爪牙""复辟""神气"等）、中性变贬义（如"伪""谤""勾当"等），上面提到的"人士"则是张先生书中用以证明褒义变中性的例子，以上变化，张先生都认为是词的"基义"的变化。可见，本文说的词义贬值与张先生说的义位贬降还不完全一样，因为"先生""夫人""公子""阁下"等词感情色彩的褒贬并无明显的变化。在张书介绍义位弱化的部分，作者举了"购""感激"

---

① 张志毅、张庆云：《词汇语义学》（修订本），商务印书馆2005年版。

"病""饿"等词的古今义变化为例，这与本文说的"极""绝""最"等的情况有联系，但张先生所举基本上是动词、形容词，而"极"等都是副词。

我们认为，本文所说的贬值，实质上是一种词汇意义范围的扩大。词义扩大的特征是在保留着该词原有义项的基础上，增加了某些原有义范围以外的义项。上面所说的意义贬值的词基本上都符合这个特征。当然，其中有些词在词汇意义扩大的同时，其色彩意义也会发生某种变化。

宽泛地说，语言是特殊的社会现象，社会任何方面的发展变化都可能引起语言特别是词义的变化；语言又是人类最重要的交际工具和思维工具，人的思维方式、观念感情等的变化也会引起词义的变化。上文所说的词义贬值现象的根本原因，当然与社会文化背景和人们的观念的发展分不开。而从语言内部看，每个词都有相对稳定的静态意义，表现为一个或数个义位，而在言语层面，即在每个词的使用中，其意义总是以动态方式出现，每个义位在使用中都会表现为形形色色的义位变体。言语层面的词义是第一性的，语言层面的词义是从词义的动态形式中总结出来的；词义的发展演变总是从言语层面，即从词在具体的使用中表现出的动态形式开始，其初始状态是义位变体对相应义位的偏离。而在语言的各个要素中，词汇特别是词义与客体世界的关系最密切，也与人的思维、观念及语言的表达要求有最直接的联系。上文分析的词义贬值现象，就是社会文化方面的客体因素以及人的观念、心理因素共同作用于语言应用所造成的结果。

本文分析的意义贬值的词，可以大致分为两种情况，具体地看，其贬值的原因也不完全相同。

名词的贬值一般表现在所指称的对象的地位下移。我国古代曾经特别重视等级制度，儒家的"礼"就是维护贵族等级制度的社会与道德规范，孔子提倡"正名"，认为这是维护社会统治秩序的重要手段。而当社会发展变化了，原有的名实关系系统就会被打破，这是引起某些带有尊崇成分的名词词义贬值的社会原因。所以，这些尊称的贬值反映了等级观念在一定程度上的动摇。

封建时代已经过去，封建等级制度也已不复存在，但现代社会也有上下尊卑观念，在语言中也有反映。例如，在"干部群众""上下级""公安干警""指战员""父子""师生""师徒""兄弟姐妹"等词语中，有关成分的次序一般是不颠倒的。尽管如此，现代汉语中仍存在由于指称对象地位下降而引起的词义贬值的倾向。例如"企业家"这一称呼一度被滥用。"家"本指擅长某种活动并有一定成就的人，以往大多数企业负责人往往被称为"厂长""矿长"之类，能称得上"企业家"的不多。但这个称呼如果用得过滥，其结果恐怕不是增加了企业家的人数，而是降低了"企业家"的标准，引起这个称呼的贬值。再如，人们在非正式场合称呼某位副处长时，常常省掉"副"字，这就意味着把不是处长的人称为"处长"，其结果并不能因此而提升被称者的职务，而是使非正式场合下的"处长"在含义里包括了"副处长"。当然，以上所举的这些用法还没有正式形成静态的相对固定的词义，即这些词还没有正式贬值，但这些现象却可能引起它们的意义贬值。

从语用的角度上讲，人们在使用语言进行交际时，会力求明白、准确，但从另一角度来说，使用语言的人也会追求新颖、生动，尽最大努力提高自己的表达效果。为了表达对对方的尊崇（也许是恭维、褒扬或献媚），把有尊崇义的称谓降格使用，也是一种办法。从一定程度上讲，被选用的尊称原本表示的地位越高贵，使用范围的限制越严格，降格使用时所收到的尊崇、恭维等方面的效果就越明显，当然，促使该称谓贬值的力度也越大。这是上面所说的那些名词意义贬值的心理原因。当说话人要强调某种性质的程度之深时，往往会无意识地夸大其词，在表达事实上并未达到极致的程度时，却选用了表示极致的程度副词。真正达到极致的情况在客观世界中并不多见，尤其是在没有一个明显的范围限定的情况下。与上面所说的名词贬值的情况相似，从某种意义上说，越是在没有达到极致的情况下，"极""绝""最"等副词的使用所造成的强调效果越明显，而这样使用促使这些词意义贬值的力度也越大。这一点，是作为尊称的名词和表示程度达到极致的副词特别容易贬值的重要原因。

※本文发表于《长江学术》2007年第4期。

论黏合在汉语复音词形成中的作用

一　黏合在大多数汉语复音词的形成中起了重要作用

语言学上的黏合（agglutination）是语言单位在历时发展中经常发生的一种自发的演变过程，按德·索绪尔（Ferdiand de Saussure）的说法，它"是指两个或几个原来分开的但常在句子内部的句段里相遇的要素互相熔合成为一个绝对的或者难于分析的单位。这就是黏合的过程"。[①]

汉语词汇经历了由以单音词为主到以复音词为主的一个漫长的历史发展过程。现代汉语中数量众多的复音词，其来源十分复杂，很难一一厘清。但有一点可以肯定：由原来的两个或更多的词构成的词组或原来不在同一个结构层次上但在句段中相邻的成分，经过历时的发展渐渐融合形成的复音词，在汉语复音词中占大多数。凡是这样的复音词，在其形成过程中，黏合都起了极为重要的作用，或者说这样的复音词都是黏合作用的产物。

汉语复音词的形成和发展早就引起了学界的关注，研究成果甚多，但很少有人注意到汉语复音词的形成与索绪尔所说的

[①] [瑞士]费尔迪南·德·索绪尔：《普通语言学教程》，高名凯译，商务印书馆1980年版，第248页。

黏合之间的关系。国外尚未见用黏合理论解释汉语复音词形成的学者；在国内，王建军《黏合·位移·虚化·替换——语气词"便是"到"就是"的演化过程》把"便是"到"就是"的演化过程分为四个阶段，认为其中第一阶段就是副词"便"与判断词"是"的黏合阶段，是词汇化阶段。① 仝国斌《黏合与结构的词汇化》把黏合与汉语结构的词汇化更全面地联系起来，认为词汇化必有黏合作前提，以形成句法词，句法词的两个源结构是黏合式结构和跨短语黏合结构。② 本文将在上述研究的基础上，更细致地分析黏合在汉语中的表现，结合汉语复音词形成的三个阶段，探讨黏合在其中的作用，并利用成熟阶段的复音词（包括方言中的复音词）表现出的标志性特征印证黏合的结果是黏合体已经形成了不可分割的一个整体，从而更深刻地揭示大部分汉语复音词形成的原因。

二 黏合带来的意义融合是汉语复音词产生的关键原因

语言成分之间发生黏合有两个重要条件，一是被黏合的成分要在句段中相邻出现，二是这些成分之间发生意义上的融合。越是经常在句段中相邻出现的成分越容易发生意义上的融合。例如"消息"表示消长、兴衰义时，是两个单音词组成的联合词组，其意义结构和形式结构可以分别对应，意义是透明的。这两个单音词的频繁连用，使它们的意义逐渐融合，并发生了整体上的引申变化。《汉语大词典》所列"消息"的义项中就有"变化""休养；休息""停止；平息""斟酌""音信，信息""征兆，端倪""新闻体裁名"等，这些义项都是

---

① 王建军：《黏合·位移·虚化·替换——语气词"便是"到"就是"的演化过程》，见《古汉语研究》2006年第4期。
② 仝国斌：《黏合与结构的词汇化》，见《殷都学刊》2008年第4期。

融合后单一的概念，"消息"的内部意义结构与形式结构之间已经不再透明，词义的整体性、特异性已经很明显，说明表上述意义上的"消息"已经完成了黏合过程，其形式结构从句法层面转入了词法层面，"消息"已经凝固成了一个成熟的复音词。

在汉语中，句法结构紧密的词组可能经过黏合成为复音词，事实上大多数复音词就是这样形成的，这可以解释为什么汉语中复音词、词组的结构类型和句法结构类型具有较高的一致性。但是，黏合有时会发生在原本没有在同一层次上的结构关系的两个成分之间。例如许多典故词就是截取了典源文句中相邻的成分组合起来形成的，被截取的部分从整体上看原先既不是词，也不是词组，像"而立""佳期""井养""旧雨""期颐""色斯""盍各"等就是这样。非典故词中也有一部分这样的例子，如"等于""涉及""否则"等。董秀芳认为："汉语史上发生词汇化有三种主要方式：由短语发展为词、由包含功能性成分的句法结构发展为词、由原本不在一个层次上的相邻成分发展为词。"① 这几种情况都会产生复音词，而且黏合都在其中起作用。

可见，一个复音组合形成复音词，其根本原因并不在于这个组合内部句法结构的紧密，而在于构成这个组合的各成分之间意义的融合，也就是这个组合的内部成分之间发生了黏合。"当一个复杂的概念用一串极其惯用的带有意义的单位表达的时候，人们的心理就会像抄小路一样对它不作分析，直接把概念整个附到那组符号上面，使它变成一个单纯的单位。"②

---

① 董秀芳：《汉语的词库与词法》，北京大学出版社 2004 年版，第 161 页。
② ［瑞士］费尔迪南·德·索绪尔：《普通语言学教程》，高名凯译，商务印书馆 1980 年版，第 249 页。

三　从黏合理论看汉语复音词形成的三阶段

索绪尔论黏合现象时说："我们可以把这一现象分为三个阶段：（1）几个要素结合成一个无异于其他句段的句段；（2）固有意义的黏合，即句段的各个要素综合成一个新单位；（3）出现能使旧有的组合变得更像个单纯词的其他变化"。[1]这段话当然主要是针对西方语言中的黏合现象说的，但观察汉语中经黏合形成复音词的过程，也与之基本相符。

汉语中大部分复合式复音词的形成过程也可以分为三个阶段。

第一阶段，两个或几个成分在句段中相邻出现，这为黏合的发生提供了条件。汉语中大部分复合式复音词（包括跨层结构的复音词）都经历过这个阶段。

第二阶段，发生黏合的成分的结构形式固定下来，意义发生融合，整个黏合体变成了一个新的词汇单位。新单位内部成分的结构由原来的句法层面转移到了词法层面。

从第一阶段到第二阶段是一个复音组合从非词凝固成词的演变。完成这个演变，不同的组合体所需的时间是不同的。大部分由词组或跨层结构成分形成的复音词，完成这个演变经过了较长的历史时期，像"国家"、"影响"、"物色"、"小康"、"非常"以及"然而"、"否则"、"等于"等就是这样。也有些复音词经过较短的时间就完成了这个演变，例如某些典故词，其构成成分一旦连用，就以典源为后盾表达一个整体的特异性较强的意义（如"掣肘"不表示"拉住臂肘"，而表示"让人做事，却又从旁阻挠使他做不好"；"滥觞"不表示"漂

---

[1]　[瑞士]费尔迪南·德·索绪尔：《普通语言学教程》，高名凯译，商务印书馆1980年版，第248—249页。

起酒杯",而表示"事物的起源")。由于典故词的诸多特性,它们中的许多成员词义的特异性几乎是先天的,因而成词的速度比非典故复音复合词快得多。再例如某些为特定事物创制的名称,创制的目的决定了这个名称往往以整体的、不可分割的方式在语句中充当一个句法成分,其所指是某个或某类特定的事物。那么,这个名称从产生时往往就以复音词的形式出现,例如"小麦""白菜""旗袍""电脑""内燃机""慢性病""自行车""高跟鞋""龙卷风"等。

第三阶段,某些由黏合形成的复音词,在其外部形式和词义构成上会表现出一些成熟的标志性特征。下面举例说明。

1. 词义完全不透明,形式上的构词语素和意义的内部结构完全无法对应,根本无法从字面揣测词义。例如现代汉语中的"薪水""影响""物色""辛苦""出入(不一致,不相符)"等;或者意义有特定的范围,如现代汉语中的"大豆""洞房""苦瓜""恋爱""保送"等。典故词中有许多这种例子,此不再列举。

2. 词中有的语素已经完全虚化成了词头或词尾。如"老虎""老三""房子""胖子""初二""锄头""想头""外头"等。

3. 其中一个语素的意义弱化甚至消失,或在造词时就带表义性很弱甚至表义羡余的一个语素,如"姓氏""名字""耳朵""眉毛""眼泪""头盔""窗户""月亮""外甥""针灸""知道""前进""后退""死亡""干净""恢复"等。

4. 词内各成分原有的结构关系被改变。由于一个语言单位长期被当作一个固定的词使用,一般语言使用者会忽视它成词以前的内部形式结构关系,而根据自己头脑中已内化的词汇结构知识通过类推(尽管这种类推不一定符合该单位成词以前的实际情况）建立新的结构关系，并可能得到约定俗成规约的认可。例如"颜色"原是偏正结构，现在被理解成联合结构（可以说"五颜六色"）；"洗澡""游泳""唱歌""跳舞"原均为联合结构，现在被理解成支配结构（可以说"洗凉水澡""游一次泳"等）；"鞭策"原是联合结构（"鞭"和"策"都是赶马的工具），现在可能被理解为状中式偏正结构；"学习"原来是支配结构（《礼记·月令》："鹰乃学习"），现在被理解成了联合结构；"公主"原为陈述结构，后又有"郡主"（"公主"可简称"主"），这是把"公主"看成偏正结构而类推的结果；① 等等。还有些复音词成词以前及成词之初内部结构很清晰，但后来一般的语言使用者则无法认识也毫不关心其原来的结构，只把它们整体存入心理词库中，如"步伐"（联合结构）、"影响"（联合结构）、"物色"（偏正结构）、"恢复"（偏正结构）、"责备"（支配结构）、"动员"（支配结构）等。

5. 同义、近义语素构成联合式复音词时，语素次序不同而意义有明显差别。例如"和平"和"平和"、"生产"和"产生"、"弟子"和"子弟"、"计算"和"算计"、"斗争"和"争斗"、"打击"和"击打"、"语言"和"言语"、"爱恋"和"恋爱"等。也有时，两个同义或近义语素分别与另一个固定语素组成的两个复音词的意义相差很大。例如"保"和"护"义近，但"保送"和"护送"意义相差很大；由"呼"和"唤"分别构成的"传呼"和"传唤"，由"知"和"晓"分别构成的"通知"和"通晓"等也是这种情况。

6. 其构词理据与词义有了矛盾。例如"汉子"原是古代北方少数民族对汉族男子的通称，意义变化后，对指称对象的民族已没有限制。再如古代有蘸铅粉涂改字迹或作画的笔称

---

① 唐子恒：《汉语词复音化问题概说》，见《临沂师范学院学报》2005年第2期。

"铅笔",此称今天被沿用,但指称的是用石墨或加颜料的黏土做笔芯的笔,今天的铅笔与作为金属元素的"铅"已没有关系,构词理据与词义就有了矛盾。由于这个词,现代汉语中的"铅"还有了"铅笔芯"的意思。又如:"马路"(原指可供马驱驰的大路)、"马褂"(原为满族人骑马时穿的衣服)、"(墨绿色)"黑板、(彩色)"粉笔"、"(电气)"火车、(老)"小姐"等。

7. 复音词作为整体使用促使其中的音节发生音变。有些复音词的末一音节在规范的口语中可以或必须读轻声,如"街坊"、"兄弟"(弟弟义)、"身段"、"朋友"、"头发"、"耳朵"、"眼睛"、"知识"、"数叨"、"忌妒"、"埋伏"等。"买卖"作为词组时"卖"不读轻声,可以说"买卖自由""强买强卖",意义融合为"生意"或"商店,商号"时,"卖"一般应读轻声,标志着此时的"买卖"是复音词了。"动静"表示"运动和静止"或"行动与止息"时是词组,"静"不读轻声,表示"动作、说话的声音"或"情况"时,"静"则读轻声,标志着此时的"动静"已经黏合成了复音词。

此类词内音变在某些方言中表现得尤其明显。例如在笔者家乡山东文登话中,"朝饭"(早饭)、"夜饭"(晚饭)、"(老)丈人"(岳父)、"割舍"(助动词,舍得,舍不得说"不割舍")、"迂阔"(想法、说话过于烦琐、絮叨)、"儿郎"(儿子)等词的末尾音节都一定要读轻声。"端午"一词读音为[taŋ⁵³ u],而"端"的单字读音为[tan⁵¹],"午"的单字读音为[u³¹²];"黑天"(夜间)一词读音为[xæ⁵⁵ tə],而"黑"的单字读音为[xæ²¹⁴],"天"的单字读音为[tian⁵¹]。当地村庄名"孔格庄""胡格庄"的"庄"不仅读轻声,而且在村名中的发音也由单字音[tʂuaŋ⁵¹]变成了[tʂə],原有韵尾完全脱落。可见,在文登话中,某些复音词中的音节与单字音相比，不仅声调会发生变化，有时发音也会有变化，而且这种变化不仅会发生在复音词的末一音节上，而且会发生在其他音节上。

※本文发表于《语文研究》2011年第1期。

试论用典对汉语词义的影响

一

典故的使用对词义会产生影响，这种影响的结果之一，就是促使词产生新词义。汉语中的词如何衍生出新义项，这个问题长期吸引着学界的关注。自20世纪后期以来，在传统的词义引申理论的基础上，学者们进行了卓有成效的探求。蒋绍愚先生全面论述了词义的发展变化、新词义产生的途径，提出"相因生义"说，还总结了"虚化""语法影响""修辞影响""简缩""社会原因"等词义发展变化的原因[①]。伍铁平先生提出"词义感染"说[②]，孙雍长先生提出"词义渗透"说[③]，这两种理论连同"相因生义"说，探索了具有聚合关系的词的相互影响引起的词义变化；张博提出"组合同化"说[④]，唐子恒论述了词素义的横向合并[⑤]，这两种说法对由于组合关系的词义和词素义变化进行了探索。而这里所要指出的是用典也会对汉语词汇产生影响，促使新义项的产生。

---

① 蒋绍愚：《词义的发展和变化》，见《蒋绍愚自选集》，大象出版社1993年版。
② 伍铁平：《词义的感染》，见《语文研究》1984年第3期。
③ 孙雍长：《古汉语的词义渗透》，见《中国语文》1985年第3期。
④ 张博：《组合同化：词义衍生的一种途径》，见《中国语文》1999年第2期。
⑤ 唐子恒：《词素间意义的横向合并》，见《山东大学学报》2006年第5期。

例如：

桂：原为木名。《初学记》卷一引晋虞喜《安天论》载俗传月中有桂树。唐段成式《酉阳杂俎·天咫》："旧言月中有桂，有蟾蜍。"后人因以"桂"代称月亮。又《晋书·郤诜传》载郤诜语："臣举贤良对策，为天下第一，犹桂林之一枝，昆山之片玉。"后人用此典之"桂林一枝"称科举考试中的优胜者，称科第名籍为"桂籍"，又省称"桂"。所以《汉语大词典》（以下简称"《大词典》"）"桂"下有"谓桂籍"和"代指月亮"两个义项。

怙、怙恃：《说文》："怙，恃也"；"恃，赖也"。"怙"和"恃"均依赖、依靠义。《诗·小雅·蓼莪》："无父何怙，无母何恃？"后人用此为典，以"怙"代称父亲，以"恃"代称母亲，于是"怙恃"成了父母的代称。如清蒲松龄《聊斋志异·辛十四娘》："儿少失怙。"中国近代史资料丛刊《太平天国·天道情理书》："（东王）五岁失怙，九岁失恃。"唐韩愈《乳母墓铭》："愈生未再周孤，失怙恃。""怙恃"的"父母的代称"义还被收入了《现代汉语词典》（以下简称"《现汉》"）。

簇：常用义为丛聚、聚集，但《现代汉语规范词典》注"簇"的一个义项是"全；很"，词性为副词。这个意义的"簇"只修饰"新"，构成"簇新"一词。"簇新"语本前蜀花蕊夫人《宫词》之六："厨船进食簇时新，侍宴无非列近臣。"在典源句中，"簇"仍是簇聚、聚集义，但后来"簇新"转用为全新、极新之义。《大词典》还收了"簇崭新""簇簇新"二词条。《现汉》收"簇新"，释为"极新；全新"，但在"簇"字下并未解释有"极"或"全"的义项。

鼎：本为古代炊器，而后来可用以指代王位或帝业。此义源自古代传说，《史记·封禅书》："禹收九牧之金，铸九鼎……遭圣则兴，鼎迁于夏商。"又："其后百二十岁而秦灭周，周之九鼎入于秦。或曰宋太丘社亡，而鼎没于泗水彭城下。"禹铸九鼎，为传国重器，《左传·宣公三年》又载楚子向王孙满"问鼎之大小轻重焉"，后人遂用此典，以鼎象征天下政权。《现汉》"鼎"条下还有"比喻王位或帝业"的义项。与此义有关的"鼎"还构成了"问鼎""定鼎"等词，均被收入《现汉》，古汉语中还有"迁鼎""移鼎""卜鼎"等词。

雁、鸿、鱼、鲤、鳞：除其本义外，都有书信义。"雁""鸿"代书信出自《汉书·苏武传》所载雁足系书的传说，"鱼""鲤""鳞"代书信出自《乐府诗集·相和歌辞十三·饮马长城窟行之一》："客从远方来，遗我双鲤鱼。呼儿烹鲤鱼，中有尺素书。"古代与这两个典故有关的指代书信的词还有"鱼素""鱼书""鱼信""鱼讯""鲤素""鲤书""鸿信""鳞素""鳞鸿""雁足""雁足书""雁书""雁帖""雁帛""雁封"等。《现汉》还收"鱼雁""来鸿"两词条，在"鸿"及"鸿雁"条下都注有"指书信"或"比喻书信"的义项。

梓：本木名，又是故乡的代称。清青城子《志异续编·家谱》："其孙某甲，回梓祭扫坟墓。""梓"代称故乡，典出《诗·小雅·小弁》："维桑与梓，必恭敬止。靡瞻非父，靡依非母。"朱熹集传："桑、梓二木，古者五亩之宅，树之墙下，以遗子孙给蚕食、具器用者也。"又："言桑、梓，父母所植，尚且必加恭敬，况父母至尊至亲，宜莫不瞻依也。"后人于是以"桑梓"指代故乡，又省称为"梓"。《现汉》收"桑梓""梓里"二词条。

萱：本为草名，又称忘忧草，后可为母亲的代称。此义源自《诗·卫风·伯兮》："焉得谖草，言树之背。"毛传："谖草令人忘忧。背，北堂也。"陆德明释文："谖，本又作萱。"北堂种萱草，故称"萱堂"或"萱室"；古制，北堂为主妇居室，故萱堂或萱室多为母亲居室，故可代称母亲。"萱堂"又省称"萱"，于是"萱"有了母亲义。古代又以"萱亲""萱帏"代称母亲，《现汉》所收与"萱"的这个意义有关的词条有"萱堂""椿萱"，且在"萱"条下也有"指萱堂"的义项。

纪：《大词典》释有"仆人"义。《左传·僖公二十四年》载，晋公子重耳流亡归国后，"秦伯送卫于晋三千人，实纪纲之仆"。杜预注："诸门户仆隶之事，皆秦卒共之，为之纪纲。"后因以"纪纲"称统领仆隶之人，亦泛称仆人，又省称为"纪"。如清曹雪芹《红楼梦》第一百一十四回："弟即修数行，烦尊纪带去，便感激不尽了。"

袒：先秦常用义为脱衣露出上身。《汉书·高后纪》载，汉吕后死，诸吕专权欲为乱，"（周）勃入军门，行令军中曰：'为吕氏右袒，为刘氏左袒。'军皆左袒。"由此，"袒"获得了袒护、偏袒义，一直用到现代。

以上例子，都是因典故的使用，使一些词获得了新义项，此处权且把这种因用典产生的意义称为词的"典故义"。

二

观察词的典故义，促使我们思考以下问题。

首先，典故义是一种什么性质的词义，它与引申义的联系和区别何在？

典故义的产生，与词的原有义不无关系。观察上面的例子可以发现，产生了典故义的词，在典源中使用的都还是其原有义，所以，典故义和原义之间不可能完全没有关系。词的引申义是以其本义或原有义为起点，通过某种途径和方式引申发展出来的新词义。从这一点上说，典故义和引申义有相似之处。

然而，典故义与引申义之间更有明显的区别。引申义是词的使用者通过联想作用促使词义运动变化而产生的一种新词义，这种联想的基础是词的本义或原有义，与该词出现的语境的关系不大。例如上文列举的"纪"：

《说文》："纪，丝别也。"王筠句读："纪者，端绪之谓也。"据此，丝缕的端绪应当是纪的本义。从这个本义出发，可以大致总结出"纪"的引申脉络：

（丝缕）+（端绪）→（端绪）→（要领、纲领）→（终极）；
（分别、整理）+（丝缕）+（头绪）→（治理、综理）→（法度、准则）
……

以上的每一步引申，所产生的新义项中都包含上一义项中的因素，而"纪"的"仆人"义则不包含上述义项中任何一项中的因素，所以，作为典故义，"仆人"这个义项无法列入"纪"的引申义系统中。同理，上文所列举的"桂""怙"等词因典故而产生的词义也都无法列入该词的引申义系统。可见，典故义不是词的引申义。

蒋绍愚先生在《词义的发展和变化》一文中分析了词义发展的几种方式，与引申并列的还有相因生义、虚化、语法影响、修辞影响等，其中，修辞影响与典故义的产生有关。蒋先生所说的修辞影响"主要是指修辞中'借代'的影响"。除了借代之外，其他一些修辞方式，如比喻、委婉、藏词等也会促使词产生新义。用典也是一种修辞方式，这样看来，典故义应当也是修辞影响产生的词义。

然而，同样是修辞影响产生的词义，典故义和比喻义、借代义并不相同。

先看比喻义。以"陶"为例,在《大词典》中释有"用黏土烧制的器物""烧制,烧制陶器""烧制陶器的工人""陶冶,化育"等义项。上面所列的四个义项,前三个义项之间是一般的引申关系,而第四个义项与第二个义项之间则存在比喻关系。这里的"陶冶,化育"意思是教化培育,烧制黏土使之成器,与教育培养人使之成材,这二者之间的相似关系是比较明显的。"陶冶,化育"这一义项可以分析为"像烧制陶器那样教育培养人",这个义项是可以列入"陶"的引申义系统的。汉语中还有"陶冶"一词,《大词典》列了四个义项:一是"陶工和铸工",二是"谓烧制陶器和冶炼金属",三是"制作和烧炼(陶瓷器)",四是"陶铸,教化培育"。其中第四个义项是"陶冶"的比喻义。《大词典》在该义项下列出了《汉书·董仲舒传》:"陶冶而成之。"颜师古注:"陶以喻造瓦,冶以喻铸金也。言天之生人有似于此也。"颜注说明了这一义项与其他义项间的比喻关系。此外《现汉》对"陶冶"一词的解释是:"烧制陶器和冶炼金属,比喻给人的思想、性格以有益的影响。"也指出了新义项的产生来自比喻。而这个比喻义也是引申义的一种。

再看借代义。例如"兵"的本义是兵器,引申为军队、兵卒。从兵器转而指使用兵器的人,这同时又是借代。再如"室",《大词典》所列义项有"谓堂后之正室""房屋;宅舍""妻子"等。由所居之屋室之名转而指称住在屋室中的妻子,这同样既是引申,也是借代。所以,借代义也属于引申义,可以用分析引申义的方法分析。

而词的典故义则并不是单靠人们在该词本义或原有义基础上的联想作用就能促使它产生的,典故义的产生,与典源语境的关系非常紧密。

在与典故词有关的典故形成之前,这些词的各个义项或为本义，或为引申义，共处于每个词原有的义项系统中。而在典故形成之后，并有一定的词标志该典故，那么，这个词的典故义就逐渐产生。换言之，典故义的产生就发生在相关典故被使用的过程当中。当古籍中的某个语段形成了典故，后人在使用这个典故时就需要一个或多个标志性词语。产生了典故义的词大多是被从典源语段中选来作为该典故的标志性词，例如上面例子中的"怙""鼎"等；也有的是作为参与构成典故词语的成分，后来作为省称代替了该词语，例如以"梓"代"桑梓"，以"萱"代"萱堂"，等等；还有的是后人用典时采用的与原典故词意义相同或相关的词，例如"鸿"（用以代"雁"）、"鳞"（用以代"鲤"或"鱼"）等。这些词作为标志某个典故的典故词或某个典故词语的替代品，所表达的主要是典故所包含的意思，这个意思往往比词的原义要复杂，与原义的联系也更曲折。

三

并非所有的典故义都只因为用典就可以产生，有时其他因素在典故义形成的过程中也起作用。

蒋绍愚先生在《词义的发展和变化》一文中说，由于用典故形成借代可能使词产生新义，如以"蟾"代"月"，使"蟾"有月义。蒋先生还指出一种"割裂"式的借代，其实也是一种用典（语典），是在典源语句中"割裂"出某个词，用来代替该语句中其他部分的意思，使该词产生新义，如以"燕尔"代"新婚"，使"燕尔"一词增加了"新婚"义。至于以"而立"代"三十"、以"友于"代"兄弟"，使后来产生了"而立""友于"等词，这是用典促使新词产生的问题，当然，有了词也就有了词义。上文举到的"鼎"的"王位或帝业"义、"梓"或"桑梓"的"故乡"义等也都与借代修辞有关。

与借代有关的典故义与普通的借代义有一个区别：普通的借代义所借者与所代者之间的事理关系是显而易见的，如以形状特征代本体（以"红"代花），以部分代整体（以"帆"代船），以工具代事物（以"干戈"代战争），等；而在用典基础上的借代，所借者与所代者是通过典故相关联的，不经过典源，很难了解二者的联系（如"萱"为什么能指代母亲）。

比喻也常与用典一起促使词产生新义。这种情况往往是古代典籍中用了某个比喻，后人沿用成典，使临时的比喻中的喻体和本体之间的联系固定了下来。例如"刍狗"，本义是祭祀时用的以草扎成的狗。《庄子·天运》："夫刍狗之未陈也，盛以箧衍，巾以文绣，尸祝斋戒以将之。乃其已陈也，行者践其首脊，苏者取而爨之而已。"《天运》以"刍狗"比喻过时的遭废弃的事物，后人用为典故，以"刍狗"比喻微贱无用的事物，这就使"刍狗"一词增加了新词义。又如"鹿"本动物名，《史记·淮阴侯列传》载蒯彻语："秦失其鹿，天下共逐之，高材疾足者先得焉。"裴骃集解引张晏曰："以鹿喻帝位也。"后用为典，以"鹿"喻帝位、政权或爵位。

典故义的产生，有时还伴随着词义的横向合并，使用典对词义的影响一步步深化。而引发词义横向合并的原因则是词语的简缩。例如"绅士"简缩成"绅"，可组成"乡绅""豪绅"等词，原本由"绅"和"士"两个词素表示的意思就合并起来由其中的一个词素"绅"表示，"绅"就多出了"绅士"这个义项。由用典形成的某些复音词也发生这样的简缩，因而使原本由一个复音词表示的意思合起来由其中一个单音成分表示，这个单音成分于是就获得了一个新义项，然后作为词素去组成新的词，甚至作为单音词使用。这样的例子简叙如下。

而立——立 "立"可以单独表示人三十岁。《大词典》收"既立"、"立年"、"立子"（成年之子）、"立男"（成年的儿子)、"逾立"、"过立"等词条。

盐梅——梅 "盐梅"语出《书·说命下》："若作和羹，尔惟盐梅。"后以喻治国贤臣。《大词典》"梅"下有义项："谓盐梅。喻指宰辅重臣。"书证为宋曾巩《送郑州邵资政》诗："帝念人求旧，朝须汝作梅。"

冰上人、冰人——冰 "冰上人""冰人"典出《晋书·索紞传》，后用以称媒人。经简缩后，"冰"可以单独指称媒人。如清蒲松龄《聊斋志异·封三娘》："十一娘愿缔永好，请倩冰也。"

可见，典故对词汇的影响，往往可以分为以下三步。

第一步是产生典故词，又分几种情况：第一种是原本是词，成为典故词以后新增加了典故义，例如上文举到的"桂"、"枯"、"鼎"、"纪"以及"螟蛉"、"蟾蜍"、"雷池"、"青蚨"，等等。第二种是在典源中是词组，经用典凝固成了复音词，因而有了典故义，如"不惑""耳顺""操刀""东床""割席""殷鉴""先河""问鼎""捉刀""作俑"等。第三种情况是在用典时从典源中选字，有时还要加上典源中没有的字，按一定的语法规则构成标志典故的一个词组，以后用的次数多了便凝固成了复音词。例如"涂鸦""中肯""逐鹿""月老""知命""推敲""碧血""冰上人"等。第四种情况则是从典源截取两个连在一起但既不构成词，也不构成词组的字，构成一个组合；也有时是从典源中取了字，再加上典源中没有的字，组成一个内部语法结构不明的组合。由这样的组合标志典故，其典故被经常使用后这样的组合也会形成复音词。例如"璧谢""友于""旧雨""而立""弱冠"等。

第二步是产生典故义。在上述第一、第二两种情况中，原本的词或词组当然有各自的含义，而形成典故词后，它们又各自增加了典故义。而在第三、第四两种情况中，用典产生了新的词，这些词就只有典故义。所以，前两种情况是用典产生了典故义，后两种情况，典故词和典故义的产生是同时发生的。

第三步，典故义进一步渗透到单音词素。这个过程经常是伴随着词语的简缩，词语内部成分间意义的横向合并完成的。像上文举到的"梅""冰"等即是。获得了媒人义的"冰"又可以构成"冰媒"、"冰台"、"冰言"、"冰语"、"委冰"、"冰斧"（"斧"典出《诗·豳风·伐柯》）"作冰"等词，《大词典》均收释。

※本文发表于《黎锦熙先生诞辰120周年暨学术思想研讨会论文集》，中华书局2011年版。

论汉语词汇发展中的更替现象
——以《左传》《史记》用词差异为例

汉语词汇的发展可以从两方面观察：一是原有词汇要素的意义发生变化，二是词汇要素的产生、消亡和更替。其后一方面的典型表现之一是词的更替，即在历时发展中 B 词替换了 A 词，用以表达 A 词原来表达的意义或指称对象。

《左传》《史记》的产生相隔约 300 年，其间汉语用词发生了一定的变化。由于两书所记史事有重合，所以不少地方可明显看出《史记》参考《左传》的痕迹。但这种参考绝不是原封不动地照搬，而是经过了概括整理，其中不乏用词更替的例子。由于这种更替发生在所记史实、篇章语境基本相同的情况下，所以更能比较准确地反映从春秋战国之交到西汉武帝时代汉语用词的变化情况。笔者经对照阅读，搜集了 262 组两书所记史事重合的片段资料，从中选取 5 组词进行比较考察。

舟—船

"舟"已见于甲骨文、金文，"船"见于金文。在《说文》中，"舟"与"船"互训。

"舟"在传世文献中出现得比"船"早:《易·系辞下》有"刳木为舟"之说,①《书·益稷》:"罔昼夜頟頟,罔水行舟。"② 又《盘庚中》:"若乘舟,汝弗济,臭厥载。"③ "舟"在《诗经》中凡18见,除"船"义外,还有"以船渡水"义④、"佩戴"义⑤,还构成了"舟人""舟子"等词;《左传》中的"舟"除人、地名中的以外,还有34个,并组成了"舟师"等词。而在春秋及以前的书籍中均未发现"船"字。《庄子·渔父》:"有渔父者,下船而来。"⑥ 又:"方将杖拏而引其船,顾见孔子,还乡而立。"⑦ 又:"乃刺船而去。"⑧ 这是"船"在传世文献中较早的用例。尽管在《庄子》中"船"已4见,但"舟"则有23见。在战国末的《韩非子》中,"船"3见,"舟"则7见。可见,先秦时期"舟"比"船"更常用。

在笔者搜集的对比资料中,有多处《左传》中的"舟"被《史记》换成了"船",例如:

①齐侯与蔡姬乘舟于囿,荡公。公惧,变色。(《左传·僖公三年》)

②桓公与夫人蔡姬戏船中。蔡姬习水,荡公,公惧。

---

① (清)阮元校刻:《十三经注疏》,中华书局1980年版,第87页。
② (清)阮元校刻:《十三经注疏》,中华书局1980年版,第143页。
③ (清)阮元校刻:《十三经注疏》,中华书局1980年版,第170页。
④ 《诗经·邶风·谷风》:"就其深矣,方之舟之。"引自《十三经注疏》,第304页。
⑤ 《诗经·大雅·公刘》:"何以舟之?维玉及瑶,鞞琫容刀。"引自王孝鱼整理,郭庆藩辑《十三经注疏》,第542页。
⑥ 《庄子·渔父》,引自王孝鱼整理,郭庆藩辑《庄子集释》,中华书局1961年版,第1023页。
⑦ 《庄子·渔父》,引自王孝鱼整理,郭庆藩辑《庄子集释》,中华书局1961年版,第1026页。
⑧ 《庄子·渔父》,引自王孝鱼整理,郭庆藩辑《庄子集释》,中华书局1961年版,第1034页。

(《史记·齐太公世家》)

③公使阳处父追之,及诸河,则在舟中矣。(《左传·僖公三十三年》)

④䡮乃追秦将。秦将渡河,已在船中,顿首谢,卒不反。(《史记·晋世家》)

却没有《左传》用"船"《史记》改为"舟"的情况。

"舟"与"船"基本同义,《史记》参考《左传》,在语义不变的情况下本可以照搬原文,但司马迁却要用"船"替代"舟",这说明至晚在西汉武帝时,"船"的常用程度已经超过了"舟","舟"已经不如"船"更通行或更易懂,至少在司马迁的心目中是这样。这个变化就发生在战国末至汉武帝时期这80—140年的时间里。《说文》"舟"字段注也说:"古人言舟,汉人言船。"我们搜索了《史记》除表以外的部分,发现其中"舟"共29见,而"船"则89见,这组数字也能说明这一点。

楹—柱

"楹"和"柱"均不见于甲骨文、金文。《说文》:"楹,柱也";"柱,楹也"。

《诗经》中两次出现"楹"①,没有"柱"。《尚书》今文篇中没有"楹","柱"2见,但均在山名"厎柱"中。《左传》中"楹"5见,"柱"1见。《庄子》中"楹"1见,"柱"3见,"柱"超过了"楹"。在上述典籍中,"楹"和"柱"的用例都太少,但起码可以看出,在先秦"楹"的常用程度不

---

① 《诗经·小雅·斯干》:"有觉其楹",见《十三经注疏》,第437页;又《商颂·殷武》:"旅楹有闲",见《十三经注疏》,第628页。

低于"柱"。而《战国策》中没有"楹","柱"却出现了23次,说明至晚在战国、西汉之交,"柱"的常用程度已经大大超过了"楹"。通过《左传》《史记》对比,更能看出"楹""柱"二词的消长。首先是《史记》(表除外)中没有"楹",而"柱"却有58见;其次是《左传》用"楹"的地方被司马迁换成了"柱",例如:

①姜入于室,与崔子自侧户出。公拊楹而歌。(《左传·襄公二十五年》)
②崔杼妻入室,与崔杼自闭户不出,公拥柱而歌。(《史记·齐太公世家》)

"楹"和"柱"原来基本同义,战国后"柱"更常用,因此发展出许多新义项,而"楹"渐不常用,产生的新义项也少。

田(狩猎义)—猎(獵)

"田"已见于甲骨文。《说文》:"田,陈也。树谷曰田。"这是"农田"义的"田"。"田"在古代还有狩猎义,与"农田"之"田"字形相同,但记录的应当不是同一个词。《字汇·田部》:"田,猎也。""猎"金文中有,《说文》:"猎,放猎逐禽也。"

"田猎"的"田"在传世文献中出现得也很早。《周易》中狩猎义的"田"凡5见,如"田有禽"①,"田获三狐"② 等,

---

① 《易·师》,见《十三经注疏》,第25页。
② 《易·解》,见《十三经注疏》,第52页。

《尚书》今文篇中共2见,均见于《无逸》篇①。而《周易》和《尚书》中均无"猎"。

较早出现"猎"的典籍是《诗经》,凡3见,均在《魏风·伐檀》中,而《诗经》中还有8个表狩猎义的"田"。《左传》中狩猎义的"田"有33个,狩猎义的"猎"只有两个。可见,在春秋及以前,表示狩猎义时,"田"比"猎"常用。

表狩猎义的"田"和"猎"使用频度的变化较早发生在《孟子》中。该书有7个表狩猎义的"田",有9个"猎"(其中"田猎"5次,"猎较"3次),"猎"出现的次数略高于表狩猎义的"田"。

在笔者搜集的对比资料中,《左传》中表示狩猎义的"田"几乎全部被《史记》换成了"猎",例如:

①冬十二月,齐侯游于姑棼,遂田于贝丘。(《左传·庄公八年》)

②冬十二月,襄公游姑棼,遂猎沛丘。(《史记·齐太公世家》)

③齐懿公之为公子也,与邴歜之父争田,弗胜。(《左传·文公十八年》)

④初,懿公为公子时,与丙戎之父猎,争获不胜。(《史记·齐太公世家》)

此外,在《史记》(表除外)中,"猎"使用87次,而表狩猎义的"田"只用了11次。可见,在司马迁笔下,表狩猎义时"田"已经远不如"猎"通用了。

---

① 《书·无逸》:"文王不敢盘于游田。"又:"继自今嗣王,则其无淫于观,于逸,于游,于田。"均见《十三经注疏》,第221页。

启—开

"启",甲骨文从"户"从"又",像以手开户形。金文已从"口"。《说文》:"啟,教也。从攴,启声。《论语》曰:不愤不启。"其实该字原本无"口",本义当为启户,而"啟"则是孳乳字,"教"义已较抽象。"开"不见于甲骨、金文,小篆从"門"从"开"。《说文》:"開,张也。"《说文》所收"開"字古文从"一"从"収","一"像门闩,"収"像两手,其字取以手移去门闩,以表示"开"义。小篆之变,只是门下一横中间断开,下面的"収"讹变为两个"十"字形,故形似"开",后又变为"开"。可见,"启""開"二字字形均与开门有关,二词的本义都是开启,打开。

在《尚书》今文篇中"启"7见(其中2次是夏启名),"开"5见(其中1次义为"开脱,赦免","启"无此义)。《周易》无"启","开"3见;《诗经》"启"10见,"开"只2见;《左传》"启"76见,"开"只3见(其中1次是人名)。《论语》"启"3见,"开"仅1见,且为人名;《孟子》"启"7见,无"开"。

《荀子》用"启"3次(其中两次指微子启),用"开"8次(其中1次构成人名"微子开",1次构成地名"开阳");《庄子》用"启"3次,用"开"15次(其中人名5次);《韩非子》用"启"9次(其中8次指夏启),用"开"11次(其中人名5次)。这三部书中"开"比"启"用得多,但数字相差不太大。

由此可见,在先秦传世典籍中,"启"使用得比"开"稍多,其中《左传》最明显。在笔者总结的《左传》《史记》对比资料中,《左传》有多处"启"被《史记》换成了"开":

①门启而入，枕尸股而哭。(《左传·襄公二十五年》)
②门开而入，枕公尸而哭。(《史记·齐太公世家》)
③毕万之后必大。万，盈数也；魏，大名也；以是始赏，天启之矣。(《左传·闵公元年》)
④毕万之后必大。万，盈数也；魏，大名也；以是始赏，天开之矣。(《史记·晋世家》)

上例中却没有《左传》用"开"《史记》换成"启"的情况。这当然与汉文帝名"启"有关，但在《史记》除表以外的内容中也出现过"启"，共21见，其中17次指夏启，3次指微子启，剩下的一次是《孔子世家》中说孔子教育弟子时"不愤不启，举一隅不以三隅反，则弗复也"，这很明显是受了《论语·述而》"不愤不启，不悱不发，举一隅不以三隅反，则不复也"的影响。[①] 而《史记》除表以外的内容中用"开"166次，与"启"相比数字相差很悬殊。而且，周初宋国始祖微子，在《史记》上述内容中两次被称为"微子启"，4次被称为"微子开"，这也能说明在司马迁的时代，"开"已经远比"启"通用。

疾—病（均疾病义）

"疾"甲骨文、金文已有。《说文》："疾，病也。"段注："析言之则病为疾加，浑言之则疾亦病也。""病"小篆、睡虎地秦简中有。《说文》："病，疾加也。"《玉篇》："病，疾甚也。"

在先秦汉语中，表疾病的"疾"和"病"的主要差别在

[①] （清）阮元校刻：《十三经注疏》，中华书局1980年版，第2482页。

于严重程度不同，"病"要比"疾"重。此外，"疾"还有痛恨、快速义，"病"还有疲劳、担心义。"疾""病"连用时意思往往是"病得很严重"或"病情加重"。

据考察，"疾"和"病"的程度差别在《左传》中明显存在，特别是在"疾""病"连用的时候，例如：

①于是陈乱，文公子佗杀大子免而代之。公疾病而乱作，国人分散，故再赴。(《左传·桓公五年》)
②初，魏武子有嬖妾，无子。武子疾，命颗曰："必嫁是。"疾病，则曰："必以为殉。"及卒，颗嫁之，曰："疾病则乱，吾从其治也。"(《左传·宣公十五年》)
③齐侯疾，崔杼微逆光。疾病，而立之。(《左传·襄公十九年》)

疾、病两字若单用，表一般疾病时多用"疾"，少用"病"。《左传》中表疾病义的"病"不超过20见，而表疾病的"疾"则多于100见。单用"疾"有时也可以表示较重的疾病，例如：

①宋穆公疾，召大司马孔父而属殇公焉。(《左传·隐公三年》)
②周颛先入，及门，遇疾而死。(《左传·僖公三十年》)
③郑子产有疾，谓子大叔曰："我死，子必为政。……"疾数月而卒。(《左传·昭公二十年》)

在我们总结的《左传》《史记》对比资料中，《左传》中的许多"疾"或"疾病"被《史记》换成了"病"，例如：

①甲戌，飨诸北郭。崔子称疾，不视事。(《左传·襄公二十五年》)

②五月，莒子朝齐，齐以甲戌飨之。崔杼称病不视事。(《史记·齐太公世家》)

③公疾病而乱作，国人分散，故再赴。(《左传·桓公五年》)

④桓公病而乱作，国人分散，故再赴。(《史记·陈杞世家》)

与《左传》相比，《史记》用"病"明显地多于"疾"，在《史记》（表除外）中，"疾"出现271次，而"病"出现611次。表疾病义时往往用"病"，"病"和"疾"在严重程度上的差别已基本消失。"疾""病"连用时，有时泛指病，如《淮阴侯列传》："项王见人恭敬慈爱，言语呕呕，人有疾病，涕泣分食饮。"有时也指病人，如《乐书》："是故强者胁弱，众者暴寡，知者诈愚，勇者苦怯，疾病不养，老幼孤寡不得其所，此大乱之道也。"表示病重义的"疾病"只在《齐太公世家》中有一例："君之臣杼疾病，不能听命。近于公宫。陪臣争趣有淫者，不知二命。"但这一例还是从《左传·襄公二十五年》中抄来的："君之臣杼疾病，不能听命。近于公宫，陪臣干掫有淫者，不知二命。"

其实，"疾"和"病"在严重程度上的模糊并不始于《史记》，战国时期就有所表现。《孟子》中表疾病义的"疾"和"病"就没有明显的区别，例如：

①孟子将朝王，王使人来曰："寡人如就见者也，有寒疾，不可以风。朝，将视朝，不识可使寡人得见乎？"对曰："不幸而有疾，不能造朝。"明日，出吊于东郭氏。

公孙丑曰:"昔者辞以病,今日吊,或者不可乎?"曰:"昔者疾,今日愈,如之何不吊?"王使人问疾,医来。孟仲子对曰:"昔者有王命,有采薪之忧,不能造朝。今病小愈,趋造于朝,我不识能至否乎?"(《公孙丑下》)

②墨者夷之因徐辟而求见孟子。孟子曰:"吾固愿见,今吾尚病,病愈,我且往见,夷子不来!"(《滕文公上》)

上例中的"疾""病"是混用的,在词义上已经看不出区别。《孟子》中还有三个"疾病",都泛指病,已经形成双音词:

①吾王庶几无疾病与,何以能鼓乐也?(《梁惠王下》)
②吾王庶几无疾病与,何以能田猎也?(《梁惠王下》)
③乡田同井,出入相友,守望相助,疾病相扶持,则百姓亲睦。(《滕文公上》)

用词更替现象复杂,仅上面几组词就能反映出诸多与之有关的问题。

更替是一个渐变过程。更替发生之前,A 词(被替换词)和 B 词(替换词)往往有一个共现时期,上面所举的几组词都是这样。而替代过程则表现为两词常用程度的消长,B 词常用程度超过 A 词以后,A 词也并未马上消亡,而还会在文献中使用相当长的历史时期,然后才逐渐消亡(如狩猎义的"田"),或变成非词词素(如"疾""启""舟""楹")。有的是两词的意义原有重合或交叉,后来各自向不同的领域发展,差别渐大(如"开"和"启");也有的原来有明显的区别,后来区别逐渐模糊(如"疾"和"病")。但不管是哪种情况,其变化都要经过相对漫长的一个历史时期。

更替有时与新要素的产生、旧要素的消亡交织在一起。B词一般产生得比A词晚，在一定时期是新词，如"船""开""柱"，它们分别替代了"舟"、"启"和"楹"，就促进了"舟"、"启"和"楹"的消亡。语言的发展一般是口语在前，书面语滞后，而文献中B词有许多来自口语或方言（方言词起初往往是在口语中使用）。《方言》卷九："舟，自关而西谓之船，自关而东或谓之舟。"据此，"船"是从方言进入共同语，并逐渐替代"舟"的。值得注意的是，更替过程完成以后，A词作为词消亡了，但它们多半不会彻底退出词汇系统，而是作为非词词素继续存在，并构成新词，构成B词的词素并不能取代它们。例如在现代汉语中，"冲锋舟"不能叫"冲锋船"，"楹联"不能叫"柱联"，"顽疾"也不能说"顽病"，"启发"和"开发"则是意思完全不同的两个词。

更替与词义的发展变化关系密切。本文开头说到词汇的发展主要表现在两方面，一是词汇要素的意义发生变化，二是词汇要素的产生、消亡和更替。更替属于后一方面的表现，但这种表现并不是孤立的，它有时会与前一个方面的表现相互影响、相互促进。如"病"替代"疾"的过程，同时也是"病"的词义范围扩大而"兼并"了"疾"，从而使"疾"和"病"意义差别模糊的过程。再如"启"和"开"两词原本义项比较接近，但随着替换过程的发展，自汉代以后，"开"越来越比"启"常用，因此发展出很多新义项，如"水沸腾"、"花销"、（队伍）"行进，开拔"、"写出，开列"、"免职，开除"、"操纵车、船、机器等，击发枪炮"等都是"启"所没有的。

从实质上看，更替发生在义位之间，因此考察用词替换时还应当注意两点：一是分清字和词，确定参与更替的词；二是辨明词的义位，确定与更替有关的义位。像"田"在古籍中代表了两个词，被"猎"替换的是狩猎义的"田"，而非农田义的"田"。再如"疾"和"病"，被"病"替换的是"疾"的疾病、患病等义，而"疾"还有急剧、猛烈、快速、敏捷等义，则与"病"无关。

关于新词产生、旧词消亡及新旧词发生更替的原因，前人有过许多总结。一般认为，社会与人的思维的发展，新事物、概念的产生及旧事物、概念的消亡促使或引起了词的产生或消亡，此外还有人们观念或感情的变化、避讳等也是引起事物改换名称的原因，这固然都是有道理的。但上文所考察的几组词，都是在原有的事物或指称对象并没有改变的情况下发生更替的，而且其更替与人的认识深化、观念改变、感情变化等并没有明显的联系。这说明除了与外部世界直接关联的理性的原因之外，我们不应当小看人们在语言使用中求新、求异心理的作用。当一个词语或名称使用时间很长，即使在它所表示的事物、概念没有变化，人们对该事物、概念的认识和感情也没有变化的情况下，也有可能只是在求新、求异心理的驱使下就以一个新名称取代旧名称，从而导致词汇更替现象。像"船"取代"舟"、"柱"取代"楹"等恐怕都是这种情况。

※本文发表于《山东大学学报》（哲学社会科学版）2012年第1期。

关于词义发展的一点思考

词义总在不断地发展变化。汉语历史悠久，留存至今的古代书面语料很丰富，其中表现出的词义发展变化的情况尤其复杂。

一

词义应当包括词汇意义、语法意义和色彩意义。词汇意义是对客观事物、现象及其关系的特点抽象概括的结果，它处于词义的核心地位，其发展变化最容易引起人们的注意，同时，人们也最容易把一个词的词汇意义和这个词的所指或代表的概念混为一谈。语法意义是对词的语法特征与功能概括归纳的结果，是在归纳出词汇意义的基础上进一步概括归纳后得出的，它并不直接与客观对象发生关系。色彩意义是指词所包含的某种倾向、格调、感情等因素。从在词义的整体中的地位的角度看，语法意义和色彩意义都没有词汇意义重要。从与客观事物的关联看，词汇意义最直接、最紧密，色彩意义中的某些部分是对客观对象次要属性的反映，也与客观事物有直接关系。而色彩意义的另一部分和语法意义则主要是对词的语言属性的概括，与客观事物没有直接关系。

词义既然包含上面所说的三个方面,那么考察词义的发展也可以通过这三个方面入手。对一个词的词义来说,上述三方面同处于一个系统中,构成一个统一体,但是它们在系统中的地位并不均衡,这一点已如上述。不仅如此,在词义发展变化的时候,这三个方面也不均衡,尽管一个方面的变化很容易引起其他两个方面的变化,但这种相互影响不是彼此对等的,三个方面发展变化的速度也不一定是相同的。

二

词汇意义与词所指的客观事物或所代表的概念、关系等的联系最密切,但是所指或概念与词义不相等。蒋绍愚先生就把两种情况排除在词义变化之外。第一,词表示的概念的外延发生了变化,但还没影响到这个词在原来语义场中的地位,不涉及其他概念。例如"布"古代都是麻的,后来有了棉的和其他质地的,"灯"古代都是油灯,现在有了各种各样的灯。像这里的"布"和"灯"的词义就不能说发生了变化。第二,词表示的概念的内涵发生了一定程度的变化。例如"鲸"古代被看成一种鱼,现在知道是一种哺乳动物,"心"古代认为是思维器官,现在知道是血液循环器官。像这里的"鲸"和"心"的词义也不能说是发生了变化。① 这样,就把词的所指或概念的变化与词义的变化区分开来了。

但是,我们也不应该忽视问题的另一方面,即词的所指或概念发生变化后虽然不一定但是却容易引起词义的变化。试举例如下。

轿车:古代曾指一种用牲口拉的、车厢外有帷子的车。现在则指一种专供人乘坐的汽车。

---

① 蒋绍愚:《古汉语词汇纲要》,商务印书馆 2005 年版。

小品：古代曾指佛经中的《小品般若波罗蜜经》，与《摩诃般若波罗蜜经》相对，前者简略，称"小品"，后者详细，称"大品"。"小品"后来指一种篇幅较短的散文形式，即小品文，今天还指简短的戏剧表演。

　　电：本义是闪电，今天最常用的意思指电荷存在和电荷变化的现象。由于这个变化，某些由"电"构成的复音词的意义也有变化：电车，古指速度很快的军用车（见《六韬·军用》），电视，古代用以形容怒目而视，电影，原指闪电的光影，这些词的古今意义之间存在很大的差异。

　　以上所举词义的变化，都是词的所指变了或表示的概念变了所引起的，改变的都是词汇意义。

三

　　语法意义变化的一个常见的表现是词性的改变。对很多词来说，这种变化是伴随着由词组向词过渡的过程而发生的。例如：

　　神气：《礼记·孔子闲居》中"地载神气"的"神气"指的是神妙灵异之气；仲长统《昌言下》中"和神气，惩思虑"的"神气"指人的精神气息；嵇康《幽愤诗》中"与世无营，神气晏如"的"神气"指人的神情、神态。这些意义上的"神气"都是名词性的。现代汉语中的"神气"还有神情、神色的意思，但更常用的意思是另外两项，一是精神饱满，神采焕发，二是表现得意或傲慢。这两项意义的"神气"都已变成了形容词。

　　影响：《尚书·大禹谟》中"从逆凶，惟影响"的"影响"指日影和回声；韩愈《上宰相书》中"其影响昧昧，惟恐闻于人"的"影响"指形迹，行踪；罗烨《醉翁谈录·裴航遇云英于蓝桥》"或于喧哄处高声访问玉杵臼，皆无影响"

的"影响"指反响或反应。这些"影响"也都是名词性的。在今天,"影响"一词可以有动词意义,即对人或事物起作用,如"设备落后影响产品质量",也可以有名词意义,指对人或事物所起的作用,如"孩子受父母的影响"。

物色:《礼记·月令》"瞻肥瘠,察物色"的"物色"指牲畜的毛色;《西京杂志》卷二中"物色惟旧"的"物色"指事物的形貌。《后汉书·严光传》:"帝思其贤,乃令以物色访之。"这是说光武帝思念严光有才德,便根据他的像貌访寻他。以上这些"物色"都是名词性的。但至晚在汉代,"物色"就有了访求、寻求的意思,如刘向《列仙传·关令尹喜》:"老子西游,喜先见其气,知有真人当过,物色而遮之,果得老子。"这个意思是今天的常用义,物色的对象可以是人,也可以是别的事物,这时,"物色"就成了动词。

究竟:《史记·三王世家》"非博闻强记君子者所不能究竟其意"的"究竟"意为追寻到穷尽;《三国志·吴志·鲁肃传》"语未究竟"的"究竟"意思是结束。以上的"究竟"都是动词性的。在今天,"究竟"有时是名词,指结果或原委,有时是副词,意为毕竟或到底。

在大部分情况下,语法意义的变化是由词汇意义的变化引起的,所以当一个词的语法意义变化后,其词汇意义与变化前总会有或大或小的不同,上面这些例子都可以说明这一点。

四

在词义的三部分中,色彩意义最为纷繁复杂。它既关涉词所代表的概念、事物的某些特点,又关涉词作为一个语言单位的某些特点,是多种因素综合作用的结果,因而词的色彩意义的变化往往受到社会时代、风尚习俗等因素的影响。而且,不同民族的文化背景不同,词的色彩意义也就不同。所以,与词汇意义、语法意义相比，色彩意义更能体现词义的民族性。当然，词汇意义和语法意义也带有一定的民族特征。例如"左"有东方义（江东称"江左"，《诗·唐风·有杕之杜》："有杕之杜，生于道左。"郑笺："道左，道东也。"），这与我国的地理特点与先民坐北朝南的居住习惯有关。而在其他语言中，表示"左"义的词就不一定有"东方"这个意义。再例如，汉语的绝大多数词素是单音节的，大多数复音词是合成词，其构词法与句法结构很相近，等等。这些，都表现了词汇意义和语法意义的民族性，但是色彩意义表现出的民族特点则更纷繁复杂。

下面以"玉"为例，考察一下这个词以及它所代表的事物的文化内涵。

玉是一种坚硬温润而有光泽的矿物，这个概念在我国和西方都是一样的。除了表示这个意思，"玉"还可比喻洁白或美丽美好。清俞樾《群经平议·尔雅二》："古人之词，凡所甚美者则以玉言之。《尚书》之'玉食'、《礼记》之'玉女'、《仪礼》之'玉锦'皆是也。"这个意思常用以赞事物之美，"玉食"就是"美食"，"玉女"就是"美女"，"玉锦"就是"彩饰繁密的锦"。如果不偏重美，那么"玉"就成了纯粹的敬辞，多用来称赞对方的身体或行为，《左传·僖公二十六年》的"寡君闻君亲举玉趾"，《战国策·赵策三》的"今吾视先生之玉貌"，等等，这些"玉"都是这样的意思，而西方语言中表示玉的词就不见得有这些意思了。但是上面这几项意义的区别还是词汇意义和词法意义的区别，而在古代，"玉"的意义还要复杂得多。下面是《说文解字》对"玉"的解释：

玉，石之美有五德者。润泽以温，仁之方也；鳃理自外，可以知中，义之方也；其声舒扬，专以远闻，智之方也；不挠而折，勇之方也；锐廉而不忮，絜之方也。①

《礼记·聘义》中的一段话也说明玉在传统文化中的一部分特殊含义：

> 子贡问于孔子曰："敢问君子贵玉而贱碈者何也？为玉之寡而碈之多与？"孔子曰："非为碈之多故贱之也，玉之寡故贵之也。夫昔者，君子比德于玉焉。温润而泽，仁也；缜密以栗，知也；廉而不刿，义也；垂之如队，礼也；叩之其声清越以长，其终诎然，乐也；瑕不掩瑜，瑜不掩瑕，忠也；孚尹旁达，信也；气如白虹，天也；精神见于山川，地也；圭璋特达，德也。天下莫不贵者，道也。《诗》云：'言念君子，温其如玉。'故君子贵之也。"②

在先秦，诸侯在受封建国等仪式上接受天子分赐的圭璧等玉器，作为天子授与权力的符信，称为"瑞"或"瑞玉"。诸侯执玉器朝觐天子时，天子也以玉器合诸侯之圭璧，这种从上方合圭璧的玉器称为"瑁"，字亦作"冒"。《尚书·舜典》："既月，乃日觐四岳群牧，班瑞于群后。"蔡沈集传："瑞，信也。公执桓圭，侯执信圭，伯执躬圭，子执穀璧，男执蒲璧。五等诸侯执之以合符于天子而验其信否也。"③《尚书·顾命》："太保承介圭，上宗奉同瑁，由阼阶隮。"蔡沈《集传》："介，

---

① （清）段玉裁：《说文解字注》，上海古籍出版社1981年版，第10页。
② （清）阮元校刻：《十三经注疏》，中华书局1980年版，第1694页。
③ 蔡沈注：《书经集传》，上海古籍出版社1987年版，第6页。

大也。大圭，天子之守。……珽方四寸，邪刻之以冒诸侯之珪璧。"① 在《周礼》中，《天官》有"玉府"一节，《春官》有"典瑞"一节，《考工记》有"玉人"一节，记录一些玉质器物的名称、规格、用途等。《说文·玉部》字有多达40个，说明在周秦及汉代，玉与人们的生活关系很密切。由于玉在上古社会的政治、礼仪等方面有如此重要的地位，在后来的思想、道德领域，许多美德与玉发生了联系也就不是偶然的了。

因此，"玉"在最基本的概念意义的基础上便具有了神圣、尊贵、高尚、坚贞等因素，这会对这个词的感情色彩和风格色彩产生影响，同时对它产生新的词汇意义和语法意义也产生影响。后来由"玉"字组成的词语中有一大部分含义关涉帝王、朝廷或神仙之类，如帝王的言语或旨意称为"玉言""玉旨"，"玉都""玉阙"既可指帝都、皇宫，又可指天帝居所、神仙宫阙，道教天帝称"玉皇"或"玉帝"。与道德联系的如"玉温"指有仁德，把军队主帅军帐叫作"玉帐"，把兵法、军事谋略叫作"玉帐术"，就是取如玉之坚的意思。

在今天，上层统治者的班瑞、合玉之礼早已不复存在，人们也不把玉和仁、义、智、勇等思想和道德规范相联系了，所以"玉"这个词也就没有古代那么强烈的色彩意义了，由这些联系产生的许多词汇意义也因社会背景的改变而消亡了。

※本文作于 2012 年。

---

① 蔡沈注：《书经集传》，上海古籍出版社 1981 年版，第 126 页。

现代汉语典故词语字面义与实际义的关系

一

由于其独特的产生途径，典故词语的字面义和实际义之间往往有较大的差距。学者们对此早有注意。王光汉先生曾说："典故义与典故词语的字面义差距较大，相距较远"；"整个说来典故词语除事典词语字面或有让人感知一点典源事实外，多数典故词字面都让人不甚了了。至于典故词的取义与其字面义间的差距则更是明显：语典取义是源出语言环境所赋予的意义，典制典故词的取义是典制义，如语典'乔木'用指故国、故土；典制'彻悬'表示对灾变的忧戚等等。事典词语与上不同的是其字面义或可让人感知一点典源事实。但事典取义并非是典源事实本身，而是事实的寓意。典源事实对典故词词义的规定作用当只是对事典而言，而且其所指亦是对寓意义域的规定。如'昭王坠履'取义只是留恋故旧事物、不忘故旧；'覆瓿'取义是表示著作无人理解、不被重视或用言毫无价值；'株守'取义只是墨守狭隘经验、不知变通或坐以待成，所以事典词义与字面义不同亦是十分明显的"[①]。曹炜先生则指出："典故词词义与其构成语素的意义相距甚远，从构成语

---

① 王光汉：《论典故词语的词义特征》，见《古汉语研究》1997年第4期。

素的字面意义很难推知整个典故词的词义。"①

可见，字面义与实际义的差别较大，是某些典故词语的显著特点之一。但是，汉语史上曾有成千上万的典故词语，留存到现代汉语中的也至少有1000多个，从共时角度看，某个时代典故词语字面义和实际义的差别是否一致？从历时角度看，不同时代的典故词语，其字面义和实际义的联系会不会发生变化？对这些问题，语言学界的考察研究还不够。本文拟对《现代汉语词典》（以下简称《现汉》）所收的1100多条典故词语进行考察，以期总结这些词语字面义与实际义的关系，并探讨其中的某些规律。

与典故词语相比，非典故词和熟语的意义有的是其字面义的综合，有的是字面义的引申或转喻，参与构成这个词或熟语的各成分的意义及其关系可以不同程度地为理解该词语的实际意义提供依据，这种现象在一定程度上关涉词的理据。语言符号的产生有时会遵循一定的理据，这些理据可以分为来自语言系统以外世界的和来自语言符号系统内部的，汉语中所有的合成词都具有这种内部理据。由于这种内部理据的存在，使人们可以比较容易地认识语言符号的能指和所指之间的联系，因而人们觉得这些词语的字面义与实际义的差别不大。

典故词语也都是有内部理据的。但是，有些典故词语的理据并不表现在其整体的、实际的意义与各构成成分意义的联系上，作为语言符号，典故词语的能指和所指之间经过了典源的折射，其关联表现出各种错综复杂的情形。因此，欲通过对各构成成分的意义和关系进行总结，并以此作为提示，求得词语实际意义的企图，常常是行不通的。因此，人们会感觉这些词语的字面义和实际义的距离很大。

---

① 曹炜：《现代汉语典故词初探》，见《广西社会科学》2005年第1期。

在我国古代历史上，典源文献的量非常庞大，内容包罗万象，体裁、语言表达、审美追求等特点形形色色，每个典故词语从典源中取义的角度和各典故词语的表义方式也各有不同，于是，典源对各典故词语能指和所指间关联的折射作用也存在强弱的差别。这种作用如果很强，就会使典故词语的字面义与实际义之间的距离大到完全不着边际的程度。

笔者从《现汉》的词条中搜寻出 1115 个典故词语，观察词语的字面对其实际意义的提示作用，即观察一般人能否不通过典源，只根据字面对词语的实际意义作出大致正确的判断。

二

根据词语的字面对词义提示作用的大小，我们将搜寻到的典故词语分为以下四种情况。

1. 字面能较充分地提示词语的实际意义，且词语的实际义与典源所暗含的意义基本一致。《现汉》中的这种典故词语共有 590 个，约占所统计词语的 52.91%。例如：

傲骨	冰山	得体	观摩	画皮	久违	门生	就正
借鉴	乞巧	切磋	青睐	生涯	胜算	舐痔	谈天
袒护	天涯	添丁	援手	奏效	中肯	资格	资深
破天荒	煞风景	照妖镜	俎上肉	掉书袋	哀兵必胜
抱薪救火	拨乱反正	曾几何时	乘风破浪	出其不意
大义灭亲	得道多助	洞若观火	多多益善	覆水难收
各自为政	鹤立鸡群	画蛇添足	精益求精	口若悬河
老当益壮	老马识途	乐此不疲	平地风波	其貌不扬
骑虎难下	轻车熟路	日暮途穷	少见多怪	水滴石穿
投笔从戎	玩物丧志	笑里藏刀	掩耳盗铃	夜以继日
一网打尽

237

蚍蜉撼大树　铁杵磨成针　割鸡焉用牛刀　有志者事竟成　识时务者为俊杰　解铃还须系铃人

需要说明的是，这些词语中有的因字面义现今已较冷僻，影响有些人对词义的理解。如"私淑"，语出《孟子·离娄下》："予未得为孔子徒也，予私淑诸人也。"赵岐注："淑，善也。我私善之于贤人耳。盖恨其不得学于大圣人也。""淑"有"善"或"改善"义，"私淑"字面上可理解为"私下（取人之长）以改善自身"，这就与"私淑"的"未能亲自受业但敬仰其学术并尊之为师"这个实际意义联系起来了。再如"暴虎冯河"，语本《诗经·小雅·小旻》："不敢暴虎，不敢冯河。"毛传："徒涉曰冯河，徒博曰暴虎。"阮元校勘记出"徒博曰暴虎"，云："小字本、相台本'博'作'搏'，考文古本同。案：'博'字误也。"《诗·郑风·大叔于田》："禧裼暴虎。"毛传："暴虎，空手以搏之。"可见，"暴虎"义为空手打虎，"冯河"义为徒步渡河。据此，"暴虎冯河"用以"比喻有勇无谋，冒险蛮干"的意思也就清楚了。今人可能对"淑""暴虎""冯河"的意义不熟悉，因而影响对词义的理解。此外，"得鱼忘筌"的"筌"、"尸位素餐"的"尸"和"素"、"虚与委蛇"的"委蛇"、"贻笑大方"的"大方"等可能也会因意义的冷僻给整个词语的理解带来困难，但这都是词语构成成分本身意义的理解问题，而不是构成成分义与词语整体实际义的距离问题。

2. 字面可以较充分地提示词语的实际义，但该实际义与典源暗含的意义有一定的差别。《现汉》中这种典故词语有95个，占所统计词语总数的8.52%。

这种情况的例子如"笨伯"，语出《晋书·羊聃传》："先是，兖州有八伯之号，其后更有四伯，大鸿胪陈留江泉以能食为谷伯,豫章太守史畴以大肥为笨伯,散骑郎高平张嶷以狡妄为猾伯,而聃以狼戾为琐伯,盖拟古之四凶。"史畴得"笨伯"之名是因为"大肥",可见这个名称在典源中是讥人过度肥胖而行动不灵活,这里的"笨"取"不灵活,不灵巧"意,而现今"笨伯"用以称愚蠢的人,其中的"笨"被理解成了"智力不高,不聪明"的意思,"笨伯"与在典源中的意思有了区别。再如"闭门造车",语出宋朱熹《〈四书〉或问》卷五:"古语所谓'闭门造车,出门合辙',盖言其法之同。"如果孤立地看"闭门造车"四字,其字面义古今基本没有差别。但有时典源内容涉及因素较多,同样的字面,后人从中取义则可能从不同角度入手,就会使词语在字面不变的情况下产生与在典源中不同的寓意。朱熹所引古语可以比喻只要按规则办事,结果就能符合客观情况。但今人用"闭门造车"则只截取原古语的前四字,多用以比喻不顾客观实际,只凭主观想象办事。又如"佳期",语本《楚辞·九歌·湘夫人》:"登白薠兮骋望,与佳期兮夕张。"王逸注:"佳,谓湘夫人也,不敢指斥尊者,故言佳也。张,施也。言己愿以始秋薠草初生平望之时,修设祭具,夕早洒扫,张施帷帐,与夫人期,歆飨之也。"在典源中,"与佳期"就是"与湘夫人期","佳"是"与"的宾语,"与佳"作为介宾结构修饰动词"期"。而在现代汉语中,"佳期"是名词,一般被理解为偏正结构。

又例如:

观光:语本《易·观》:"观国之光,利用宾于王。"原义为观览国之盛德光辉,今义为参观外国或外地的景物、建筑等。

后事:语出《礼记·丧服小记》:"父母之丧偕,先葬者不虞祔,待后事。"古礼,遭"父母之丧偕",则先葬母,后葬父,"后事"在典源中即指这种情况下的葬父之事。今义则泛指丧事。

满城风雨：语出宋惠洪《冷斋夜话》所载宋潘大临诗句："满城风雨近重阳。"原来只描写重阳秋景，今义则借原来的字面义形容事情传遍各处，到处都在议论。

同类的例子还有："操刀"（原喻做官理政，现比喻主持或亲自做某事）、"初度"（原指初生的时候，后以称生日）、"漏网"（原义表示刑法宽大，现比喻罪犯、敌人等未被逮捕或消灭）、"大而化之"（原义为光大德业以化万民，现表示疏忽大意，马马虎虎）、"狗尾续貂"（原表示封爵太滥，今表示以不好的接续好的，前后不相称）、"攀龙附凤"（原比喻依附帝王以成就功业，现表示巴结或投靠有权势的人）、"空穴来风"（原比喻消息或传说事出有因，现多比喻消息或传说完全是凭空而来，毫无根据的）、"愚不可及"（原指为应付不利局面全身避害而假装愚痴的做法为人所不及，现以形容人极端愚蠢）、"山雨欲来风满楼"（原描写城楼上风雨将至的情景，现多用以比喻冲突爆发前的紧张气氛）等。

由上面的例子可见，典故词语的词义一方面要受到典源的规定和限制，另一方面，词语在使用过程中会受到语言体系中各种复杂关系以及交际语境中各因素的作用，其意义又会发生变化，逐渐挣脱或背离典源的限制。而且典源含义的复杂性又决定了典故词语在使用中取义的多维性，这种多维性经过历史发展后也会促使词语的实际意义发生改变。从历时平面上看，典故词语的词义一直处在这种典源制约和词语使用反制约的矛盾当中。这使得现代汉语中某些典故词语的词义对典源的限制发生了程度不同的挣脱和背离，而且这种背离的表现形式错综复杂，有的发生在词汇意义方面，也有的发生在语法意义或语用意义方面。尽管如此，如果从字面与词义的关联角度看，按现今一般汉语使用者的理解，这些词语的字面义与实际义的联系还是比较明显的，除专业研究者或有其他特殊需要者之外，人们可以按现代的理解从词语的字面获得对其实际意义的提示，而不必过分拘泥于某词语或其构成成分在典源中的意义。

3. 字面可以对词语的实际义起一定的提示作用，但这种提示往往不太准确或不太全面。《现汉》所收的这种典故词语共230个，约占所统计词语总数的20.63%。

这种典故词语又可以细分为两种情况。

①字面义只是词语的基础意义，由于典源的限定，词语有比较固定的引申（包括比喻）义、特指义、色彩义等，这才是词语在使用中的实际意义。例如"桃李"专以比喻所教过的学生，"滥觞"比喻事物的起源，"老拳"特指用以打人时的拳头。还有"始作俑者"比喻坏风气的创始者，且带有贬义；"倚马可待"只形容写文章快，而不形容做别的事情快；"轻于鸿毛"一般不形容别的东西轻，多比喻死得不值得；等等。

典源对典故词语意义的这种影响和限制也会随着时间的发展受到消磨，但这种消磨在不同词语上表现的程度不同。试以"罄竹难书"和"擢发难数"比较分析。

《吕氏春秋·明理》："乱国之所生也，不能胜数，尽荆、越之竹犹不能书。"《汉书·公孙贺传》载钦犯朱安世语："南山之竹不足受我辞，斜谷之木不足为我械。"以上是"罄竹难书"之所本。《史记·范雎蔡泽列传》载须贾语："擢贾之发以续贾之罪，尚未足。"这是"擢发难数"之所本。可见，根据典源这两个成语都形容罪恶之多。但后来，"罄竹难书"渐渐也用来形容罪恶以外的事物，其色彩意义随之有了变化，如邹韬奋《抗战以来》二三："沦陷区的同胞在抗战中所表现的奇迹，正是所谓罄竹难书。"不过这种用法很少见，"罄竹难书"至今还多用来形容罪恶或灾难之类，说明典源的影响还有留存。至于"擢发难数",则一直只用来形容罪恶之多,其典源影响被消磨的程度比"罄竹难书"要轻得多。

再如,根据典源,"美轮美奂"和"云谲波诡"(后又作"波谲云诡")的形容对象都是房屋建筑,但在今天,这两个成语形容对象的义域已经没有如此严格的要求了。

②词语中的部分成分对词语的实际义能起一定的提示作用,使人们在不了解典源的情况下对词语也不至于完全不知所云。例如《庄子·逍遥游》有"庖人虽不治庖,尸、祝不越樽俎而代之矣"的话,由此产生的"代庖""庖代"两个词,意思是代替别人做他分内的事。这两个词中都有"代"字,能对词义起一定的提示作用。再如出自《韩非子·内储说上》的"滥竽充数",比喻不称职者混在内行中充数,或拿不好的东西混在好的里面充数,因为有"充数"二字提示,即使不知典源,也可以对"滥竽充数"的意思有一定的了解。这样的例子还有(下面加点的部分是能够提示实际意义的成分):

碧血	璧还	步伐	簇新	赋闲	瓜代	莲步	乔迁
芹献	全豹	识荆	式微	涂鸦	问津	先河	
殷鉴	知音	梓里	八斗才	东道主	暗度陈仓		
春风得意	得陇望蜀	东窗事发	东山再起				
夫子自道	黄粱美梦	江郎才尽	劳燕分飞				
庐山真面	毛遂自荐	名落孙山	南柯一梦				
黔驴技穷	桑榆晚景	司空见惯	天衣无缝				
学富五车	夜郎自大	殃及池鱼	债台高筑				
斫轮老手	作壁上观	心有灵犀一点通					

等等。

在这些词语中,除去可提示实际意义的成分后,其余成分的主要作用是标志典源,接受者可以借助这个标志把词语和典源联系起来,获取其更加准确的含义。

4. 词语字面不能显示其实际意义,词语字面义与实际义相差很大(有的词语字面上甚至不成义),人们无法仅从字面推知其实际意义。这样的典故词语在《现汉》中有180个,约占所统计词语的16.14%。

《论语·为政》:"子曰:'吾十有五而志于学,三十而立,四十而不惑,五十而知天命,六十而耳顺,七十而从心所欲,不逾矩。'"以这段话为典源,就形成了"志学""而立""不惑""知命""耳顺""从心所欲"等代指人的不同年龄的典故词语,除"志学"外,《现汉》都收了,但对"从心所欲"的解释是"随心所欲",因为"从心所欲"在现代汉语中已经基本不再指代人的年龄,表义完全字面化了。其余的"而立""不惑"等词若不通过典源,仅从字面均无法求得其实际含义。属这种情况的例子还有:

板荡	苍黄	成仁	椿萱	东床	负荆	膏肓	割席
古稀	鸿爪	怙恃	及冠	金兰	金莲	金汤	旧雨
螟蛉	弄瓦	弄璋	袍泽	期颐	翘楚	秦晋	青蚨
弱冠	桑梓	参商	手泽	獭祭	效颦	萱堂	悬壶
鱼雁	折桂	鸿门宴	孔方兄	白衣苍狗	沉鱼落雁
高山流水	邯郸学步	鲁鱼亥豕	洛阳纸贵	指鹿为马
自郐以下

等等。

这种情况的词语还包括一些人名、地名(包括神话或艺术作品中虚构的人、地名)等,它们本来是专名或对某一特定事物的专门称谓,经用典获得了特定的含义,成了典故词语,对这些词语的实际含义也必须通过有关典故才能准确、全面地理解。例如"陈世美"本是戏剧《铡美案》中的人物，由于此人物在剧中的行为，他的名字就成了表示地位提高后变心的丈夫或在情爱上喜新厌旧、见异思迁的男子的典故词。再如"雷池"本为古水名，流至今安徽望江东南积而成池。《晋书·庾亮传》载庾亮《报温峤书》："吾忧西陲过于历阳，足下无过雷池一步也。"后形成成语"不敢越雷池一步"，"雷池"也成了比喻不敢越出一定的范围的典故词。这样的例子还有"阿斗""伯乐""红娘""月老""子虚""诸葛亮""月下老人"等。此外，"阿Q"也应是一个典源为现代作品的典故词。

第四种情况的典故词语，其字面对词语的实际义起不到提示作用，组成词语的各成分的主要作用是标志典源，读者通过字面联想到典源，再结合典源理解词语的实际意义。

三

在上文分析的四种情况中，某个词语的字面对实际意义的标志作用越强，词语的典源在表义过程中的作用就越弱，人们就越容易抛开典源，仅从字面上理解、记忆这个词语。在现今一般汉语使用者的认识、习得中，会觉得典源表义作用弱的典故词语与非典故词语的区别很小，所以，第一、二两种情况的许多典故词语已经常常让有些人意识不到它们是有典故出处的了。通过观察第二种情况中的某些词语的意义特点，可以发现，有些典故词语在形成、变化过程中，典源和字面之间一直处于制约和反制约的斗争当中，字面一直在挣脱典源对词义的限制，字面和典源在词语表义过程中的影响在这样的斗争中会发生消长、嬗变，有时字面的影响力会渐渐占上风，使词语的含义逐渐字面化。而字面始终对词语的实际意义不起标志或提示作用的主要是第四种情况的典故词语，这样的词语在现代汉语中只占少数。

　　语言符号的产生有时会遵循一定的理据，汉语中所有的合成词都具有内部理据，只不过有的明显，有的隐晦。一般汉语使用者遇到一个合成词或熟语，自然会根据该词语各构成成分的意义和结构关系去揣摩词语的含义。但是，正如上文所说，典故词语各构成成分的意义和结构关系都经过了典源的折射，其字面义和实际义之间距离很大，人们很难借助于词语各构成成分的意义和关系求得词语实际意义。

　　对词语意思的理解掌握，不同时代、不同知识结构和不同文化层次的人所采取的方式是不同的。典故词语的字面在很大程度上起提示典源的作用，读者通过典源来理解词语的实际含义。在古代，大量使用典故词语的是对典源文献很熟悉的少数人。他们可以用这种方式创造、使用和理解典故词语。在今天，我国社会情况、文化教育的普及程度、人们的思想观念等都发生了极为深刻的变化，这一方面使汉语史上曾经存在过的一大批典故词语消亡，另一方面，留存到今天的典故词语中有许多已不再是少数人的"专利"。现今大多数人无法熟练记忆数量庞大的古代文献典籍，不可能对每个常用典故词语都通过典源理解掌握。而每当遇到一个词语，他们会像对待非典故词语一样，试图通过观察字面揣摩其含义，这也是自然而然的事情。

　　当遇到字面义与实际义相差很大，不通过典源无法找到它们的联系时，人们会选择的处理方法往往也不是去查询典源文献，解读词语内部成分的结构关系，而是机械记忆。这种处理方式"是由一种机械的倾向而自发产生的：当一个复合的概念用一串极其惯用的带有意义的单位表达的时候，人们的心理就会像抄小路对它不作分析，直接把概念附到那组符号上面"[①]，

[①] 董秀芳：《汉语的词库与词法》，北京大学出版社 2004 年版。

于是，词语的意思被整体附在文字形式上面，人们不再去追究词语的形式结构和得义之由。董秀芳在《汉语的词库与词法》中还认为人的词汇知识或词汇能力可以分为词库和词法两个方面，我们则认为，现今人们对典故词语，特别是字面义和实际义差别很大的典故词语，一般采取的都是整体存入心理词库的处理方式。而对于字面对实际义有一定提示作用的典故词语，人们则还会借助字面提示，以词法方式处理。这样理解的意思与词语从典源中带来的原意不一定一致，这就促使许多典故词语的词义发生了变化，逐渐向字面义靠拢。在现今人们理解典故词语的过程中，由于典源在其中起的作用越来越弱，相对来说，字面在其中的作用就越来越强，有些过去主要由典源表义或由字面与典源共同表义的词语逐渐变成了现在的主要由字面表义，词语表义就趋向了字面化，上文举过的"操刀""漏网""大而化之""空穴来风""愚不可及"等例子就是这样。也有的典故词语从典源中带来的附加义受到消磨，上文已有举例。在词语字面上，今天越常用、越容易理解的构词成分在表义中的作用就越大。像"步伐"一词中的"步"表义作用大，而"伐"原本表示的"击刺"义现在已经不用，且鲜为人知，所以在"步伐"一词中，"伐"的表义作用要远远小于"步"；"美轮美奂"中的两个"美"表义作用大，"轮"和"奂"在今人理解时常被忽视，表义作用就小；"祸水"的"祸"表义作用大，"水"的表义作用小于"祸"，而且在今人的理解中，"祸水"的"水"与五行相生相克、王朝兴替等均无关系。

还应当指出的一点是，《现代汉语词典》在解释字面义与实际义差别很大的某些典故词时，也并没有列出典源或交代词义来由，而是直接解释该词在现今的实际含义，例如对"冰人"只释为"媒人"，对"椿庭"只说是"父亲的代称"，对"悬壶"只说"指行医"，对"手泽"只释为"先人的遗物或手迹"，此外，对"椿萱""萱堂""璧谢""成仁""金莲""菊坛""折桂""作伐"等词均采取了类似的解释方法。笔者以为，这样的解释方法，顺应了现今一般汉语使用者对这些典故词类似"抄小路"的整体记忆的词库式处理方式。

※本文发表于《澳门语言学刊》2009年第2期。原文使用繁体字，收入本集时改成了简化字，并补充了部分阐述和例词。

对《现代汉语词典》典故词语释义方式的几点思考

张永言先生曾指出：相对于语义构词法和语音、形态构词法构成的词，用词根复合法和词根派生法构成的词的理据是明显的[①]。相对明显的理据可以为学习、掌握、使用语言的人在理解词义时提供一定的启示。由于其独特的产生途径，汉语典故词语的构词理据往往非常隐晦，有些典故词语的字面义和实际义之间存在很大差距，甚至在字面上根本不成义，人们不可能从中获得对词义的提示。由此看来，语文工具书在解释典故词语时，似乎应当交代典源的有关内容，使读者获得词语的得义之由，便于深刻理解、正确使用该词语。然而，《现代汉语词典》（以下简称《现汉》）对典故词语的解释并没有全部采取统一的方式。本文试图通过考察《现汉》对典故词语的解释方式，探讨一般现代汉语使用者对典故词语理解机制的变化。

一

在汉语史上的典故词语数量很大[②]，现今大多已消亡；剩

[①] 张永言：《词汇学简论》，华中工学院出版社1982年版，第28页。
[②] 赵应铎主编：《中国典故大辞典》（汉语大词典出版社2005年版）收主条6000多条，加上各种变式，总词目达30000多条。

下的部分进入了现代汉语词汇系统，意义和用法还在继续演变。收入《现汉》的典故词语有 1115 多条，这就是笔者的考察对象。赵利伟先生说："典故是浓缩了的信息码，因而典故中藏有'原编码'中的全部信息。"① 典故词语实际上就是标志典故的"浓缩了的信息码"，与一般用典时的典面不同，作为定型的词或熟语，典故词语的音节数以 2—4 个者居多，以这样有限的音节标志一个甚至不止一个典故，其浓缩的程度往往比一般的用典要更高。对这些词语来说，了解其"'原编码'中的全部信息"就成了探知该词语的形式构成并准确理解其含义的前提。因此，一般说来，解释典故词语往往要从其典故入手，再交代它在后来或今天的意思。但是，《现汉》对所收典故词语的解释并不全包括这些步骤。

以是否交代典源作标准来考察，《现汉》对典故词语的解释大致可以分为三种情况。其中第一种情况的例子如：

1.【耳顺】《论语·为政》："六十而耳顺。"指年至六十，听到别人的话，就能深刻理解其中的意思。后来用"耳顺"指人六十岁。②

2.【翘楚】《诗经·周南·汉广》："翘翘错薪，言刈其楚。"郑玄注："楚，杂薪之中尤翘翘者。"原指高出杂树丛的荆树，后用来比喻杰出的人才。

3.【世外桃源】晋代陶潜在《桃花源记》中描述了一个与世隔绝不遭战祸的安乐而美好的地方。后借指不受外界影响的地方或幻想中的美好世界。

4.【瓦釜雷鸣】比喻无才无德的人占据高位，煊赫一

---

① 赵利伟：《典故的二柄和多边》，见《汉字文化》2005 年第 1 期。
② 本文引《现汉》均以 2005 年版为准。

时（语出《楚辞·卜居》："黄钟毁弃，瓦釜雷鸣。"瓦釜：用黏土烧制的锅）。

5.【出山】东晋谢安曾退职在东山隐居，后复出任职（见于《晋书·谢安传》）。后以"出山"指出来做官，也泛指出来担任某种职务，从事某种工作。

在这里，例1、2先交代典源文献名、原文，再释义；例3交代典源文献名并概括介绍与词义有关的内容，不出原文；例4、5则在释义后用括号交代典源，例4包括文献名及原文，例5只有文献名。其中如例1、2的词条还有"碧血""不惑""说项""请缨""八斗才""清君侧""鞭长莫及""醉翁之意不在酒"等；如例3的词条还有"红娘""式微""板荡""空城计""山雨欲来风满楼"等；如例4的词条还有"雷池""援手""捉刀""入彀""识荆""金兰""背水阵""空谷足音""识时务者为俊杰"等；如例5的词条还有"先河""东床""瓜代""左袒""黄粱梦""四面楚歌""万事俱备，只欠东风"等。用以上方式交代了典源的条目在《现汉》中共有365条。

此外，还有的词条在本条释语内没有交代典源，但用"见"某条、"参看"某条或某条"的略语"等形式关联其他同典源词条，在相关的条目中出现典源，如"膏肓"见"病入膏肓"，"笔底生花"参看"生花之笔"，"点睛"为"画龙点睛的略语"等。这样的词语在《现汉》中共有44个。

第二种情况的例子如：

6.【梨园】据说唐玄宗曾教乐工、宫女在"梨园"演习音乐舞蹈，后来沿用梨园为戏院或戏曲界的别称。

7.【江郎才尽】南朝江淹年少时以文才著称，晚年诗文无佳句，人们说他才尽了。后来用"江郎才尽"比喻才思枯竭。

这种情况以事典居多。例6、例7均交代了词语产生的事件背景信息，但不出现典源文献名，更不出现与词语有关的原文。这样的例子还有"伯乐""临池""弱冠""莫须有""逐客令""黄袍加身""萧规曹随"等，共47个。用"见""参看"等术语联系其他词条，而被联系的词条属于此种情况的则有4条。

第三种情况的例子如：

8.【成仁】为正义或崇高理想而牺牲生命。

9.【萱堂】母亲的代称。

10.【作伐】做媒。

11.【孔方兄】指钱，因旧时的铜钱有方形的孔（诙谐兼含鄙视义）。

12.【落花流水】原来形容春景衰败，现在比喻惨败。

13.【满城风雨】形容事情传遍各处，到处都在议论着（多指坏事）。

这种情况以语典居多。对典源只字不提，甚至对某些构词理据比较隐晦的词语也不交代其得义之由（如例9、10），使人完全看不出所解释的对象是典故词语。例12中虽然有"原来形容"如何如何，但因既没有提典源文献，更没有出现原文，所以从释语中也看不出该成语有出典。这种情况的例子还有"璧还""冰人""步伐""操刀""掣肘""及冠""弄璋""宁馨儿""俎上肉""玩物丧志""上下其手""举一反三"等，共有577条。用"见""参看"等所联系的同典源词条属于这种情况的则有 31 条。

总之,在《现汉》所收释的 1115 多条典故词语中,释语中交代了典源(上述第一种情况)的和概括介绍了典故背景(上述第二种情况)的共有 460 条,约占《现汉》收释典故词语总数的 41.3%,完全不交代典源的有 608 条,约占总数的 54.53%。也就是说,《现汉》解释典故词语时,完全不介绍典源及有关资料而直接释义的占所收典故词语的一半以上。

二

对于带有"浓缩了的信息码"性质的词语在释义时却不交代解释其"原编码",这首先反映的是人们对这些词语理解机制的改变。

典故词语的产生大多采取转喻或隐喻的方式。典故的形成,必然定格于典源文献所记载的某一历史阶段上的故事、传说、话语等。这些故事、传说等具有很高的典型性,高度浓缩了某种事物、行为、情状、画面、心境或人生感悟。如果有人对这些典源文献的熟知达到了一定程度,他们在对外部世界感知的过程中遇到类似的事物、行为等,就可能很自然地以类比或隐喻的方式把典源文献的记载与自己所感知、所要表达的东西联系起来,借用或化用典源文献有关的语句来表达,这就是用典,典故词语就是在用典的基础上经过整合凝练产生的。从接收方的角度看,如果一个读者对典源文献有足够的了解,他看到诗文中的典故词语时,也会自然而然地联想到典源文献中有关部分所记载的事物、行为、情节等,在更广阔的背景下理解典故词语,而不是把注意力停留在词语的字面。

典故词语这种独特的产生方式,使典源在造词者的认知过程中和所造词语在表义过程中起了重要作用,也使许多典故词语的理据比其他词语要隐晦得多。典故词语作为词语,其长度有限，典源有关语句的绝大部分不能在词语中出现，对于使用典故词语交际的各方来说，这部分文字是"不言而喻"或"心照不宣"的。要达到这样的交际效果，其前提是参与交际的各方对典源文献有足够的了解。正因为如此，在对典故词语做解释的过程中，对典源的考察、说明和解释才具有重要意义。

然而，《现汉》对所收一半以上的典故词语在释义时完全不提及典源，其原因应当先从这些词语本身特点入手探求。笔者经观察后发现，这部分典故词语也大致可以分为以下两种情况。

第一种情况，构成词语的各个成分对词义的概括比较成功，使词语的理据相对清晰，从字面上不难理解。例如"久违""添丁""天涯""哄堂""多多益善"等。有些词语所用的隐喻典型性很强，能适用于许多类似的或相关的场合，例如以"沧桑"比喻世事变化之巨大，以"口碑"比喻群众口头上的称颂或评价，以"问津"比喻打听做某事的门径，后又比喻打听价格或其他情况，以"车水马龙"比喻车马或车辆往来不绝，以"抱薪救火"比喻欲消除祸患却因方法不对而适得其反，等等。本来这样的比喻前人可以用，后人也可以用，只因为典源文献中用得早且影响大，取得了类似"专利"的地位，后人再用就成了用典。当典故词语形成后，熟悉其出典的人会联系典源理解其含义，而不知其出典的人只凭字面理据及词语出现的语境亦可作出大致不错的理解。在现代社会，随着熟悉典源的人越来越少，这批词语的典源意识逐渐淡化，许多人甚至意识不到它们是典故词语了。

此外，有些典故词语进入词汇系统成为一个独立成员后，在使用中其意义也逐渐挣脱其典源义。例如"操刀"在典源中以未经学习的人执刀裁制衣物会糟蹋美锦来比喻没有治理经验的人执政会败坏政事。从这个意义上说，"操刀"只比喻出仕从政，而后来该词还用来比喻主持某事或亲自做某事。"藏污纳垢"的典源以"川泽纳污，山薮藏疾"比喻包容小过失，形容宽宏大度，现在一般只用来比喻包容坏人坏事。"祸水"一词的典源义含有传统的五行相克、五德终始等理论因素，应当只能比喻引起王朝覆灭之祸的女人，而现在则比喻引起祸患的人或事，这个祸患不一定是王朝覆灭，引起祸患的也不一定是女人，甚至不一定是人。该词中"水"的含义已经完全被消磨掉了，今人理解这个词，也许会联想到"洪水"之类，但这与典源义已经相去甚远了。总之，今人理解上述词语时，一般只着眼于其变化之后的词义，并不过多关心其典源，这也是许多典故词语逐渐挣脱典源，意义渐趋字面化的主要原因。

第二种情况，词语理据曲折隐晦，不结合典源，仅从字面难以准确判定其含义，例如"萱堂""菊坛""来鸿""作伐"等。在这样的词语中，有些使用频率相当高，在当今书面语乃至口语中也很常用，如"步伐""成仁""袒护""金莲""莲步""簇新""奏效""中饱""中肯""折桂""上下其手"等。这些词语在表义时，典源本来起了十分重要的作用，因为典故词语的意义并不是人们认知活动中直接对外界事物做范畴化归类的结果，而是外部事物经过典籍文献的有关内容折射后的结果，人们对外部世界的认知和表述经过了典源文献这个中间环节，使人们如果不结合这个中间环节就无法看清词语的理据。而《现汉》对这样的词语也能撇开典源释义，其原因是人们对这些词语的认知方式发生了变化。古代读书人在学习理解"步伐""冰人""东道"等词时，可能会结合典源掌握其构词理据，而这对今人却非常困难：典源是数量相当庞大的一个古籍文献群体，对于现今包括知识分子在内的大部分人来说，对这么多古籍文献都烂熟于心是一件很不容易甚至是不可能的事情。因此，现今许多人只把这样的词语当成一个类似

"集成块"的整体来对待，识记时并不分析其内部结构和理据，只从整体上把词语及其含义生硬地联系起来，求得一个"知其然而不知其所以然"的效果即可。董秀芳把人的词汇知识分为词库和词法两部分，词库是一种语言中具有特异性的词汇单位的总体，其中的单位都是意义不可预测的成分，需要以清单方式逐个储存。① 由于典故词语的特殊性，人们特别是现今的人们很难以词法方式处理它们，所以它们往往最容易被整体存入心理词库。既然大部分人对那些意义特异性非常强的典故词语的理据已经没有认识的需求，所以《现汉》对它们不提典源直接释义也就可以理解了。

三

对典故词语认知方式的转变，又与社会的发展、民族心理的变化有关。

一种语言是在一定社会的文化基础上形成的，也是该社会文化的一部分，某一民族的语言与该民族的文化历史系统密不可分。在汉语词汇中，典故词语是最能体现汉民族历史文化特色的部分之一。一个民族的历史文化，源于该族人对他们所生存的外部世界的感知。不同的生活条件，对外部世界的不同把握方式亦即不同的认知过程会产生不同的文化背景和不同的语言。同时，当社会条件、文化背景发生巨大变化时，语言也会随之发生相应的变化。上文说过，今天的人即便是知识分子也不可能像古代读书人那样对众多典源典籍烂熟于心，这就与我国社会的发展变化有关。也正因为这个原因，《现汉》解释"步伐"一词时只列了"指队伍操练时脚步的大小快慢"、"行走的步子"和"比喻事务进行的速度"三个义项，并不解释

---

① 董秀芳：《汉语的词库与词法》，北京大学出版社2004年版，第9—10页。

"伐"的意思以及"步伐"在典源中的意思。此外,《现汉》只以"做媒"解释"作伐",以"媒人"解释"冰人",并不提及"伐""冰"与做媒或媒人有何联系;以"极新;全新"解释"簇新",并不解释"簇"和"新"之间的结构和意义关系;以"母亲的代称"解释"萱堂",也不提及"萱堂"原本是什么以及为何可以指代母亲;等等。这种做法,顺应了当今许多人对某些典故词语整体认知方式的需要,而这种整体认知方式,与现今生活中某些"傻瓜"式、"快餐"式产品一道,反映了现代社会经济文化发展中人们寻求方便快捷、将原本一些只适用于某些专业领域内的东西模块化、通俗化、普及化的特征、趋向和需求。试想,如果《现汉》解释"步伐"时从其典源《尚书·牧誓》所载周武王伐纣的动员令入手,讲到"伐"的"击刺"义,再讲到该词后来及现今的含义,解释"冰人"时从《晋书·索紞传》所载索紞对令狐策所做之梦的说解入手介绍该词的来源,这样虽然能使词的理据更清楚,但这一方面会大大增加词典的篇幅,另一方面,对《现汉》的大部分使用者来说反而会感到过于迂曲,不如现在的解释更加便捷实用。

  语言中的词汇范畴是人们表达认知外部世界所形成概念的语言符号,是范畴和概念的载体。而对于社会中的单个成员来说,本族以至外族使用的语言也是外部世界的事物之一,一个社会中的每个人对该社会所使用的语言中包括典故词语在内的所有词语也有一个认知过程。一个词语的含义是一组信息,而信息并不是客观事物本身,不能在人的意识之外存在。从这个意义上说,词义,包括典故词语的词义都存在于人的头脑之中。人们用约定俗成的方式来共同规定一个词语的含义,当全体或绝大多数社会成员这种规定大致统一起来时,一个词语的含义就形成并固化了,对于单个社会成员来说,它就成了客观的东西，不以个人或少数人的意志为转移了。但是，当全体或绝大多数人对某个词语含义的规定发生了变化，该词语的意义就会变化。因此，词义的变化实质上反映的是人们对客观事物认知的变化，是人们对词义信息约定俗成的规定的变化。

还应当指出的是，正是由于对词语的整体认知方式的通行，才使得数量不小的一批典故词语进入了现代汉语词汇系统，并在现今较为普及的交际媒体上，在中等甚至初等以上文化水平的社会成员中被广泛使用。从这个意义上我们甚至可以说，典故词语在词义上挣脱典源的束缚，某些自典源中带来的词义因素受到消磨，词义趋向字面化，这些改变都是时代及社会文化的发展变化及人们认知方式的转变引起的，某些典故词语正因为适应了时代和文化的这种发展而发生了相应的变化，才使它们获得了足够的生命力，可以在现代汉语词汇中继续存在并发展下去。

※本文发表于《文史哲》2009年第6期。收入本集时对个别字句做了修改并补充了部分例证。

论典故词语对典源依赖性的减弱

引　言

　　典故词语是从典故中脱胎出来的，对典源有一定程度的依赖，或者说原典故对它所产生的典故词语有一定的限制作用。不过，典故词语对典源的依赖会逐步减弱。由于这种依赖性一开始就强弱不一，其减弱的程度也存在差异。下面举"步伐"和"耳顺"二词为例。《现代汉语词典》（以下简称《现汉》）对"步伐"的解释是："指队伍操练时脚步的大小快慢"，"行走的步子"，"比喻事物进行的速度"；对"耳顺"的解释则是："《论语·为政》：'六十而耳顺。'指年至六十，听到别人的话，就能深刻理解其中的意思。后来用'耳顺'指人六十岁。"可见，对"耳顺"要结合典源说明含义，对"步伐"则不必。而"步伐"典出《尚书·牧誓》："不愆于六步七步……不愆于四伐五伐六伐七伐"，但《现汉》解释"步伐"时并未引出典源，人们在理解、使用这个词时一般也不必结合典源。由此看来，"步伐"对典源的依赖性弱，而"耳顺"的依赖性则相对强得多。

　　本文主要以《现汉》所收典故词语为对象考察典故词语对典源依赖性的变化。这样做主要是因为：首先，《现汉》收典故词语达 1115 余条，说明现代汉语中典故词语的数量还相当可观，不容忽视；其次，进入《现汉》的词语固化程度高，作为汉语词汇系统中的成员已很成熟，考察的结论会更有说服力；再次，进入《现汉》的典故词语大多历史很长，经历了汉语不同的发展时期，能够更充分地反映词语与其典源关系的演变情况。

一　典故词语的理据特点和对典源的依赖性

严辰松曾指出：语言作为符号系统，当它形成并发展到一定阶段，在此基础上创制新符号（新词或熟语）时，会遵循原系统业已形成的创制机制，原系统中的符号往往会为新符号的产生提供理据。① 词语的理据能体现该词语的形式和意义之间的联系，是人们理解、诠释、掌握新词语含义的依据（当然不是唯一的依据）。所以，当一个人理解了"苹果"、"树"以及"桃树"、"杏树"等词的意义，就不难推知"苹果树"的意义。在这里，"苹果"的意义，"树"的意义，以及"苹果"与"树"之间类似于"桃树""杏树"的结构意义都是推论的理据。

典故词语都是有理据的，但由于其独特的产生途径，它们与典源的联系和对典源的依赖是先天的，因而它们的理据就具有了鲜明的特点。

例如"冰人"，典出《晋书・索紞传》：孝廉令狐策梦立冰上与冰下人语，索紞解释此梦为通阴阳、谐婚姻之兆，谓令狐策将为人做媒，后果然。后人于是以"冰人"或"冰上人"称媒人。可见，"冰人"作为典故词，其"媒人"义是有理据的，但与非典故词语的理据不同。许多典故词语的理据要结合

---

① 严辰松：《语言理据探究》，见《解放军外国语学院学报》2000 年第 6 期。

典源才能解释清楚，经过典源的折射后，词语的能指（或语音文字形式）与所指（或词义）之间会发生或大或小的偏离。所以，完全不了解典源，只从字面理解典故词语，有时会犯很大的错误。这说明典源对典故词语词义的限定作用有时是很大的，有学者把典故词语的这个特点总结为"词义与语素义相距甚远"①。

典故词语的理据特点使其能指与所指的关系更为复杂。因为典故词语的意义不仅靠词语的语音文字形式表达，还或多或少地暗含在典源中，词语的语音文字形式只是一个线索，一个联系词语使用者（包括发语者与接受者）与典源的中介，典源是构成典故词语理据的重要部分。从这个意义上说，非典故词语表义不需要或很少需要词语字面以外的因素，而典故词语则要程度不同地依赖典源才能表义。

二 典故词语对典源依赖性的变化

任何一个典故，其典面和典源的关系都很密切，而当一个典面经过整合固化，形成定型的音义结合体，成为可以独立运用来造句的词或熟语时，它对典源束缚的挣脱就开始了。因为典故词语一经形成，就成为汉语词汇系统中的成员，要相对独立地在言语中发挥交际作用。因此，在其使用过程中，对典源的依赖性逐渐减弱，是典故词语发展变化的大趋势。

从《现汉》所收典故词语来看，对典源依赖性的减弱在形式和意义两方面都有表现。

在形式上，一些词语内部成分间的关系或次序与典源已有区别，并已固化。例如："簇新"出自前蜀花蕊夫人《宫词》之六"厨船进食簇时新"，"簇"和"时新"原为述宾关系，

---

① 曹炜：《现代汉语典故词语初探》，见《广西社会科学》2005年第1期。

而双音词"簇新"在今人的语感中则是偏正结构;"劝驾"语出《汉书·高帝纪下》"必身劝,为之驾","劝"和"驾"表示连续做出的两个行为,而双音词"劝驾"在今人的语感中则是述宾结构;"旧雨"出自杜甫《秋述》"常时车马之客,旧,雨来,今,雨不来",其中的"旧"和"雨"原本不在一个小句内,但后人把这两个字联用,组成了一个内部结构不明的双音词;"每况愈下"出自《庄子·知北游》"每下愈况",两者内部成分的次序不同;"逃之夭夭"来自《诗经·周南·桃夭》"桃之夭夭",却把典源中的"桃"换成了"逃";等等。

在意义上,典源为典故词语的意义提供了来源和理据,但后来人们逐渐抛开典源(有时因为不知道典源),直接从词语形式(即字面)推测意义,或把词语形式和常用意义结合以使用某些典故词语。例如使用"簇新"的人可能不知道原来的"簇时新"是"簇聚时令新鲜食物"的意思;使用"螟蛉"一词,只要懂得它表示"义子"也就可以了,不必一定读过《诗经·小雅·小宛》中"螟蛉有子,蜾蠃负之";至于"空穴来风"现在的常用义甚至与它在典源《风赋》中的意思相反了。

可见,典故词语的词义变化常常是通过挣脱典源限制来实现的。例如"祸水"一词,出自旧题汉伶玄所著《赵飞燕外传》所载汉宣帝时淖方成对赵飞燕之妹赵合德的评价:"此祸水也,灭火必矣!"汉代有"赤帝子"斩"白帝子"的传说,五行家曾以为汉以火德王,而水能克火,淖方成的话是说合德得宠将亡汉,如水之灭火。可见按典源的限定,"祸水"喻指的应是"会使汉朝灭亡的女人"。而"祸水"形成典故词后,意思并不如此具体。《汉语大词典》列出两个义项,一是"称惑人败事的女子"(不一定使汉朝或别的王朝灭亡);二是

"比喻祸害或恶势力"。这两个义项都与典源中"祸水"的意思有了距离，尤其是第二项。《现汉》对"祸水"的解释则是"比喻引起祸患的人或事"。"引起祸患"义来自典源，但这个"祸患"也不限于汉朝或其他任何王朝的灭亡；"人或事"则不仅不限于女人，而且不限于人。

《现汉》所收典故词语大多经历了漫长的发展过程，已经是很成熟的复音词或熟语，但它们挣脱典源限制的力度并不平衡。

一般地说，原本字面义与词义差别越小、现在使用频率越高或词义隐喻思路越明显的词语，越容易挣脱典源的束缚，减弱对典源的依赖，像"步伐""簇新""劳驾""祸水""每况愈下"等，基本上可以不依赖典源表义。这样的典故词语还有：

傲骨　碧血　笨伯　掣肘　出山　顶缸　观光　观摩
哄堂　后进　后事　佳期　久违　口碑　垄断　矛盾
偏袒　切磋　青睐　请缨　裙带　染指　润笔　生涯
胜算　师资　食言　斯文　谈天　袒护　天涯　涂鸦
推敲　问津　下榻　先河　先进　援手　在野　资格
资深　中饱　中肯　奏效　安乐窝　破天荒　莫须有
想当然　眼中钉　逐客令　别开生面　空穴来风
名正言顺　其貌不扬　走马观花　网开一面
约法三章　引人入胜　易如反掌　中流砥柱
趾高气扬　作威作福

还有些典故词语现在已不太常用，但常出现在旧小说中，经常阅读此类作品的人不通过典源也可能据上下文推知其义，如"金兰""螟蛉""袍泽""鱼雁""月老""弱冠""方寸"

"金莲""冰人""云雨""东床"等。

在《现汉》所收典故词语中，有些虽然较为常用，但对典源有一定的依赖性，理解时还不能完全抛开典源，如"问鼎""乔迁""春晖""滥觞""而立""知命""古稀""识荆""捉刀""负荆""鸿门宴""目无全牛"等；还有一些对典源的依赖性仍旧很强，不通过典源难以理解其得义理据，如"板荡""椿萱""怙恃""箕斗""式微""罗掘""鸿爪""旧雨""割席""白衣苍狗"等。

典故词语对典源依赖性的减弱，至少可以从两个方面得到证明：一是人们对词语的理解掌握方式的变化，二是权威的现代汉语工具书对词语的诠释方式。

从第一方面看，现今许多人在理解某些常用的典故词语时并不顾及甚至根本不知其典源。使用"祸水"一词时并不会想到《赵飞燕外传》以及古代阴阳五行、五德相生相克的理论；理解"观摩"一词也不会想到《礼记·学记》"相观而善之谓摩"。大多数人理解、学习这些词只从字面入手，将其形式和意义结合起来，而不再顾及典源。

从第二方面看，《现汉》对所收 1115 多条典故词语的解释一半以上都没提到典源，而是直接解释词条在现代汉语中的意义，其中包括一些字面义与词义差别很大的词语。例如：

【璧谢】退还原物，并表示感谢。

【成仁】为正义或崇高理想而牺牲生命。

【椿萱】父母的代称。

【生涯】指从事某种活动或职业的生活。

【作伐】做媒。

【食言】不履行诺言，失信。

【来鸿】来信。

【轻于鸿毛】比喻死得不值得（鸿毛：大雁的毛）。

【举一反三】从一件事情类推而知道许多事情。

《现汉》采取这种不提典源直接释义的方式，说明这些词语的典源及理据对于学习理解这些词语的作用已经不太重要了。

随着时代的发展、语言的演进，典故词语对典源的依赖性不断减弱。例如成语"美轮美奂"，出自《礼记·檀弓下》所载晋大夫张老对大夫赵武新建宫室的赞语："美哉轮焉，美哉奂焉！"郑玄注："轮，轮囷，言高大；奂，言众多。"可见该成语直接从典源中得到的意思有两方面：一是形容对象是新建的房屋宫室，二是形容其漂亮、高大、众多。后来形容对象不限于房屋甚至不限于建筑物，而且"高大""众多"等意思也逐渐失去，于是"美轮美奂"可以用来形容装饰、布置的美观，近来甚至被用来形容诸如舞姿、图画等之美，其意义离典源越来越远。

三　典故词语对典源依赖性减弱的动因

从符号学角度看，语言交际"在发送和接收的过程中，信息要进行某种形式的转换，即必须经过说话者一方的'编码'，再由受话者一方'解码'，才能完成交流过程，这就要求说话者和受话者双方有一种共同的'代码'"。[1] 这里说的"代码"指的是语码，与本文所说的词语的理据有很大差别，但是这段话给了我们一个启示：典故词语犹如加了密的符号，

---

[1] 吴国华：《符号学与语言国情学的关系——兼论语言是一种多层级的符号系统》，见《解放军外国语学院学报》1994年第1期。

其加密和解密的关键都在典源中，只有发语者和受语者都掌握这个共同的关键，双方才能用典故词语顺利完成语言交际。换句话说，在典故词语对典源依赖性很强的情况下，要想熟练使用这些词语就必须对典源文献很熟悉，要熟悉到看到一个词语就能联想到这个词语所出的那部书、那段话，这就把做不到这一点的人排除在了典故词语的使用主体之外。

对一个人的记忆力来说，典源文献的信息量十分庞大，要熟记它绝非易事。唐李林甫贵为宰相，也曾误读"杕杜"为"杖杜"，被记入史书，还因误书"弄獐"为"弄獐"而被讥称"弄獐宰相"①；古代还有一位叫张鼎的太常博士因误书"鸡肋"为"鸡肘"，被人讥为"鸡肘博士"②。所以古代能够经常用典故词语而且使用恰切的往往是文化修养较高的少数人。一方面，典故词语的词义内容多来自古代经典文献，带有丰富的色彩意义、修辞功能和传统文化内涵，若使用得当，确能为诗文增色，也能为使用典故词语的人赢得博学之名；另一方面，有些文人大量使用这些词语，未必不是炫耀文采、卖弄学识。而占社会成员绝大多数的下层民众特别是不识字的人则不可能经常使用典故词语。在这种情况下，典故词语对典源的依赖性就没有减弱的必要。

鸦片战争、辛亥革命使我国社会发生了前所未有的深刻变革，五四运动以后，我国社会思想观念、教育体制、人们的知识结构等更是变化巨大；白话文运动、中华人民共和国成立后的扫盲运动等使全体国民的语文生活与古代相比已完全不可同日而语。一方面，读书识字的人空前增多，另一方面，近现代的学术远远不限于文史方面，即使是专家学者也可能对大量产

---

① 参见《旧唐书·李林甫传》，（清）洪亮吉《北江诗话》卷三。
② 参见（清）俞樾《茶香室丛钞·鸡肘博士》。

生典故词语的经史子集了解不多，更不用说一般的知识分子和广大民众了。于是，典故词语的理据特征与社会语文生活现实日益脱节。此时的典故词语，要么摆脱典源的束缚，减弱对典源的依赖，以适应社会现实的需要，要么就会被淘汰出汉语词汇系统。汉语史上曾有数以万计的典故词语，现今大多数已经消亡，其原因是多方面的，而对典源的依赖性太强，以至影响交际，是很重要的一个原因。

典故词语对典源的依赖性减弱到一定程度后，许多人已经意识不到它们是典故，往往直接从字面理解它们，于是这些词语原有的理据特征被逐渐消磨弱化，这就促使这些词语的词义发生演变，也促使这些词语表义方式趋向字面化，这样的词语往往能够留存到今天，并焕发出较强的生命力。像"步伐""祸水"之类，它们不仅在书面语中很常用，而且经常出现在口语中。而对典源还存在一定依赖的典故词语，像"春晖""而立"等，则带有较强的书面语色彩，使用频率相对较低，口语中更不常用。至于像"板荡""箕斗""萱堂"这样的词，由于对典源的依赖性更强，生命力也更弱，只用于庄重、典雅的书面文体中，口语中很少用到。

四　结语

典故词语对典源的依赖性的减弱，使词语的意义和用法发生了不同程度的变化，如："矛盾"由"言行自相抵触"引申出了"客观事物和人类思维内部各对立面相互依赖又相互排斥的关系"的含义，与典源义的距离拉大了；"美轮美奂"的"高大""众多"等语义成分的消失，以及形容对象范围的扩大；等等。

从一定意义上说，典故词语对典源依赖性的减弱，缘起于人们对这些词语的某种"误解误用"，而这种"误解误用"则缘起于对这些词语认知、理解方式的改变。词语意义的变化能否实现，新的且与典源有差异甚至相违背的意义能否成立，要通过约定俗成规律的考验，典故词语也不例外。如"出尔反尔"，语出《孟子·梁惠王下》引曾子的话："出乎尔者，反乎尔者也。"原意是你怎么对待人家，人家就会怎么回报你。后有人不管典源义，从字面上把"出尔反尔"理解为"说了又反悔"或"说了不做，反复无常，没有信誉"，这样理解使用，对典源义来说，就是"误解误用"。但这种从字面入手的理解更容易被现今大多数人接受，于是新"约"就"定"了，新"俗"也就"成"了，而且否定了旧"约"旧"俗"，于是词义发生了变化。因此，典故词语对典源依赖性的减弱，从本质上反映的是大多数社会成员对典故词语认知理解方式的改变。

※本文发表于《语言教学与研究》2010年第4期。

试论典故词语的理据特征

一 语言符号的任意性和词的理据

语言学界有一个古老的命题，即语言的声音形式和意义内容的结合是否有一定的根据。美国语言学家布龙菲尔德（Leonard Bloomfield）在其《语言论》中说："柏拉图（Plato 427-347 B.C.）在他的对话集《Cratylus 篇》里讨论了词的来源，特别提出事物及其名称之间是否是自然的和必然的关系，还仅仅是约定俗成的结果这个问题。"① 在我国的先秦时代，也有人对"名""实"关系问题作过探讨。其中荀子的关于语言的"名""实"关系的一段精辟论述特别引人注意：

> 物也者，大共名也。推而共之，共则有共，至于无共然后止。有时而欲遍举之，故谓之鸟兽。鸟兽也者，大别名也。推而别之，别则有别，至于无别然后止。名无固宜，约之以命，约定俗成谓之宜，异于约则谓之不宜。②

在这里，荀子指出了"名"与"实"亦即语言符号的声

---

① ［美］L. 布龙菲尔德：《语言论》，袁家骅等译，商务印书馆 1980 年版，第 2 页。
② （清）王先谦撰：《荀子集解》，沈啸寰、王星贤校点，中华书局 1988 年版，第 419—420 页。

音形式与意义内容之间联系的社会约定性，也就是说语言符号的音和义之间没有必然的联系。

现代语言学之父、瑞士学者索绪尔（Ferdiand de Saussure）对语言符号的任意性作了全面论述，他认为语言符号的能指（signifier）和所指（signified）的结合是任意的，他说："能指和所指之间的联系具有任意性。"① 还把"符号的任意性"作为语言符号的一般原则之一。

在我国语言学界，虽然有不少学者从不同角度对索绪尔关于语言符号的任意性的观点提出质疑，如许国璋②、杨信彰③、李葆嘉④等，但很多人还是接受了这个观点，至少没有彻底否定它。如叶蜚声、徐通锵二先生认为："语言符号的最大特点是它的音与义的结合是任意的，是由社会约定俗成的。"⑤ 葛本仪先生也认为："语言符号的声音形式和意义内容的结合是任意的，二者间没有必然的联系。尤其在语言形成之初，什么声音表示什么意义，没有、也不需要有道理可讲。"⑥

认知语言学把词看作人类对客观事物进行范畴化的结果，是人们对认知活动得到的各种范畴的命名。在此过程中，范畴内事物的属性或特征有可能成为命名的根据，这个根据如果在词的外部形式上表现出来，就成为该词的理据。

词的理据的存在，使许多词在语音形式和意义内容的关系上是可以论证的，至少是可以解释的。那么，这种可解释性与

---

① ［瑞士］费尔迪南·德·索绪尔：《普通语言学教程》，刘丽译，九州出版社2007年版，第155页。

② 许国璋：《语言符号的任意性问题——语言哲学探索之一》，见《外语教学与研究》1988年第3期。

③ 杨信彰：《评索绪尔的语言符号任意观》，见《外国语》1994年第6期。

④ 李葆嘉：《论索绪尔符号任意性原则的失误与复归》，见《语言文字应用》1994年第3期。

⑤ 叶蜚声、徐通锵：《语言学纲要》，北京大学出版社1981年版，第32—33页。

⑥ 葛本仪主编：《语言学概论》，山东大学出版社1999年版，第11页。

上面说的任意性是不是矛盾的呢？

笔者以为，对索绪尔的观点不能简单地否定，而词的理据也是客观存在的，语言符号的任意性与词语的理据二者并不矛盾。

1. 对索绪尔关于语言符号任意性的观点不能简单地否定。一方面，对同一事物或概念，不同的语言会用完全不同的语音形式来表示（如汉语的"书"和英语的"book"）；另一方面，不同语言可以用相同或类似的语音形式表示完全不同的事物或概念（如汉语的"腕"和英语的"one"）。这种音义结合的任意性正是一种语言区别于其他语言的主要的也是最根本的原因。

然而，索绪尔自己也承认语言符号的任意性不是绝对的。他在《普通语言学教程》第二部分第六章中所论述的一个问题就是"任意性的绝对性和相对性"。在这一章中，他说："符号任意性的根本原则并没有阻止我们从每一种语言中把什么是根本任意的，即不能论证的，什么是相对任意的区别开来。只有一部分符号是绝对任意的；至于其他的一些符号，有一种现象可以使我们看到任意性虽然不可取消，却存在程度上的不同：符号可能是相对地可以论证的。"[①] 在下文中，索绪尔还说："语言中肯定会有一些东西是可以论证的，但是我们的定义也使人们认识到，语言中并不是任何东西都可论证的。在这两个极端之间——最小化的组织和最小化的任意性——我们可以找出一切可能的变化性。不同的语言总是包含这两类要素——根本上的任意性和相对意义上的可论证性——但它们变化的比例各不相同，而且这也是一个能帮助我们进行语言分类

---

① ［瑞士］费尔迪南·德·索绪尔：《普通语言学教程》，刘丽译，九州出版社2007年版，第305页。

的重要特征。某种意义上——如果不那么严苛的话，就可能看到这种对立的一种表现形式——我们可能会说，在语言中有最少的可论证性时，这种语言是更注重于词汇方面，当有最多可论证性时，这一语言是偏向于语法方面的。不是因为一方面'词汇的'和'任意的'，另一方面'语法'和'相对可论证性'，两两是同义词，而是因为它们有着共同的原则。这两个极端就像是两极，整个系统在两极之间移动，两种对立的力量影响着语言的这种运行：一边运用词汇工具的趋势（不可论证的符号），另一边是使用语法手段的偏向（结构原则）。"①

索绪尔所说的任意性，在语素、单纯词这样较小的单位中表现得相对明显，但在任何语言中，由语素构成词、由词构成词组或句子，都要遵循一定的结构规则，这个规则是可总结、可描述、可论证的。也正是由于可解释、可论证的语法结构规律的存在，才使语言具有了能产性，可以用有限的符号去应付无限的客观世界与人的感情世界，发挥人类最重要的交际工具的作用。

2. 词的理据也是客观存在的。拿汉语来说，鸡、鸭、鹅、布谷鸟、猫、蛐蛐、蝈蝈等动物的名称与该动物的叫声有一定的联系。另外，古代学者早就注意到，一个词的语义分化会产生新词，例如"椅"（坐具，而非《说文》释为木名之"椅"）来源于"倚"，"纳"来源于"内"，"湾"来源于"弯"，"宝藏"的"藏""脏"来源于"蕴藏"的"藏"，等等。这些新产生的词的理据虽然比较隐晦，但其音义关系可以用语言学的方法通过原词给予解释和说明。用词根复合法或词根派生法构成的合成词，其理据则要明显一些。正因为如此，即使一个粗

---

① ［瑞士］费尔迪南·德·索绪尔：《普通语言学教程》，刘丽译，九州出版社2007年版，第311页。

通汉语的人,哪怕是第一次接触一个像"苹果树""画家"这样的合成词,只要他知道"苹果""树""画""家"的意思,也懂得像"桃树""梨树""作家""歌唱家"之类合成词的内部结构,就极容易推测出"苹果树""画家"的意思,而不必要再去请教别人或查词典。语言是动态的、发展的,一个复杂的符号系统建立之后,必然会不断产生新的符号。而新符号是在原有基础上产生的,它不可能不受原有符号系统的影响。因此,除了一些所谓"原始名称"因为年代久远,我们难以说清它有无理据之外,语言中的词大多是有理据的,即某个语音形式之所以表达某个意思,是可以或多或少地作出论证或解释的。

3. 语言符号的任意性与词语的理据二者并不相悖,因为它们处在两个不同的层面上。任意性是说在语言形成之初,符号的音义结合没有必然的规则,能指和所指要遵循社会的制约而建立它们之间的联系,也就是所谓"约定俗成"。即使是这样形成的符号,也不见得就是完全杂乱无章、不可解释的,这种可解释性仍然从另一个层面上体现出任意性。例如:虽然在汉语中鸡、鸭、鹅等动物的名称与其叫声有一定的联系,这种联系是可解释的,是"鸡""鸭""鹅"等词的理据,但这种联系仍然是在约定俗成的规则下建立的,没有必然性,汉语中有这样的联系,其他语言则不一定有;即使两种语言对同一种动物的称呼不约而同地都采用了模仿叫声的方法来造词,各自造出的词的发音也可能相差很远。因为词语的发音不是口技表演,不可能与动物的叫声完全一致,而要受到各自的语音系统的制约;任何语言在任何时期的语音系统又都是约定俗成的产物,所以在"鸡""鸭""鹅"等词上仍然可以表现出语言符号的任意性。再如,上文说到汉语中的"椅"来源于"倚",我们可以通过"倚"来解释"椅"的音义关系,以阐明"椅"

的理据，而在其他语言中表示"椅"的词和表示"倚"的词在音义上可能完全没有关系，这又表现出语言符号的任意性。合成词的理据也是这样，每个词都可以根据其结构解释它的意义，但语言的结构规则具有很强的民族性，哪种语言用哪种方法构词，也是没有必然性可言的。

二　汉语合成词语的特异性

作为合成词或熟语，其内部结构规律是其词义理据的重要部分，可以帮助语言习得使用者理解词语。但是，合成词语意义与其构成语素的意义关系比较复杂，有的词语表现出较强的一致性，如上文所说的"苹果树"，但也有些合成词语的意义不仅与其构成语素的意义及各语素的结构关系有关，还与该词语的整体结构甚至词语以外的某些因素有关，这样的词语的意义与语素义就会表现出或大或小的差异。一个复合语言成分既然已经凝固成了词或结构相对固定的熟语，那么它在意义上必定或多或少地产生一定的特异性。

吕叔湘先生说："语言不可避免地要有概括作用或抽象作用。外界事物呈现无穷的细节，都可以反映到人们的脑子里来，可是语言没法儿丝毫不漏地把它们全部表现出来，不可能不保留一部分，放弃一部分。……比如'布鞋'，这里不光有'布'的意义，'鞋'的意义，这是字本身的意义；还有'是一种鞋而不是一种布'的意义，这是靠字序这种语法手段来表示的意义；还有'用……做成的……'的意义，这是在概括的过程中被放弃的那部分意义。象'谢幕'那样的字眼，就放弃了很多东西，只抓住两点，'谢'和'幕'。说是'放弃'并不是不要，而是不明白说出来，只隐含在里边。比如'苹果'，并不指一种无一定大小、颜色、形状、口味的东西；同样，'布鞋'、'谢幕'也都隐含着某些不见于字面的意义。语言的表达意义，一部分是显示，一部分是暗示，有点象打仗，占据一点，控制一片。"①

苏宝荣、马英新还对一些特殊结构的复合词及其相关结构义进行了探讨，包括"紧缩结构"，例如"推头"[（用推子）理发，即推推子理发]、"骗马"（骗腿儿上马）、"打更"（打梆子或敲锣报时）、"放荒"（放火烧山野的草木，即放火烧荒）、"赴敌"（到战场去跟敌人作战，即赴战场杀敌）；"多层结构"，例如"狼烟"[即"狼（粪）烟"]、"燕菜"[即"燕（窝）菜"]、"风流"[即"风（韵）流（传）"]；"跨层结构"，如"因而""否则"；"准连绵结构"，如"马虎""出息""苗条""盘缠""寒碜""利索"。② 在这些例子中，除"准连绵结构"是语素的音义结合理据模糊不清的以外，"紧缩结构"、"多层结构"和"跨层结构"都是词的内部结构在字面上体现得不清晰，使他们在表义上"显示"的部分少而"暗示"的部分多，因而字面义与实际义就存在一定的差异。

由此可见，合成词的意义，有的能在字面上表现出来，有的在字面上只能表现一部分，另一部分是隐含着的。字面上表现出来的部分，包括词的各构成成分的意义、这些成分之间的结构意义等；隐含的部分则比较复杂，难以从字面上推导出来。我们在语文生活中经常遇到这种现象：一个一般的语言使用者在新遇到一个多音节词时，他会首先采用词法的方式，即通过语素义及语素间的结构关系去理解、处理它。这样做经常是有效的，像"鹌鹑蛋""杏花""老三"这样的词，《现代汉语词典》（以下简称《现汉》）并不收，但对一般词法常识有

---

① 吕叔湘：《语文常谈》，生活·读书·新知三联书店1980年版，第63—64页。
② 苏宝荣、马英新：《语素义、整体结构与复合词的词义》，见《词汇学理论与应用》编委会编《词汇学理论与应用》（六），商务印书馆2012年版，第29—36页。

起码的感性认识的人即使第一次遇到,也可以通过这种方法作出大致正确的理解;但是如果遇到的是隐含意义成分较多的词,或者内部结构关系不明的词,则难免望文生义,出现偏差或错误。

三 典故词语的结构特点

汉语的合成词大多是语法造词的产物,由临时组合的词组固化后形成合成词,其结构类型与句法、词组的结构类型基本上一致。前人根据其结构类型把合成词分成了联合式(并列式)、偏正式、支配式(动宾式)、陈述式(主谓式)、补充式、附加式等。除了附加式是构词独有的形式外,其余各式都与句法结构形式一致。而典故词语都是通过用典这种修辞手段产生的,虽然在构词上不能不受到大多数合成词结构形式的影响,但仍有相当一部分难以用传统的结构类型来解释。

典故词语的产生与典源文本关系密切,而典源文本往往篇幅较长,或者有故事情节,或者阐明一个道理、表达一种感受,要用一个简明的词或熟语概括出来,并非易事。所以,典故词语在造词时很容易出现两种情况:第一种是所造的词或熟语的结构虽然勉强符合传统的结构模式,但在字面上却难以辨认,或者容易产生误解;第二种是有些典故词语是割裂了典源文本后拼凑起来的,本身就无法归入传统的结构形式中的任何一类。

第一种情况的例子如"翘楚""板荡""中饱"等。"翘楚"语本《诗·周南·汉广》:"翘翘错薪,言刈其楚。"郑玄笺:"楚,杂薪之中尤翘翘者。"本指高出杂树丛的荆树,可以认定为偏正关系。"板荡"本是《诗经·大雅》中两篇的篇题,合在一起组成词,可看作联合结构。"中饱"出自《韩非子·外储说右下》:"薄疑谓赵简主曰:'君之国中饱。'简主欣然而喜曰：'何如焉？'对曰：'府库空虚于上，百姓贫饿于下，然而奸吏富矣。'"可见"中饱"的原义是居中间者得利，可以看作主谓结构。以上例子结合典源可以大致判定其结构类型，但如果离开典源，仅从字面来辨认其构成语素的结构关系，则比较困难。

　　第二种情况的例子如"而立""旧雨""瓜代""璧谢""冰人""杯弓蛇影"等。"而立"语出《论语·为政》："子曰：'吾十有五而志于学，三十而立。'""瓜代"出自《左传·庄公八年》："齐侯使连称、管至父戍葵丘。瓜时而往，曰：'及瓜而代。'""璧谢"出自《左传·僖公二十三年》所载的一件事：晋公子重耳出亡，到了曹国，曹共公不礼，曹大夫僖负羁之妻馈重耳盘飧，内置以璧。公子受飧而返还其璧。上述几个例子都割裂了典源文本语句，从中选出字来组合而成（"璧谢"的"谢"是后加的），其组合本来就不符合汉语组词成句的常规，所以其结构也无法归入与词组相同的类型。至于"冰人""旧雨"看上去像是偏正结构，但从典源上看，这是一种误解。根据典源，"冰人"是"冰上人"的省称，在古代甚至可以简称为"冰"①。"旧雨"出自杜甫写于天宝十载（751）的《秋述》诗序："秋，杜子卧病长安旅次，多雨生鱼，青苔及榻，常时车马之客，旧，雨来，今，雨不来。""旧"和"雨"原本不在一个小句内，但后人把这两个字连用组成了双音词，所以"冰人"和"旧雨"都不是真正意义上的偏正结构的合成词。"杯弓蛇影"中的"蛇"和"影"可看成偏正关系，但"杯"和"弓"、"杯弓"和"蛇影"的关系就很难说清

---

① 蒲松龄《聊斋志异·胡氏》："胡知主人有女，求为姻好，屡示意，主人伪不解。一日胡假而去。次日有客来谒……既坐，自达，始知为胡氏作冰。"又《素秋》："适有故尚书之孙某甲，将娶而妇忽卒，亦遣冰来。"

楚了。

典故词语的上述结构特点使它们的理据与大部分非典故词语相比有显著区别，因此，按常规通过结构揣测其含义，对许多典故词语来说会遇到一定的困难。

四　典故词语表义方式的特点

由于其独特的产生途径，典故词语中的相当一部分在概括事物特征的方式上有着鲜明的特点。一般的词或熟语概括了外界事物或人的情感，通过字面表达出来，因此其字面义和实际义之间总有一定的联系，而典故词语的字面义与实际义往往有很大的差距。

请看下面的例子：

> 不惑　捉刀　蛇足　东床　染指　问鼎　鸿爪　怙恃
> 梨园　说项　金兰　袍泽
> 成仁　莫须有　执牛耳　白云苍狗　河东狮吼
> 塞翁失马　月下老人　洛阳纸贵

"不惑"字面义是"不迷惑"，只有通过《论语·为政》"四十而不惑"，才能联系上其实际义"指人四十岁"。"莫须有"的字面义是"也许有"。《宋史·岳飞传》："狱之将上也，韩世忠不平，诣桧，诘其实。桧曰：'飞子云与张宪书虽不明，其事体莫须有。'世忠曰：'莫须有三字何以服天下？'"于是"莫须有"才有了"凭空捏造诬陷"的意思。同典源还出了"三字狱"，表示冤狱，因今已少用，所以《现汉》未收。"白云苍狗"从字面上看只是"白云"和"苍狗"两种不相关的事物，通过杜甫《可叹》诗"天上浮云似白衣，斯须改变如苍狗"之句，才能看出其"比喻世事变幻无常"的意思。

上面这些词语的字面与实际义之间并非没有联系,但词语在概括或表达的过程当中均因有典源这一中间环节参与其中,使表达过程存在一种"折射",从而产生言在此而义在彼的效果,通过语素义和语素间的结构关系推测出来的意义与该词的实际意义之间相去甚远,有时甚至风马牛不相及。

　　对非典故词语来说,造成其特异性的原因很可能在于其隐含的意义成分太多,而典故词语中有许多意义全部是隐含的,而且这种隐含与吕叔湘先生所说的"占据一点,控制一片"的隐含完全不一样。吕先生所说的隐含,"占据"的部分与"控制"的部分是重合的,只是占据的部分要小于控制的部分,例如"观礼",《现代汉语词典》的解释是"(应邀)参观典礼",① 其中"参观典礼"是字面上显现的部分,即"占据"的部分,而"应邀"是隐含的部分,所以《现代汉语词典》在释义时加上了括号。"应邀"与"参观典礼"都是这个词"控制"的部分,字面显示的部分包含在控制的部分之中。而许多典故词语"占据"的部分和它"控制"的部分完全不重合,即字面显现的部分在该词语的意义范围之外,有点像"遥控"。这种遥控是通过典源来实现的,赵利伟说:"典故是浓缩了的信息码,因而典故中藏有'原编码'中的全部信息。"② 通过宋代洪迈《容斋三笔·陈季常》所载苏轼嘲笑陈慥的诗句"忽闻河东狮子吼,拄杖落手心茫然",我们才能把"河东狮吼"与"嫉妒而泼悍的妻子发怒撒泼"的意思联系起来。当然,也有的典故词与在原典故中的意思相差不大,结构也基本透明,例如"不贰过",《现汉》解释为"犯过的错误不重犯",但除了词典上解释的词汇意义以外,这个词还带有很浓

---

① 本文引用《现代汉语词典》均以第六版(商务印书馆2012年版)为准。
② 赵利伟:《典故的二柄和多边》,见《汉字文化》2005年第1期。

重的古语色彩，而不熟悉其典源的人就不能完全体会到这种色彩意义上的特点。

五　结语

词语习得的方法大致可以分为两种：一种是把一个词汇成分当作一个整体来对待，用死记硬背的方式把习得对象的音义联系起来，有学者称这种做法为词库方式；另一种则采用解析构词成分的方式，根据词素义及其相互间的结构关系推导习得对象的含义，有学者称这种方法为词法方式。董秀芳指出："对于语言使用者的词汇能力进行分析，可以发现词汇能力包括词库与词法两个部分。词库（lexicon）是一个语言中具有特异性（idiosyncrasy）的词汇单位的总体，存储在语言使用者的头脑中，所以又称心理词库。词库中的项目都是语言中意义不可预测（unpredictable）的成分，具有不规则性，表现出形式与意义之间的任意性的或非常规的联系，所以需要以清单方式一个一个地存储，需要时就可以直接从这个清单中提取。"又说："词法（morphology）是关于一个语言中可以接受或可能出现的复杂的词的内部结构的知识（Aronoff，1976，1982等），或者说是生成语言中可能的词的规则。"[①] 词库方式适合内部结构不清晰或不规则，意义的特异性较强，因而难以从字面推导的词语；词法方式则适用于内部结构规则透明，容易推导出整体意义的词语，这样的词或熟语往往蕴含着能产的词法模式，其意义具有一定的可预测性。这种预测，靠的正是词语的结构理据。由于汉语的构词法与句法结构形式存在很大的相通性，所以许多合成词都适用词法方式来理解、掌握。

典故词语是词语中的特殊群体。通过上述分析，我们对典

[①] 董秀芳：《汉语的词库与词法》，北京大学出版社 2004 年版，第 9—10 页。

故词语可以得到如下认识。

1. 典故词语都是有理据的。除极少数外，典故词语基本上都是由两个或更多的语素合成，选用哪个语素，语素之间怎样组合，都与词语表达的意义有关。即使是极少数的单纯词，例如"螟蛉"，作为虫名时，它的理据难以考察，但它作为典故词解为"义子"时，其词义来源于《诗·小雅·小宛》："螟蛉有子，蜾蠃负之。"这是可以解释的。

2. 典故词语的理据与非典故词语相比有明显的差别。非典故词语表义只靠语素，其字面义与实际义之间虽然可能存在范围大小的不同，但字面义一般不会完全脱离其实际义。而典故词语则不仅通过语素，还在暗中通过典源表义，字面义常常完全脱离实际义。所以，语言使用者用一般的词法方式处理典故词语可能会遇到障碍。

3. 典源是解释典故词语理据的关键。典故词语的字面形式和意义内容均来自典源，典源是二者结合的纽带。词语的内部结构可能不符合一般构词法的常规，其意义可能与字面完全脱离，这一切都可以从典源中找到合理的解释。对于不熟悉典源的语言使用者来说，就只能用词库方式处理这些理典故词语了。

※本文发表于《文史哲》2013年第6期。

论现代汉语典故词语的词义特征

典故词语就是在用典形成的典面的基础上,经过整合固化形成的词或熟语。从这个概念来看,典故词语的含义起码包含两个要点:一是有明确的出处,即来源于典故,是在用典的基础上形成的;二是必须是词或熟语,而不是自由松散的语段,每个汉语典故词语都是汉语词汇系统中的常规成员。在汉语史上,曾经有过的典故词语大部分被淘汰掉了,但也有一部分表现出了较强的生命力,经受住了时代的考验,进入了现代汉语词汇。典故词语既然是词或熟语,就与其他词或熟语一样,有自己约定俗成的、相对稳定的词义,但是,与非典故词语相比,典故词语的词义又具有一定的特征。本文即以《现代汉语词典》(以下简称《现汉》)所收释的典故词语为例,对其词义的特征进行总结。

一 来源于典源,受到典源的制约和影响

典故词语词义的最本质的特征是来源于典源,受到典源的制约和影响。典故词语脱胎于典源,因此典源对它的形式和意义都具有规约性。所有的典故词语的形式都与典源有关,这种形式上的关联使词语能够起到标志典源的作用。至于词义与典

源的关联，则不像词语形式与典源的关联那样绝对，有极少数典故词语，其语音文字形式脱胎于典源，但其意义与典源的联系则很隐晦。例如出自《诗经·周南·桃夭》的"逃之夭夭"，原作"桃之夭夭"，因"桃""逃"同音，后有人谐"桃"之音表"逃"义，用"桃之夭夭"形容逃跑，再后来也写成了"逃之夭夭"，这在意义上与典源的联系就不太密切了，其中的"夭夭"当然也没有了《诗毛传》所说的"其少壮也"的意思，它的作用就只剩下在形式上标志典源了。但这个作用仍然很重要，因为如果没有了"夭夭"，就无法看出这个成语来自典故，成语的诙谐幽默色彩也就消失了，这大概算是表示逃跑义的"桃之夭夭"在意义上与典源的一点微乎其微的联系了。《现汉》所收的"簇新""不亦乐乎""数见不鲜""每况愈下"等，情况都与此类似。

然而，典源对绝大部分典故词语词义的规约和影响还是存在的，这种规约和影响有时表现在词语的基本义上。例如：

【攻错】语出《诗经·小雅·鹤鸣》："它山之石，可以为错。"又："它山之石，可以攻玉。"诗句的原义大致是别的山上的石头可以当作粗磨石用以琢磨玉石，后人因以"攻错"比喻借他人的长处补救自己的短处。例如：

（1）党员之间，互相亲爱以互相扶助，互相攻错。（孙中山《国民党第二次全国代表大会宣言》）

【金兰】语本《易·系辞上》："二人同心，其利断金；同心之言，其臭如兰。"后人因用"金兰"指牢固而融洽的友情，后又用来作为结拜兄弟姐妹的代称。例如：

（2）赵正义沉着脸道："你我虽然义结金兰，但江湖

道义却远重于兄弟之情,但愿你也能明白这道理,莫要再为这武林败类自讨苦吃了。"(古龙《小李飞刀》)

【金瓯】本指金做的盆、盂之类器皿,这个意义上的"金瓯"不是典故词。《南史·朱异传》:"〔武帝〕尝夙兴至武德阁口,独言:'我国家犹若金瓯,无一伤缺。'"后人用此典故,以"金瓯"比喻完整的疆土,也泛指国土。例如:

(3) 收拾金瓯一片,分田分地真忙。(毛泽东《清平乐·蒋桂战争》词)

(4) 金瓯仍有残缺,祖国尚未统一。我们希望大力发展两岸关系,两岸互利共赢,实现祖国早日统一。(北大 CCL 语料库新华社 2004 年新闻稿)

【说项】唐代杨敬之器重项斯,作《赠项斯》诗:"几度见诗诗总好,及观标格过于诗。平生不解藏人善,到处逢人说项斯。"后世因谓为人说好话、替人讲情为"说项"。例如:

(5) 肖厂长搞的是五湖四海,自己的亲戚想进扬动,即使托他的七旬老母说项也不予准许。(北大 CCL 语料库 1994 年报刊精选)

典源不仅会影响到典故词语词义的基本义,而且对其色彩义及搭配对象范围也有一定的制约作用。例如:

【始作俑者】【作俑】语出《孟子·梁惠王上》:"仲尼曰:'始作俑者,其无后乎!'为其象人而用之也。""作俑"本来说的是制作用于殉葬的人偶,"始作俑者"本来指开始用俑殉葬的人。在典源中,孟子引孔子的话,是为了批评统治者"庖

283

有肥肉,厩有肥马,民有饥色,野有饿莩"的这种"率兽而食人"的行为的,孔孟对"作俑"这种行为都是深恶痛绝的。因此,后人用"作俑"表示倡导不好的事情,用"始作俑者"指恶劣风气的创始者。这两个词语都从典源中带来了较为强烈的贬义色彩。例如:

(6)一些师出无名的"大奖赛"充斥社会,使一些涉世不深的青少年荒废学业,甚至误入歧途,这难道不使一些莫名其妙的"大奖赛"的始作俑者感到汗颜吗?(北大CCL语料库1994年报刊精选)

【反戈一击】语本《尚书·武成》:"前徒倒戈,攻于后以北。"蔡沈集传:"纣之前徒倒戈,反攻其在后之众以走,自相屠戮。"不论在几千年的传统观念中,还是现今的史家都认为商纣王无道,代表的是暴虐腐朽的一方,而周武王则代表的是正义的、进步的、推动历史发展的一方。因此,"反戈一击"表示的基本义虽然是掉转武器向原营垒攻击,但在感情色彩上却是褒义的,是一种弃暗投明的正义行为,而不是叛变投敌的行为。例如:

(7)警觉之后,喊出一种新声;又因为从旧垒中来,情形看得较为分明,反戈一击,易制强敌的死命。(鲁迅《坟》)

以上是典源影响到词语色彩意义的例子。典源影响词语使用范围或搭配对象的例子有:
【擢发难数】字面义是拔起头发来计数也数不清,形容很多。语本《史记·范雎蔡泽列传》:"范雎曰:'汝罪有几?'

（须贾）曰：'擢贾之发以续贾之罪，尚未足。'"典源规定了这个成语不是形容一般的多，而是只用于罪行方面，形容罪恶多得数也数不清。例如：

（8）法西斯作风的罪恶是擢发难数的。（邹韬奋《法西斯作风的罪恶》）

【汗牛充栋】字面义是用牛运输会把牛累得出汗，存放在屋子里可以堆积到屋顶，可见也是形容事物之多的。语本唐柳宗元《文通先生陆给事墓表》："其为书，处则充栋宇，出则汗牛马。"由于典源的影响和约束，这个成语形容的对象只能是书籍，只表示书很多，而不用来表示别的东西多。例如：

（9）为了写这部书，他翻阅的资料汗牛充栋，读过、做过笔记或摘录的书有1500多种。（曾卓《"为人类工作"——马克思的生平》）

【久违】这里的"违"意思是离别，"久违"字面义就是离别了很久。该词出自唐代刘长卿《送皇甫曾赴上都》诗："东游久与故人违，西去荒凉旧路微。"从典源看，"久违"的对象应当是"故人"，即老朋友。正因为这样，"久违"才能成为久别重逢时的客套话。近年来，"久违"一词更多地被用来形容故人以外的其他事物，这可以看作这个词意义范围的扩大，被形容的事物虽然不一定是故人了，但仍然保持着两个特点：首先，是以前熟悉的事物；其次，是说话人心存或怀念或盼望的感情，至少不是说话人厌恶的事物。例如：

（10）虽如久违的朋友，六位团长这次没有握手，也

285

没有正式面对媒体拍照。(北大 CCL 语料库新华社 2004 年 6 月份新闻报道)

(11) 在牧民脱离了靠依赖草原超载过牧的生活后,沙化草原出现了久违的绿色。(北大 CCL 语料库新华社 2002 年 5 月份新闻报道)

【广开言路】语本《后汉书·来历传》:"朝廷广开言事之路。故且一切假贷。"这里的"假贷"意思是"宽宥","故且一切假贷"含有言者无罪的意思。后来用"广开言路"表示尽量创造条件,让群众或下属有发表意见的机会。在典源中,"广开言路"的主体是朝廷,现在没有朝廷了,但"广开言路"的行为者也应当是政府部门或领导者,而不能是下级对上级或群众对政府"广开言路"。例如:

(12) 1 月 3 日《人民日报》载:湖南长沙市从 1995 年 2 月开始,市领导机关设立了一项"诤言奖",向社会各界人士广开言路,征求批评建议。(北大 CCL 语料库《人民日报》1996 年 2 月份文章)

(13) 在他当政期间,广开言路。当时经济困难报纸都受政府津贴。法共的《人道报》也不受歧视。(萧乾《顶天立地戴高乐——二战史话》)

从以上分析可以看出,由于典故词语特殊的形成途径,典源对其词义的影响是普遍存在的,而且不仅影响到词语的基本义,还影响到词语的色彩义和使用范围、搭配对象等。

由于典故词语的词义受到典源的影响和制约,有些蕴含在典源中的意义因素在词语的字面上表现不出来,所以有些典故词语的字面义与实际义存在大小不等的距离。关于这个特点,笔者已在拙作《论现代汉语典故词语字面义与实际义的联系》（见《澳门语言学刊》2009年第2期）中有分析总结，这里不再赘述。

二 大多是语文义，基本上没有术语义

词义反映的是人们对某种事物的认识和评价。人们对日常生活中所接触的大量事物的认知，总是从事物的外在表象入手的。从语言学的角度看，这种认识和评价往往是出于经验的，是对事物的非本质的表象的认识，张联荣先生把通过这种途径产生的词义称为"语文义"。人对各种事物不断探索，其认识也不断深化，对某些事物会逐渐认识其本质属性和特征，这就会使词义发展变化或产生一些代表新的认识、概念的词。如果一个词的释义揭示的是一种科学概念，在逻辑上这个释义既包括概念的内涵，也包括其外延，反映的是事物固有的或本质的属性，使人们对该事物有一个科学的、本质的了解，张先生把这样一类定义称为"术语义"。张先生还根据语文义和术语义的划分，把词分成三类：第一类是只具术语义的词，即科学术语，如电子、光合作用、音质、单细胞等；第二类是只具语文义的词，如爱、恨、多、走等；第三类是兼具术语义和语文义的词，如水、光、空气、马、树、苹果等。[①]

如果按照这个类别考察，我们会发现，汉语中的典故词语都不属于第一类，也就是说，汉语的典故词语中没有只具术语义的纯粹的科学概念，也极少有典故词语属于第三类，几乎所有的典故词语的词义都属于语文义。之所以会这样，其原因至少有如下几点。

首先，从典故词语的来源角度看，典故词语的典源文献绝

---

① 张联荣：《语文义·术语义·文化义》，见《辞书研究》1997年第6期。

大部分产生于古代,是传统文化的书面记录。如果对《中国典故大辞典》① 所收 6100 多个主条的典源文献情况进行考察,会发现以下特点。

1. 汉语典故词语的主要来源是传统的经书和正史以及部分先秦子书。这些典籍能集中大量地产生典故词语,说明这些文献不仅在我国古代思想、文化方面影响巨大而深远,并能从一定角度上对汉语的词汇产生较大的影响。

2. 从时间上看,时代越早的文献产生的典故词语往往也越多。其原因,一方面是先秦两汉的文献奠定了传统文化、思想等各方面的基础,对后世的影响更深远,另一方面也说明典故词语的积淀形成需要较长的过程。

3. 魏晋及以后的典故词语来源文献在内容范围上越来越大,而每部文献产生的典故词语却越来越少。

仅从以上情况中就不难看出,这些典籍中涉及科学概念或定义的内容并不太多,在自然科学方面尤其如此。清末西学东渐之后,现代科学特别是自然科学方面的概念大量进入我国,汉语中的术语词迅速增多,但很少有人用典故词语来充当这样的术语或表示有关的科学的概念。

其次,从用典效果角度看,用典是典故形成、典故词语产生的关键,因为只有有人使用,典故才会形成,使用某一典故达到了一定的频度,典故词语才会产生。用典本是一种修辞方法,是以收到某种表达效果为目的的。罗积勇先生把用典的修辞效果归结为三个大的方面:提升性效果、曲折性效果、反差性效果。所谓提升性效果包括增强说服力和权威性,产生鲜明、强烈的效果,使叙说、描写的对象更典型;所谓曲折性效果包括委婉含蓄的效果,隐晦朦胧的效果,言简意赅的

---

① 赵应铎主编:《中国典故大辞典》,汉语大词典出版社 2005 年版。

效果等；所谓反差性效果包括趣味性效果，滑稽性效果、讽刺性效果，典雅性效果等。① 而这些效果都不是科学术语所追求的。

再次，从术语词及术语义特征的角度看，术语词是各种科学技术领域的专门用语，每门学科都有自己的术语系统。现代科学术语词的性质决定了它们对事物的指称外延和意义内涵都有严格的规定，具有明确性和科学性，大多数术语词具有单义性，这样在有关科技内容的文本的表述中可以有效地避免歧义。从纵向上看，术语标志着一定社会发展到某个阶段上人们对自然、社会、人文等领域的认识水平及科学发展水平。作为具有悠久历史的文明古国，中华民族的祖先在许多领域创造了光辉灿烂的文化，古汉语中也不乏带有术语性质或术语义的词，如"圆""方""勾股""方程""周天""赤道""黄道""五行""六书""训诂""叶音"等。这些词在古代的含义与今天不一定完全相同，人们对这些词所指称的事物的认识也在不断深化、明确化，但是古人运用这些词时，也会按照当时的认识水平和标准，在表义上尽量准确，尽量反映事物的本质特征，以适应有关学科表述的需要。

如果把用典所追求的表达效果与术语词、术语义的要求相对照，就会发现这二者之间的差别很大，有时甚至是格格不入的。在罗积勇先生总结的用典的三大修辞效果中，曲折性效果与反差性效果尤其突出。对此，古人也有不少体会和总结，有人甚至刻意追求表达的婉曲和语义的朦胧，如宋代沈义父《乐府指迷》就主张"咏物不可直说"：

  炼句下语，最是紧要。如说桃，不可直说破桃，须用

---

① 罗积勇：《用典研究》，武汉大学出版社2005年版。

"红雨""刘郎"等字；说柳，不可直说破柳，须用"章台""灞岸"等字。又用事如曰"银钩空满"，便是书字了，不必更说书字；"玉箸双垂"，便是泪了，不必更说泪。如"绿云缭绕"，隐然鬓发；"困便湘竹"，分明是簟。正不必分晓，如教初学小儿，说破这是甚事物，方见妙处。往往浅学俗流多不晓词妙用，指为不分晓，乃欲直捷说破，却是赚人与耍曲矣。如说情，不可太露。

"红雨"出自唐李贺《将进酒》诗："况是青春日将暮，桃花乱落如红雨。"后人因用"红雨"喻桃花，如宋晁端礼《宴桃源》词："洞户悄无人，空锁一庭红雨。"刘郎，指唐刘禹锡。刘禹锡《元和十年自朗州承召至京戏赠看花诸君子》诗有"玄都观里桃千树，尽是刘郎去后栽"的句子，与桃花有关。章台为长安街道名，本与柳无关。唐许尧佐《柳氏传》载，唐韩翃有姬柳氏，貌艳丽。韩归家省亲，柳留居长安，安史乱中出家为尼。后韩为平卢节度使侯希逸书记，使人寄柳诗曰："章台柳，章台柳，昔日青青今在否？纵使长条似旧垂，亦应攀折他人手。"由此章台才可以指代柳。灞岸，长安东灞水上有桥名为灞桥，古人送别多在此分手并折柳相赠，取其同音"留"意。古人许多诗词写灞桥柳，如唐杨巨源《赋得灞岸柳留辞郑员外》："杨柳含烟灞岸春，年年攀折为行人。"故诗词中灞岸可代指柳。这种表达法都是间接地用另一事物替代所要表达的事物。也有人指责过分用典会造成语义不明，如宋叶梦得《石林诗话》卷二说：

> 杨大年、刘子仪皆喜唐彦谦诗，以其用事精巧，对偶亲切。黄鲁直诗体虽不类，然亦不以杨、刘为过。如彦谦《题汉高庙》云："耳闻明主提三尺，眼见愚民盗一杯。"

虽是著题，然语皆歇后。"一抔"事无两出，或可略"土"字；如"三尺"，则三尺律、三尺喙皆可，何独剑乎？……苏子瞻诗有："买牛但自捐三尺，射鼠何劳挽六钧"，亦与此同病。六钧可去"弓"字，三尺不可去"剑"字，此理甚易知也。

"三尺"语出《汉书·高祖纪下》："吾以布衣提三尺，取天下，此非天命乎？"颜师古注："三尺，剑也。"但"三尺"在古代确实又可以指代法律，如《史记·酷吏列传》："周曰：'三尺安出哉？'"裴骃集解引《汉书音义》："以三尺竹简书法律也。"然而，唐彦谦的诗写的是汉高祖，而且明言"明主提三尺"，《汉书》所载刘邦所说"吾以布衣提三尺，取天下"当时的读书人都很熟悉，所以一般读者应当不会把"明主提三尺"的"三尺"误解为法律，更不会误解为"三尺喙"。①"一抔"是"一抔土"的省称，语出《史记·张释之冯唐列传》："假令愚民取长陵一抔土，陛下何以加其法乎？"长陵为汉高祖陵，"取长陵一抔土"是挖汉高祖之坟的委婉说法，后人因以"一抔土"指代坟墓。"买牛"二句见苏轼《次韵王定国得颍倅二首》。《汉书·龚遂传》记载：汉宣帝时，渤海郡发生灾荒，盗贼群起，百姓多佩戴刀剑。宣帝命龚遂为渤海太守。"遂见齐俗奢侈，好末技，不田作，乃躬率以俭约，劝民务农桑……民有带持刀剑者，使卖剑买牛，卖刀买犊，曰：'何为带牛佩犊？'"经过一段时间的治理，齐地民风大变，"郡中皆有蓄积，吏民皆富实，狱讼止息"。苏轼诗"买牛"

---

① "三尺喙"出自《庄子·徐无鬼》："丘也闻不言之言矣，未之尝言，于此乎言之。市南宜僚弄丸而两家之难解，孙叔敖甘寝秉羽而郢人投兵。丘愿有喙三尺。"后多用以"三尺喙"形容能言善辩。

句即用此典，其中的"三尺"仍指代剑。"六钧"指代强劲的弓，典出《左传·定公八年》："士皆坐列，曰：'颜高之弓六钧。'皆取而传观之。"杜预注："三十斤为钧，六钧百八十斤。古称重，故以为异强。"谓张满弓要用力六钧，后因以"六钧"指强弓。唐彦谦、苏轼的诗句写得好不好，那是另外的问题，至于其中用的几个典故，如果结合典源和诗句的具体内容来看，则不会产生歧义或误解。不过，叶梦得主张用典要尽量注意避免歧义，这当然是对的。

总之，用典追求的是某种典雅而委婉的表达效果，用典形成的典故词语也大多具有这种特点。这就使大部分典故词语适合用以表达形象思维，创造某种意境，使人接受到直观可感的物质世界，即使是抽象的事物，如情感、哲理、现象等，也往往通过比拟、借代等方式形象化地表现出来，例如不直说媒人，而称为"冰人"或"月下老人"、"月老"；不直说义子，而称为"螟蛉"；不直称父、母，而称为"椿庭"、"萱堂"或"怙恃"；不直说图谋取得政权，而说"问鼎"；不直说惊慌时疑神疑鬼，而说"草木皆兵"；不直说用假象迷惑对方借机采取某种行动，而说"明修栈道，暗度陈仓"；等等，都比直说要典雅形象得多。这样的词语更适合用在文学艺术作品中，而不适合在论述或说明时用以表述科学概念。所以，直到现代，汉语典故词语中仍然基本上没有术语词，带有术语义的典故词也很少。虽然经过千百年来的发展演变，有个别典故词产生了术语义，例如哲学领域的"矛盾"、经济学领域的"垄断"等，但这些词同时也具有语文义，而且这样的词在现代汉语典故词语中也是极少的。

三　词义的传统文化意蕴浓厚，具有强烈的民族性

王光汉先生认为："典故词是文化词语，因而典故词的词

义只是文化意义。"① 在这里，王先生提到了"文化词语"和"文化义"两个概念，把具有"文化意义"的词语分成两类，一类是文化词语，一类是一般词语，而典故词语是文化词语中的一部分。

"文化词语"或"文化词"早在20世纪80年代起就引起了我国学界的关注和浓厚的兴趣，但对其概念的界定，学者们则有不同意见。

先看文化词语。黄金贵把汉语词汇分为两类，一类是"有不同程度文化色彩的文化词语"，另一类是"无特定文化色彩的通义词语"，这就指出了文化词语的最重要的一个特征，即"有不同程度文化色彩"。② 在2001年出版的《古代文化词语考论·序言》中，黄先生更明确地说："词语是按意义来区分的，有文化义的词语就是文化词语，反之则是通义词语。"苏宝荣先生则把词语分为三种情况：一种是只有语言意义，没有文化意义的词语，是非文化词语，如"山""水""桌椅""门窗"；第二种是"一开始就是在特定文化背景下产生的，只有文化意义，没有一般的语言意义"，如"闻""秦晋"（表示联姻关系）；第三种是大多数词语，既有语言意义，又有文化意义，如"黄""马""左""右"等。苏先生说其中第二种"属文化词语"。下文又说："词语的文化意义有两个来源，一是专门为表示文化意义而创制的词语，即文化词语，二是非文化词语在特定的社会文化背景下被赋予文化意义。"③ 从这些论述可以清楚地看出，苏先生是把"在特定文化背景下产生

---

① 王光汉：《论典故词的词义特征》，见《古汉语研究》1997年第4期。
② 黄金贵：《〈古代文化词义集类辨考〉自序》，见《杭州大学学报》（哲学社会科学版）1994年第4期。
③ 苏宝荣：《词的语言意义、文化意义与辞书编纂》，见《辞书研究》1996年第4期。

的"、"专门为表示文化意义而创制的词语"认定为文化词语，而既有语言意义又有文化意义的词语则被称为非文化词语。

比较上述两种对文化词语的定义，可以发现，如果黄先生所说的"文化色彩"、"文化义"和苏先生所说的"文化意义"的含义大致相同的话，那么他们对文化词语定义的分歧主要表现在界定的宽严上：按照苏先生对词语三种情况的分类，黄先生的定义是把第二种和第三种词语都看作文化词语，这个界定范围较宽；而苏先生的定义则只承认第二种词语是文化词语，第三种则只能说带有文化意义，还不能算是文化词语，这个界定的范围则较严。

仅从理论上看，这两种定义各有道理。如果把两种定义各自付诸实践，则结果会相差很大。试想，在苏先生所分的三种情况中，第一种情况的词语的数量较少，第二种情况的词语数量则多得多，但应当不会超过第三种情况。语言是全社会共同的交际工具，其本质功能就是交际，创制、使用词语是社会成员参与交际的需要，所以语言初起时的绝大多数词语应当是表达语言意义的。而随着社会文明的发展，不仅会逐渐产生第二种情况的词语，而且原本属于第一种情况的词语中的大部分也会获得文化意义或文化色彩。举例来说，表示植物名称的词原本应当只有语言意义，但是像"梅""兰""竹""菊""松""柏"这样的词在汉语中就都获得了文化意义。"梅"可以作"盐梅"的省称，《尚书·说命下》中"若作和羹，尔惟盐梅"的话使得"梅"可以喻指宰辅重臣。"兰"则因其芳香清雅而引申为称美之辞，如美好的文辞称为"兰章"，芳香高雅的居室称为"兰室"，美称他人书简为"兰讯"等。"竹"既可指代竹简之类书写工具，如"罄竹难书"，又是古乐器八音之一，指箫、管、笙、笛之类竹制乐器。梅、竹、兰、菊四种花卉作为中国画的题材还获得了拟人化的称呼"四君子"。"松"

和"柏"因多长青不凋,"松"则被中华民族视为长寿的象征,有"松鹤延年"的说法,"松柏"还被作为志操坚贞的象征。所以,在现代汉语中,属于第二、第三两种情况的词语应当是绝大多数,其中第三种情况应当比第二种情况的数量多。由此看来,如果按照黄金贵先生范围较宽的定义,则汉语中绝大部分词语都应当是文化词语;如果按照苏宝荣先生限制较严格的定义,则汉语中只有一部分词语是文化词语,其数量应当少于非文化词语。

典故词语有较为明确的典籍源头,所表示的意义(包括基本意义、色彩意义、使用范围等),特别是其词义理据,具有特定的文化背景,离开了这个背景和词语的典籍源头就无法了解,因此这些词语从创制起表示的就是文化义。因此,上文所述文化词语界定标准的宽严问题也许学界暂时还不能形成一致的看法,但是无论用宽的还是严的标准来衡量(或者说即使用严的标准来衡量),典故词语都应当(或也应当)属于文化词语。

再看文化义。按一般通行的定义,文化是人类在历史发展中所创造的物质财富和精神财富的总和,有时也专指精神财富。按这个定义,语言、语义都是文化的一部分,语言中词语的意义都属于广义上的文化义。但此处讨论的与语言义或语文义并列的文化义,应当是个狭义的概念,它排除了语言作为交际工具本身产生、发展中所具有的与特定民族的文化因素没有直接关系的语义,专指词义中在特定的社会文化背景下产生的,必须结合这种背景才能理解或解释清楚的意义。

文化义的含义大致如此,但在辨别哪些具体词义是文化义时,学者们的意见仍不一致。

关于文化义,张联荣先生有这样的论述:

下面是《说文》对几个词的解释：

一，唯初太极，道生于一，造分天地，化成万物。

三，数名，天、地、人之道也。

示，天垂象，见吉凶，所以示人也。

玉，玉之美有五德。润泽以温，仁之方也。䚡理自外，可以知中，义之方也。其声舒扬，专以远闻，智之方也。不挠而折，勇之方也。锐廉而不忮，絜之方也。

很明显，这样的解释和我们通常所理解的释义很不一样。比如"一"和"三"，都是数词，与道无关。"示"的基本义是显现，与天象吉凶也无直接关系。也许许慎在这里是把"一"当作哲学术语看待，但"示"和"玉"无论如何也不能看成是术语词。……可以看出，这种释义反映的并不是全民对词语的共同认识，它所反映的是释义者的一种政治思想、伦理观念或者道德准则，我们可以把这样的释义称作文化义。①

又：

文化义常有强烈的社会思想色彩，它既不是语文义，也不同于我们所说的术语义。术语义反映的是对事物的一种科学的本质的认识，二者不能相提并论。②

由此可见，张先生所说的文化义，既不是语言义或语文义，也不是一般的术语义，而且"所反映并不是全民对词语的共同认识"，只是释义者个人或少数人就某些词所表述的"一

---

① 张联荣：《语文义·术语义·文化义》，见《辞书研究》1997 年第 6 期。
② 张联荣：《语文义·术语义·文化义》，见《辞书研究》1997 年第 6 期。

种政治思想、伦理观念或者道德准则"，因此也不能进入全民公共的语言交际领域。从这个意义上说，这种"文化义"甚至不能算是一般语言学意义上的词义。而苏宝荣先生所举的文化义的例子有非文化词"赋"的"兵，军队"义和"兵车"义，"冰台"的"艾蒿"义，文化词"闰"的"闰月"义，等等。①

可见，苏先生所说的文化义与张先生所说的文化义至少有两点不同。第一，苏先生所说的文化义虽然有别于一般的语文义，但它却与一般的语文义具有共同的特征，即都具有社会性，是社会共同约定俗成的，社会成员对这样的文化义有着共同的理解，彼此之间可以用这样的词义进行交际。第二，苏先生所说的文化义与术语义并不互相排斥。拿"闰"来说，《说文·王部》："闰，余分之月，五岁再闰。告朔之礼，天子居宗庙，闰月居门中，从王在门中。周礼曰：闰月王居门中终月也。"可见"闰"的词义连同字形的产生都同古代历法置闰与祭祀礼节有关，所以"闰"的闰月义、置闰义都是文化义，而且"闰"是个文化词。而"闰"本身又是一个历法术语。《汉语大词典》《现汉》对"闰"的解释是一样的："一回归年的时间为365天5时48分46秒。阳历把一年定为365天，所余的时间约每四年积累成一天，加在二月里；农历把一年定为354天或355天，所余的时间约每三年积累成一个月，加在一年里。这样的办法，在历法上叫做闰。"可见"闰"的这个义项不仅是文化义，同时也是术语义。

典故词语既然都是文化词语，都是在特定的社会文化背景下产生的，那么这些词语所包含的传统文化意蕴就非常丰富。汉语典故词语基本上都来自传统典籍，浩如烟海的中华典籍本

---

① 苏宝荣：《词的语言意义、文化意义与辞书编纂》，见《辞书研究》1996年第4期。

身就是中华传统文化的重要载体，由此产生的典故词语理所当然地会被赋予传统文化的基因。虽然在现代汉语中还常用而且被《现汉》收释的典故词语在汉语典故词语中只占很少一部分，但仅从《现汉》收释的典故词语来看，涉及的传统文化就包括许多方面。

在《现汉》收释的典故词语中，含义与军事或战争有直接关系的词语有近60个，在数量上比较突出。其中有的词语涉及古人的某些战略战术思想，如"一鼓作气""因势利导""兵不厌诈""知己知彼"等；有的词语描述战事过程中的或与战事有关的某种情况、事物，如"反戈一击""倒戈""投鞭断流""（作）壁上观""剑拔弩张""四面楚歌""严阵以待"等；也有的通过具体战例反映出有关战事的策略等，如"围魏救赵""破釜沉舟""背水阵"等；还有的直接或间接体现出对战事的态度、看法，如"哀兵必胜""请缨""灭此朝食""袍泽""胜算"等。

传统的婚恋文化和习俗在现今常用的典故词语中也有所体现。儒家礼教制度下的婚姻讲究"父母之命，媒妁之言"，《现汉》收释的典故词语中表示媒人的就有"冰人"、"月下老人"（"月老"）、"红娘"，表示做媒的有"作伐"。《诗经·豳风·伐柯》有"伐柯如何，匪斧不克，取妻如何，匪媒不得"的句子，不仅出了"作伐""伐柯人""伐柯"等典故词，也说明了媒人在古代婚姻中的重要作用。按照当时的礼教，女子若无媒妁之言，则只能待字闺中，"待字"一词本《礼记·曲礼上》："女子许嫁，笄而字。"其中隐约透露出女子无法掌握自己婚事的信息，还反映了女子成年许嫁方才命字的习俗。"举案齐眉""夫唱妇随"等成语则从不同侧面反映出在婚姻关系中男尊女卑的现实，"遇人不淑""陈世美"等令人对遭遇不幸婚姻的女性产生同情。也有反映夫妻或情人间融洽关系的"卿卿我我""相敬如宾","东床"的故事则带有浪漫色彩。而"牛郎织女""鹊桥""花好月圆""花前月下""破镜重圆""河东狮吼""湘妃竹"等从不同侧面反映了形形色色的婚姻状况。

封建时代的统治者为了维护社会稳定,巩固自己的统治地位,按照严格的等级原则建立了以血缘关系为纽带的宗法制度。在协调国与家的关系的过程中,保证国家、君主有效统治的最高原则是"忠",保证家长权威地位、巩固基层社会秩序的最高原则是"孝"。在这二者当中,统治者更看重的当然是忠,所谓"忠孝不能两全",就是提倡在二者发生矛盾时要舍孝取忠。但"孝"的观念与下层民众的关系更直接。在现代汉语典故词语中,"春晖""寸草春晖""萱堂""椿庭""椿萱""桑梓""梓里""手泽""膝下""不共戴天"等都或多或少、或直接或曲折地透露出"孝"的信息。重视传宗接代成为汉民族伦理文化的重要内容,典故词中有"弄璋""弄瓦",其典源中含有对后代繁盛兴旺的喜悦。

总之,典故词语中蕴含的传统文化内容十分丰富,涉及汉民族风俗习惯、文化背景、思维方式等诸多文化因素,以上只是举例说明。这些典故词语中包含的文化因素大多是中华民族所独有的,这就使汉语的典故词语在词义上具有很强的民族性。

四 大多数词语含义具有双重性

刘叔新先生说:"成语的独特处是在意义方面——意义的双重性。一个固定语,如果有一层字面上(表面上)的意义,同时透过它又有一层隐而不露的意义,而且这隐含着的才是真正的意义,那么就会被大家看做成语。"[①] 刘先生是把意义具

---

① 刘叔新:《汉语描写词汇学》,商务印书馆1990年版。

有双重性（有表层意义和深层意义，深层意义才是其真正的意义）看作区别成语和其他熟语的重要标准之一。但经过考察后我们发现，现代汉语的大多数典故词语都具有意义的双重性特征，这个特征主要表现在事典词语上。例如"买椟还珠"，典出《韩非子·外储说左上》，其表层义是"买了匣子却把匣子里的珍珠还回来"，其深层义是"比喻舍本逐末，取舍不当"。这样的事典词语中有不少同时又是成语，这里不必举例。

事典词语中还有许多并不是成语，但它们在词义上也同样具有双重性。这里拿"鱼雁"和"闭门羹"为例。

"鱼雁"有两个出处。一个是《乐府诗集·相和歌辞十三·饮马长城窟行之一》："客从远方来，遗我双鲤鱼。呼儿烹鲤鱼，中有尺素书。"另一个是《汉书·苏武传》所载：汉苏武出使匈奴被扣十九年，昭帝时匈奴与汉和亲，汉求释放苏武，匈奴谎称苏武已死。汉使知情，乃向单于佯言："天子射上林中，得雁，足有系帛书，言武等在大泽中。"单于惊以为真，遂释放苏武归汉。"鱼雁"的表层义是鱼和雁，是两种动物，因典源中有借鱼腹和雁足传书的情节，"鱼雁"就被借来指代书信，这是其深层意义。"闭门羹"典出唐代冯贽《云仙杂记·迷香洞》："史凤，宣城妓也，待客以等差。甚异者，有迷香洞、神鸡枕、锁莲灯；次则交红被、传香枕、八分羹；下列不相见，以闭门羹待之，使人致语曰：'请公梦中来。'"据此，"闭门羹"的原义是妓女史凤招待自己不亲自相见的下等嫖客的食物，这也是这个词的表层意义，而其深层意义是拒人于门外。像这种不是成语的事典词语，其意义具有明显的双重性的例子还有：

|傲骨|沧桑|碧血|冰人|膏肓|操刀|掣肘|成仁|
|点睛|东床|斗胆|负荆|割席|瓜代|瓜期|蛇足|

鲲鹏　芹献　青蚨　请缨　染指　入彀　獭祭　左袒
偏袒　推敲　问鼎　下榻　效颦　悬壶　中肯　捉刀
株守　背水阵　空城计　鸿门宴　黄粱梦　莫须有
孺子牛　中山狼　月下老人

等等。

语典词语中也有不少意义具有双重性的例子，其中是成语的例子很多，这里不再列举，非成语的例子如：

春晖　翘楚　灵犀　垄断　口碑　金瓯　箕斗　全豹
鸿爪　攻错　股肱　附骥
代庖　桑梓　识荆　中饱　逐鹿　板荡　苍黄　先河
一斑　殷鉴　折桂　作俑

等等。

意义具有双重性是大多数典故词语的特点，但这一点不是绝对的，也有个别典故词语的深层含义与表层含义差别很小，或者更确切地说，这样的词语，其意义的双重性很不明显，因此很难分出表层意义和深层意义，不过，这样的典故词语数量很少，而且基本上都是语典词语。其中有成语，如"兵不厌诈"（语本《韩非子·难一》："战阵之间，不厌诈伪"）、"拨乱反正"（语本《公羊传·哀公十四年》："拨乱世，反诸正，莫近诸《春秋》"）、"尽善尽美"（语本《论语·八佾》："子谓《韶》'尽美矣，又尽善也'；谓《武》'尽美矣，未尽善也'"）等。

总之，词义带有双重性，是典故词语比较普遍的现象，这种现象在事典词语中表现得更为明显，在语典词语中的表现则相对较差。究其原因，应当是事典词语的典源常常是有人物

（包括拟人化的人物）、有背景、有情节的故事，其中感性的因素比语典要多，产生的词语也往往从形象的、可感的角度构词取义。构词因素的可感性形成了词语的表层意义，而词语形成之后，所表达的真实意义则往往是透过感性因素曲折反映出的理性因素，这就是词语的深层意义。从这个角度看，事典与寓言有相似之处，寓言的目的是讲述某条道理，但它并不直接说理，而是把道理寄寓在故事当中，于是形成了表层的故事与深层的道理。至于语典词语，其典源则常常是古籍中记录的话语，这些话语多是表达某种事物、现象、体会、看法或道理。如果作者运用比喻、借代、映衬等手段把要表达的对象通过形象的话语说出来，所形成的典故词语仍然可能在词义上具有双重性，如果其表达是直抒胸臆而不借助于形象可感的因素，则形成的典故词语就有可能不具备词义的双重性，或者双重性特征不明显。

在现代汉语中还有这样一些典故词语，它们在典源中表达的原本只是其字面的意义，即后来成为典故词语时的表层意义。而词语的深层意义，是用典人在创造该词语时根据其字面赋予它的意义。上文说到，许多典故词语表层的字面意义表现的往往是具体可感的事物、现象等，造词人就根据词语字面表达的现象或事物，运用隐喻的手段，把它转移到另外的现象或事物上，从而形成词语的深层含义。与表层意义相比，深层意义往往是一般的或抽象的。例如：

【风雨如晦】语出《诗经·郑风·风雨》："风雨如晦，鸡鸣不已。既见君子，云胡不喜？"该诗小序云："《风雨》，思君子也。乱世则思君子，不改其度焉。"所以古人用"风雨如晦"有时表示在恶劣的环境中保持气节操守。其实，按照《诗》家的解释，诗句中真正比喻气节操守的是"鸡鸣"，《风雨》首章："风雨凄凄，鸡鸣喈喈。"毛传："兴也。风且雨，凄凄然，鸡犹守时而鸣，喈喈然。"郑笺："兴者，喻君子虽居乱世，不变改其节度。"但"风雨如晦"的"在恶劣的环境中保持气节操守"的意思在现今已经不用了。如果抛开经学家们的说教，这首诗说的就是夫妻或情人久别重逢时的情形。"晦"的意思是昏暗，不明亮（毛传："晦，昏也"），"风雨如晦"就是风雨交加，天色昏暗得如同黑夜。而这个意思正是该成语的表层意义。在现代汉语中，"风雨如晦"的深层意义是"形容局势动荡或社会黑暗"。例如：

（13）在风雨如晦的旧中国，辛亥革命的志士仁人发出了"振兴中华"的呐喊。（北大CCL语料库新华社2001年10月份新闻报道）

【风雨飘摇】语本《诗经·豳风·鸱鸮》："予室翘翘，风雨所漂摇。""风雨飘摇"的字面义就是在风雨中飘荡摇摆。《现汉》解释"风雨飘摇"的意思是："形容形势很不稳定。"例如：

（14）当时，清政府已处于风雨飘摇的地步，外国侵略者对我国的蚕食鲸吞，使他忧患日深，一腔爱国热情，企图在从政后得以一展才能，报效国家。（北大CCL语料库1994年报刊精选）

【水落石出】语出宋代欧阳修《醉翁亭记》："野芳发而幽香，佳木秀而繁阴，风霜高洁，水落而石出者，山间之四时也。"在典源中，作者描写山间不同季节的美景，"水落而石出"只是说秋季到来，水位下降，原本浸在水中的石头露了出来，并没有其他的意思。而用这个典故的人从典源文句中选取

303

了"水落石出",把它当作成语来用时,表达的却是与山间秋景完全不相干的意思。《汉语大词典》对"水落石出"的解释是"后用以比喻事物真相完全显露",《现汉》的解释是"水落下去,石头就露出来,比喻真相大白"。"比喻事物真相完全显露"或"比喻真相大白"是作为成语的"水落石出"的深层意义,是用典人根据其字面意义赋予的。

此外,像"走马观花""满城风雨""天衣无缝""山雨欲来风满楼"等都是这种情况。

五 词义的引申机制不发达

笔者对《现汉》所收 1115 多个典故词语在《现汉》和《汉语大词典》中的义项数做了部分统计。之所以选用这两部工具书,而没有考察典故词典之类的辞书,是因为本文重点考察的对象是活跃在现代汉语中的、已成为现代汉语词汇系统中的常规成员的典故词语,而不是汉语史上曾经存在过但现今已经消亡或已经很冷僻的典故词语;考察的角度则是看这些经历了时代变迁、进入了现代汉语词汇系统的成员在词义的构成、演变等方面,与非典故词语相比有哪些特点和规律。因此,在统计词语义项时,我们选用的是不仅收释典故词语,同时收释一般词语的普通语文词典,而不是专门收释典故词语的工具书。

我们把统计得到的《现汉》所收典故词语的义项数列为表 1。

表 1 《现汉》所收典故词语

	总数	1 个义项的	2 个义项的	3 个义项的	6 个义项的
词语个数	1115	1071	36	7	1
所占百分比	100	96.05	3.23	0.63	0.09

表1中的数字可以从一个角度说明现代汉语典故词语中的大多数是单义项的。如果再仔细考察其中多义项词语中各义项的关系，就会发现，有些词语虽然有不止一个义项，但这些义项之间并不存在引申关系。例如：

【蟾蜍】两个义项。第一个是："两栖动物，身体表面有许多疙瘩，内有毒腺，能分泌黏液，吃昆虫、蜗牛等小动物，对农业有益。通称癞蛤蟆或疥蛤蟆。"第二个是："传说月亮里面有三条腿的蟾蜍，因此，古代诗文里常用来指月亮。"月中有蟾蜍的传说，见于《后汉书·天文志上》"言其时星辰之变"南朝梁刘昭注："羿请无死之药于西王母，姮娥窃之以奔月。将往，枚筮之于有黄，有黄占之曰：'吉。翩翩归妹，独将西行，逢天晦芒，毋恐毋惊，后其大昌。'姮娥遂托身于月，是为蟾蜍。"此外，《艺文类聚》卷一引东汉张衡《灵宪》："姮娥奔月，是为蟾蜍。"如果《艺文类聚》的记录不错的话，则张衡的说法比刘昭《后汉书·天文志》注要早得多，说明月中有蟾蜍的传说至晚在汉代就有了。

【耳顺】两个义项。第一个是："《论语·为政》：'六十而耳顺。'指年龄至六十，听到别人的话，就能深刻理解其中的意思。后来用'耳顺'指人六十岁：年逾～｜～之年。"第二个是："顺耳：这个唱腔我听着倒还～。"

【冰山】三个义项。第一个是："积雪和冰常年不化的大山。"第二个是："浮在海洋中的巨大冰块，是两极冰川末端断裂，滑落海洋中形成的。"第三个是："比喻不能长久依赖的靠山。"其中第三个义项典出五代王仁裕《开元天宝遗事》卷上："杨国忠权倾天下，四方之士，争诣其门。进士张彖者，陕州人也，力学有大名，志气高大，未尝低折于人。人有劝彖令修谒国忠，可图显荣。彖曰：'尔辈以谓杨公之势，倚靠如泰山，以吾所见，乃冰山也，或皎日大明之际，则此山当误人尔.'后果如其言。"

以上例子都有不止一个义项,它们有一个共同特点,即其中一个义项来自典故,另外的义项则与典故没有直接关系。如"蟾蜍",首先是一种动物名,这个意义与典故无关,另一个义项是指代月亮,这个意义才来自典故。而且"蟾蜍"的这两条意义中的任何一条都不是从另一条引申出来的,而且只有"指代月亮"的"蟾蜍"是典故词,而作为动物名的"蟾蜍"不是典故词。下面的几个例子与此相类。这些例子说明,在部分多义典故词语中,其来自典故的义项与其他义项之间往往并不存在引申关系。

然而,通过考察笔者也发现,并不是所有典故词语的意义都不能引申。请看以下例子。

【步伐】《现汉》列两个义项。第一个是:"指队伍操练时脚步的大小、快慢:~整齐。"第二个是:"行走的步子:矫健的~。"第三个是:"比喻事情进行的速度:要加快经济建设的~。""步伐"语本《尚书·牧誓》:"今日之事,不愆于六步七步,乃止齐焉,夫子勖哉!不愆于四伐、五伐、六伐、七伐,乃止齐焉,勖哉夫子!"蔡沈集传:"步,进趋也。伐,击刺也。"在典源中,"步"和"伐"的意思都与军队作战有关,组成双音词后,"步伐"也用来形容队伍操练时的步子。《现汉》的第二个义项是以第一个义项为出发点引申出来的,词义范围扩大了,而第三个义项又是在第二个义项的基础上引申出来的。"步伐"的这几项意思在现代汉语中都很常见,这里不再举例。

【滥觞】两个义项。第一个是名词义:"江河发源的地方,水少只能浮起酒杯,泛指事物的起源。"第二个是动词义:"起源:词~于唐,兴盛于宋。""滥觞"语出《荀子·子道》:"昔者江出于岷山,其始出也,其源可以滥觞。"《现汉》第二个义项是从第一个义项引申出来的。

【天真】两个义项。第一个是:"心地单纯,性情直率;没有做作和虚伪:~烂漫。"第二个是:"头脑简单,容易被假象迷惑:这种想法过于~。"这两项意思是现代汉语中常用的。"天真"语本《庄子·渔父》:"礼者,世俗之所为也;真者,所以受于天也,自然不可易也。故圣人法天贵真,不拘于俗。"所以在形成双音词之初,"天真"表示不拘于礼法的自然品性,这个意义在现代汉语中已经基本不用了,《现汉》中的第一个义项就是从这个意义引申而来的,第二个义项又是从第一个义项引申而来的。

在《现汉》所收的1115多个典故词语中,被《汉语大词典》收释的有1100个。① 其义项数分布的大致情况可以列成表2。

表2　　　　　　　　《汉词大词典》所释典故词语

	总数	1个义项	2个义项	3个义项	4个义项	5个义项	6—10个义项
词语个数	1100	940	79	43	16	11	11
占百分比	100	85.45	7.18	3.9	1.45	1	1

从表1和表2的数字对比上看,现代汉语典故词语在《汉语大词典》中的义项要比在《现汉》中的义项复杂一些,具有两个或更多义项的词语在《汉语大词典》中要比在《现汉》中多出21.11个百分点。但这个数据是否就能说明典故词语在古代的词义引申机制比现代发达呢?或者说造成这个数据的原

---

① 《现汉》所收的典故词语中有些如"阿Q""白骨精""饱经沧桑""唱空城计""陈世美""此地无银三百""负荆""敬业乐群""来鸿""水清无鱼""他山攻错""红杏出墙""颐龄""治丝益棼""斫轮老手"等,《汉语大词典》未收。

因是否完全在于这些词语在古代具有更多的引申义？我们看看下面几个词语的义项构成。

【百年】《汉语大词典》列 7 个义项：1. 指人寿百岁，语出《礼记·曲礼上》："百年曰期。"陈澔集说："人寿以百年为期，故曰期。"2. 指器物寿命长，经久耐用。3. 指百岁的人。4. 谓时间长久。5. 一生；终身。6. 死的婉词。7. 指世代。《现汉》只有两个义项：1. 指很多年或很长时间。2. 人的一生，终身。在《汉语大词典》的 7 个义项中，只有第 1 项、第 5 项、第 6 项、第 7 项与典故有关，第 5 项是从第 1 项引申而来的，第 6 项、第 7 项则从第 5 项引申而来，与第 1 项的关系已经不太明显了；其余 3 项与典源没有直接关系。在《现汉》的两个义项中，只有第 2 个义项与典故有关，第 1 个义项则与典故没有直接关系。在现今的用例中，第 1 个义项很常见，而作为典故词的"百年"在现今则已经不常使用了，即使使用，也经常是出现在"百年之后""百年之好"等相对固定的结构中。例如：

（14）这么多年来，尽管工作繁忙，我几乎每年都抽空回海南做公益事业，这些都是遵照你们祖父的遗嘱去做的，我也希望你们在我百年之后接着做下去。（北大 CCL 语料库新华社 2004 年 3 月份新闻报道）

（15）鲜为人知的是这对有情人 40 年代时结成百年之好。（北大 CCL 语料库 1994 年报刊精选）

通过比较可知，"百年"一词在《汉语大词典》中的义项比在《现汉》中多出 5 项，是因为这个词的一部分在古代曾经具有的义项在后来的发展演变中逐渐消亡，没有保留到现代。在这些已经消亡的义项中，有少数是从词的典故义中引申出来的，而多数则与典故义没有直接关系。

【鸿雁】《汉语大词典》列 4 个义项：1. 俗称大雁，一种候鸟。2.《诗经·小雅·鸿雁序》："《鸿雁》，美宣王也；万民离散，不安其居，而能劳来还定，安集之，至于矜寡，无不得其所焉。"后即用以比喻灾乱流离之民。3.《汉书·苏武传》载有大雁传书之事，后因以指书信。4. 比喻兄弟。《现汉》只列两个义项：1. 一种冬候鸟，也叫大雁。2. 借指书信。

"鸿雁"本是一种鸟名，这是这个词最基本的意思，《汉语大词典》和《现汉》的第 1 个义项都先解释这个意思，而这个意义上的"鸿雁"不是典故词。《汉语大词典》中的第 2 个义项，在现代汉语中已经消亡，这个意义上的"鸿雁"是典故词，但与现代汉语中的典故词"鸿雁"不是同一个词，因为它们的典源不同，意思也不相干。以《诗经·小雅·鸿雁》为典源并保留到现代汉语中的有成语"哀鸿遍野"，以"哀鸿"比喻流离失所的灾民，但"鸿雁"在现代已经没有灾民的意思了。《汉语大词典》的第 3 个义项与《现汉》的第 2 个义项是同一个义项，从古代保留到今天。《汉语大词典》的第 4 个义项出自《礼记·王制》："父之齿随行，兄之齿雁行，朋友不相逾。"这个意义上的"鸿雁"也是一个典故词，但在现代已经消亡了。借指书信的"鸿雁"在现代汉语中还能单独使用，更多的时候则是出现在"鸿雁传书"这个相对固定的结构中。例如：

（16）夏朋远赴北平读书，一川在上海大厦中学教木刻，两地相思，鸿雁不断。（北大 CCL 语料库 1994 年报刊精选）

（17）这几年他们通过鸿雁传书，通过探亲访友，发现自己原先贫穷破旧的家乡经过 14 年改革、开放春风洗礼，已面目全新。（北大 CCL 语料库《人民日报》1993

年5月份文章）

从上面这些例子可以看出，现代汉语典故词语在《汉语大词典》和《现汉》两部工具书中的义项数略有差别，其原因是多方面的。其中最主要的原因是《汉语大词典》是一部大型的、历史性的汉语语文辞书，着重从词语的历史演变过程对其意义进行阐释，所列义项力求全面，反映的是词义在历时平面上的情形；而《现汉》则是记录现代汉语普通话语汇为主的中型词典，所解释的也是词语在现代汉语这个共时平面内使用的意义，对于历史上曾经有过但现今已经消亡的意义，《现汉》一般不做解释。在《汉语大词典》中有而《现汉》没有的那些义项中，有的是典故词语的引申义，但更多的是与典故无关的义项。由此可见，无论在古代还是在现代，典故词语的词义都存在辗转引申的现象，但这种现象只表现在很少数典故词语上，说明典故词语词义的引申机制并不发达。

六　词语的色彩意义丰富

色彩意义属于词语的辅助意义，指的是词语意义中所蕴含的感情、格调、形象、韵味等附加成分。对一个词或熟语来说，其意义是一个包含各种功用内容的综合物，它的构成往往比较复杂，典故词语的词义尤其如此。为了更清楚地分析、认识词义的构成，学者们有的把词义分为词汇意义、语法意义和色彩意义三部分[1]，也有的分为基义（部分相当于传统词汇学或语义学的"理性义""概念义""指称义"等）和陪义（与传统语义学、词汇学的"色彩意义""伴随色彩"等大致相当）两部分[2]；

---

[1]　葛本仪：《现代汉语词汇学》，山东人民出版社2001年版。
[2]　张志毅、张庆云：《词汇语义学》，商务印书馆2012年版。

还有的把词义分成理性意义（又称"概念意义"或"指称意义"）、联想意义、社会文化意义、色彩意义、和语法意义五个部分①。无论如何划分，学者们不约而同地认为，色彩意义是词义的组成部分。

杨振兰把现代汉语词的色彩意义分为感情色彩、形象色彩、风格色彩、时代色彩、外来色彩、地方色彩等几个方面②。对于典故词语来说，其意义特征上表现比较突出的是风格色彩、形象色彩、和感情色彩。

不仅某种语体、某个作者会具有自己的表达风格，语言中的词或熟语也具有静态的、独立的风格色彩，许多典故词语则表现出比较浓重的典雅庄重的色彩。例如表示人的年龄，典故词有"志学""而立""不惑""知命""弱冠""期颐""古稀"等，这些说法比直接说人十五岁、三十岁等，显然更加文雅。再例如：

【先河】典出《礼记·学记》："三王之祭川也，皆先河而后海，或源也，或委也，此之谓务本。"后人用此典以"先河"指本源、根本，在今天则称倡导在先的事物为"先河"，这是对倡导在先的事物的一种带有典雅色彩的称谓。例如：

（18）《广州日报》近几年的新闻改革有声有色，在扩版上更开了全国之先河。（北大 CCL 语料库 1994 年报刊精选）

（19）发端于安徽凤阳县的家庭联产承包责任制，开创了我国农村改革的先河。（同上）

---

① 刘中富：《实用汉语词汇》，安徽教育出版社 2003 年版。
② 杨振兰：《现代汉语词彩学》，山东大学出版社 1996 年版。

【识荆】语本唐代李白《与韩荆州书》："白闻天下谈士相聚而言曰：'生不用封万户侯，但愿一识韩荆州。'何令人之景慕一至于此耶！"韩荆州，指韩朝宗，当时任荆州长史。后人用此典，以"识荆"作为初次见面结识的敬辞。如果用"初次见面""非常敬仰"之类表达，远不如"识荆"凝练而且具有典雅色彩。例如：

（20）两位主人公之一的聂耳先生，在日本意外早逝时，我还是一个少不更事的少年，自然无缘识荆；却于1948年冬，在河北省西柏坡附近的李家庄结识了久负盛名的田汉先生。（北大CCL语料库《人民日报》1995年2月份文章）

【洛阳纸贵】《晋书·左思传》载：左思"造《齐都赋》，一年乃成。复欲赋三都"，"遂构思十年，门庭藩溷，皆著笔纸，遇得一句，即便疏之。自以所见不博，求为秘书郎。及赋成……豪贵之家竞相传写，洛阳为之纸贵"。后人借"洛阳纸贵"表示著作广为流传，风行一时。由于暗含了左思《三都赋》风行之事，"洛阳纸贵"就比一般地说著作如何风行、如何受欢迎要更形象，更曲折含蓄，也更具典雅色彩。例如：

（21）文学家艺术家常幻想自己的作品能够使洛阳纸贵，万人空巷，但便是许多部最激动人心的作品加起来，也不如一件涉及国家、民族利益的政治事件牵动人心。（北大CCL语料库《人民日报》1998年文章）

（22）爱新觉罗·溥杰先生推崇邓友梅："近著烟壶稗史，洛阳纸贵，良有以也。"（和宝堂《京味作家邓友梅》）

上面的例子都比一般的直白的表达更具典雅色彩。在典故词语中，这样的例子很多，说"政局混乱，社会动荡"不如"板荡"典雅，说"不重复犯同样的错误"不如"不贰过"典雅。再比较"为正义事业献出生命"和"成仁"、"女婿"和"东床"，"老朋友"和"旧雨"，"起源"和"滥觞"，"戏院"或"戏曲界"和"梨园"，"军队里的同事"或"战友"与"袍泽"，等等，后者都比前者凝练典雅，有时还带有一定程度的庄重色彩。

　　典故词语的另一个特色是它们的形象色彩。一般地说，意义抽象的词语不容易带有形象色彩。但是，上文曾经谈到，大多数典故词语的意义具有双重性，虽然经常表达一般的、抽象的意义，但它们的表层意义往往是具体的、个别的、形象的，表现的事物或有形，或有声，或有色，或有味，这就使许多典故词语的意义带有了形象色彩。例如表示世事变幻无常的意思，典故词语可以用"白衣苍狗"或"白云苍狗"作比喻，这不仅让人联想到杜甫《可叹》诗中的有关句子，而且联想到天上的浮云形状的变化，很有形象性。再看几个例子。

　　【全豹】【管中窥豹】均出自南朝宋刘义庆《世说新语·方正》："王子敬数岁时，尝看诸门生樗蒲，见有胜负，因曰：'南风不竞。'门生辈轻其小儿，乃曰：'此郎亦管中窥豹，时见一斑。'"后因用"管中窥豹"比喻只见到事物的一小部分；用"全豹"比喻事物的全部或全貌。例如：

　　（23）钱先生过去是一直反对旁人"发掘"他的"少作"的，现在却一反旧说，汇集了这一本散文，使爱读他的文字的读者得以一窥全豹，是值得感谢的。（北大 CCL 语料库《人民日报》1998 年文章）

　　（24）这么多年，自己局限在狭小的圈子里，很少在大千世界走动，成为井底之蛙，看待事物也许管中窥豹。
（陆步轩《屠夫看世界》）

【胶柱鼓瑟】语出《史记·廉颇蔺相如列传》："王以名使括，若胶柱而鼓瑟耳。括徒能读其父书传，不知合变也。"用胶粘住瑟上的弦柱来比喻固执拘泥，不知变通，比直说要形象得多。例如：

（25）历史警示我们：顺潮而动，与时俱进，才能引领时代大潮；胶柱鼓瑟，因循守旧，必将被历史抛弃。（北大CCL语料库新华社2002年2月份新闻报道）

此外，不说"阻挠别人做事"而说"掣肘"，不说"争夺天下"而说"逐鹿"，不说"谁能夺得天下"而说"鹿死谁手"，等等，都带有形象色彩。

典故词语的感情色彩也比较突出。大千世界和人的生活是丰富多彩、千姿百态的，这决定了人的感情也是丰富而复杂的，各种事物会引起人们或肯定，或否定，或景仰赞美，或贬斥蔑视，或爱或憎，或喜或忧，或愉悦甜蜜，或愤怒悲凉，形形色色，不一而足。但是，对词义感情色彩的分类不可能那么细致，在这里，我们只将各种各样的感情分为积极的和消极的两个大方面，并按照传统的说法把词语分为褒义的、贬义的和中性的，以此来考察典故词语的感情色彩。带有褒义色彩的典故词语例如：

【碧血】出自《庄子·外物》："苌弘死于蜀，藏其血，三年而化为碧。"后人因以"碧血"称忠臣烈士所流之血。现代多指为了正义的事业而流的血。为正义事业流血，当然是值得崇敬的。例如：

（26）为了求得祖国的彻底解放、洗掉母亲身上近百年来蒙受的屈辱，雨花台的山石草木，凝结着多少共产党人的碧血！（北大 CCL 语料库《人民日报》1993 年 11 月份文章）

【请缨】出自《汉书·终军传》："南越与汉和亲，乃遣军使南越，说其王，欲令入朝，比内诸侯。军自请：'愿受长缨，必羁南越王而致之阙下。'""请缨"形成典故词后表示自告奋勇请求杀敌。现在也指请求给予任务。不管是主动请求杀敌还是主动请求任务，都是正面行为，所以"请缨"是褒义词。例如：

（27）1937 年 7 月 7 日抗战爆发，9 日彭德怀率红军通电请缨杀敌。（北大 CCL 语料库《人民日报》1996 年 1 月份文章）

（28）南北疆光缆通信工程全长 4000 多公里，是加快开发西部地区的重要项目。新疆军区主动请缨，承担全线缆沟的挖掘、回填任务。（北大 CCL 语料库新华社 2001 年 10 月份新闻报道）

【乔迁】语本《诗·小雅·伐木》："伐木丁丁，鸟鸣嘤嘤。出自幽谷，迁于乔木。"孔疏："从深谷之中迁于高木之上，以喻朋友既自勉励，乃得迁升于高位之上。鸟既迁高木之上，又嘤然其为鸣矣，作求其友之声。以喻君子虽迁高位，而亦求其故友。"《现汉》解释"乔迁"的意思是："借指人搬到好的地方去住或官职高升。"这都是令人高兴、值得庆贺的事情。不过，翻检近年来的语料，"乔迁"除了借指住所搬迁以外，也指办公、学习等其他活动的处所搬迁，多是迁到比原来条件好的地方，例如：

(29) 7月15日，健力宝美中商馆开业，健力宝美国公司乔迁新址。（北大CCL语料库《人民日报》1994年第3季度文章）

(30) 记者登上新教学楼，和孩子们一起分享着在新学期里乔迁新教室的喜悦。（北大CCL语料库新华社2001年9月份新闻报道）

但却没有找到借指职位高升的用例。

此外，像"八斗才"（"才高八斗"）、"成仁"、"椿萱"、"旧雨"、"翘楚"、"中肯"、"下榻"、"拨乱反正"、"程门立雪"、"乘风破浪"、"得道多助"、"高山流水"、"叹为观止"、"汗牛充栋"、"浩如烟海"、"鹤立鸡群"、"画龙点睛"、"口碑载道"（"有口皆碑"）、"老骥伏枥"、"力透纸背"、"琳琅满目"、"龙马精神"、"洛阳纸贵"、"马革裹尸"、"美轮美奂"、"名列前茅"、"七步之才"、"青出于蓝"、"任重道远"、"如坐春风"（"如沐春风"）、"入木三分"、"三顾茅庐"、"水米无交"、"天香国色"、"投鞭断流"、"韦编三绝"、"闻鸡起舞"、"心心相印"、"虚怀若谷"、"学富五车"、"循循善诱"、"一鼓作气"、"一身是胆"、"一往情深"、"余音绕梁"、"运筹帷幄"、"再接再厉"、"折冲樽俎"、"中流砥柱"、"踵事增华"、"自出机杼"等，都或多或少地带有褒义色彩，一般不会用在反面的、令人痛恨或憎恶的人或事物上。

带有贬义色彩的典故词语例如：

【裙带】宋代周煇《清波杂志》卷三："蔡拜右相，家宴张乐。伶人扬言曰：'右丞今日大拜，都是夫人裙带。'讥其官职自妻而致。中外传以为笑。"伶人讥笑蔡下拜右相是靠其妻子的关系。后人因以"裙带"指与其妻女姊妹等有关系。例如：

（31）企业里的裙带风首先是对严格管理的摧残，企业一旦失去了严格管理，又哪来的效益呢？（北大CCL语料库1994年报刊精选）

（32）1998年5月下台的苏哈托被指控犯有贪污、搞裙带关系以及滥用职权罪。（北大CCL语料库《人民日报》2000年文章）

【瓦釜雷鸣】语出《文选·屈原〈卜居〉》："黄钟毁弃，瓦釜雷鸣。谗人高张，贤士无名。"李周翰注："瓦釜，喻庸下之人；雷鸣者，惊众也。"后因以"瓦釜雷鸣"喻无德无才的人占据高位，煊赫一时。例如：

（33）在那"黄钟毁弃，瓦釜雷鸣"的日子里，大科学家谈镐生被发配去烧锅炉，邓团子忙于照料生病的父亲。（隆莉《谈镐生与邓团子》）

现在也用来比喻差的东西反而比好的东西地位高，例如：

（34）严肃的学术成果难以出版，而一些低俗的读物甚嚣尘上，这是当今文化界普遍的尴尬。是出版社有眼无珠，或者急功近利，致使黄钟毁弃而瓦釜雷鸣？（北大CCL语料库《人民日报》1996年12月份文章）

至于像"恶贯满盈""笑里藏刀""鼠窃狗盗"（"鼠窃狗偷"）等成语其词汇意义及字面上就表现出强烈的贬义色彩。

带有贬义的典故词语还有"笨伯""作俑""始作俑者""中饱""出尔反尔""滥竽充数""黔驴技穷""指鹿为马""树倒猢狲散"等。还有些贬义典故词语，其典源通过寓言故事的形式把某种愚蠢或荒谬的行为形象化，带有嘲讽意味。像"掩耳盗铃"、"东施效颦"、"揠苗助长"（"拔苗助长"）、"守株待兔"、"刻舟求剑"、"缘木求鱼"、"邯郸学步"、"画饼充饥"、"画蛇添足"等也都属于这种情况。

总之，许多典故词语都带有或强或弱的感情色彩，有的褒有的贬，当然也有在感情色彩上属于中性的典故词语，例如"而立""捉刀""代庖""越俎代庖""釜底抽薪""涸辙之鲋"等，但是在典故词语中，这样的词语的比例要比非典故词语低得多。

关于词语的感情色彩，还有一点应当指出：感情色彩附着于词汇意义，相对于词汇意义来说，它不太稳定，特别是某些感情色彩较为强烈的词语，更容易随着时代的发展及人的感情方面的变化而发生色彩意义上的变化。

有少数典故词语还表现出一定的时代色彩和外来色彩。

典故词语绝大部分来自古代，有些词语体现出词语产生那个时代的社会制度、生产技术或意识形态的特征或印记。例如"清君侧"，语本《公羊传·定公十三年》："晋赵鞅取晋阳之甲，以逐荀寅与士吉射。荀寅与士吉射者，曷为者也？君侧之恶人也。此逐君侧之恶人。"从字面上就可以看出这个词产生于有君主的时代。"髀肉复生"出自《三国志·蜀志·先主传》："荆州豪杰归先主者日益多，表疑其心，阴御之。"裴松之注引晋司马彪《九州春秋》："备住荆州数年，尝于表坐起。至厕，见髀里肉生，慨然流涕。还坐，表怪问备，备曰：'吾常身不离鞍，髀肉皆消。今不复骑，髀里肉生。日月若驰，老将至矣，而功业不建，是以悲耳。'"这个成语和"伯乐""车水马龙""汗马功劳""老骥伏枥""老马识途""厉兵秣马""马革裹尸""马齿徒增""马首是瞻""盲人瞎马""盘马弯弓""塞翁失马""指鹿为马""走马观花"等词语都与马有关，从不同角度说明马与古人的生活关系十分密切。而"剑拔弩张""强弩之末""箭在弦上""如箭在弦""惊弓之鸟""鸟尽弓藏""刻舟求剑""口蜜腹剑""太阿倒持"等成语则说明在那个时代，弓、弩、箭、剑等是常用的兵器，是人们经常见到、非常熟悉、常用来作比喻的东西。

有少数典故词语出自与佛教有关的典籍。佛教是外来文化，使这些词语带有一定的外来色彩。例如：

【独具只眼】《大智度论》卷二载大自在天神有"八臂、三眼"，"只眼"即指其三眼中的顶门眼，在双眉之上。禅宗用此典，语本《景德传灯录·普愿禅师》："师拈起毬子，问僧云：'那个何似遮个？'对云：'不似。'……师云：'许你具一只眼。'"指能够"见性"之"眼"，泛指具有别人没有的敏锐眼光和高超见解。例如：

（35）伯尔能够从人人习以为常认为是不可或缺的安全措施中找到资本主义的弊端，他确实是独具只眼。（北大CCL语料库《读书》杂志文章）

（36）在"幽幽深巷"、寂寂民居里淘洗文化遗存，同样不可忽略，但似乎要独具只眼。（北语BCC现代汉语语料库《厦门日报》2002年3月23日《发掘民俗文化》）

【借花献佛】语本《过去现在因果经》一："今我女弱不能得前，请寄二花以献于佛。"后人用此典，以"借花献佛"比喻拿别人的东西做人情。例如：

（37）飞浦从一个黑绸箫袋里抽出那支箫，说，这支送你吧，本来他是顾少爷给我的，借花献佛啦。（苏童《妻妾成群》）

（38）每年的年底，总有朋友费心寄来几本年历。从中挑一本还顺眼的挂起来，其余的就借花献佛了。（北语BCC现代汉语语料库《杭州日报》1996年4月1日《年历》）

此外，"天花乱坠""盲人摸象""泥牛入海""顽石点头""佛头着粪""敲骨吸髓""心猿意马""心心相印""有口皆碑"等也都与佛教有关。不过，佛教传入中国，从东汉白马寺建立时起也已经近两千年，对古代中国的意识形态产生了不小的影响，也为中国民众所熟悉。上面这些例子形成了成语，具有了相对固定的意义，成为汉语词汇系统中的成员之后，在漫长的使用过程中，其外来色彩逐渐消磨，在今天已经微乎其微了。

现代汉语典故词语的词义特征已如上述，有个与此相关的问题需要说明一下。在辨别一个词或熟语是不是典故词语时，以往有学者认为，除了有典籍源头以外，典故词语在字面上表现出的意义与实际意义必须有很大的差别，不了解典源就很难从字面上理解，否则就只是一般词语而非典故词语。"一般词语的使用意义不受其来历出处的限制，而典故词语的使用意义则受到典源的严格规定。一个典源无论形成多少个典故词语，每个典故词语的使用意义都必须是典源中的因素义，即典源所含有的各个意义侧面。"① "使用典故词语，无论是一词多义还

---

① 管锡华：《论典故词语及其使用特点和释义方法》，见《安徽大学学报》（哲学社会科学版）1995年第1期。

是多词一义，其义都受到了典源的规定，且万变不离其宗。"①以上观点指出了许多典故词语特别是事典词语在意义上的一个显著特征，很有道理。但是，如果某些在形式上有明确出处的词语，只因为它们的意义与字面义吻合度较大，不必通过典源即可从字面上理解，就否认它们是典故词语，则笔者不敢苟同。原因有二。

原因之一，词语是音义结合体，考察一个词语的性质，至少应当从意义内容和词语形式两方面入手。典故词语是在用典的过程中形成的，典源及用典过程决定了这个词语的意义和形式。在意义上，有些典故词语特别是事典词语，从典源文本的语境中摄取了某些意义方面的因素，这些因素在词语形式上表现不出来，于是就形成了词语字面义与实际义差别很大的现象（有的典故词语的字面上甚至不成义），这固然是这些典故词语的一个显著特点，理应受到研究者的重视。也有些词语其形式来自典故，由于种种原因，其字面义和实际义之间并没有很大的差别，我们不应当因此就否认它们是典故词语。例如：

【财礼】语本《礼记·曲礼上》："贫者不以货财为礼，老者不以筋力为礼。"在现代汉语里，"财礼"成了"彩礼"的同义词。

【财源】语本《荀子·富国》："上得天时，下得地利，中得人和，则财货浑浑如泉源，汸汸如河海。""财源"一词的形式来源于《荀子》，所表示的就是其字面意义，即钱财的来源。

【生涯】语本《庄子·养生主》："吾生也有涯，而知也无涯。"原谓生命有边际、限度，后指生命、人生。在现代汉语

---

① 管锡华：《论典故词语及其使用特点和释义方法》，见《安徽大学学报》（哲学社会科学版）1995年第1期。

中常指从事某种活动或职业的生活。

【奏效】语本《战国策·秦策一》:"以大王之贤,士民之众,车骑之用,兵法之教,可以并诸侯,吞天下,称帝而治,愿大王少留意,臣请奏其效。"典源中的"奏其效"意思是陈述其功效,后来用这个词的意思则是见效。《现汉》解释为:"发生预期的效果;见效。"

【铸错】出自《资治通鉴·唐昭宗天祐三年》:"全忠留魏半岁,罗绍威供亿,所杀牛羊豕近七十万,资粮称是,所赂遗又近百万;比去,蓄积为之一空。绍威虽去其逼,而魏兵自是衰弱。绍威悔之,谓人曰:'合六洲四十三县铁,不能为此错也!'"胡三省注:"错,鑢也,铸为之;又释错为误。罗以杀牙兵之误,取铸错为喻。"按典源中的字面义,"错"表示锉刀,故用铁铸造,要用"六洲四十三县铁",极言其错之大。罗绍威的话用了双关手法,其中的"错"表示的实际义是错误。现代汉语中的"铸错"一词用的就是上面的典故,《现汉》解释为"造成重大错误"。

【出奇制胜】语本《孙子·势》:"凡战者,以正合,以奇胜。故善出奇者,无穷如天地,不竭若江河。"后以"出奇制胜"表示用奇兵或奇计战胜敌人,也指用对方意想不到的方法取胜。

【家徒四壁】【家徒壁立】语本《史记·司马相如列传》:"文君夜亡奔相如,相如乃与驰归成都。家居徒四壁立。"司马贞索隐引孔文祥云:"徒,空也。家空无资储,但有四壁而已。"《现汉》解释为:"家里只有四堵墙,形容十分贫穷。也说家徒壁立。"

【名正言顺】语本《论语·子路》:"名不正,则言不顺;言不顺,则事不成;事不成,则礼乐不兴;礼乐不兴,则刑罚不中;刑罚不中,则民无所措手足。"朱熹集注引杨时曰:

"名不当其实，则言不顺。"后人遂用"名正言顺"表示名分或名义正当，说起话来便顺理，道理也讲得通。

【任重道远】语本《论语·泰伯》："曾子曰：'士不可以不弘毅，任重而道远。'"这个成语的字面义就是担子沉重，路程又长，用来比喻责任重大，需要长期艰苦奋斗。

【势如破竹】【迎刃而解】均出自《晋书·杜预传》："今兵威已振，譬如破竹，数节之后，皆迎刃而解，无复著手处也。"《现汉》对"势如破竹"的解释是："形势像劈竹子一样，劈开上端之后，底下的都随着刀刃分开了，形容节节胜利，毫无阻碍。"对"迎刃而解"的解释是："用刀劈竹子，劈开了口儿，下面的一段就迎着刀口自己裂开（语出《晋书·杜预传》）。比喻主要的问题解决了，其他有关的问题就可以很容易地得到解决。"

这样的例子还有"欲加之罪，何患无辞""成也萧何，败也萧何"等。这样的词语在字面上都不难懂，不必通过典源也能大致理解，实际上后来许多使用这几个词语的人也未必知道它们的出处。但它们的形式确实分别是从古代典籍中来的，而且由于用典而形成了自己特定的意义。如果把这些词语都排除在典故词语之外，恐怕是不符合语言事实的。

还有"红杏出墙"，出自宋代叶绍翁的《游园不值》诗，而近年来被借用来表示已婚女子有外遇。"水落石出"，语本欧阳修《醉翁亭记》："野芳发而幽香，佳木秀而繁阴，风霜高洁，水落而石出者，山间之四时也。"本来的意思是水位下降，石头露出来，形容山间秋景，今则用来比喻真相大白。这两个成语意义虽然与典源没有直接关系，但被用典者赋予了新义。这样的词语恐怕也难以否认其典故词语性质。

笔者以为，在下列几种情况下产生的词语，虽然其字面义与实际义差别不大，但也都应当认定为典故词语。

323

第一种情况是词语的形式在典源中原本是自由松散的组合，因为用典使该组合逐渐固定下来，成为一个词或成语，而且获得了特定的意义。例如：

【润笔】【润资】语出《隋书·郑译传》："上令内史令李德林立作诏书，高颎戏谓译曰：'笔干。'译答曰：'出为方岳，杖策言归，不得一钱，何以润笔？'"这个典故使"润笔"成了双音词，指付给作诗文书画的人的报酬，也叫"润资""笔润"，而为人作诗文书画所定的报酬标准则被称作"润格"或"润例"，这些词都本自《隋书·郑译传》中的那段话。

【当仁不让】语出《论语·卫灵公》："当仁，不让于师。"朱熹集注："当仁，以仁为己任也；虽师亦无所逊。言当勇往而必为也。"后泛指遇到应该做的事就主动去做，不退让。

我们再以"轻于鸿毛""箪食壶浆""欲速则不达""一片冰心"四个成语为例。它们在形成成语之前原本在形式上都是自由松散的组合，在意义上则是内部各组成成分意义的简单相加。"轻于鸿毛"意思就是比大雁的毛还轻；"箪食壶浆"意思就是用箪装着饭食，用壶盛着浆汤；"欲速则不达"的意思则是性急求快反而不能达到目的；"一片冰心"意思就是心地像冰一样纯洁。

"轻于鸿毛"在古籍中的用例如：

（39）夫秦捐德绝命之日久矣，而天下不知。今夫横人嚂口利机，上干主心，下牟百姓，公举而私取利，是以国权轻于鸿毛，而积祸重于丘山。（《战国策·楚策四》）

（40）人固有一死，或重于太山，或轻于鸿毛，用之所趋异也。（汉司马迁《报任少卿书》）

（41）今轲常侍君子之侧，闻烈士之节，死有重于太山，有轻于鸿毛者，但问用之所在耳。（《燕丹子》卷下）

例（41）的出处《燕丹子》，作者及时代均不详，虽有人以为产生于汉代之前，但此书不见于《汉书·艺文志》，《隋书·经籍志》始见著录，且永乐后已亡佚，今所见上、中、下三篇，为清四库馆臣于《永乐大典》中发现并辑出。今人用"轻于鸿毛"，多本司马迁《报任少卿书》。之所以如此，有一个重要原因，就是毛泽东在1944年为纪念张思德所写的《为人民服务》一文提到了司马迁的那段话："人总是要死的，但死的意义有不同。中国古时候有个文学家叫做司马迁的说过：'人固有一死，或重于泰山，或轻于鸿毛。'为人民利益而死，就比泰山还重；替法西斯卖力，替剥削人民和压迫人民的人去死，就比鸿毛还轻。张思德同志是为人民利益而死的，他的死是比泰山还要重的。"在一段历史时期里，毛泽东此文影响甚大，"文革"期间还被列为"老三篇"之首，于是，人们使用"轻于鸿毛"，绝大多数时候都用来表示死得没有意义和价值，所以《现汉》第五版及以前的版本干脆就把"轻于鸿毛"解释为"比喻死得不值得"，这个意义显然来自《报任安书》。

"箪食壶浆"在古籍中的用例如：

（42）以万乘之国伐万乘之国，箪食壶浆以迎王师，岂有他哉！避水火也。（《孟子·梁惠王下》）

（43）由也以暴雨将至，恐有水灾，故与民修沟洫以备之，而民多匮饿者，是以箪食壶浆而与之。（《孔子家语·致思》）

后人用"箪食壶浆"多本《孟子》，除了用其字面意思之外，还与"以迎王师"的意思有关，即用为犒师拥军的典故。如《三国志·蜀志·诸葛亮传》："天下有变，则命一上将将荆州之军以向宛洛，将军率益州之众出于秦川，百姓孰敢不箪食壶浆以迎将军者乎?"《现汉》对这个成语的解释是:"古时老百姓用箪盛饭,用壶盛汤来欢迎他们爱戴的军队,后用来形容军队受欢迎的情况。"这个意义来自《孟子》。

"欲速则不达"语出《论语·子路》:"无欲速,无见小利。欲速则不达,见小利则大事不成。""一片冰心"语出唐代王昌龄《芙蓉楼送辛渐》诗之二:"洛阳亲友如相问,一片冰心在玉壶。"它们原本都是自由语段,其意义则是该语段中各成分意义的简单相加,是后人的引用才使它们的形式固定下来,而且获得了特定的含义,成为汉语词汇中的个体成员。

值得说明的是,所谓"特定的意义",不仅应当包括词汇意义,而且应当包括色彩意义。上文说过,色彩意义是词语意义内容的一个组成部分,是词语意义中所蕴含的某些不同于其他词语的感情倾向、语体格调等因素。但是,一方面由于色彩意义带有较强的主观性,与词汇意义相比,它所反映的往往是客观对象的非本质属性,另一方面也由于色彩意义总是依附于词汇意义而存在,所以在人们观察词语意义时,色彩意义的重要性往往被忽略。其实,色彩意义与词汇意义、语法意义一样,都是词语整体意义的重要组成部分,在考察典故词语意义特征时,不应当忽视色彩意义。有些词语从词汇意义的角度看,其字面义与实际义差别不大,但它从典源中带来了一定的色彩义,而这些色彩意义因素是字面上表现不出来的,它的作用之一就是使稍微熟悉典籍的人一眼就能看出这个词语是出自某个典籍,是对该典籍的引用,这就把这些词语与一般词语的重复使用区别开来。因此,像"欲速则不达""一片冰心"这样的词语,虽然它们不像"轻于鸿毛""箪食壶浆"那样带有来自典源的、字面上表现不出的词汇意义因素,但特有的色彩仍然使它们与一般的成语不同,这样的词语也应当被看作典故词语。

第二种情况是后人在用典时并没有原封不动地照搬典源中的话语，而是把典源话语通过增字、减字、换字或选字重组等方式加以整合，得到一个新的形式，这个形式后来被固化并沿用下来。看下面的例子：

【斗胆】语本《三国志·蜀志·姜维传》"杀会及维"裴松之注引晋代郭颁《魏晋世语》："维死时见剖，胆如斗大。"

【观摩】语本《礼记·学记》："相观而善之谓摩。"郑玄注："摩，相切磋也。"

【就正】语本《论语·学而》："君子食无求饱，居无求安，敏于事而慎于言，就有道而正焉，可谓好学也已。"

【孔方兄】语本晋代鲁褒《钱神论》："钱之为体，有乾坤之象，内则其方，外则其圆。其积如山，其流如川。动静有时，行藏有节。市井便易，不患耗折。难折象寿，不匮象道。故能长久，为世神宝。亲之如兄，字曰孔方。失之则贫弱，得之则富昌。"

【遇人不淑】语本《诗经·王风·中谷有蓷》："有女仳离，条其啸矣；条其啸矣，遇人之不淑矣。"郑玄笺："淑，善也。"

【甚嚣尘上】语本《左传·成公十六年》："楚子登巢车以望晋军……曰：'甚嚣，且尘上矣。'"

【五光十色】语本南朝梁江淹《丽色赋》："五光徘徊，十色陆离。"

上面这些词语的意义在字面上反映得比较清楚，其形式也不是从典源中照搬的，而是经过了一番整合，但词语形式与典源的联系还可以比较清楚地看出来。

第三种情况是古代有些俗谚俚语之类形式比较固定的语段，用以表示或说明某个方面的现象、经验或道理，被一些典籍记录了下来。在它们被记录进典籍之前可能已经流行了一段

327

时间，但后人是通过记录它们的典籍了解了这些俗谚俚语并加以引用（或经过整合后引用）的，于是记录它们的典籍就成了典源，被记录或整合的语段也就成了典故词语。例如：

【顶缸】见于明代张存绅《雅俗稽言》卷三十六："金陵江岸善崩，或言猪婆龙为祟。第嫌其猪同国姓也，遂托言为鼋。上命捕之。适钓一鼋，引之不能出，或言此鼋爪抓土耳，因取沙缸穿其底，以钓纶投下笼罩鼋面，鼋用前爪推缸，爪不及土，一引即出，时乃谣曰：'猪婆龙为殃，癞头鼋顶缸。'"

【谈天】见于《史记·孟子荀卿列传》："邹衍之术迂大而闳辩，奭也文具难施，淳于髡久与处，时有得善言。故齐人颂曰：'谈天衍，雕龙奭，炙毂过髡。'"

【掉书袋】见于宋代马令《南唐书·彭利用传》："〔利用〕对家人稚子，下逮奴隶，言必据书史，断章破句，以代常谈，俗谓之掉书袋。"

【鞭长莫及】语本《左传·宣公十五年》："古人有言曰：'虽鞭之长，不及马腹。'"

【吠形吠声】语本汉代王符《潜夫论·贤难》："谚曰：'一犬吠形，百犬吠声。'世之疾此固久矣哉！吾伤世之不察真伪之情也。"

【鸡口牛后】语本《战国策·韩策一》："臣闻鄙语曰：'宁为鸡口，无为牛后。'今大王西面交臂而臣事秦，何以异于牛后？夫以大王之贤，挟强韩之兵，而有牛后之名，臣窃为大王羞之。"

【桃李不言，下自成蹊】见于《史记·李将军列传论》："谚曰：'桃李不言，下自成蹊。'此言虽小，可以谕大也。"

【投鼠忌器】语本汉代贾谊《治安策》："里谚曰：'欲投鼠而忌器。'此善谕也。鼠近于器，尚惮不投，恐伤其器，况于贵臣之近主乎！"

总之，考察典故词语，应当先看它是不是来自典故，在形式上是不是已经凝固成了汉语词汇中的词或熟语，在意义（包括色彩意义）上是否受到典源的影响，或被赋予了新的意义，总之，看它是否与一般词语的重复使用有区别，用这些标准确定典故词语，然后再考察被确定的词语表现出的形式、意义特征；而不应当是先看一部分词语的某些特征而排除不具备这种特征或这种特征不明显的词语。

原因之二，大部分典故词语的意义确实都受到了典源的规定，或者说与典源文本有着千丝万缕的联系，然而典故词语既然已经是词或熟语，就具有了一定的独立性。典源对词语的意义有束缚，而词语在使用过程中对这种束缚也有挣脱。例如"天真"一词本《庄子·渔父》："礼者，世俗之所为也；真者，所以受于天也，自然不可易也。故圣人法天贵真，不拘于俗。"该词初形成时，其意义与典源联系紧密，指不受礼俗拘束的品性，但后来就引申有了"单纯"或"幼稚"义，《现汉》解释为两个义项：①心地单纯，性情直率；没有造作和虚伪；②头脑简单，容易被假象迷惑。这就与原来的意思拉开了距离。

当然，典故词语对典源的挣脱往往要经历较长的时间。例如：

【愚不可及】语本《论语·公冶长》："子曰：'宁武子，邦有道则知，邦无道则愚；其知可及也，其愚不可及也。'"何晏集解引孔安国曰："佯愚似实，故曰不可及也。"所以《汉语大词典》解释说"旧指大智若愚，非常人所能及"，《现汉》的解释中也说"原指人为了应付不利局面假装愚痴，以免祸患，为常人所不及"。这种用法的例子有：

（44）太祖每称曰："公达外愚内智，外怯内勇，外

弱内强，不伐善，无施劳，智可及，愚不可及，虽颜子、宁武不能过也。"（《三国志·魏志·荀攸传》）

（45）史臣曰：平原性理不恒，世莫之测。及其处乱离之际，属交争之秋，而能远害全身，享兹介福，其愚不可及已！（《晋书·列传第八》）

这个意义现在也偶尔还在用，如：

（46）虽然《大丈夫》中欧阳剑略显油嘴滑舌，但是更多的却是一种生活的智慧，毕竟在生活中多的是家长里短，而不是大是大非的问题，这就须要处理生活的艺术。或许郑板桥的那句难得糊涂放在这里同样合适，有时候智可及愚不可及才是真正善于生活的人。（金鹰网2014年3月19日《〈大丈夫〉：妙思构奇文，巧心融冰火》）

例（46）中的"愚不可及"前面还保留了"智可及"以加强与典源的联系，使读者不至于误解，因为后来这个成语有了新意义，用来形容人极端愚蠢，而且这个新意义至晚在清代就有了。例如：

（47）铁拐先生笑道："他要用火来烧我这葫芦，真可算是愚不可及，我这葫芦岂是乡下农人种出来的，可以火焚刀剖，要是这样不济事，里面还有许多作用吗？"（清无垢道人《八仙得道》第三十一回）

这就与在典源中的意思几乎完全相反了。在今天，这个成语表示的基本上都是形容人极端愚蠢的意思，这就无须举例了。

总之，典故词语既然已经是词语，其意义就会和其他词语一样，在使用中发生引申、变化。但是，不管它们的意义发生多大变化，甚至可能变得面目全非，它来自典故的事实仍无法否认，我们仍然应当承认它们是典故词语。

略论典故成语意义的变化趋势

一

成语的形式相对稳定，而在长期使用中其意义则会发生变化，有的变化还比较明显。像"空穴来风"的意义由原来的"比喻消息和传说不是完全没有原因的"变成了"指消息和传说毫无根据"，这个变化几乎就发生在我们眼前。本文试图主要以"上下其手""期期艾艾""惨淡经营"三个典故成语的使用情况为例，对典故成语意义的变化情况和趋势做一点探讨。

二

"上下其手"典出《左传·襄公二十六年》：楚、郑两国交战，楚国穿封戌俘获了郑国的皇颉，楚公子围与穿封戌争功，请伯州犁裁决。伯州犁为了偏袒公子围，提出让俘虏皇颉出面作证，故意先向上扬手对皇颉介绍公子围："夫子为王子围，寡君之贵介弟也。"又向下按手介绍穿封戌："此子为穿封戌，方城外之县尹也。谁获子？"皇颉心领神会，于是说："颉遇王子，弱焉。"伯州犁以"上其手""下其手"的动作向皇颉暗示，皇颉根据这个暗示作了伪证。据此，这个成语表示"玩弄手法，暗中作弊"。例如：

(1) 昔州犁上下其手，楚国之法遂差。(《旧唐书·魏征传》)

(2) 是非淆乱，莫知适从，奸吏因得上下其手。(《金史·刑志》)

(3) 〔某些人〕搞假成绩，假产量……然后上下其手，从中取利。(秦牧《一九七九年的晨钟》)

(4) 一些掌握某种实权的办事人员之所以能够上下其手、徇私舞弊、中饱私囊，一个重要原因是对他们的掌权、用权缺乏有效的监督。(北大CCL语料库《人民日报》1995年12月份文章)

(5) 一方面，美国政府口头上一再重申"奉行一个中国政策""反对台独"的立场；但另一方面，美方又明里暗里上下其手，纵容"台独"势力。(北大CCL语料库新华社2004年7月份新闻报道)

"期期艾艾"中的"期期"语本《史记·张丞相列传》："(周)昌为人口吃，又盛怒，曰：'臣口不能言，然臣期期知其不可。'""艾艾"语本南朝宋刘义庆《世说新语·言语》："邓艾口吃，语称艾艾。"后因以"期期艾艾"形容人口吃。例如：

(6) 祝希哲如吃人气迫，期期艾艾；又如拙工制锦，丝理多恨。(明王世贞《艺苑卮言》卷五)

(7) 劳航介也期期艾艾的回答了一遍。(《文明小史》第四九回)

(8) 平日这欢腾的爱笑爱闹的小伙子，变得期期艾艾地说不上话来。(杨沫《青春之歌》)

(9) "你的父母……"她期期艾艾的说："他们真的很

开心吗？他们并不认识我……"（琼瑶《月朦胧鸟朦胧》）

"惨淡经营"语出唐杜甫《丹青引赠曹将军霸》："诏谓将军拂绢素，意匠惨澹经营中。""澹"，后来多写作"淡"。在典源中，"惨澹经营"说的是在开始作画时，先用浅淡的颜色勾勒轮廓，构思经营位置。而后来用这个成语多形容苦费心力谋划并从事某项事情。例如：

（10）泰西人士往往专心致志惨淡经营，自少而壮而老，穷毕生之材力心思以制造一物。（郑观应《盛世危言·技艺》）

（11）这房子是先人的产业，一草一木都是祖上敬德惨淡经营留下来的心血。（曹禺《北京人》第一幕）

（12）我一生惨淡经营的沪江这些企业，是个人主义，自私自利的打算，自己生前希望生活得好些，死后留给子孙一份产业。（周而复《上海的早晨》）

（13）淄博市各级环保机构，经过十多年的惨淡经营，也由小变大，由弱变强。（北大 CCL 语料库 1994 年报刊精选）

（14）有的长篇小说，经过惨淡经营而斐然成章，自饶情致，独具魅力。（北大 CCL 语料库《人民日报》1998 年文章）

三

然而，近几年来，这几个成语在文学作品、报纸杂志及其他媒体上使用时，表达的却不是上面所说的意义。请看下面的例句：

【上下其手】

（15）18岁高中生推拿时遭医生猥亵上下其手（浙江新闻网2014年6月12日新闻标题）

（16）女子称被银行处长非礼在KTV内报警 敬酒不成反被上下其手？（凤凰网福建资讯2014年11月9日新闻标题）

（17）之后几天，我和青青关系迅猛发展，我已可以对她上下其手了，她也不太阻拦，只是最后一步，她还不能接受。（北大CCL语料库当代文学作品《寻人启事》）

（18）韩国萌妹子变身性感夜店女，画着妖冶妆容，与年轻男子缠抱在一起，上下其手，笑容灿然。（华商新闻转载长江商报网2014年10月2日《韩国夜生活实录 女子长发及腰男子上下其手》）

（19）他即刻伸出魔爪，对怀中衣衫不整的人儿上下其手。（北语BCC现代汉语语料库，郑媛《夺爱夫君》）

（20）男人野蛮起来都是堵住女人的嘴再上下其手吗？（北语BCC现代汉语语料库，席绢《心动没有道理》）

【期期艾艾】

（21）虽说没有落榜，但上师专终非我所愿，我当时有幻灭的感觉，心中期期艾艾、郁郁不乐。（北大CCL语料库《人民日报》2000年文章）

（22）就在这有限的分秒中，小梅也总是心慌意乱，目光躲闪，期期艾艾。（北大CCL语料库《作家文摘》1994年文章）

（23）眼看中午休息时间已到，办公室里的人全部走

光。曲然丽满腹心事，期期艾艾地踱进董事长室。（北语BCC现代汉语语料库，董妮《错恋男女》）

（24）他们有意地想表现一个落魄文人在北京孤苦无助、期期艾艾地生活。（北语BCC现代汉语语料库《杭州日报》1999年3月23日下午版《我被〈生活空间〉损了》）

（25）我看到了彩裙、花伞、高跟鞋组成的千般风情，充盈在红楼绿树间；我看到行人眸子里闪烁着期期艾艾的流火，荡溢着对生活急促的爱恋。（北大CCL语料库《人民日报》1994年第4季度文章）

【惨淡经营】

（26）然而事与愿违，该店开业以来惨淡经营，连月亏损。（北大CCL语料库1994年报刊精选）

（27）上海美影厂目前生产经费只能靠出租厂房、出让地皮向银行借贷来惨淡经营，职工不要说奖金，连国家规定补发的工资一时都难以兑现。（同上）

（28）因为他们不愿延误原定的上市日期，结果售出量仅为原定计划四千辆的半数还不到，以后也是每况愈下，惨淡经营。（北大CCL语料库《市场报》1994年文章）

（29）一度红红火火的开发区，除了少数坚持了下来，相当一部分或惨淡经营，或偃旗息鼓了。（北大CCL语料库《人民日报》1996年6月份文章）

（30）由于海南酒店宾馆建设失控，供过于求，度假村惨淡经营，持续亏损。（北大CCL语料库《人民日报》1998年文章）

（31）与惨淡经营的商场面料柜台相比，京城中的各个纺织品专卖店的生意却挺火。（同上）

（32）全国大中型制药厂有数千家，群雄逐鹿；洋药冲击波来势又猛。在无情的竞争中，有惨淡经营的，也有已被兼并或停产的。（同上）

（33）一位饱受了惨淡经营之苦的浙江经营者反省说，观光农业必须要以一定规模的农业生产为核心，以生产为本，创立有特色的品牌。（北大 CCL 语料库新华社 2001 年 5 月份新闻报道）

（34）根据英国工业联合会 24 日公布的一项调查，曾受世界经济不景气影响而惨淡经营的英国制造业开始出现复苏迹象，制造商信心指数两年来首次出现回升。（北大 CCL 语料库新华社 2002 年 4 月份新闻报道）

（35）在位于城区高地的伊特哈区，一位名叫穆斯里的花店店主告诉记者，前几年，生意不好做，可谓惨淡经营。（北大 CCL 语料库新华社 2004 年 7 月份新闻报道）

（36）在巴黎高档时装名店街开设首饰专卖店，在纽约第五大道开设婚纱专卖店，均与自身品牌传统背道而驰，两家店惨淡经营数月后关门停业。（北大 CCL 语料库新华社 2004 年 8 月份新闻报道）

（37）农村客运道路条件差，车辆油耗高，群众消费水平低，客流分散，运价水平低，加之实载率得不到保障，经营者收入偏低，许多经营者基本处于惨淡经营、亏损运行状态，从事农村客运的积极性不高。（北语 BCC 现代汉语语料库科技文献）

（38）记者前几日从中国国际航空公司了解到，在经历了 4 月末的谷底后，其客座率从 5 月中起开始回升，企业对今后的发展充满信心，这和个别企业惨淡经营、现金流出问题形成鲜明对比。（北语 BCC 现代汉语语料库《人民日报》2003 年文章）

（39）1997年刚创业时，人们还不习惯上门烧菜的新方式。他一上来就连续8个月亏损，连着几年也是惨淡经营。（北语BCC现代汉语语料库《文汇报》2003年5月24日《"非典"面前：餐饮业显出新亮点》）

（40）美国、欧洲一些大的家电企业做大后，最终逃不过两个结果：要么灭亡，要么惨淡经营。（北语BCC现代汉语语料库《文汇报》2004年9月28日《陶建幸的汽车战略与实践》）

（41）近年来，赣州市每年都有大宾馆、酒店热热闹闹开张，却由于僧多粥少、价格不菲、观念陈旧等原因，以致惨淡经营。（北语BCC现代汉语语料库《人民日报》1999年文章）

（42）28岁的李有刚与朋友合伙开了一家汽车修理店，生意红火。可3年前他刚从父亲手中接过一个自行车修理铺时，却是惨淡经营。（北语BCC现代汉语语料库《人民日报》2003年文章）

（43）在20世纪90年代末出现的科技业风险投资高潮随着网络泡沫的破裂而消退之后，美国整个科技行业一直惨淡经营。虽然去年以来美国经济增长力度大幅度提升，但科技业由于缺乏大批投资进入，其复苏力度和整体经济的复苏相比依然显得苍白。（北语BCC现代汉语语料库《文汇报》2004年5月8日《GOOGLE上市续写科网新神话》）

（44）市面上，尽管依然可以看到排队买房情景，但与此同时，一个月卖不出一套高档房的景象出现了，打折降价开始多了，中介店惨淡经营也比比皆是。（北语BCC现代汉语语料库《文汇报》2004年9月30日《黄金周楼市看"多""空"》）

（45）1997年，上海最大的建材综合市场九星建材市场建成后，由于远离城区，人气不旺，惨淡经营。（北语BCC现代汉语语料库《福建日报》2008年9月5日《政和人：勇闯大上海　弄潮黄浦江》）

例（15）至例（20）中的"上下其手"的意思都与调戏异性或性侵有关，与这个成语的原义相去甚远。"期期艾艾"在例（21）至例（24）中都不形容口吃，在例（21）中形容心情，在例（22）中形容目光，在例（23）中作者可能想说人物走进董事长室时是犹犹豫豫的，在例（24）中作者要表示的意思可能是磕磕绊绊很不顺利之类。至于第（25）例中的"期期艾艾"用来形容"眸子里闪烁着"的"荡溢着对生活的急促爱恋"的"流火"，我们很难想象这是一种什么样的目光。例（26）至例（45）中的"惨淡经营"表示的基本上都是"生意萧条，经营亏损"之类意思，与原先的"苦心谋划并从事某项事情"的意思也有了明显的差别。

四

观察上述三个成语意义的变化会发现，这些变化有一个共同特点，即都具有摆脱典源，向字面靠近的倾向。产生这种倾向的深层原因，应当是语言使用者对某些典故成语的理解方式有了变化，或者说是受了人们对非典故词语理解机制的"同化"。

典故成语的意义来自典源或与典源有密切关系，不少典故成语要通过典源才能做出准确的理解。而要这样做，就需要对典源文献很熟悉。在封建时代，读书人的主要精力多放在文史方面，他们对传统文献的熟悉程度远非今人可比。典故成语（也包括由典故形成的词，如"滥觞""而立""璧谢""袍泽"之类）也主要活跃在文人的诗文中，而难以进入下层民众的语文生活。近现代以来，我国民众读书学习的情况发生了巨大变化，主要表现在两个方面：一方面，识字读书的人多了，特别是中华人民共和国成立以后，文盲迅速减少，国民的总体文化水平大幅度提高；另一方面，读书人涉猎的书籍领域大大扩展，再也不像旧时代那样多集中在文史古籍方面了。由于典故词语的典源文献基本上都是传统古籍，上述两方面特别是第二方面的变化必然对现今人们理解典故成语的方式产生影响。

在一般情况下，当人们试图理解、掌握一个生疏词语时，往往有两种方式：一种是根据词语的理据，通常是根据词语中各成分的意义以及这些成分之间的结构关系来理解，即所谓词法方式；另一种是忽视词语的理据，把词语作为一个整体，死记硬背，即所谓词库方式。

词法方式适用于形式透明的词语。对典故成语来说，有的比较透明，例如"家徒四壁""出奇制胜""任重道远"等，可以从字面推知意义。也有的不透明，如"塞翁失马""洛阳纸贵""白云苍狗"等，这样的成语由于经过典故的折射，从字面难以推知其意义，只有通过典源才能做出正确理解。可是现今人们对古籍已不很熟悉，很难做到根据一个成语中的几个字，就能联想到它出自什么文献，并联系该文献中的有关语段对这个成语的含义做出判断。在这种情况下，对此类成语要用词法方式通过典源理解就难以做到了，于是就有两种可能：一种是采用词库方式，通过辞书或其他途径知道词义之后死记硬背；还有一种则是仍旧采用词法方式，但不通过典源（有可能不知道典源），只靠字面望文生义。

如果一个典故成语，结合典源表达的是一种意思，脱离了典源从字面上又能推出另一种意思的话，在人们对古籍熟悉程度普遍降低的情况下，这个成语的意思就可能被抛离典源，直接从字面理解，而这样理解产生的意思也有可能被大众所接受，使这个成语的意思发生变化。"愚不可及"就是这样一个例子。《论语·公冶长》："子曰：'宁武子，邦有道则知。邦无道则愚；其知可及也，其愚不可及也。'"何晏集解引孔安国："佯愚似实，故曰不可及也。"典源中孔子的话是说宁武子的"智"别人能做到，而他的"愚"别人做不到，即所谓智可及而愚不可及，所以《汉语大词典》解释这个成语先说"旧指大智若愚，非常人所能及"，《现代汉语词典》则先解释为"原指人为了应付不利局面假装愚痴，以免祸患，为常人所不及"。这里的"旧指""原指"云云，说的就是从典源出发理解的意思，是这个成语原本的意思。但在现今"愚不可及"一般被用来形容人极端愚蠢，这就是挣脱典源向字面靠拢的结果。

　　在上文所举的三个成语中，如果抛开典源，"上下其手"从字面上很容易让人觉得与"动手动脚"相近，因而被理解为挑逗、调戏异性的动作；"期期艾艾"的意思从字面难以揣摩，所以使用的意思也比较混乱。至于"惨淡经营"的情况则较为复杂。"惨淡"和"经营"在意义上各有变化："惨淡"原来表示颜色暗淡，后来有了"形容苦费心力"和"萧条，不景气"的意思，后者在今天更常用。"经营"在典源中指在艺术创作上用心构思，又有"筹划，营造""规划，管理"的意思，在现代汉语中常特指"商业出售某种商品或服务业提供某方面的服务"。而"惨淡经营"的意思由典源中的"作画之初，先用浅淡的颜色勾勒轮廓，构思经营位置"，后来有了"苦心谋划并从事某项事情"的意思。需要注意的是，苦心谋划并从事的事情范围很广，不限于商业或服务业，而且经营谋划的结果不一定是不好的。季羡林《意匠惨淡经营中》："杜甫有一句很有名的诗：'语不惊人死不休。'可见他作诗惨淡

341

经营之艰苦。"这里的"惨淡经营"用的就是"苦心谋划并从事某项事情"的意思。作诗不属于商业、服务业，杜甫诗歌创作的成就也有目共睹。然而，因为"经营"一词现今常用在商业、服务业方面，而"惨淡"又常表示"萧条，不景气"，所以"惨淡经营"在今天越来越多地被用来表示"生意萧条，经营亏损"。

五

当一个具体的词或熟语在使用中出现了一种原来没有的意义，实质上就是对该词语原有意义系统的突破，相对于原来的意义，就是一定程度上的"误用"。然而语言不是一成不变的，没有突破就没有发展。这个规律不仅适用于词义，也适用于语音、语法等各个方面，语言的各方面的发展变化都从这种突破开始。但形形色色的突破并不都能引起语言的发展变化，关键是看它能否经得住约定俗成规律的检验。在典故成语的词义上，起初的突破后来得到承认，成为一个新义项并写进了工具书的情况并不少，上文说过的"空穴来风""愚不可及"就是典型的例子。这样的例子还有：

【浑浑噩噩】原义：形容浑厚淳朴；今义：形容无知无识、糊里糊涂的样子。

【大而化之】原义：使美德光大，以化万民；今义：做事疏忽大意，马马虎虎。

【闭门造车】出自朱熹《〈四书〉或问》卷五所引古语："闭门造车，出门合辙。"原义：是只要按照同一规格，关起门来制造车辆，使用时也能和路上的车辙完全相合。今义：比喻办事只凭主观想象，不管客观实际。

【出尔反尔】原义：你如何对待别人，别人也如何对待你；今义：前后言行自相矛盾，反复无常。

【观光】原义：观览国之盛德光辉；今义：参观外国或外地的景物、建筑等。

也有些典故成语的新意义和用法在现今已很常见，但却没写进辞书。例如"守株待兔"原比喻主观上不努力而存有侥幸心理，也比喻死守狭隘经验而不知变通，现在却常被用来表示守在某处等待某人出现。辞书中之所以没有解释这项意思，可能因为辞书编纂者认为这样的意义和用法作为一个新义项还不太成熟，需要继续观察，因而做出了谨慎的处理。

本文第二部分列举的三个典故成语及有关例句，都对这些成语原有的含义有所突破，而突破后的用法也都不见于现今权威的工具书。笔者认为："惨淡经营"的用法很可能渐趋成熟，发展为新义项；"上下其手"例句中的用法则需要继续观察，其前途如何还难以判定；至于"期期艾艾"例句中的各种用法恐怕难以为大多数汉语使用者所接受，应当是名副其实的误用。

※本文收于《人文述林（2018）》，山东大学出版社2018年版。收入本集时补充了部分例证。

从"守株待兔"看典故词语的词义变化

近年来,随着某些典故词语的频繁使用,它们的意义发生了明显的变化。这里先以使用频率较高的典故成语"守株待兔"为例,考察其意义的变化。"守株待兔"出自《韩非子·五蠹》,其典源语段众所周知,不必再引述,韩非用这个类似寓言的故事批判、嘲讽"欲以先王之政治当世之民"的人。结合典源可知,"守株待兔"原本用以比喻死守狭隘经验,不知变通,但这个意义在现代汉语中已不常用。兔子撞树桩而死,这是极其偶然的现象,所以"守株待兔"后来多比喻企图不经过主动努力而希望侥幸得到意外的收获。例如:

(1) 据悉,仅去年,中国就聘请了5万名外国专家来华。"请进来,走出去",中国人并不准备守株待兔地等着别人送脑袋上门。(北大CCL语料库1994年报刊精选)

(2) 假如说中国夺金是意料之中的话,那么澳大利亚和克罗地亚选手则很让人吃惊。在男子短道速滑1000米比赛中,布拉德布瑞采取守株待兔的战术,依靠他人失误,不仅进入决赛,而且在决赛中从最后一名变成第一名,为澳大利亚获得冬奥会历史上首枚金牌。(北大CCL

语料库新华社 2002 年 2 月份新闻报道）

（3）要想战胜对手，守株待兔的被动等待对手失误不会成为最佳利器，只有犀利的主动进攻才是取胜法宝。（北大 CCL 语料库新华社 2003 年 5 月份新闻报道）

（4）我常听到玩"现金流"游戏的一些玩家抱怨"好机会"总是不来光顾他们，于是，他们就坐在那里边发着牢骚边守株待兔。（《当代》翻译作品《富爸爸，穷爸爸》）

以上是第一组例句。在这些例句中，"守株待兔"的施事都企图不经过主动积极的努力，他们希望得到的收获都是偶然的、侥幸的。而下面的例子则稍有不同：

（5）编辑功能的调整在于变过去的守株待兔、等米下锅的"来料加工"为瞄准市场需要、积极策划参与。（北大 CCL 语料库《人民日报》1995 年 4 月份文章）

（6）"皇帝的女儿不愁嫁"，"酒香不怕巷子深"的守株待兔式的经营办法，固然不行；没有新招，没有不断的新引力，也不行。（北大 CCL 语料库 1994 年报刊精选）

（7）一般算命的都守株待兔，等待游人自动落网，而这些中年的妇人永远主动出击，腿勤嘴勤，见谁就招惹谁，无论拦住了什么人，都神色诡秘地问要不要算命。（北大 CCL 语料库叶兆言《算命》，《作家文摘》1997）

（8）90 年代前，"沈艺"没有独立的演出经营部门。那时候，业务室安排两个人，其任务不过是守株待兔式地安排一下演出计划。如今，"沈艺"成立了由 12 名精兵强将组成的两个经营演出部。（北大 CCL 语料库《人民日报》1995 年 6 月份文章）

（9）随着生产的发展，菜农们已不满足于自销，也不满足于守株待兔坐等别人上门收购。从 1990 年开始，许多菜农一边生产，一边搞贩销。（北大 CCL 语料库《市场报》1994 年文章）

例（5）到例（9）是第二组例句，其中"守株待兔"的施事并不是完全不努力，而是采用了相对被动的方式；他们企图得到的收获也不完全是偶然或侥幸的，但比更加积极主动的努力方式的收获要相对较差。

再看第三组例句：

（10）等候韩国代表团时，新华社记者溜进铁栅栏内，警卫竟没阻拦。得寸进尺的记者遂进入贵宾室。确认必经路线后，记者便站在扶梯口开始守株待兔。（北大 CCL 语料库新华社 2003 年 8 月份新闻报道）

（11）李江让干警埋伏在王家附近守株待兔，终于在黎明前等着了王艳。（北大 CCL 语料库 1994 年报刊精选）

（12）新近从联邦调查局领到了有关我的全部档案材料，方知道我之所以逍遥法外，只是由于当局没有找到我的确切所在，老是在我到过的地方守株待兔。（北大 CCL 语料库《读者》）

（13）他心头掠过一丝幼稚而又残忍的惊喜之情。但是敲诈恐吓信上指定的交款地点——固安桥他不敢去，他害怕有警察在那里守株待兔。（彭子强　慈爱民《六与十七》，《作家文摘》1997）

（14）他们制造了堆成山的带奥运会标志的帽子和背包，也不能出售一个，否则便是违法，国际奥委会有一帮专利官员和律师每天都在虎视眈眈地守株待兔。（北大 CCL 语料库新华社 2004 年 8 月份新闻报道）

这组例句中的"守株待兔"的意思变成了守在某处,等待某对象出现。既不强调这种"守"是积极主动的还是消极被动的,也不强调对象的出现是偶然的还是必然的。到此为止,这个成语的意义与最初相比,已经变得面目全非了。除了词汇意义之外,它的色彩意义也发生了变化。"守株待兔"本是个贬义成语,且带有较强的嘲讽意味。在上面第一组例句中,它的嘲讽意味已经基本不存在,即使有点贬义色彩也不很浓厚。在第二组例句中,"守株待兔"虽然不是作者赞同或颂扬的做事方法,但贬义色彩进一步淡化。到第三组例句中,"守株待兔"基本上变成了中性,有时还略带褒义,如例(11),至少没有贬义了。

发生这种词义变化的典故词语不只有"守株待兔"。再例如出自《庄子·知北游》的"白驹过隙",原本形容时间过得很快,但现在也有人用它来形容时间短,例如:

(15) 45年在历史的长河中,不过是白驹过隙的一瞬间,然而我们却完成了世世代代农民最企盼的一跃。(北大CCL语料库1994年报刊精选)

(16) 人类文明历史的长河不过5000年,相对于浩瀚的宇宙,犹如白驹过隙,只是转瞬而已。(潘石屹博客)

还有人用它形容时间以外的事物消逝得快或速度快:

(17) 机会如白驹过隙,稍纵即逝。(北大CCL语料库1994年报刊精选)

(18) 如果您感兴趣,还可以坐一坐磁悬浮列车,感受一下白驹过隙的速度和风驰电掣的酣畅。(北大CCL语料库2000年《人民日报》文章)

从事理上来说,"速度快"和"时间短"的联系非常紧密,所以由时间过得快引申为花费的时间短,又引申为其他事物运动或进行的速度快,也是顺理成章的事。

典故词语这种意义上的变化,已经超出了现行语文工具书解释的范围,有学者认为这属于误用,应当加以纠正、规范。对此,笔者却有不同看法。

首先,语言是发展的,词义是变化的。典故词、典故成语等意义变化的速度可能相对较慢,但也不是一成不变的。还拿"守株待兔"来说,上面第一组例句中的意义符合《现代汉语词典》(以下简称《现汉》)第6版的解释,但这个意义已经与该成语原本的意思不一样了。我们从现汉语料库中搜到140个用例,其中运用"比喻死守狭隘经验,不知变通"义的几乎没有,像第一组例句的用法的也只有少数,而大部分是第二、三两组例句的用法。

其实,不仅是"守株待兔",不少现今常用的典故词语的意义也发生过程度不同的变化。出自《礼记·檀弓下》的"美轮美奂"原本是形容房屋建筑的,后来也形容装饰、布置等;出自《五灯会元·宝峰文禅师法嗣·永州太平安禅师》的"口碑",原本指群众口头上的颂扬,后来也可以说某人"口碑很差";出自宋玉《风赋》的"空穴来风"原本比喻消息或传说事出有因,现在却用来表示消息或传说毫无根据;出自朱熹《〈四书〉或问》卷五所引古语的"闭门造车"原本表示只要按照同一规格,关起门来制造车辆,使用时也能和路上的车辙完全相合,后来变成了比喻办事只凭主观想象,不管客观实际,而且带有了贬义;出自《孟子·梁惠王下》的"出尔反尔"原本表示你如何对待别人,别人也如何对待你,后来变成了指前后言行自相矛盾,反复无常;出自《孟子·尽心下》的"大而化之"原本表示光大德业,以化万民,后来变成了表示做事情马虎，不细心，其感情色彩也由褒义变成了贬义；出自唐杜牧《阿房宫赋》的"钩心斗角"，原本用来形容建筑物或图纸的结构精巧工致，后来也形容精心构制，斗胜争奇，而现今变成了比喻各用心机，互相倾轧，带上了浓厚的贬义色彩；出自《易·观》的"观光"，原本指观览国之盛德光辉，现在则泛指参观外国或外地的景物、建筑等；出自佛教《楞严经》卷九的"想入非非"曾经指意念进入玄妙境界，现今则变成了比喻不切实际的胡思乱想；出自《左传·哀公六年》的"孺子牛"，原来说的是齐景公口衔绳子扮作牛与儿子嬉戏，谈不上褒贬，但是后来这个词常用来比喻甘愿为人民大众服务的人，因而有了褒义；等等。这些变化有词汇意义方面的，也有色彩意义方面的，而且已经约定俗成，为社会所接受。

　　其次，词义的变化发展总是客观上先发生在使用过程中，逐渐为越来越多的社会成员所接受，如果能够通过约定俗成规则的考验，最后才写进辞书的。因此，工具书上的解释总是落后于词义发展的客观情况，不见于工具书的词义，不一定都是错误的，一般词语是这样，典故词语也是这样。例如典故词"涂鸦"，在《现汉》第6版中就有3个义项：①唐代卢仝《示添丁》诗："忽来案上翻墨汁，涂抹诗书如老鸦。"后世用"涂鸦"形容字写得很差（多用作谦辞）。②指胡乱写作。③指随意涂画（多指在墙上）。而这后两个义项就不见于《汉语大词典》和《现汉》第5版。

　　再次，典故词语的意思与典源关系密切，"守株待兔"的意思如果变成了守住某个地方等待某对象出现，就与典源意思不相符合了，这或许是有人不能接受这种意义变化的原因之一。典故词语在产生之初，其意义往往与典源的关系最密切，但作为汉语词汇中的成员，典故词语一旦形成，其词汇意义、语法意义和色彩意义就是脱离开典源的，相对独立稳定的，此时的词义与典源文献的意思已经不能完全相同了。典源的构成相对复杂，典故所包含的意思也往往比一个一般的词或熟语丰富，典故词语从典源中摄取意义，所以有些典故词语的意思因素就比非典故词语多。意义因素越多，其中某些辅助性因素，特别是在词语的字面上体现不出来的因素，就越容易在后来的使用中受到消磨，逐渐弱化以至消失，因而引起词语意义的变化。

例如典故成语"邯郸学步"出自《庄子·秋水》："且子独不闻夫寿陵余子之学行于邯郸与？未得国能，又失其故行矣，直匍匐而归耳。"郭象注："以此效彼，两失之。"成玄英疏："寿陵，燕之邑。邯郸，赵之都。弱龄未壮，谓之余子。赵都之地，其俗能行，故燕国少年远来学步。既乖本性，未得赵国之能；舍己效人，更失寿陵之故。"分析典源中的信息，可以得到如下要点：①传说赵都邯郸人擅长走路；②燕国寿陵少年到邯郸学习走路的步态；③寿陵少年没有学会邯郸人的步态；④寿陵少年忘掉了自己原先走路的方法，只好爬着回去。"邯郸学步"的意思就是从这几点中总结形成的，主要包括第②③④三点：学习模仿别人，没有模仿成，反而丢掉了自己原有的技能或长处。《现汉》把这个成语解释为"比喻模仿别人不成，反而丧失了原有的技能"，也主要包含上述三点。在这三点中，最后一点虽然不如前两点重要，但典源中有"又失其故行矣，直匍匐而归"的话，郭注和成疏也分别说"两失之""更失寿陵之故"，"邯郸学步"的这个意义因素原本也是很清楚的。但是近年来，这个意义因素在某些场合明显地具有了弱化的倾向。例如：

（19）邯郸天然气涨价戳穿了长春天然气涨价"只是个案"的谎言，公众担心的是，在长春、邯郸之后，又会有多少城市像"邯郸学步"一样，步涨价后尘。（北大CCL语料库新华新闻网的财经新闻《天然气涨价岂能"邯

郸学步"》)

（20）对美国市场的模式、结构、方法、产品、工具在精神上顶礼膜拜，只知其然，不知其所以然，精华糟粕全盘接收。邯郸学步，亦步亦趋，还美其名曰"创新"。（北大CCL语料库和讯网新闻《中国资本市场省思》）

这两个例子中的"邯郸学步"表示的基本上是拙劣的或不成功的模仿，至于"丧失了原有的技能"的意思在这里已经不存在，至少是很不明显了，于是，这个成语的贬义色彩就不像原来那样浓重了。

再例如"乐不思蜀"，出自《三国志·蜀志·后主传》"后主举家东迁，既至洛阳"裴松之注引晋习凿齿《汉晋春秋》："司马文王与禅宴，为之作故蜀技，旁人皆为之感怆，而禅喜笑自若。王谓贾充曰：'人之无情，乃可至于是乎！虽使诸葛亮在，不能辅之久全，而况姜维邪？'充曰：'不如是，殿下何由并之！'他日，王问禅曰：'颇思蜀否？'禅曰：'此间乐，不思蜀。'郤正闻之，求见禅曰'若王后问，宜泣而答曰："先人坟墓远在陇、蜀，乃心西悲，无日不思"，因闭其目。'会王复问，对如前，王曰：'何乃似郤正语邪！'禅惊视曰：'诚如尊命。'左右皆笑。"在这段记录中，蜀后主刘禅贪图眼前的安乐，完全没有亡国丧家的悲伤，其庸碌愚蠢之态跃然纸上。所以"乐不思蜀"除了乐而忘返的意思之外，还有浓重的贬义色彩和嘲笑意味。但在今天这种色彩和意味已经弱化得基本上不存在了。例如：

（21）在这里"泡"一会儿，即使不买书，也可以感受到现代文明的气息，体味到追求知识的乐趣，令你流连忘返，乐不思蜀。（北大CCL语料库《人民日报》1995年2

月份文章）

（22）清新的空气，广阔的蓝天，和煦的阳光令身临其境者乐不思蜀。（北大 CCL 语料库新华社 2001 年 7 月份新闻报道）

（23）一进到尹公馆，坐在客厅中那些铺满黑丝面椅垫的沙发上，大家都有一种宾至如归，乐不思蜀的亲切之感。（白先勇《永远的尹雪艳》）

可见，典故词语有自己约定俗成的意义，这个意义对典源的信息有所取舍，与典源意已经不尽相同，而这个意义一旦变化，往往会在更大程度上背离典源。像"空空如也"在典源《论语·子罕》的有关语段中形容一无所知，而后来经常用来形容一无所有，也可以说明这个问题。不仅是意义，就是词语形式，在后来的变化中也有可能背离典源。脱胎于《孟子·公孙丑上》的"揠苗助长"就引出了后来的"拔苗助长"，《左传·文公十七年》中的"铤而走险"，形成成语后，现在又写作"挺而走险"，出自《庄子·知北游》的"每下愈况"后来竟变成了"每况愈下"，都是这样的例子。

最后应当说明的是，本文主张对典故词语意义的发展变化应当从客观语言现象出发，顺应词义发展、语言发展的规律，不应当一味拘泥于已有的工具书的解释。但这并不是说典故词语现有的所有用法都正确，也不是要否认有关工具书的正确性和权威性。某个人对词语（包括典故词语和非典故词语）的理解有可能出现偏差，使用有可能是错误的，对此，当然应当加以纠正或规范，在这个过程中，工具书的作用不可忽视。而判定词语的新意义是不是正确的、合理的，最终还要用约定俗成的规则来检验。

※本文作于 2018 年。

"大鸿胪禹"小考

——《两汉全书》整理札记之一

清人严可均《全汉文》卷三十二列"大鸿胪禹",介绍说:"禹,史失其姓。"① 下收《奏平干王元不宜立嗣》一篇,录自《汉书·景十三王传》。查《汉书》载该文时云:"初,武帝复以亲亲故,立敬肃王小子偃为平干王,是为顷王,十一年薨。子缪王元嗣,二十五年薨。大鸿胪禹奏:……奏可,国除。"② 严可均录大鸿胪禹奏文之后又加案语:"《诸侯王表》:元薨于元凤二年。是时大鸿胪禹,《百官表》失载。"这是对"禹,史失其姓"的进一步解释。

然而,王先谦《汉书补注》在《景十三王传》"大鸿胪禹"下注云:"钱大昕曰王禹也。"③ 王氏只引用了钱大昕的说法,自己并未直接表态,但是从这个引用的行为看,王先谦应当是同意钱大昕的说法的,虽然王先谦并未提供证据,但他至少不反对钱大昕的说法。

经仔细考察,钱大昕的说法是对的。考钱氏与严可均在此

---

① (清)严可均辑:《全上古三代秦汉三国六朝文》,中华书局1958年版。
② (汉)班固:《汉书》,中华书局1962年版。
③ (清)王先谦撰:《汉书补注》,中华书局1983年版。

问题上分歧的焦点在于平干缪王刘元去世的年代。那么，刘元到底去世于哪一年呢？《汉书·诸侯王表》赵肃敬王彭祖下列平干王，云："征和二年，顷王偃以敬肃王小子立，十一年薨。"此说与《景十三王传》的记载一致。征和二年为公元前91年，十一年后为公元前80年，即昭帝元凤元年，是年刘偃去世，刘元嗣位。《诸侯王表》对此也说得很清楚："元凤元年，缪王元嗣，二十四年，五凤二年，坐杀谒者，会薨，不得代。"因此，《景十三王传》才说因大鸿胪禹"奏可，国除"。可见，奏刘元不宜立嗣的□禹应当于汉宣帝五凤二年任大鸿胪，而不是严可均说的元凤二年。查《汉书·百官公卿表》五凤元年："大司农王禹为大鸿胪。"又元帝初元元年："大鸿胪显，十一年"。这就是说，王禹于宣帝五凤元年（前57）由大司农迁任大鸿胪，直至元帝初元元年（前48）被□显取代，在任共九年。奏请平干缪王刘元不立嗣事，发生在王禹任大鸿胪的第二年。可见，钱大昕说《景十三王传》中的"大鸿胪禹"即王禹是有根据的。

　　严可均之所以说谏止皇帝为刘元立嗣的大鸿胪禹"史失其姓"，原因之一是把刘元去世的年代误定于昭帝元凤二年；原因之二是元凤二年的大鸿胪，《汉书·百官公卿表》的确失载。于是，就自然产生了一个连带性的问题：在元凤二年任大鸿胪的人到底是谁？

　　据《百官公卿表》，汉武帝征和四年（前89），"大鸿胪戴仁坐祝诅诛。淮阳太守田广明为鸿胪，五年迁"；又昭帝始元四年（前83），"大鸿胪田广明为卫尉"；又昭帝元凤五年（前76），"詹事韦贤为大鸿胪"。那么，从始元四年至元凤五年这八年的时间里，大鸿胪一职的担任者在表中就无从查考了。但是，在《汉书》的其他部分，笔者却发现了两点可疑之处。

《汉书·酷吏传·田广明》:"上以广明连禽大奸,征入为大鸿胪,……昭帝时,广明将兵击益州,还,赐爵关内侯,徙卫尉。"《汉书·昭帝纪》:"(始元四年)冬,遣大鸿胪田广明击益州";"(始元五年)秋,大鸿胪广明、军正王平击益州,斩首捕虏三万余人,获畜产五万余头"。田广明击益州,见于正史记载的就是这两次。按本传之说,似乎田广明受赐关内侯在前,徙卫尉在后,或二事同时。《汉书·昭帝纪》记载汉昭帝给田广明的赐爵诏书,其中说:"大鸿胪广明将率有功,赐爵关内侯,食邑。"这里仍把田广明称为"大鸿胪"。据《昭帝纪》的记录,此诏书的颁发不可能早于始元五年(前82)七月,而《汉书·百官公卿表》记载田广明迁任卫尉的时间是始元四年。皇帝的赐爵诏书却把受赐人的官职搞错,这是不应该发生的事。再与《百官公卿表》中记录田广明迁卫尉事后,并未记录新担任大鸿胪的人这一做法联系起来考虑,如果田广明迁职后不再任大鸿胪,那么到昭帝颁赐爵诏书这段时间差就很不好解释。这是疑点之一。

《汉书·昭帝纪》:"(元凤元年三月)武都氐人反,遣执金吾马适建……大鸿胪广明将三辅、太常徒,皆免刑击之。"看来,不仅在始元末,而且在元凤初,田广明仍然被称为"大鸿胪"。这是疑点之二。

对上述第二个疑点,王先谦《汉书补注》认为"大鸿胪三字误",其根据就是《汉书·百官公卿表》。王氏以为据该表田广明此时已经迁任卫尉,就不应当还是大鸿胪了。但《百官公卿表》在记录田广明迁职时没有交代下一任大鸿胪,这一点已如上述。而且再联系昭帝诏书中的话来看,如果把《昭帝纪》元凤元年三月所记的"大鸿胪"三字完全看作班固的笔误,似乎也缺乏确凿的证据。

当然,仅以上述两个疑点,还不足以证明在昭帝始元四年至元凤五年大鸿胪的担任者。由于笔者孤陋寡闻，没有发现其他更准确的材料，这个问题只好暂且存疑了。

　　※本文发表于《齐鲁学刊》2000年第3期，收入本集时对个别语句做了修改。

《史记·乐书》中的一处矛盾
——《两汉全书》整理札记之二

《史记·乐书》中有这样一段记载：

> 后伐大宛得千里马，马名蒲梢，次作以为歌。歌诗曰："天马来兮从西极，经万里兮归有德。承灵威兮降外国，涉流沙兮四夷服。"中尉汲黯进曰："凡王者作乐，上以承祖宗，下以化兆民。今陛下得马，诗以为歌，协于宗庙，先帝百姓岂能知其音邪？"上默然不说。丞相公孙弘曰："黯诽谤圣制，当族。"①

《汉书·武帝纪》："（太初）四年春，贰师将军广利斩大宛王首，获汗血马来。作《西极天马之歌》。"② 可见，伐大宛得良马，事在汉武帝太初四年（前101年）。那么上引《史记·乐书》中的那段话就有几点解释不通。

首先，丞相公孙弘的卒年与上述记载相互矛盾。《汉书·武帝纪》元狩二年："春三月戊寅，丞相弘薨。"③《汉书·百

---
① （汉）司马迁：《史记》，中华书局1959年版，第1179页。
② （汉）班固：《汉书》，中华书局1962年版，第202页。
③ （汉）班固：《汉书》，中华书局1962年版，第176页。

官公卿表》也记载，公孙弘元朔五年起任丞相，元狩二年卒。元狩二年，当公元前121年，距离伐大宛获良马的太初四年尚有20余年。已经去世20余年的人，当然不可能在汲黯进谏时加以指责。

其次，汲黯的官职也与上述记载不相符合。据《史记·汲黯列传》，景帝时黯任太子洗马，武帝初立，黯为谒者。迁荥阳令，寻召为中大夫，迁东海太守，又召为主爵都尉，列九卿。后为右内史，坐小过免官。隐居数年后，召拜淮阳太守，卒于任。《汉书·汲黯传》的记载与《史记》同。可见，汲黯从未任中尉一职。

再次，汲黯的卒年也有问题。《史记》本传说他"以诸侯相秩居淮阳，七岁而卒"，但《汉书》本传却说他"居淮阳十岁而卒"，与《史记》的说法有分歧。

汲黯拜淮阳太守的时间，《史记》《汉书》虽然均未明说，但《史记》本传载："居数年，会更五铢钱，民多盗铸钱，楚地尤甚，上以为淮阳，楚地之郊，乃召拜黯为淮阳太守。"①《汉书》本传所载相同。《汉书·武帝纪》元狩五年："罢半两钱，行五铢钱。"② 案：武帝曾用过四铢钱、半两钱、三铢钱，后因三铢钱轻，易为奸诈，乃更铸五铢钱，见《汉书·食货志》。《武帝纪》此云元狩五年罢半两钱，误，但是行五铢钱确实在该年，即公元前118年。《史记〈汲黯列传〉集解》引徐广语，亦云："元狩五年行五铢钱。"③ 汲黯即于此年起任淮阳太守。若按《史记》本传的说法，他在淮阳七岁而卒，那么，汲黯当卒于元鼎五年，即公元前112年，《史记〈汲黯列

---

① （汉）司马迁：《史记》，中华书局1959年版，第3111页。
② （汉）班固：《汉书》，中华书局1962年版，第179页。
③ （汉）司马迁：《史记》，中华书局1959年版，第3112页。

传〉集解》引徐广的意见就是这样。如果依《汉书》本传，汲黯卒年则应是元封二年，即公元前 109 年。

对汲黯卒年的这两种说法，笔者倾向于相信《史记》，因为对照《史记》《汉书》的两篇本传，《汉书》基本上照搬《史记》，唯独在担任淮阳太守的年数上，未做任何说明就变"七"为"十"，让人很自然地怀疑是传写之误。而且《史记集解》引徐广的话也毫不含混地说汲黯卒于"元鼎五年"。尽管没有确凿的证据断定汲黯卒于前 112 年还是前 109 年，但无论采用哪种说法，在前 101 年，他肯定已经去世。那么，武帝为大宛马作歌时，汲黯也就不可能进谏了。这样看来，在伐大宛得良马汉武帝因此作歌时，无论汲黯还是公孙弘都不可能发表任何意见。

据史载，汉武帝为得良马作歌，至少有两次。在太初四年这次之前，"尝得神马渥洼水中，复次以为《太一之歌》"（《史记·乐书》）。《集解》引李斐云此马为南阳新野暴利长屯田敦煌时获于渥洼水旁，欲神异之，故云从水中出。《汉书·礼乐志》记录了这段歌词，并注明："元狩三年马生渥洼水中作。"但《汉书·武帝纪》却于元鼎四年云："秋，马生渥洼水中。作《宝鼎》《天马之歌》。"颜师古《集注》亦引了李斐的话，王先谦《补注》云："二歌并见《礼乐志》。"这样一来，于渥洼水得良马而作歌的时间也有了两种说法，一为元狩三年（前 120 年），一为元鼎四年（前 113 年）。在这两个说法中无论采取哪一个，渥洼获马时公孙弘都已去世，只有汲黯尚在。所以有人以为汲黯因获马作歌进谏，事或在元鼎三年。《资治通鉴》就把本文开头所引的汲黯谏语录于该年得马于渥洼水事下，且无汲黯官职，亦无《史记·乐书》所载公孙弘语。这样，就避免了上面提出的几个矛盾。可是，对《资治通鉴》的记载，我们只能说有这种可能性，至于是否符合史实，目前尚无法肯定，只好待发现新的确凿证据以后再下结论了。

　　最后尚有一点附带说明。上海辞书出版社1981年10月版的《辞海·历史分册·中国古代史》中"汲黯"一条，将汲黯卒年定于前112年，这是根据《史记〈汲黯列传〉集解》所引徐广的说法。而下面的解释文字中又说："后出为淮阳太守，在任十年死。""在任十年"是采用了《汉书》本传的说法。可是，正如上文所说，汲黯出任淮阳太守的时间是前118年，这一点已为史料所证实。如果他任淮阳太守十年，那就应当卒于前109年，而不是前112年。徐广所说的汲黯卒年与《汉书》本传说的任淮阳太守十年，两者在史实上并不统一，《辞海》该条分别采用了这两种说法，却没注意它们的不同，于是产生了这样的矛盾。

　　　　　　　※本文发表于《齐鲁学刊》2000年第5期。

关于"奉项婴头"的语义

——《两汉全书》整理札记之三

《史记·淮阴侯列传》载，韩信为刘邦大将，率军攻魏、破赵、平齐，被封为齐王。齐人蒯彻劝说韩信反叛刘邦。在谈论中列举张耳、陈馀起初交情深厚，后来反目为仇的事例，说明韩信与刘邦的交情也会有变化。蒯彻的话中有一段，中华书局本标点如下：

> 始常山王、成安君为布衣时，相与为刎颈之交，后争张黡、陈泽之事，二人相怨。常山王背项王，奉项婴头而窜，逃归于汉王。①

这里说的"常山王""成安君"即张耳和陈馀。据《史记·张耳陈馀列传》记载，张耳、陈馀均为秦末大梁人，二人原为密友。陈胜起义后，二人一度投奔陈胜，后共定赵地。秦军攻赵，张耳与赵王歇被秦将王离围困于巨鹿城中，陈馀驻军巨鹿城北。秦将章邯也驻军城外，支援王离。巨鹿告急，张耳派人向陈馀求救。陈馀因兵力太少，不敢贸然相救。张耳大

---

① （汉）司马迁：《史记》，中华书局1994年版，第2624页。

怒，派部下张黡、陈泽责让陈馀，陈馀只好派五千人随张黡、陈泽与秦军对阵，结果全军覆没。后项羽率楚军击破章邯，与其他诸侯活捉王离，救出赵王与张耳。张耳误以为陈馀因不肯出救兵而杀死了张黡、陈泽，陈馀分辨不清，二人从此反目。秦亡后，张耳被项羽封为常山王，陈馀只得到南皮三县封地。于是陈馀大怒，击走张耳。张耳投奔汉王刘邦，陈馀则辅佐赵王歇，为成安君。这就是张耳、陈馀交情变化的大致情况。上面所引蒯彻的话的后半部分，就是描述张耳被陈馀攻击而败走，投奔刘邦时的情景。但这段话中"项婴"二字的专名号当是误用。

从"项婴"二字的专名号看，标点者显然把这两个字理解成了人的姓名，认为张耳奔逃时还捧着此人之头。但这样理解至少有两点说不通。

首先，从当时的情况看，张耳这样做很不合乎常理。张、陈二人虽然是因为误会而反目的，但二人的积怨却越来越深，陈对张怀着日益增强的仇恨。据《史记·张耳陈馀列传》载，张耳封王后，陈馀特意向齐王田荣借兵，以保证袭张的成功。后来，在张耳逃归刘邦后，刘邦为了最大限度地联合中间力量，曾欲联合赵王以击楚，辅佐赵王的陈馀甚至提出了"汉杀张耳乃从"的条件，使刘邦只好寻求一个貌似张耳的人，斩首后将人头送给陈馀，陈方才同意让赵出兵帮助刘邦。后来，陈馀觉察到张耳未死，便立即反叛刘邦。

由此可见，陈对张已经恨之入骨。此次陈袭击张，是有备而来的，不仅自己辖下的三县之兵尽数出动，而且特意从齐王处借了援兵，必欲置张耳于死地而后快。张耳受到如此猛烈的袭击，兵败出逃，保命尚恐不及，为何还要手捧一颗人头？

其次，当时，在与陈、张二人有关的人当中，查无"项婴"其人。如果张耳在仓皇出逃、性命难保的情况下，还要捧着一颗人头，那么，这颗人头理当属于对张耳来说性命攸关的一个重要人物。如果真的有这样一个人，史书中不应当完全没有记载。

查《史记·张耳陈馀列传》，在讲述张耳受到陈馀袭击而出逃一事时说：

> 陈馀因悉三县兵袭常山王张耳。张耳败走，念诸侯无可归者，曰："汉王与我有旧故，而项羽又强，立我，我欲之楚。"甘公曰："汉王之入关，五星聚东井。东井者，秦分也，先至必霸。楚虽强，后必属汉。"故而走汉。①

而《资治通鉴》的记载更简单：

> 陈馀悉三县兵，与齐兵共袭常山。常山王张耳败，走汉。②

这些史籍都没有提到"项婴"其人，更没有张耳出逃捧着他的人头的记载。可见，当时在与张耳有关的人当中，没有一个叫项婴的。也就是说，上面所引《淮阴侯列传》那段文字中的"项婴"不是个人名。

《汉书·蒯通传》里也记载了蒯彻劝说韩信的话，有关部分是：

> 始常山王、成安君故相与为刎颈之交，及争张黡、陈

---

① （汉）司马迁：《史记》，中华书局1994年版，第2581页。
② （宋）司马光：《资治通鉴》，中华书局1956年版，第314页。

泽之事，常山王奉头鼠窜，以归汉王。①

  颜师古注："言其迫窘逃亡，如鼠之藏窜。"班固记载此语时很可能参考了《史记·淮阴侯列传》，并对司马迁的话略作修改。比较二书的相关部分可知，"奉项婴头而窜"和"奉头鼠窜"的意思大致相当，略等于今天说的"抱头鼠窜"。在这里，"奉项"和"婴头"互文，"项"义为颈项，"婴"有围绕义，在这里指用手臂环抱。"奉项婴头"用来描写张耳仓皇逃命时的情形，生动形象，且带有一定的夸张成分。

  因此，上所引《淮阴侯列传》例中的"项婴"不是人名，给这两个字标专名号完全是出于对文义的误解。

  ※本文发表于《齐鲁学刊》2002年第3期。收入本集时对个别语句做了修改和补充。

---

① （汉）班固：《汉书》，中华书局1956年版，第2163页。

谈《史记·高祖本纪》的一处标点失误
——《两汉全书》整理札记之四

中华书局标点本《史记·高祖本纪》叙述刘邦即帝位过程的一段文字如下：

> 正月，诸侯及将相相与共请尊汉王为皇帝。汉王曰："吾闻帝贤者有也，空言虚语，非所守也，吾不敢当帝位。"群臣皆曰："大王起微细，诛暴逆，平定四海，有功者辄裂地而封为王侯。大王不尊号，皆疑不信。臣等以死守之。"汉王三让，不得已，曰："诸君必以为便，便国家。"甲午，乃即皇帝位氾水之阳。①

在这段话里，"诸君必以为便，便国家"九个字显然不是个完整的句子，而且其中的"便"字重复。到了《汉书·高帝纪》中，这句话改成了：

> 诸侯王幸以为便于天下之民，则可矣。②

---

① （汉）司马迁：《史记》，中华书局1994年版，第379页。
② （汉）班固：《汉书》，中华书局1956年版，第52页。

这样改过之后,"便"字的重复没有了,句子也完整了。但是《汉书》这句话,远不如《史记》原文生动传神。问题是《史记》的那九个字的标点有问题。

刘邦在我国历史上可算是一个有成就的皇帝,但他在马上得天下,出身并不高贵。据《史记·高祖本纪》《汉书·高帝纪》载,他虽然做过秦亭长,但官职卑微,早年基本上生活在社会下层,并未受过良好的教育。他瞧不起儒者,有时贪酒好色,不拘小节;但刘邦作为政治家又很有头脑,善于审时度势,会量才用人,且聪明狡黠,处事灵活而不刻板,"其志不在小"。这样一个人,经过多年奋战,最后取得楚汉战争的胜利,即皇帝位似乎是水到渠成的事,他绝不会放过这个绝好的机会。诸侯群臣当然不会看不到这一点,他们极力请求刘邦称帝,固然可能有为江山社稷考虑的因素,但也未始不是为了送个顺水人情。

但是,刘邦毕竟出身下层,没有贵族血统,在反秦斗争中壮大力量,被封汉王后又经过几年艰苦的楚汉战争,才取得了现在这样的地位;身边的诸侯群臣中有不少人在推翻秦朝、打败项羽的过程中鞍前马后,跟随刘邦,他们有的镇守后方,安邦定国,有的运筹帷幄,出谋划策,也有的身经百战,出生入死,都立下了很大的功劳。这些人中还有好多是刘邦当年贫贱时的朋友旧交。这些因素都使刘邦面对称帝的请求,不好一口答应,即使当皇帝的愿望再强烈,口头上也总要客气一番,所以就有了前面那番推辞。不过,这时的推辞要掌握好分寸,一方面不能让人看出是假情假意,另一方面更不能弄假成真,到"三让"之后,群臣坚请时,就要趁机答应下来,但又要做出羞于出口的样子。司马迁正是出神入化地描绘出刘邦当时的神态口吻,而且做得很成功。不过,像上面列举的那样标点,司马迁的这番苦心就收不到预期的效果了。若按现代的行文习惯，原文中刘邦后面那句话中的逗号和句号都可以改用省略号。在标点古籍时，省略号容易使读者误以为该处删掉了若干文字，为避免这种误解，也可以改用破折号。这样，这段话的后半部分就可以标点为：

  汉王三让，不得已，曰："诸君必以为便——便国家——"甲午，乃即皇帝位氾水之阳。

这样，就比原标点生动传神多了。中华书局标点本《史记》的《点校后记》说该书标点时没有用破折号，"因为可以用破折号的地方也可以用句号"。但从上面的例子看，用句号和用破折号效果是大不一样的。至于《汉书·高帝纪》将刘邦的话改为"诸侯王幸以为便于天下之民，则可矣"，句子虽然完整洁净而且有些典雅了，但却失去了《史记》描写的精彩。

  ※本文发表于《学术交流》2001年第5期。

"咎季子犯"小考

——《两汉全书》整理札记之五

《史记·晋世家》载：

> （襄公）六年，赵衰成子、栾贞子、咎季子犯、霍伯皆卒。①

晋襄公六年，当鲁文公五年，也就是公元前622年，这条材料是说晋国的四位卿大夫均于该年去世。其中的"咎季子犯"是谁，三家注均无解释。《史记·十二诸侯年表》也记录了此事，"咎季子犯"做"臼季"，《索隐》："臼季，胥臣也。"此事又见于《左传·文公五年》："晋赵成子、栾贞子、霍伯、臼季皆卒。"杜预注："成子，赵衰，新上军帅、中军佐也。贞子，栾枝，下军帅也。霍伯，先且居，中军帅也。臼季，胥臣，下军佐也。"②

这样看来，《史记·晋世家》中的"咎季子犯"就是臼季，也就是杜预《左传》注和司马贞《史记索隐》中说到的

---

① （汉）司马迁：《史记》，中华书局1994年版，第1671页。
② （清）阮元校刻：《十三经注疏》，中华书局1980年版，第1843页。

"胥臣"，这一点应当是可以肯定的。可是，他为什么被太史公称为"咎季子犯"？

臼季是晋初大夫，字季子，晋公子重耳流亡时他曾跟随左右，后来因为他的采地在臼，故又称"臼季"或"臼季子"，又因为他在晋国做过司空，所以又被称为"司空季子"，但他从未被称为"咎季子犯"或"子犯"。

《史记·晋世家》的记载很有可能是根据了《左传》，而"臼""咎"同为见母幽部字，所以司马迁把"臼季（子）"写成"咎季（子）"也未尝不可。但是"咎季子犯"的"犯"字或"子犯"二字是从何而来的呢？

笔者认为，这里的"犯"或"子犯"是衍文，如果不是太史公误书，就是后来的传抄者所误加。这一个或两个字的衍出可能与当时晋国人咎犯有关。也就是说，"咎季子犯"可能是"咎季（子）"和"子犯"两个人名错误地杂糅在一起的产物。

据现存史料，春秋时晋国叫咎犯的有两人。一个见《说苑·正谏》：

> 晋平公好乐，多赋敛，不治城郭，曰："敢有谏者死。"国人忧之。有咎犯者，见门大夫曰："臣闻主君好乐，故以乐见。"门大夫入言曰："晋人咎犯也，欲以乐见。"平公曰："内之。"止坐殿上，则出钟磬竽瑟。坐有顷。平公曰："客子为乐。"咎犯对曰："臣不能为乐，臣善隐。"平公召隐士十二人。咎犯曰："隐臣窃愿昧死御。"平公曰："诺。"咎犯申其左臂而诎五指，平公问于隐官曰："占之为何？"隐官皆曰："不知。"平公曰："归之。"咎犯则申其一指曰："是一也，便游赭画不峻城阙；二也，柱梁衣绣，士民无褐；三也，侏儒有余酒而死士渴；四也，民

"咎季子犯"小考

有饥色而马有粟秩；五也，近臣不敢谏，远臣不得达。"平公曰："善。"乃屏钟鼓，除竽瑟，遂与咎犯参治国。①

这里的咎犯为晋平公时人，他生活的时代晚于赵衰等人五六十年，应当与《晋世家》中的"咎季子犯"无关。春秋晋国另一个叫"咎犯"的人即狐偃，字子犯，为晋文公重耳的舅父，所以又称为"舅犯"，《史记》中常作"咎犯"。重耳为公子时，因为骊姬之乱出奔，流亡在外十九年，狐偃及其兄狐毛一直跟随，并佐助重耳归国即君位。后来重耳在诸侯中建立威望，成为霸主，狐偃的帮助也起了很大作用。由于臼季子的"臼"写成了"咎"，而臼季、赵衰等人都曾跟随重耳流亡，并辅佐文公治国，子犯与他们有相似的经历，所以《晋世家》中的"臼季（子）"就错成了"咎季子犯"。

但是，《晋世家》中所载与赵衰、栾枝、先且居在同一年去世的人肯定是胥臣而不是狐偃，这已经为《史记·十二诸侯年表》及司马贞《索隐》、《左传·文公五年》及杜预注等史籍所证明。此外，狐偃的卒年虽然见不到明确的记载，但我们可以根据几条材料综合考察其大致时间。

《国语·晋语四》载：

> 问元帅于赵衰，对曰："郤縠可……。"公从之。公使赵衰为卿，辞曰："栾枝贞慎，先轸有谋，胥臣多闻，皆可以为辅佐，臣弗若也。"乃使栾枝将下军，先轸佐之。……郤縠卒，使先轸代之。胥臣佐下军。公使原季为卿，辞曰："夫三德者，偃之出也……"使狐偃为卿，辞

---

① （汉）刘向撰，赵善诒疏证：《说苑疏证》，华东师范大学出版社1985年版，第242页。

曰："毛之智，贤于臣，其齿又长。毛也不在位，不敢闻命。"乃使狐毛将上军，狐偃佐之。狐毛卒，使赵衰代之，辞曰："城濮之役，先且居之佐军也善……"乃使先且居将上军。公曰："赵衰三让。其所让，皆社稷之卫也。废让，是废德也。"以赵衰之故，搜于清原，作五军。使赵衰将新上军，箕郑佐之；胥婴将新下军，先都佐之。子犯卒，蒲城伯请佐，公曰："夫赵衰三让不失义。让，推贤也。义，广德也。德广贤至，又何患矣。请令衰也从子。"乃使赵衰佐新上军。①

只凭这条材料就可以说明，狐偃之死，不仅早于赵衰，而且早于晋文公。如果再仔细考证的话，根据《左传》的记载，晋郤縠卒，使原轸代之将中军，事在鲁僖公二十八年（前632年）二月；晋国在清源检阅军队，新作五军，使赵衰为卿，事在鲁僖公三十一年（前629年）秋；晋文公重耳去世，在鲁僖公三十二年（前628年）十二月。而据上所引《国语·晋语四》那段文字，咎犯之卒，在清源阅兵之后，晋文公去世之前。因此，咎犯去世的时间应当在公元前629年秋至公元前628年底，比赵衰、栾枝、先且居等早6—7年。

※本文发表于《山东大学学报》2003年第1期。

---

① 上海师范大学古籍整理研究所校点：《国语》，上海古籍出版社1988年版，第382—383页。

"廷尉王恬开"小考

据《史记·魏豹彭越列传》，西汉初，梁王彭越被告发谋反，废为庶人。吕后向刘邦建议斩之以绝后患，刘邦同意。"于是吕后乃令其舍人告彭越复谋反，廷尉王恬开奏请族之。上乃可，遂夷越宗族，国除。"①

据《汉书·百官公卿表》，高帝五年至九年义渠任廷尉，十年，宣义为廷尉，十二年□育（名育，姓氏不详）任廷尉。② 也就是说，自汉五年（前202）刘邦即帝位直至他去世，担任廷尉者中无"王恬开"其人。又据《史记》之《高祖本纪》及《汉兴以来诸侯王年表》、《汉兴以来将相功臣年表》，彭越被诛在汉十一年（前196），而□育正是该年起任廷尉的，他的前任是宣义。

那么，上面所列那条材料中的"廷尉王恬开"究竟何许人也？

查《汉书·百官公卿表》，汉高帝五年起有王恬启任郎中令③。笔者案：王恬启与王恬开当为一人。《史记·张释之列

---

① （汉）司马迁：《史记》，中华书局1959年版，第2594页。
② （汉）班固：《汉书》，中华书局1962年版，第747—749页。
③ （汉）班固：《汉书》，中华书局1962年版，第747页。

传》："是时，中尉条侯周亚夫与梁相山都侯王恬开见释之持议平，乃结为亲友。"①《集解》："（'开'）《汉书》作'启'。'启'者，景帝讳也，故或为'开'。"

《汉书·高惠高后文功臣表》载有"山都贞侯王恬启"，云："汉五年为郎中柱下令，以卫将军击陈豨，用梁相封。"②可见这里的王恬启即《史记·张释之列传》中的王恬开，而此人在彭越被杀时并不是廷尉，而是郎中令。

这样看来，向刘邦奏请对梁王彭越灭族并获准的人，有两种可能。一种是当时的廷尉宣义或□育，另一种可能是当时的郎中令王恬启。《汉书·彭越传》记载彭越之死说："至雒阳，吕后言上曰：'彭越壮士也，今徙之蜀，此自遗患，不如遂诛之。妾谨与俱来。'于是吕后令其舍人告越复谋反。廷尉奏请，遂夷越宗族。"③

《汉书》只说了上奏者的职务，未照录《史记》记载的人名，可能是班固已发现《史记》所载职务与人名的矛盾。且对犯法者奏请给以何种惩处，正是廷尉的职责。所以笔者以为有关此事的记载，当以《汉书》更为可信，《史记》所记的职务不错，只弄错了人名。

※本文发表于《文史哲》2003 年第 3 期。

---

① （汉）司马迁：《史记》，中华书局 1959 年版，第 2755 页。
② （汉）班固：《汉书》，中华书局 1962 年版，第 622—623 页。
③ （汉）班固：《汉书》，中华书局 1962 年版，第 1881 页。

谈京房解《易》的一段佚文

京房创立了西汉今文京氏《易》学,有著述十余种,今唯《京氏易传》三卷传世,其余均已亡佚。历代史书之《天文志》、《五行志》、历代类书以及《开元占经》《乾象通鉴》等典籍中还保留着不少京氏佚文。《汉书·五行志》中有这样一段话:"隐公三年'二月己巳,日有食之'。《穀梁传》曰,言日不言朔,食晦。《公羊传》曰,食二日。董仲舒、刘向以为其后戎执天子之使,郑获鲁隐,灭戴,卫、鲁、宋咸杀君。"① 稍后,记录了一段京氏佚文:

京房《易传》曰:"亡师兹谓不御,厥异日食,其食也既,并食不一处。诛众失理,兹谓生叛,厥食既,光散。纵畔兹谓不明,厥食先大雨三日,雨除而寒,寒即食。专禄不封,兹谓不安,厥食既,先日出而黑,光反外烛。君臣不通兹谓亡,厥食三既。同姓上侵,兹谓诬君,厥食四方有云,中央无云,其日大寒。公欲弱主位,兹谓不知,厥食中白青,四方赤,已食地震。诸侯相侵,兹谓不承,厥食三毁三复。君疾善,下谋上,兹谓乱,厥食

---

① (汉)班固:《汉书》,中华书局1962年版,第1479页。

既,先雨雹,杀走兽。弑君获位兹谓逆,厥食既,先风雨折木,日赤。内臣外乡兹谓背,厥食食且雨,地中鸣。冢宰专政兹谓因,厥食先大风,食时日居云中,四方亡云。伯正跃职,兹谓分威,厥食日中分。诸侯争美于上兹谓泰,厥食日伤月,食半,天营而鸣。赋不得兹谓竭,厥食星随而下。受命之臣专征云试,厥食虽侵光犹明,若文王臣独诛纣矣。小人顺受命者征其君云杀,厥食五色,至大寒陨霜,若纣臣顺武王而诛纣矣。诸侯更制兹谓叛,厥食三复三食,食已而风,地动。适让庶兹谓生欲,厥食日失位,光暗暗,月形见。酒亡节兹谓荒,厥蚀乍青乍黑乍赤,明日大雨,发雾而寒。"凡食二十占,其形二十有四,改之辄除。不改三年,三年不改六年,六年不改九年。推隐三年之食,贯中央,上下竟而黑,臣弑从中成之形也。[1]

上文所引的京氏佚文在清人王保训所辑《京氏易》卷二《易传》中也收录了,但与《汉书》所引有两点明显不同:

1. 王氏将这段文字分列两处:"亡师兹谓不御"至"厥食日伤月"(王氏所辑"日伤月"下有"食侯王死"四字,《汉书》所引无)在一处,"厥食日伤月,食半,天营而鸣"至"发雾而寒"在另一处(起首"厥食日伤月"五字与上一处末尾五字重复,《汉书》不重)。

2. 王氏所辑,将上所引《汉书》中"凡食二十占"至"臣弑从中成之形也"一段也列进了《易传》佚文。

由此便产生了以下问题:①京房这段文字原本是连在一起还是分列两处;②上引《汉书·五行志》中"凡食二十占"及以下文字是否为京氏佚文?

---

[1] (汉)班固:《汉书》,中华书局1962年版,第1479—1480页。

先说第一个问题。

《汉书》所引京房这段话，是将日蚀现象附会社会人事，共列举了二十种情况。每种情况的列举基本上遵循了如下套路：首先列举社会人事中的某种现象，其次给该现象取一个字或两个字的名称，再次讲与该现象对应的日食特征及其他相关的异常自然现象。在形式上总结这个套路，可得如下格式："……兹谓（或'云'）……，厥食……。"每列一种情况，必用一次这样的格式。在上引《汉书·五行志》的那段话中，此格式正好用了二十次。这种把相同或相类的格式排列起来连续使用，应当是比较自然的，也就是说这段佚文原本连在一起的可能性较大。

王保训把这段话分割开，而割断的地方正好是一个完整格式的中间而不是结束，这就让人感到生硬，而且分割后前一段末尾与后一段开头还有五个字重复，这又一次说明京氏原文很可能是连在一起的。

王氏分割这段佚文的原因可能是《乾象通鉴》《开元占经》等书也都摘录了这段佚文的某些部分。由于这类书在体例方面的原因，其摘录往往是不连贯的。而王保训在辑录这段文字时则把这些书作为依据，面对繁多而芜杂的材料又不可能一一进行细致的考查辨析。

再说第二个问题。

王保训把"凡食二十占"及以下文字全部抄录进所辑的《京氏易》，说明他认为这些字也是京房《易传》的内容。而今本《汉书》把这段文字放在引号之外，则说明标点者与王保训的理解不同。

在这里，"凡食二十占"五字很值得注意。《汉书·五行志》所引的这段京房佚文正好列举了二十种情况，这五个字就是对上文的总结。应当弄清的是京氏原文对于日食是只说了这二十种情况，还是京房不只说了这些，而《汉书》只引用了二十条。

在现存京房佚文中，大致符合上面总结的那种格式的话还有不少，据不完全统计，仅见于《汉书·五行志》的就达60多条。从内容上看，这些材料涉及日占、霜雪雹冰占、禽兽占、石占等诸多方面。与日食有关的例子还有：

京房《易传》曰："凡日食不以晦朔者，名曰薄。人君诛将不以理，或贼臣将暴起，日月虽不同宿，阴气盛，薄日光也。"①

这条材料与上面总结的那种格式虽然不完全相符，但它至少可以说明京房讨论日食所说的话不止前文所引的二十条。所以"凡食二十占"那句话极有可能只是班固在引用了一段京房的话之后作的总结，而不是京房自己作的总结。至于"推隐三年之食"及以下文字，则显然是与引用京房的话之前提到的《春秋》的记载有关。《春秋·隐公三年》："三年春，王二月己巳，日有食之。"② 因为班固在引用京房日食占二十条之前提到了这段话，所以在引用之后会有"推隐三年之食"等语与之呼应，所以，这些话不是京房佚文，基本上是可以肯定的。

此外，《汉书》及《开元占经》等书引用日食占二十条时冠以"京房易传曰"字样，所以王保训就把这些话辑录进《易传》。可是，此"易传"是否就是流传至今的《京氏易传》？这是个令人困惑的问题。因为今本《京氏易传》的体例

---

① （汉）班固：《汉书》，中华书局1962年版，第1500页。
② （晋）杜预：《春秋左传集解》，上海人民出版社1977年版，第16页。

十分严整，虽然打乱了《周易》六十四卦的排列顺序，但对每卦的阐述基本上遵照一个既定套路：先列卦象卦名，再简介该卦含意，然后依次介绍飞伏、积算、对应的星宿，最后说阴阳如何变化而过渡到下一卦。在这样严整的叙述中如果插入《汉书》中引用的那些"京房易传"的内容，无论如何也是很难让人相信的。如果说那些佚文属于《易占》或《易妖占》的内容，倒让人觉得更自然。很有可能的是，班固引用京房佚文时所说的"易传"二字只是一个宽泛的说法，可以理解为"京房对《易》的解说"，而不是一个严格的书名。如果是这样，那么许多被冠以"京房易传"字样的京氏佚文与今本《京氏易传》在内容和体例上的矛盾就都可以得到解释了。不过，目前要完全认定这一点，还缺乏更确凿的证据。本文对此只能提这样一个设想，希望能起到抛砖引玉的作用。

※本文发表于《周易研究》2002年第3期。

《史记》叙事的矛盾与夸张

《史记》不仅是我国第一部纪传体通史，同时也是文学价值极高的散文艺术作品。《史记》的记事，在基本尊重历史事实的前提下，也常常运用文学上的渲染、夸张等手段，所以该书在一些细节的叙述上，常有难以解释甚至前后矛盾的地方。《苏秦列传》中有这样一段记载：苏秦游说周显王不遇，西入秦，说秦惠王。当时秦方诛商鞅，痛恨辩士，故不采纳他的意见。于是苏秦东至赵，因得不到赵相奉阳君的赏识，又入燕，说燕文侯，文侯同意合纵主张，苏秦便带了燕文侯送的车马金帛重新回到赵国。这时奉阳君已死，苏秦力劝赵肃侯，使之同意加入联盟，并拿出车马、黄金、玉璧、锦绣等作为继续约纵的费用。苏秦又去游说韩宣王、魏襄王、齐宣王、楚威王，使他们全都同意加入联盟，约六国之纵的使命宣告完成，"苏秦为从约长，并相六国"。为了突出苏秦当时的显赫以及合纵的效果，司马迁说：

　　北报赵王，乃行过雒阳，车骑辎重，诸侯各发使送之甚众，疑于王者。周显王闻之恐惧，除道，使人郊劳。苏秦之昆弟妻嫂侧目不敢仰视，俯伏侍取食。苏秦笑谓其嫂曰：："何前倨而后恭也？"嫂委蛇蒲服，以面掩地而谢曰：："见季子位高金多也。"苏秦喟然叹曰："此一人之身，富贵则亲戚畏惧之，贫贱则轻易之，况众人乎！且使我有雒阳负郭田二顷，吾岂能佩六国相印乎！"……苏秦既约六国从亲，归赵，赵肃侯封为武安君，乃投从约书于秦。秦兵不敢窥函谷关十五年。①

《史记》所载苏秦游说的诸侯国与《战国策》的记载相同，但《战国策》并未排列六国的先后次序。我们如果仔细考察一下，就会发现《史记》所说的次序和所列的国君是有问题的。

据《史记·商君列传》，商鞅被车裂，事在公元前338年。从上面所录的《苏秦列传》的记载看，苏秦游说秦惠王，应当就在那之后不久。而魏襄王在位的时间是公元前318—公元前296年，如此算来，纵然魏襄王刚一即位苏秦便去游说，离商鞅被杀、秦惠王即位也已经过了20年，何况后面还游说齐宣王和楚威王，这次合纵联盟的建立所用的时间是否也太长了？这是问题之一。

如果苏秦曾经游说魏襄王和楚威王，也只能楚在前，魏在后，而不可能像《苏秦列传》说的那样先魏后楚。因为楚威王于公元前339年起作楚君，在位11年，于公元前327年去世。他去世后十一年，即公元前318年，魏襄王才即君位。苏秦显然不可能在游说魏襄王后再去见死去至少已十一年的楚威王，这是问题之二。

在魏襄王即位之前，赵肃侯、燕文侯、楚威王已分别于公元前326、前333、前329年去世，到苏秦说魏、齐时，参与合

---

① （汉）司马迁：《史记》，中华书局1959年版，第2262页。

纵的六位国君至少有三位已经不在人世，这样的联盟是否能够建立？这是问题之三。

如果苏秦游说完魏襄王等人后再归报于赵，其时间就肯定在公元前318年以后，而这时，赵肃侯去世已至少6年了，不可能再封苏秦为武安君。这是问题之四。

而且如果苏秦于公元前318年之后完成合纵，并相六国，周显王也赶不上因苏秦的威风而"恐惧，除道，使人郊劳"了，因为显王已经于三年前，即公元前321年去世。这是问题之五。

对以上五个问题，我们很难从《史记》中找到解释的途径。

苏秦游说秦惠王，不见于《史记·秦本纪》。在《燕召公世家》中倒是有这样的记载："（文公）二十八年，苏秦始来见，说文公。文公与车马金帛以至赵，赵肃侯用之。因约六国，为从长。"① 燕文公二十八年，当公元前333年，此时，秦孝公去世、商鞅被杀已经五年，这与《苏秦列传》中关于苏秦于商鞅被杀后不久即游说秦、赵，因游说不成，转而至燕的说法是相符的。至于该传所记他游说韩、魏、齐、楚，则应当在这之后。在这段时间里，《史记》的《韩世家》《魏世家》《田敬仲完世家》都没有提到苏秦游说，但在《楚世家》中有记载："（怀王）十一年，苏秦约从山东六国共攻秦，楚怀王为从长。"② 楚怀王十一年，当公元前318年。看来，苏秦为合纵游说，楚国可能是最后的游说对象，这一点与《苏秦列传》的记载也相符合，但当时楚国的国君是怀王，而不是《苏秦列传》所说的楚威王。而且《楚世家》中说楚怀王为纵长，《苏

---

① （汉）司马迁：《史记》，中华书局1959年版，第1554页。
② （汉）司马迁：《史记》，中华书局1959年版，第1722页。

秦列传》中则说苏秦为纵长，二者不符，只不过这样的矛盾在《史记》的记事中只是个小问题而已。

此外，"秦兵不敢窥函谷关十五年"这句话，也值得怀疑。这里说的十五年，从哪年算起，不好确定。我们姑且考察一下从秦车裂商鞅到魏襄王去世（大约相当于秦惠王初到秦昭王前期）这四十年左右秦国与关东诸侯的战事。

据《史记·秦本纪》：秦惠王七年，与魏人战，虏魏将龙贾，斩首八万。惠王更元七年，韩、赵、魏、燕、齐联合匈奴攻秦，秦于韩地修鱼迎战，击败赵、韩，俘虏韩将申差，斩首八万二千。九年，秦灭蜀，攻取赵中都、西阳地。十年，秦攻取韩石章地，打败赵将。十一年，秦攻魏、攻韩。十二年，攻赵，俘虏赵将。十三年，击楚于丹阳，虏其将，斩首八万；又攻楚汉中，取地六百里，置汉中郡。十四年，伐取楚召陵地。秦武王三年，攻韩之宜阳，次年攻克，斩首六万。秦昭王四年，取魏蒲阪地。六年，伐楚，斩首二万。七年，取楚新城地，次年又取新市。十一年，齐、韩、魏、赵、宋、中山共攻秦，秦与韩、魏河北以及封陵地以讲和。十三年，秦伐韩。十四年，秦攻韩、魏，斩首二十四万，拔五城。十五年，秦攻魏，取垣地；攻楚，取宛地。十六年，秦攻取魏轵、邓二地。在此后的几十年中，秦对关东诸侯的战事连年不断，魏、齐、赵、楚、韩、燕等国都受到攻伐。

从上面的材料看，《苏秦列传》中记载的这段史事至少在细节上是大可怀疑的，难怪班固曾说司马迁："采经撅传，分散数家之事，甚多疏略，或有抵牾。"①

《史记》中之所以会产生种种矛盾，原因是多方面的。

第一个原因，《史记》是一项浩大的工程，记载了上下数

---

① （汉）班固：《汉书》，中华书局1962年版，第2737页。

千年的史事，司马迁在写作过程中无疑要接触和参考大量来源复杂的材料。这些史料本身就不可能完全没有矛盾，我们今天在阅读古书时也经常会碰到这种矛盾的情况。而司马迁能看到的当时及以前的史料理所当然地比今天我们能看到的要更多、更复杂，他在整理、使用这些材料时，也就难免考核不周，或顾此失彼。这里再举两个小例子。

一个例子出自《郑世家》：

声公五年，郑相子产卒……子产者，郑成公少子也。①

在郑声公时卒于相任上的子产肯定是公孙侨无疑。但是，根据《左传·成公五年》《襄公八年》及杜预注，子产的父亲是郑穆公的儿子公子发（即子国）。因子产是公子之子，名侨，故称公孙侨。也就是说，子产是郑穆公之孙。而郑成公也是郑穆公之孙，若论辈分，与子产为平辈，那么，司马迁为什么又说"子产者，郑成公少子"呢？这是令人无法解释的地方。

另一个例子出自《田敬仲完世家》：

三十六年，威王卒，子宣王辟强立。宣王元年，秦用商鞅。周致伯于秦孝公。②

齐威王去世，齐宣王即国君位，事在公元前320年，宣王元年则是公元前319年。这一年是秦惠文王更元六年，到此，秦惠文王已经做了19年国君。而《史记·秦本纪》载："（秦

---

① （汉）司马迁：《史记》，中华书局1959年版，第1775页。
② （汉）司马迁：《史记》，中华书局1959年版，第1893页。

孝公）三年，卫鞅说孝公变法修刑，内务耕稼，外劝战死之赏罚，孝公善之。甘龙、杜挚等弗然，相与争之。卒用鞅法，百姓苦之；居三年，百姓便之。乃拜鞅为左庶长。"① 可见，秦用商鞅，事在孝公初，大约是公元前359—前356年，比《田敬仲完世家》所说的齐宣王元年早了大约40年。

而且，秦孝公去世，在公元前338年，比齐宣王元年早约20年。所以周天子断然不可能在齐宣王元年"致伯于秦孝公"。《秦本纪》载："（孝公）十九年，天子致伯。二十年，诸侯毕贺。"② 据此，周天子致伯于秦孝公的时间应当是公元前343年，比齐宣王元年早23年。关于周天子向秦君致伯，在《秦本纪》中还提到过一次："（孝公）下令国中曰：'昔我缪公自岐雍之间，修德行武，东平晋乱，以河为界，西霸戎翟，广地千里，天子致伯，诸侯毕贺，为后世开业，甚光美。'"③ 但是，在有关秦缪公的部分，只有这样的记载："三十七年，秦用由余谋伐戎王，益国十二，开地千里，遂霸西戎。天子使召公过贺缪公以金鼓。"④ 并未提到致伯之事。即使真有这样的事，那也是在秦穆公三十七年，即公元前613年，当时还是春秋时期，比齐宣王在位要早近300年了。

第二个原因，《史记》流传至今已经接近2100年，根据南朝宋裴骃的《史记集解序》，该书在当时就已经"文句不同，有多有少，莫辨其实，而世之惑者，定彼从此，是非相贸，真伪舛杂"⑤。虽然经过后人多次校勘整理，但是其中的衍脱讹误仍然在所难免。所以，《史记》中有些难以解释之处是这方

---

① （汉）司马迁：《史记》，中华书局1959年版，第203页。
② （汉）司马迁：《史记》，中华书局1959年版，第203页。
③ （汉）司马迁：《史记》，中华书局1959年版，第202页。
④ （汉）司马迁：《史记》，中华书局1959年版，第194页。
⑤ （汉）司马迁：《史记》，中华书局1959年版，第3—4页。

面的原因造成的。

例如《鲁周公世家》中的一段记载：

> 鲁公伯禽卒，子考公酋立。考公四年卒，立弟熙，是为炀公。炀公筑茅阙门，六年卒，子幽公宰立。①

照这条材料所说，鲁考公在位四年，炀公在位六年，这两位国君统治鲁国共十年。可是，根据《史记·三代世表》，鲁公伯禽在位的时间大约与周康王钊相当，鲁考公在位大约在周昭王瑕时，而鲁炀公则大约在周穆王满在位时执鲁国政，鲁幽公在位的时间则大约相当于周恭王伊扈②。《史记·周本纪》没有说周康王在位的确切年限，但是却说他执政时"天下安宁，刑错四十余年不用"③。这个"四十余年"，我们虽然不能肯定不是一种夸张的说法，但至少周康王在位的时间不应当很短。到周昭王时，"王道微缺"，昭王本人也"南征而不复"，可能他在位的时间不太长，可他的儿子穆王满当政却长达五十五年④。这样算起来，即使不考虑鲁公伯禽死后康王可能还在位这个因素，只把周昭王、周穆王当政的时间加起来，就至少应当接近六十年。那么，鲁国考、炀二公当国的十年和西周昭、穆二王在位的近六十年怎么能对应得起来？

对于上面这条矛盾，《汉书·律历志》中的一段话为我们提供了解释的根据：

> 成王元年正月己巳朔，此命伯禽俾侯于鲁之岁也。……

---

① （汉）司马迁：《史记》，中华书局1959年版，第1525页。
② （汉）司马迁：《史记》，中华书局1959年版，第501—502页。
③ （汉）司马迁：《史记》，中华书局1959年版，第134页。
④ （汉）司马迁：《史记》，中华书局1959年版，第140页。

《春秋》《殷历》皆以殷，鲁自周昭王以下无年数，故据周公、伯禽以下为纪。鲁公伯禽，推即位四十六年，至康王十六年而薨。故传曰"燮父、禽父并事康王"，言晋侯燮、鲁公伯禽俱事康王也。子考公就立，酋。考公，《世家》即位四年，及炀公熙立。炀公二十四年正月丙申朔旦冬至，《殷历》以为丁酉，距微公七十六岁。《世家》，炀公即位六十年，子幽公宰立。①

根据这条材料，鲁公伯禽去世、其子姬酋（考公）即位，事在周康王十六年。此后，鲁考公在位四年，炀公在位六十年，共六十四年。这六十四年与周昭王、周穆王在政的六十年左右大致上可以对应。即使考虑到鲁考公即位后周康王还在位若干年，但鲁炀公和周穆王总还可能有一段同时在位的时间。所以，上面所举《鲁周公世家》例中的鲁炀公"六年卒"极有可能应当是"六十年卒"，即"六"下脱一"十"字，这才造成了上面的矛盾。

再举一例。《商君列传》说：

　　孝公既用卫鞅，鞅欲变法，恐天下议己。卫鞅曰："疑行无名，疑事无功。且夫有高人之行者，固见非于世；有独知之虑者必见敖于民。愚者暗于成事，知者见于未萌。民不可与虑始而可与乐成。论至德者不合于俗，成大功者不谋于众。是以圣人苟可以强国，不法其故；苟可以利民，不循其礼。"孝公曰："善。"②

---

① （汉）班固：《汉书》，中华书局1962年版，第1016—1017页。
② （汉）司马迁：《史记》，中华书局1959年版，第2229页。

前面说商鞅"恐天下议已",紧接着商鞅自己又发表了一大段"疑行无名,疑事无功","民不可与虑始而可与乐成",为利国利民可以"不法其故""不循其礼"的大道理,最后秦孝公才被说服,这不是前后矛盾吗?《商子·更法》这样记录此事:

> 君曰:"代立不忘社稷,君之道也;错法务明主长,臣之行也。今吾欲变法以治,更礼以教百姓,恐天下之议我也。"公孙鞅曰:"臣闻之,'疑行无成,疑事无功。'君亟定变法之虑,殆无顾天下之议之也。……"①

可见,上面所引《商君列传》中"恐天下议已"的不是商鞅,而是秦孝公。正如王念孙所说:"鞅欲变法,'鞅'字因上文而衍。此言孝公欲从鞅之言而变法,恐天下议己,非谓鞅恐天下议己也。孝公恐天下议己,故鞅有'疑事无功'之谏。"② 如此看来,《商君列传》中情理上的矛盾不是司马迁造成的,这个责任应当由传抄致误的人来负。

第三个原因,司马迁写《史记》,肯定还参考了当时尚存的先秦各国史书。这些出自各国史官的原始资料在记事或其他方面难免有相互矛盾的地方。对于其中细节上的矛盾,司马迁并不试图(也不可能)使它们完全统一,而是在很大程度上保留了资料的原样。请看《史记》中的例子:

> 《秦世家》:"桓公三年,晋败我一将。"(第 196 页)

---

① 山东大学《商子译注》编写组:《商子译注》,齐鲁书社 1982 年版,第 2 页。
② (清)王念孙:《读书杂志》,江苏古籍出版社 1985 年版,第 119 页。

《秦世家》:"惠文君元年,楚、韩、赵、蜀人来朝。"(第205页)

《吴太伯世家》:"(王诸樊元年)秋,吴伐楚,楚败我师。"(第1450页)

《鲁周公世家》:"成公二年春,齐伐取我隆。夏,公与晋郤克败齐顷公于鞌,齐复归我侵地。"(第1537页)

《鲁周公世家》:"(定公)七年,齐伐我,取郓,以为鲁阳虎邑以从政。"(第1543页)

《燕召公世家》:"武成王七年,齐田单伐我,拔中阳。"(第1559页)

《晋世家》:"(文公九年)十二月,秦兵过我郊。"(第1670页)

《楚世家》:"(肃王)十年,魏取我鲁阳。"(第1720页)

《楚世家》:"(顷襄王)二十年,秦将白起拔我西陵。二十一年,秦将白起遂拔我郢。……二十二年,秦复拔我巫、黔中郡。二十三年,襄王乃收东地兵,得十余万,复西取秦所拔我江旁十五邑以为郡,距秦。"(第1735页)

《赵世家》:"(成侯)三年……魏败我蔺。……五年……魏败我怀。攻郑,败之,以与韩,韩与我长子。……十三年……魏败我浍,取皮牢。……二十一年,魏围我邯郸。二十二年,魏惠王拔我邯郸,齐亦败魏于桂陵。二十四年,魏归我邯郸,与魏盟漳水上。秦攻我蔺。"(第1799—1801页)

《魏世家》:"昭王元年,秦拔我襄城。二年,与秦战,我不利。……七年,秦拔我城大小六十一。……九年,秦拔我新垣、曲阳之城。"(第1853页)

《魏世家》:"安釐王元年,秦拔我两城。二年,又拔我二城,军大梁下,韩来救予秦温以和。三年,秦拔我四城,斩首四万。四年,秦破我及韩、赵,杀十五万人,走

我将芒卯。"（第1854页）

《韩世家》："襄王四年……其秋，秦使甘茂攻我宜阳。五年，秦拔我宜阳，斩首六万。九年，秦复取我武遂。……十一年，秦伐我，取穰。"（第1872页）

《田敬仲完世家》："（宣王）十年，楚围我徐州。"（第1894页）

《十二诸侯年表》："（宋殇公二年）郑伐我，我伐郑。"（第551页）

《十二诸侯年表》："（鲁隐公六年）郑人来渝平。"（第552页）

《十二诸侯年表》："（宋殇公七年）诸侯败我。我师与卫人伐郑。"（第553页）

《十二诸侯年表》："（卫戴公元年）翟伐我。公好鹤，士不战，灭我国。"（第580—581页）

《十二诸侯年表》："（楚成王十六年）齐伐我，至陉，使屈完盟。"（第583页）

《十二诸侯年表》："（郑简公二年）晋率诸侯伐我，我与盟。楚怒，伐我。（三年）晋率诸侯伐我，楚来救。子孔作乱，子产攻之。（四年）与楚伐宋，晋率诸侯伐我，秦来救。"（第633—635页）

《六国年表》："（魏惠王十七年）与秦战元里，秦取我少梁。（十八年）邯郸降。齐败我桂陵。（十九年）诸侯围我襄陵。筑长城，塞固阳。"（第722页）

值得注意的是这些例句中的"我""来"等字。这样的例子，在《史记》的《秦本纪》以及各诸侯《世家》《十二诸侯年表》《六国年表》等部分还有很多。按照《史记》全书的通例，司马迁在记载叙述各国史事时，本来应当采用第三人称的写法，事实上他也基本上是这样做的。但是他所参考的各国史记原本可能采用的都是第一人称（今天能见到的《春秋》以及三传就经常把鲁国称为"我"），司马迁并没有严格地站在旁观者的立场上把人称全部统一起来，于是就出现了上面例子中的现象：在某诸侯的《世家》或某诸侯的《年表》中屡屡称该诸侯国为"我"，称到该国去为"来"。除《秦本纪》以外的《本纪》和人物的《列传》中则很少有这样的例子，《秦楚之际月表》、《汉兴以来诸侯王年表》、《惠景间侯者年表》、《建元以来侯者年表》以及《汉兴以来将相名臣年表》等也基本上没有这样的例子，这可能因为司马迁在写这些部分时，或者没有可以参考的资料，或者所参考的不是某地方政权站在自己立场上记录的资料。

上面所举的那些例子一方面进一步说明《史记》的写作确实使用了先秦各诸侯国的史书，另一方面也说明司马迁在使用已有材料时，不仅在内容上，而且在文字上也常常保持了原样。这可以在一定程度上解释为什么《史记》的不同章节叙事的情节会有明显的矛盾。下面这个例子出自《秦本纪》，其中的矛盾就很有可能是由于这样的原因造成的：

> 孝公元年，河山以东强国六，与齐威、楚宣、魏惠、燕悼、韩哀、赵成侯并。①

秦孝公元年当公元前361年。这一年是齐桓公十四年，楚宣王九年，魏惠王九年，燕文公元年，韩昭侯二年，赵成侯十四年。齐威王还要四年以后才做齐君，句中的"齐威"显然是不对的。

---

① （汉）司马迁：《史记》，中华书局1959年版，第202页。

第四个原因，《史记》虽然是史书，但同时又是我国文学史上的一座丰碑。作为一部成就很高的文学作品，司马迁使用了种种艺术手段，在叙述情节、塑造艺术形象时倾注了自己强烈丰沛的思想感情，注意细节的描写和气氛的烘托，使该书富于文采，人物形象生动丰满。在语言上作者也采用了多种修辞手法，以增加文章的感染力。如果仅仅是为了记叙历史大事，《项羽本纪》里"巨鹿之战""鸿门宴""垓下之围"三段文字就没有必要费那么多笔墨，把场面描写烘托得如此波澜壮阔、惊心动魄，那么富有戏剧性和感染力，《李将军列传》里李广射石没镞的情节以及霸陵尉的醉态言语也就都没有必要叙述得那么细致。在《高祖本纪》中，说到汉十二年，刘邦率军平定淮南王英布叛乱后回到故乡，有这样一段描写：

> 高祖还归，过沛，留。置酒沛宫，悉召故人父老子弟纵酒，发沛中儿得百二十人，教之歌。酒酣，高祖击筑，自为歌诗曰："大风起兮云飞扬，威加海内兮归故乡，安得猛士兮守四方！"令儿皆和习之。高祖乃起舞，慷慨伤怀，泣数行下。谓沛父兄曰："游子悲故乡。吾虽都关中，万岁后吾魂魄犹乐思沛。且朕自沛公以诛暴逆，遂有天下，其以沛为朕汤沐邑，复其民，世世无有所与。"沛父兄诸母故人日乐饮极欢，道旧故为笑乐。十余日，高祖欲去，沛父兄固请留高祖。高祖曰："吾人众多，父兄不能给。"乃去。沛中空县皆之邑西献。高祖复留止，张饮三日。（389—390页）

在这段文字中，司马迁穷形尽相地描写了刘邦在经过了十几年创业生涯，"威加海内"之后回到故乡时的踌躇满志，也表现了他怀恋故土、回忆往事时的感慨与悲凉。读来令人感到欢声笑语、慷慨悲歌仿佛就在耳边。这种艺术效果，显然不是只准确地记录历史事件就能达到的。

至于上面所举《苏秦列传》中"秦兵不敢窥函谷关十五年"，也是典型的夸张说法，不能作死板的理解。像这样的例子在《史记》里还能找到不少。

《魏公子列传》说：魏公子信陵君无忌礼贤下士，致食客三千人，"当是时，诸侯以公子贤，多客，不敢加兵谋魏十余年"。①

信陵君是魏安釐王异母弟，与安釐王同年去世。据上下文，《魏公子列传》说的"十余年"应当是秦攻破魏、韩、赵，迫使魏将芒卯败走（事在魏安釐王四年）之后的一段时间里。可是，据《魏世家》的记载，魏安釐王九年，秦兵攻占魏之怀地；十一年，又攻占廪丘。同年，齐、楚联合进攻魏国。二十年，秦军围攻赵都邯郸，信陵君率兵救赵，因留住于赵国十年。而恰恰在信陵君不在魏国的十年里，魏国没有受到别国侵伐的记录，这似乎也不应当完全归功于信陵君。但司马迁为极力突出信陵君的贤能，就做了上面的描述。

因此，我们不能把《史记》当成单纯的史书来读，而忽视了该书中某些艺术手法方面的因素，否则，就会造成误解。

※本文发表于《晋阳学刊》2002年第4期。收入本集时修改了个别语句，并补充了部分例证。

---

① （汉）司马迁：《史记》，中华书局1959年版，第2377页。

孙奕及其《履斋示儿编》

《履斋示儿编》(简称《示儿编》)二十三卷,是南宋孙奕撰写的一部笔记。

孙奕,字季昭,号履斋,庐陵(今江西吉安)人,生卒年及历官已不可详考。日本人近藤元粹所编《萤雪斋丛书》中有孙奕撰《履斋诗说》一卷,44条,系自《履斋示儿编》卷九、卷十中辑录论诗之语而成。除《示儿编》外,《宋史·艺文志一》著录有"孙季昭《决疑赋》二卷",宋有《九经直音》二卷,不著撰人姓名,有人认为该书为孙奕所作。[①]

《示儿编》卷十有"周益公评诗"条,云:"余绍熙丁巳三月既望侍燕春华楼,时闻大丞相益国周公议论洒洒,终日不倦。"又元苏天爵《滋溪文稿》卷二十九有《书周益公答孙季昭帖》一篇,云:"右宋少傅周益公答解元孙季昭帖,其曰:'《六一全集》乡邦合有善本,适数士友留意斯文,遂借其力校雠裒次。'"又有《题孙季昭上周益公请改修〈三国志〉书稿》一篇,云:"宋乡贡进士庐陵孙季昭三上书益国周公,请

[①] 李无未:《南宋〈示儿编〉音注的浊音清化问题》,见《古汉语研究》1996年第1期;侯体健:《〈履斋示儿编〉的学术得失与版本流传考略》,见《图书馆杂志》2011年第8期。

改修三国史志，以正汉统。益公时年已老，逊谢而止。"

"大丞相益国周公"即周必大。周必大（1126—1204），亦庐陵人，高宗绍兴二十一年（1151）进士，时年二十六岁。孝宗淳熙十四年（1187），任光禄大夫、右丞相。淳熙十六年转左丞相，进封许国公。宁宗庆元元年（1195），以观文殿大学士、益国公致仕。宁宗嘉泰四年（1204）十月去世，年七十九岁。

《示儿编》卷八"作文法"条云："艮斋先生谢公昌国自起部丐祠归渝上，尝往谒焉。""艮斋先生谢公昌国"即谢谔（1121—1194），字昌国，号艮斋，高宗绍兴二十七年（1157）进士，光宗时官至工部尚书，卒于绍熙五年（1194）。

另，清周中孚《郑堂读书记》卷五十六中曾提到孙奕"宁宗时尝官侍从"。

综合以上材料可见，孙奕曾为乡贡进士、解元，与周必大、谢谔同时，年龄可能小于周、谢，应当于宋孝宗、光宗、宁宗时在世。但"绍熙丁巳"之说恐误。《四库全书总目·子部·杂家类五·示儿编》云："考之《宋史》，绍熙元年为庚戌，至五年甲寅，即内禅，丁巳实庆元三年。殆宁宗时尝官侍从，传写误为绍熙欤？"

《示儿编》自序有云：

> 君子苟不能忘其子，则随其资而示以意，使之知学则一而已。余之少也，犹不如人，今老矣，所望者惟子与孙。然懒惰无匹，闻学褊隘，上不能进之于圣贤之域，下不能引之于利禄之涂，则以平生之末学者示之，是亦使之知学之意也。苟籯无金，教无经，一再世不为君子之归，可不惧哉？于是考评经传，渔猎训诂，以立总说、经说、文说、诗说、正误、杂记、字说，凡七条，大抵论焉而不

尽，尽焉而不确，非敢以污当代英明之眼，姑以示之子孙耳，故名曰"示儿编"。使后世贤，广吾意；不贤，毋谓不汝诲也。吾子其懋戒之哉！开禧元祀九月上澣庐陵孙奕书。

由此可见，《示儿编》成书于宁宗开禧元年（1205），是孙奕为教育子孙而撰写的一部书稿。

该书除自序外，有"总说"一卷、"经说"五卷、"文说""诗说"共四卷、"正误"三卷、"杂记"四卷、"字说"六卷。从各部分的标题即可看出，全书涉及面很宽，大凡平日读书所见所思，有感即发。各部分下随文立目，分为若干条，或长或短。其书内容广泛而庞杂，总体看来，大致可分如下方面。

（一）对经史典籍中某些语句含义的阐释。例如卷二"九官相逊不相逊"条、卷三"六官"、卷五"先进后进"条，卷六"断章取义"条、卷十三"误经意"条等。

（二）对经史典籍篇章体例的看法。例如卷一"经传引古"条、卷七"史体因革"条等。

（三）结合古籍阐发古代典章制度。例如卷一"校庠序皆在乡"条、卷三"园廛二十而一""载师闾师"条、卷四"养老于学""春秋用周正""税亩丘甲田赋"条、卷十二"百金"条、卷十四"纪元"条、卷十七"郡国因革"条等。

（四）考证史实，对典籍中记载的史事提出不同看法，或指出古籍记录史事的矛盾。例如卷五"南子""桓公杀公子纠"条、卷八"史异文""经史异"条、卷十二"阳生""两伏波"条等。

（五）指出古籍篇章、诗文的风格，写作手法上的某些特点或行文的瑕疵。例如：卷一"倒文"条、卷三"章句对耦"

条、卷七"史重复""文重复""承舛袭讹""古今之言详略""句法同""文意同"条、卷八"破题道尽""作文法""赋以一字见功夫"条、卷九"声画押韵贵乎审""祭文简古""假对""偏枯对""倒用字""用古今句法"条、卷十"出奇""练字""用方言"条、卷十三"引经误""意误"条等。

（六）对古书文字进行校勘。例如卷二"衍字误字"条、卷三"脱字"条、卷四"舞斯下脱六字""贫而乐"条、卷十"锦宫城""韵书脱字"条等。

（七）关于古书句读标点方面的内容。例如卷三"东门之杨"条、卷四"子之哭也壹""圣人之葬人与"条、卷十二"句读"条等。

（八）有关古书文字、音韵、训诂及字词使用方面的内容。例如卷一"字训辩""曾字"条、卷三"相鼠""生死契阔""常棣"条、卷六"少艾"条，卷十一"仟伯""寿堂"条，卷十二"尚书尚公主"条，卷十八"画讹""声讹"条，卷十九"字异而义同"条，卷二十"字同而意异""字同而音异"条，卷二十一、二十二、二十三"集字"各条，等等。

（九）其他知识的介绍或阐述。如卷一"五行先后不同"条、卷三"黄鸟"条、卷六"孟子篇目"条、卷十四"地名异""地名同""年号同""姓名同"条、卷十五"人物通称""物重名"条、卷十六"人相反""物相反""自相反"条等。

纵观全书，可以发现作者常有独到见解，有些观点颇有道理，或能自成一说。例如卷一"字训辩"中"荡荡，广大也，又放荡也"条指出：《语》曰"荡荡乎无能名焉"，《书》曰"王道荡荡"，皆美辞也。《诗》曰"天下荡荡，无纲纪文章"，又曰"荡荡上帝"，又非美辞也。"不难之谓何有"条指出典籍中常用"何有"表示不难之意，"以词讥之曰刺"条认为"刺幽王""刺厉王"，的"刺"是从"操刀以刺人"的"刺"

通过比喻引申出的意思等。

卷四"死曰嫔"条，以《礼记·月令》《尚书·尧典》《诗经·大雅·大明》《周礼·天官·太宰》《周礼·天官·内宰》《左传·昭公三年》《尔雅·释亲·释婚姻》等典籍有关内容说明《礼记·曲礼下》中"生曰妻，死曰嫔"的说法不符合事实。

此外，卷九"声画押韵贵乎审"条反映出当时流行许多简字、俗字的事实，卷二十一"集字"条收集了许慎《说文解字》所引经书用字与今本不同的例子，这些都可以给后来的研究者提供一些资料。总之，正如《四库全书总目·子部·杂家类五·示儿编》所说："其中字音、字训，辨别异同，可资考证者居多。"

《示儿编》亦论及古书校勘、句读问题。例如，今本《礼记·檀弓下》："有子与子游立，见孺子慕者，有子谓子游曰：'予壹不知夫丧之踊也，予欲去之久矣。情在于斯，其是也夫？'子游曰：'礼有微情者，有以故兴物者，有直情而径行者，戎狄之道也，礼道则不然。人喜则斯陶，陶斯咏，咏斯犹，犹斯舞，舞斯愠，愠斯戚，戚斯叹，叹斯辟，辟斯踊矣。"《示儿编》卷四"舞斯下脱六字"条指出：

"舞斯"下脱"蹈矣人悲则斯"六字，当作"人喜则斯陶，陶斯咏，咏斯犹，犹斯舞，舞斯蹈矣；人悲则斯愠，愠斯戚，戚斯叹，叹斯辟，辟斯踊矣"。盖自喜而至蹈凡六变，自悲而至踊亦六变，所谓孺子慕者乃在于此，岂有喜与悲之情混者乎？

其下"圣人之葬人与"条所载子夏语"圣人之葬人与人之葬圣人也"，与《礼记·仲尼燕居》所载孔子语"古之人与古之人也"的句法相同。这些分析都合情合理。

又如卷十"锦宫城"条,认为闽本杜诗《春夜喜雨》《送段功曹归广州》《蜀相》等中的"锦宫城"都应依蜀本作"锦官城",卷十三对"齿"和"牙"的区分("齿牙"条)、对"皮"与"革"的区分("皮革"条)也都颇有道理,值得信服。

《示儿编》论诗文创作亦有独到之处。孙奕推崇杜甫诗,以之为范例,论诗基本上不涉及诗之思想内容,主要从用字、造句、属对、修辞等方面对表达技巧加以总结。

例如卷九"倒用字"条列举了韩愈诗中诸多次序与平常习惯不同的双字组合,如"孔周""友朋""宁康""朋亲""纬经""后前""珑玲""莽卤""慨慷"等。

卷十"出奇"条分析欣赏了杜诗中因一字用得好而收到显著艺术效果的例子,如《漫兴九首》之四"二月已破三月来"中的"破",《曲江二首》之一"一片花飞减却春"中的"减",《和贾至早朝大明宫》"朝罢香烟携满袖"中的"携",《曲江二首》之一"何用浮名绊此身"的"绊"等。还有"倒用一字,尤见工夫"者,如《草堂即事》之"蜀酒禁愁得,无钱何处赊",《客愁》之"客睡何曾著,秋天不肯明",《漫成》之"只作披衣惯,常从漉酒生",《秋兴》之"红稻啄余鹦鹉粒,碧梧栖老凤凰枝"等句。

卷十"屡用字"条则收集了杜甫屡用"过"字、"破"字、"一"字、"信"字、"生"字、"觉"字之句,欣赏其精彩之处。

卷十"练字"条分析杜诗练字之工巧,举例有《春日江村》之"过懒从衣结,频游任履穿","经心石镜月,到面雪山风",《陪王使君晦日泛江》之"稍知花改岸,始验鸟随舟",《漫兴》之"糁径杨花铺白毡,点溪荷叶叠青钱"诸句首字;《北风》之"爽携卑湿地,声拔洞庭湖",《壮游》之

"气劘屈贾垒，目短曹刘墙"，《泛西湖》之"皷花莼丝热，刀鸣鲙缕飞"，《早春》之"红入桃花嫩，青归柳叶新"，《秋日夔府咏怀》之"峡束沧江起，岩排石树圆"，《建都十二韵》之"风断青蒲节，霜埋翠竹根"，《柴门》之"足了垂白年，敢居高士差"诸句第二字；《复愁》之"野鹘翻窥草，村船逆上溪"，《移居东屯》之"子能渠细石，吾亦沼清泉"，《收稻》之"谁云滑易饱，老藉软俱匀"，《遣闷》之"暑雨留蒸湿，江风借夕凉"，《柴门》之"石乱上云气，杉清延月华"，《水宿遣兴》之"高枕翻星月，严城叠鼓鼙"，《过津口》之"和风引桂楫，春日涨雪岑"，《春归》之"远鸥浮水静，轻燕受风斜"，《泛江作》之"风蝶勤依桨，春鸥懒避船"，《春日江村》之"扪萝涩先登，陟巘眩反顾"诸句第三字；《写怀》之"无贵贱不悲，无富贫亦足"，《风疾舟中伏枕书怀》之"乌几重重缚，鹑衣寸寸针"，《桥陵诗》之"王刘美竹润，裴李春兰馨"，《谒玄元皇帝庙》之"仙李盘根大，猗兰奕叶光"，《赠虞十五司马》之"爽气金天豁，清谈玉露繁"，《绝句》之"江碧鸟逾白，山青花欲燃"，《寄张十二山人彪》之"数篇吟可老，一字买堪贫"诸句尾字；以及《陪郑广文游何将军山林十首》之五"绿垂风折笋，红绽雨肥梅"，《怀锦水居止二首》之二"雪岭界天白，锦城曛日黄"，《孟冬》之"破柑霜落爪，尝稻雪翻匙"，《晨雨》之"雾交才洒地，风逆旋随云"，《夜宴左氏庄》之"检书烧烛短，看剑引杯长"，《雨》四首之一"紫崖奔处黑，白鸟去边明"，《登高》之"无边落木萧萧下，不尽长江滚滚来"，《夜归》之"傍见北斗向江底，仰看明星当空大"，《返照》之"返照入江翻石壁，归云拥树失山村"，《风雨看舟前落花戏为新句》之"影遭碧水潜勾引，风妒红花却倒吹"诸句全句。

对于诗歌中的对仗，作者也多所关注。卷九"假对"、卷十"属对不拘"诸条均以杜诗为例,指出:"诗律有借对法,苟下字工巧,贤于正格也";"先生词源衮衮,不择地而出,无可无不可,何拘拘谫谫所可议"。并列举《北邻》"爱酒晋山简,能诗何水曹",《赠张四学士》"紫诰仍兼绾,黄麻似六经","无复随高凤,空余泣聚萤",《九日》"坐开桑落酒,来把菊花枝",《曲江》"酒债寻常行处有,人生七十古来稀",《古柏行》"霜皮溜雨四十围,黛色参天二千尺"等为例,加以赏析。卷九"偏枯对"条则列举杜诗中"以一草木对二草木""以一鸟兽对二鸟兽""以二字对一意""以一水对二山""以二人对一郡""以一人对二国""以歇后对正语""以实对虚"等所谓"偏枯"的例子,认为是一种瑕疵,"大手笔如老杜则可,然未免为白圭之玷,恐后学不可效尤"。

　　孙奕对科考诗文的做法给予了一定的关注,如卷八"破题道尽""赋须韵韵意全""赋贵巧于使事""赋以一字见工夫",卷九"声画押韵贵乎审""双音字贵详审",卷十"省题诗更须留意"等条均与此有关。除文章作法外,孙奕还对以往文章体例、立意、谋篇布局、语言表达等进行点评。如卷七"史重复""文重复""祖述文意"等条即是如此。卷七"史体因革"条,总结了古代历史散文从编年体到纪传体的演变,以及历代纪传体史书篇章名称之变化。卷七"经异文"、卷八"史异文"条则罗列了不同经史典籍中所记古代史实、典章制度等的矛盾之处。

　　《示儿编》引书十分丰富,其中有些历代目录罕见著录,其他典籍也很少提及者,或书已亡佚,其他著作又较少引用者,为当今研究古代文献提供或保存了许多颇有价值的线索。

　　《示儿编》卷十八"声讹"条、卷二十"字同而音异"条、卷二十二"集字(二)"条、卷二十三"集字(三)"条等对历代典籍中某些字的音读表达了作者的意见,为后人研究宋代语音保存了许多有参考价值的资料。

《示儿编》中也有不少失之拘泥或值得商榷之处。《四库全书总目·子部·杂家类五·示儿编》指出该书缺陷说：

其书杂引众说，往往蔓衍，又征据既繁，时有笔误。如"经说"类中以《广雅》《博雅》并言，而皆云张揖作；"诗说"类中以杜甫袭用白居易诗；"杂记"类中谓唐太宗纳巢剌王妃为"妻嫂"；"字说"类中谓《诗》有陈佗（案：陈佗之名见于《诗序》，奕以为《诗》则非），皆失于考订。以至"荆舒是惩"句，"经说"类中反复论僖公无此事，故孟子归之周公，"正误"类中又谓僖公之事，孟子误以为周公。王安石《字说》"霸"字条下，称其学务穿凿无定论。"艺苑雌黄"一条，又称熙、丰间定有成书，是正舛谬，学者不能深考，类以穿凿嗤之，亦间或自相矛盾。"文说"类中契丹空纸祭文一事，尤委巷不根之谈。其"经说"类中于"窃比老彭"训"彭"为"旁"，于"黾勉从事"训"黾"为"蛙"，王士禛《古夫于亭杂录》深取之，实亦附会之论。

《示儿编》对一些具体字词、语句的解释存在瑕疵。例如："黾勉""郁陶""犹豫"等均联绵字，而卷三"黾勉"条、卷六"郁陶"条则把这样的词分开解释，解释"黾勉"云："黾，蛙属也"，"蛙黾之行，勉强自力，故曰黾勉"。解释"犹豫"云："如犹之为兽，其行趑趄，故曰犹豫"；解释"郁陶"云："犹陶瓦处烟气，郁而不散也"。这些说法恐属穿凿附会，不可轻信。

又如，"景行"一词出于《诗经·小雅·车舝》"高山仰止，景行行止"。郑玄笺："古人有高德者则慕仰之，有明行者则行之。"若按此理解，则"行"读如"形"，"景行"义为"高尚之德行"。而朱熹《集传》则云："景行，大道也。"按此则"行"读如"杭"，且"景"有"大"义（《国语·晋语二》："景霍以为城。"韦昭注："景，大也"）。后世典籍对"景行"的这两条意义都有使用。后来，由于《车辖》诗句，使"景行"一词产生了仰慕义，还产生了"景仰"一词（《后汉书·刘赵淳于江刘周赵列传》云："今恺景仰前修，有伯夷之节"），而且"景"也有了仰慕义（南朝齐王融《求自试表》云："窃景前修，敢蹈轻节"）。这些都是由于出典以及词语在辗转使用中因组合关系的作用使词义发展演变的结果。而《示儿编》卷六"景行"条的论述则过于拘泥，且对"景"的景仰义视而不见。还有，卷二十二"字说"部分"集字（二）"条，作者所抨击的"俗书"多是古今字孳乳的结果。这些内容都说明作者还不能客观公正地看待词义、汉字的发展变化。

卷七"拟圣作经"条则指责《小尔雅》《广雅》为拟《尔雅》之作，是"其僭之尤者"。然而《小尔雅》与《广雅》虽然都仿照《尔雅》的体例，但它们都收释了大量《尔雅》未收的词语。特别是《广雅》，作者张揖是因为《尔雅》所收集的训诂资料还不完善，因而将群籍中的"文同义异、音转失读、八方殊语、庶物异名不在《尔雅》者，详录品核，以著于篇"（张揖《上广雅表》），写成该书。其书收集资料很广，不仅有汉以前的经传训诂，而且包括《楚辞》、汉赋之注释以及《说文解字》《方言》等汉代字书中的解说，成为研究汉魏以前词汇训诂的重要典籍，其意义是《尔雅》所不能代替的。

还有，卷七"史体因革"条，作者对司马迁《史记》中关于项羽、陈胜、吴广的处理方式表达了不同意见，认为"司马迁跻项羽于《纪》，与帝王并，则失史体"；"诸侯稍卑，当别于天子，故称世家，然陈胜、吴广起自群盗"，不当列入

《世家》。这些都说明季昭作为宋儒,其历史局限性是很明显的。

在古书断句、篇章修辞方面,《示儿编》也有些值得商榷之处。卷四"子之哭也壹"条的断句不合情理,恐难令人信服。卷七"史重复"条说"小白""桓公"重复;"承舛袭讹"条批评"丝竹""管弦"重复,是不谙作诗行文的语句节奏及骈文对仗之道。尽管卷十二"文辞"条论述了朱熹"不可以一字而害一句之义,不可以一句而害设辞之志,当以己意逆取诗人之志,乃可得之"的道理,但卷十三"赦书弱水"条指责"赦书一日行万里"为"无乃太远乎",又指责"弱水三万里"为"无乃太近乎",这说明作者不懂夸张。

总之,作为众多宋代笔记中的一种,《示儿编》所论涉及面很广,"辩经传之同异,核文辞之是非,诗之评,字之正,人物之绮谈,奇闻奥旨,糜所不载"(学礼堂本《新刊履斋示儿编》胡楷题志),内容丰富但也失于芜杂。书中不乏独特新奇的见解,也时见值得商榷之处。

《示儿编》原有宋刻本,今已不存。现在可见的版本,根据前人的总结,主要可以列出如下数种。

1. 元刘氏学礼堂刻本。为现存最早的版本,题为"新刊履斋示儿编",二十三卷。前有孙奕开禧元祀(1205)自序,目录后有胡楷宋嘉定癸未(1223)所作题志。《北京图书馆古籍珍本丛刊·子部·杂家类》《中华再造善本》均据此本影印。

2. 明万历年间潘膺祉如韦馆刻本。系据明焦竑所藏抄本刻印,题为《履斋示儿编》,二十三卷。前有孙奕自序,下有"新安如韦馆藏版"七字,又有李维桢、潘膺祉万历丁巳年(1617)题词。

3. 明雪晴斋抄本。题为《履斋示儿编》,二十三卷。清彭元瑞校勘并作跋文。

4. 文渊阁《四库全书》本。见于《四库全书·子部十·杂家类三·杂说之属》，题为《示儿编》，二十三卷。

5. 鲍廷博《知不足斋丛书》本。见于《知不足斋丛书》第二十五集，题为《履斋示儿编》，二十三卷。此本系以明潘膺祉如韦馆刻本为底本整理刻印，经卢文弨、孙志祖、徐鲲、钱馥、顾广圻等校勘整理。目录前有潘膺祉《旧刻示儿编题辞》，继有贝墉嘉庆庚午年（1810）《重刻履斋示儿编序》及孙奕自序。书末附录依次为：元刻本胡楷题志，顾广圻《履斋示儿编辛未年重校补》，鲍廷博附识，顾广圻《示儿编覆校宋本条录》，鲍廷博嘉庆十五年（1810）跋等。据鲍廷博跋语，潘膺祉刻本"疏于校雠，讹谬百出，转足贻误后来读者"，于是鲍氏请卢文弨、孙志祖等进行校雠，"不特尽扫乌焉之误，于履斋千虑之失，亦时时有所纠正焉"；又请徐鲲、钱馥各据所长，解决疑难，提出见解；还请顾广圻依据姚咨手抄本"反复勘定，不使少有遗憾"。

山东大学子海编纂中心对《示儿编》做了整理校对和注释，撰成《示儿编校注》一书。此次整理以《北京图书馆古籍珍本丛刊·子部·杂家类》影印之元刘氏学礼堂刻本为底本，校以文渊阁四库全书本（简称"四库本"）与鲍廷博《知不足斋丛书》本（简称"知不足斋本"）。

学礼堂本多用简字、俗字，如"禮"作"礼"，"實"作"实"，"屬"作"属"，"獨"作"独"，"亂"作"乱"，"變"作"变"，"爾"作"尔"，"數"作"数"，"蠻"作"蛮"，"時"作"时"，"盡"作"尽"，"獻"作"献"，"歸"作"归"，"繼"作"继"作"继"，"備"作"备"，"稱"作"称"，"劉"作"刘"，"則"做"则"，"舊"作"旧"，"蠶"作"蚕"，"斷"作"断"，"鶯"作"莺"，"號"作"号"，"聽"

作"听","據"作"据","驢"作"馿","萬"作"万","愛"作"爱","雖"作"虽","辭"作"辝""辞""辞","聲"作"声","與"作"与""与","體"作"体""躰","厲"作"厉","窮"作"穷","遷"作"迁","婁"作"娄","儀"作"仪","兩"作"两","齊"作"齐","戀"作"恋","燈"作"灯","面"作"面","學"作"斈","凡"作"凢","職"作"职","驗"作"駖","舉"作"莘","覺"作"竟","齋"作"坔","率"作"平","舞"作"牙","貌"作"皃","晝"作"昼","國"作"国","置"作"直","興"作"兴","樂"作"楽","餘"作"余",等等。对此，这次整理尽量保持原样，以求为元代简字、俗字流行情况保存一点资料。

该书的整理主要做了如下工作。

1. 标点全书。《示儿编》迄今未见今人标点本，底本及校本亦无断句。此次整理运用现代标点符号对全书做了标点。

2. 校改误字。如上所述，底本中所用之简字、俗字及其他与校本不同之异体字基本保持原样且不出校，但学礼堂本存在一些误字，例如卷一"倒文"条"稷黍"误作"殺黍"，"裳衣"误作"衣裳"，卷三"园廛二十而一"条"甸"误作"旬"，卷十五"人物异名"条注文"明皇"误作"曰星"等，则据校本改正并出校。引用他书之错字抑或根据所引之书改正并出校。另外，底本原有缺页，如卷一缺"惟唯维字""有亡字""不字"条等共677字，卷七"史同文"条下缺390字等，均据校本补足。

3. 订正讹误。底本引书时有讹误。例如卷一"字训辩"条"格，至也，正也，止也"，下云"《诗》曰'祖考来格'"，而"祖考来格"见于《尚书》而非《诗经》。"行李"

条云"《僖公七年》曰'行李之役,共其乏困'",而《左传·僖公七年》无此语,《左传·僖公三十年》有"行李之往来,共其乏困"之句,等等。对此,本次整理于注释中一一指出,加以订正。

4. 标明文献出处。季昭引书颇多,多半标出书名,但很少标篇名、卷数,也有时不标书名。对此整理者则考核诸书,尽量标明。

5. 训释语词。《示儿编》语言较为浅显,难解之处不多,但也有个别语词、名物等比较冷僻,对此则加以简单注释。

在整理过程中,对《知不足斋丛书》本卢文弨、孙志祖、徐鲲、钱馥、顾广圻诸家的按语以及顾广圻《校补》中的意见酌情采录,以供读者参考。

※本文发表于《汉籍与汉学》2017 年第 1 期,原文使用繁体字,收入本集时除解说字形需要者外,均改为简化字。

由汉字使用中的一种倾向说起

近年来，在中国大陆或内地，人们看到的繁体字比以前多了。在一些书籍杂志上，在一些商品标签、广告上，在一些店铺、部门的招牌上，在其他不少地方，都常有繁体字出现。这是好事还是坏事，恐怕很难用三言两语说清楚。但是，在上述现象出现的同时，有些人在不必要甚至不应当的情况下，也盲目地追求使用繁体字或笔画多的字，这种情况就令人深思了。对此，笔者想到了几个问题，在此谈谈自己粗浅的看法。

第一，简化字优点多还是缺点多？

先应该弄清几个概念。这里说的简化字，指的是按照中华人民共和国文字改革委员会（国家语言文字工作委员会的前身）编制的《简化字总表》（文字改革出版社1964年版）的规定而简化的汉字。这些简化字原来的楷书字体就是繁体字。繁体字是个比较宽泛的概念，其中有些字原本就有两种或更多写法，我们称为异体字。一组异体字中如果有的笔画多，有的笔画少，我们就称笔画少的为简体字。南北朝以后，特别是宋元以后，社会上通行许多俗体字，如"亂"俗为"乱"，"體"俗为"体"等，"亂"和"乱"、"體"和"体"就是两组异体字，而"乱""体"又是简体字。这两个简体字以及其他一些情况与此类似的简体字,都被后来的简化字采用了。

汉字源远流长,对中华民族有巨大贡献。像别的文字一样,它使语言克服了时间和空间上的障碍,可以记录语言,使其留得久、传得远。不仅如此,作为一种表意体系的文字,方块汉字的文化内涵又异常丰富。它不像拼音文字那样直接与语音发生关系,即使是不同时代、不同方言区的人,对一个汉字可能会有不同的读音,但他们从这个字中接受的概念信息可能是相同的。中国历史悠久,地域广阔,方言复杂,丰富灿烂的中华文化能流传,不同地区的人能沟通,汉字确实功不可没。时至今日,在中国仍有相当多的人因为方言的差异而交谈困难,例如笔者是山东人,没学过南方话,不仅听不懂广东人说的当地方言,甚至不能判定他说的是不是汉语。这两地的人若要交流思想,除了推广普通话之外,在很大程度上要靠"书同文"解决问题。

因为汉字有上述优点,所以对它进行简化,就引起了一些人的担心。

担心的一个理由是把原来的汉字简化了,人们从小学习简化字,时间一久,就没有人认识繁体字,没有人能看得懂古书了,这对古代文化的传承不利。确实,目前在中国,看不懂古书的大有人在,但这原因却不全是因为用了简化字。我们可以找一些还认识繁体字的人,每人给他一本《尚书》或者《周易》,尽管这《尚书》或《周易》也用繁体字,可只怕还是有人读不懂。可见,读不懂古书的原因,有词汇、语法方面的,也有标点句读方面的,还有社会历史背景、古代典章制度方面的,而绝不仅仅在文字方面,更不仅仅是简化了汉字。

担心的另一个理由是简化字不大符合"六书",使汉字的有理性受到了破坏。我们以"为"字为例,甲骨文作"𢼄",金文作"𢏚",到战国时就有简便的写法,而那时的人们并不一定知道"六书"。秦始皇统一六国文字,代之以小篆,可算是首次对汉字进行大规模的整理简化,而参与此事的李斯等人大约也没在乎"六书",但统一后的汉字能更好地记录当时的语言文化,这就是一次进步。"六书"只是古人根据已有汉字的形体结构和使用情况归纳出来的,换句话说,是先有汉字,而后才总结出"六书",绝不是先想出"六书",再按照它来造字。"六书"如果与当时通行的汉字有不合之处,那也只能说明"六书"总结得不好,而不应改变汉字来削足适履。至于后出的字,就更不一定非符合"六书"不可。事实上,见于后来的《字汇》以至《康熙字典》的中古以后流行的字,许多都不符合"六书"。所以,简化字中有的不符合"六书",也不必大惊小怪。社会在发展,语言在发展,文字也不可能一成不变,我们总不能被"六书"捆住手脚。

还有一个担心的理由是有些字简化后会产生歧义。比如古有"圷"(péi)字,意思是房屋的后墙,例如《汉书·扬雄传下》:"战士或自盛以橐,或凿圷以遁。"这个字还可以通假为"培",意思是用泥土修补封塞空隙,《礼记·月令》"〔孟秋之月〕修宫室,坏墙垣"的"坏"就是这个意思。现在把"壞"简化为"坏",《礼记》的那句话岂不是与原来的意思相反了吗?再比如《史记·孝景本纪》中的"孝文在代时,前后有三男"的意思很明确,现在简"後"作"后",那么此句中的"前后"就容易误解为"前後"的意思了。我们说,像这种凑巧的情况会有,但真正造成误解的可能性却不大。因为使用简化字的都是今人,用简化字记录的多是现代汉语。房屋后墙的意思现在不用"圷"(péi)或"阫"表示了,与"培"通假的用法现今也早已消亡。据《宋元以来俗字谱》记载,《目连记》中的"壞"就已经作"坏"。像这样古代的意思已经消亡,现今被用来作简化字的例子还有"圣"(音 kū,意同

由汉字使用中的一种倾向说起

409

掘），现在是"圣"的简化字（《宋元以来俗字谱》：聖，《古今杂剧》《白神记》《东窗记》《目连记》《金瓶梅》《岭南遗事》均作"圣"）；"腊"（音 xī，意为干肉）现在是"臘"的简化字；等等。还有，在先秦，假"后"为"後"的例子虽然不多，但也不是没有：《墨子·尚贤上》："然后国之良士亦将可得而众也。"《仪礼·聘礼》："君还而后退。"郑玄注："而后，犹然後也。"这些例句中的"后"都假借作"後"。古代尚能如此，而现代汉语双音词多，表达方式也更周密，像"皇后""王后"和"后来""后面"就更能区别了。上述《史记·孝景本纪》中的"前后"今人会说"前一位王后"的。

综观上述理由，基本上都与古代汉语有关。现在，作古文的人几乎没有了，因为没有必要。对于古籍，只剩下阅读的问题。现今的读者，有相当多的人很少读古籍，而读古籍的人又大致可分两类。第一类是从事与古籍有关的教学与研究的专门人员，或虽然是业余读者，但对古籍兴趣浓厚，造诣也相当深的人；第二类则只随便翻一点文言或古白话书，一般只限于浅近的文学作品。第一类人员自然应该通晓繁体字，懂得繁简字之间的关系。而且他们接触的大量古书是未经今人整理印刷的古代的本子，或者今人用繁体字印刷的本子，不会因简化字而造成困难或误解。第二类人员看的古书少，而且多是经过了专业人员标点、注释甚至用现代汉语翻译过的，遇到可能因为简化字而误解的地方，一般也应该有注解说明。所以，种种对简化字的担心，其实都是多余的。

简化字的优越性显而易见。

优越性之一是字数精简，合乎规范。用字规范是现代社会的要求。字数精简不是限制或减少汉字，主要是废除部分异体字。例如"亂"和"乱"，音义均无分别，只是形体不同，还有"野"和"埜"、"峰"和"峯"、"辞"和"辤""辝""辝"

等,也是这种情况。这样两个或多个形体并行,给学习和使用汉字造成一些不必要的麻烦,简化字废除其中的一个或几个,力求一字一形,这无疑是件好事。

优越性之二是方便快捷,易学易用。笔画简洁的字容易学习和掌握,这已为汉字发展的历史趋势所证明。在以往的字形演变过程中,也有繁化现象,多是增加偏旁,以区别字义,如"然"加"火"成"燃","莫"加"日"成"暮"之类。但这种变化最终的结果是增加了字数,新字与旧字之间有了分工,成了两个字,与简化的性质不同。从大趋势上看,汉字还是向简的方向变化的。小篆是汉字第一次规范化后的字体,比金甲文字和大篆都简,后来的隶书又简化了小篆。隶书之所以能很快地通行,恐怕主要是因为它简便实用。后来一些通俗文学作品中流行的俗体,如"独""桥""万""权"等字,都比当时的正体笔画少,也说明简体字更受人欢迎,更容易被大多数人承认和接受。像"龍"和"龙"、"辦"和"办"等,简化字自然比繁体字好学、好记、好写。与过去相比,如今社会发展了,学术科技进步了,学习使用汉字的人比古代大大增多了,文字的用途也广泛了。字的用途越广泛,就越要求书写简便快捷,这就是汉字变简的根本原因。

当然,这里需要做两点说明。第一点,笔者并不认为汉字越简越好。作为汉语的重要辅助工具,汉字需要相对稳定,合乎规范。对于有些场合出现的不合规范、影响交际的乱简化的字,也是应当反对和禁止的。

第二点,汉字简化后,原来已经掌握繁体字的人要费些时间学习辨识简化字,原来只认识简化字的人也要费些功夫才能掌握繁体字,这一点也应该承认。但是,认识繁体字的人熟悉简化字并不需要花费太多精力,因为简化并不是任意乱简的,它基本上遵循了约定俗成的原则,大部分繁简字在形体上也存

由汉字使用中的一种倾向说起

411

在明显的联系，有的简化字采用了中古以后流行的俗字，如"宝""尽""灵""杰"等，还有的采用了原有的古字，如"向""气""从""弃"等，这些字认识繁体字的人原本就应该认识。草书楷化的简化字如"东""为""书""乐"等也容易记识。至于合并通用的字，如合"遊"于"游"（在古代"游"即可代"遊"），合"祐"于"佑"，合"併""並"于"并"之类，则是甩掉了记忆上的一些包袱。至于认识简化字的人学习繁体字，在现今社会大部分人没有这种需要，即使需要，也可以充分利用上述繁简字之间的联系。不管是认识繁体字的人学简化字，还是认识简化字的人学习繁体字，都只需要注意两种简化字：一种是同音替代的，如以"余"代"餘"后，简化字"余"就有了"剩余"的意思（其实在现代汉语中，除作姓氏外，"余"的常用意思只有"剩余"，在古代做第一人称代词的意思今已基本消亡）；以"谷"代"穀"之后，"谷"不仅是"山谷"之"谷"，也是"五谷杂粮"之"谷"；以"松"代"鬆"后，简化字"松"不仅是树木名，还是"放松""轻松"的"松"；等等。另一种是省写一部分或用简单的符号代替笔画多的部分，如"电""业""鸡""轰"等。这些字根据上下文可以判断出不少，对已经熟悉繁体字的人来说，只要留心注意一段时间，是不难掌握的。而且花费这一点时间，同采用简化字以后人们学习识字所节省的时间和精力相比，是微不足道的。

总而言之，简化字没有严重的缺点，而他的优越性却比缺点大得多。

第二，近几年中国大陆/内地繁体字的使用为什么会增多？

简化字在中国大陆、内地已经实行了四十多年，早已为民众所接受。现今四十五六岁以下的人，大多数在启蒙时学的就是简化字，公众在正式场合使用的基本上也都是简化字。那么，近几年为什么繁体字的使用比以前又多了呢？这其中，至少有三方面的原因。

原因之一，几十年来，中国大陆/内地虽然以简化字为规范，但繁体字并未绝迹。有些年龄较大的人原本学的是繁体字，他们在不同程度上接受了简化字，但对一些繁体字的写法还不能完全改变过去的习惯。出版物在必要时（例如出版某些古籍时）也用繁体字，即使是接受简化字启蒙教育的中青年人甚至少年儿童，也程度不同地接触过繁体字。再加上繁简字之间在形体上多有联系，使他们中有些人不必经过专门训练就能认识一些繁体字，这就使繁体字重新出现具有一定的社会基础。

原因之二，中国实行改革开放政策以来，内地与港澳、大陆与台湾地区的接触越来越频繁。台湾当局曾排斥简化字，港澳地区在语文上基本采取放任态度，上述地区现在都通行繁体字。大陆/内地与这些地区在经济、文化等方面的接触和交流，大大增加了大陆/内地人接触繁体字的机会。首先是不少港澳台的书籍、刊物、书信、说明书等进入内地/大陆，同时，也是为了这种交流的需要，大陆/内地用于同上述地区交流的某些报刊、商品标签、广告等也采用了繁体字，以使不熟悉简化字的读者能看明白。这个原因，是造成近年来大陆与内地繁体字用量增加的关键。

原因之三，因为繁体字用量增多的现象在客观上是随着改革开放大潮而出现的，这就使一些人产生了一种误解，他们觉得使用繁体字是当前的一种时髦，是适应改革开放的表现。另外，改革开放后，顺应社会经济的发展，中国政府对知识、人才也越来越重视，人们不尊重不学无术又没文化的人，这种观念的改变，又使一些文化修养不高又存有虚荣心的人为了做出有文化的样子而使用繁体字。他们觉得繁体字笔画多，结构复

413

杂，而且有些人不认识，写繁体字可以显得自己有学问。于是便不管是否需要，在一些场合使用繁体字，例如有的理发店的招牌上就出现了"美發廳"（"髮"误作"發"）之类字样。这种人的误解和盲目追求，在繁体字使用量增加的过程中起了推动作用。

　　考查上述三个原因，第一个是历史造成的客观现象，从某种意义上说，一个人能熟练地使用简化字，又能认识甚至书写繁体字，这样可以适应多种需要，未尝不是好事。第二个原因，出发点是为了给不熟悉简化字的交流对象提供方便，出于这样的目的使用繁体字，只要分清场合，而且使用正确无误，也便无可厚非。至于第三个原因，就值得一议了。

　　由于无知和浅薄而追求使用繁体字，其不良后果就难以避免。因为他们对繁体字的作用有误解，所以使用起来往往不分场合，这就必然影响表达效果。拿商品广告为例，大部分广告是给大陆/内地人看的，而在大陆/内地，能熟练掌握繁体字的人毕竟不多，尤其是青少年。商品广告的目的，是要让消费者了解自己产品的优点，使他们愿意购买这样的产品。可是，一旦有些用户、消费者看不懂或看不全懂的广告，其宣传效果肯定会大打折扣。

　　盲目追求用繁体字的人，往往对繁体字知道得不多，所以这种追求就很可能闹出笑话。笔者曾在山东济南一家店铺的墙上看到一幅书法作品，写的是刘禹锡的《陋室铭》，末一句"孔子云何陋之有"的"云"被写成了"雲"。原文中表示"说"的"云"却成了"雲雾"的"雲"，原文的意思就真正让人"不知所云"了。看来这位书家不知道在简化字公布之前"云"和"雲"的区别，他之所以写"雲"，可能就是因为"雲"比"云"笔画多。此外，诸如"滰车""傢俱""理發""按裝"等，在大街小巷的店铺招牌、招贴上都能见到。"滰"

可能来源于"汽",写字人大概觉得"气"的繁体字是"氣"(其实"气"原本就是古字),为了求繁,便把"汽"写成了"滊"。写"理發"的人没注意到在繁体字中,头发的"髮"和发射的"發"有什么区别。至于"傢俱"二字和"按装"的"按"字,笔画多了,字却写错了,这也是盲目求繁的恶果。

其实,用字的繁简并不能说明一个人知识的多少、学问的深浅,恰恰是那些有学识、不浅薄的人才不从外表上哗众取宠。写繁体字也并不就说明一个人能合于改革开放、经济发展的潮流。许多在古代文化方面造诣颇深的专家学者,在不必要的时候也不特意写繁体字,这并不因此降低他们的身价;联合国印行的汉语文件采用简化字,并没有因此降低这些文件的效力;新加坡的华文采用简化字,也没因此影响新加坡经济的发展。所以,如果因为此类原因而写繁体字,那就大可不必了。

第三,用繁体字好,还是用简化字好?

上文说过,简化字的优点大于缺点,四十余年来表现出了很强的生命力,民众也早已接受并习惯了。所以,在中国大陆/内地,应该继续使用简化字,走回头路是不可能的,也是没有必要的。至于港、澳、台地区,现在通行繁体字,估计在今后一段时间内还会继续通行,但是,汉字简化的趋势将来可能也无法阻挡。香港已经结束殖民状况回归祖国,与内地的交流势必更加频繁,澳门在不久的将来也会如此。台湾的步子会比港澳慢,但既然同是炎黄子孙,总要交流。要接触,要交流,老是保持繁简界限,总不是长久之计。而用字如果统一,大概还是简化字更受欢迎。

这样说来,是否就意味着繁体字今后就不能用了,或在大陆/内地不能用了呢?我们说,目前在中国大陆/内地,繁体字的使用不仅是可以的,有时还是必要的。但前提是不能滥用,至少应该遵守以下几条规则。

首先，只在必要的时候才用繁体字。如果你的文字只在大陆或内地使用，你的读者或宣传对象主要是熟悉简化字的人，那就不必自找麻烦，使用繁体字，除非你想浪费自己的时间和精力，又让许多宣传对象看不懂或看不全懂。然而，也有时候需要用繁体字，比如出版某些古籍，特别是要为某些方面的学术研究提供根据或对象的古籍，这样的书如果用简化字，容易产生歧义或误解，还有时书中的某些语句意思尚不明确，有待于继续研究探讨，现在还无法判定某个字该不该简化，等等，在这种情况下，用字的繁简最好依照古书的原样。与只认识繁体字的人，如港、澳、台同胞，作书面交流时，也不妨使用繁体字。还有，书法家利用汉字形体表达自己的审美追求，有时也需要用繁体字（当然要用得正确）。方块汉字像一幅幅图画，书家通过对这些形体的处理来提高艺术效果。有些作品是书家经过了长期的实践探索，一幅书法作品在结字、布局、穿插、呼应等各方面都形成了相对稳定的格局，如果一律改用简化字，很可能会因字的结构、笔画的改变而影响作品的美感。因此，书法家用字，只要不出文意上的错误，至于字的繁简，甚至用金甲文字、石鼓文或篆隶行草，都可以悉听尊便。以上只是笔者想到的几种有必要使用繁体字的情况，现实中肯定不只这些。总之，繁体字不仅可以用，有时甚至应该用，但必须有必要，如果没有必要，甚至影响表达效果，就不应该舍简就繁了。

其次，用繁体字要合乎规范。如果刊印某些古籍，是为了借以了解古代用字情况，那么原书是繁体字的，就不应当改为简化字，而原书是简约字体的，也不应当改用繁体，例如不必改"向"作"嚮"，改"从"作"從"，等等，目的是让人借此了解古人用字的原貌。至于现今的人写繁体字，则要求规范。对于只接受过简化字教育的人来说,使用繁体字要特别注意那些几个繁体字对应一个简化字的情况。例如"干",写繁体字应当用"乾""幹""榦",还是直接写"干"?"台"在文稿中应当读 yí,还是读 tái?读 yí 的时候只能写"台",而读 tái 的时候,应当写"臺""檯",还是"颱"?"复"在写繁体字时,应当写"復"还是"複"?诸如此类,都要根据文意弄清楚。缺乏繁体字常识的人往往误以为既然用繁体,就应当选笔画多的字,由此引起误用,上文所举的误"云"为"雲"的例子即是。其他的还有宋人范仲淹姓"范",不姓"範","子丑寅卯"的"丑"不作"醜";"山谷"的"谷"不作"穀","邻里""故里""万里长城"的"里"不作"裹"或"裡","升斗"的"斗"不作"鬥"或"鬪""鬭","系统"的"系"不作"係","征战"的"征"不作"徵","批准"的"准"不作"準",等等,这都是盲目追求写繁体字的人容易忽视的。

所谓用字规范,还应该包括避免繁简混杂。既然是为了给只懂繁体字的人看的,就该规规矩矩用繁体字;如果没有必要用繁体字,那就该用规范的简化字。也就是说,在同一篇文稿中,若非有特殊需要,就不该繁简混杂,让人觉得不伦不类。这种情况如果出现在私人日记、书信等文件中,倒也未尝不可,但在公共的、正式的场合,繁简混杂就让人感到不严肃、不正规了。

最后要申明一点,以上所说,都是笔者个人的看法,既不代表国家的语文政策,也不是某个学术会议讨论的结果。若有失当之处,欢迎海内外同人讨论批评。

※本文写于 1996 年,发表于韩国成均馆大学现代中国研究所编《现代中国研究》(1997)。原文用繁体字,此次收入本集,除解说字形需要外,均改为简化字,并对个别字句做了修改。

417

汉大赋中为何多奇文僻字？

汉大赋在语言上喜欢层层铺排，《汉书·艺文志》说它"竟为侈丽闳衍之词"，其中还经常出现一些前代不常见，后代也很少再用的奇文僻字，这是为历代读者所公认的事实。

近人论赋，特别是汉大赋，多以为是形式主义之作。游国恩等主编的《中国古代文学史》说汉大赋"层层排比，呆板少变，堆砌辞藻，好用奇词僻字，读之令人生厌"。[①] 1984 年，山东文艺出版社出版了龚克昌先生的《汉赋研究》，该书从文学发展的角度重新评价汉赋，开创了汉赋研究的新局面，但书中对汉大赋中的奇文僻字现象涉及甚少。本文打算主要从汉代的社会、学术背景以及大赋的文体、语言特点等方面，对汉大赋中多奇文僻字的原因作一点探讨。

从大背景上看，汉大赋中多奇异字的现象与汉代的政治、学术发展状况以及统治者的语文政策有关。

汉武帝推行"罢黜百家，独尊儒术"的政策，知识分子崇尚经学，读经可以做官，在当时影响极大。读经、释经的需要直接刺激了文字训诂之学的发达。当然，文字的发展也有自

[①] 游国恩等主编：《中国古代文学史》第一册，人民文学出版社 1963 年版，第 122 页。

己的脉络。秦始皇统一中国后，把当时通行的各种字体统一为小篆，隶书在秦代也迅速通行起来。到西汉，统治者对文字的使用十分重视。《汉书·艺文志》载："汉兴，萧何草律，亦著其法，曰：太史试学童，能讽书九千字以上，乃得为史。又以六体试之，课最者以为尚书御史史书令史。吏民上书，字或不正，辄举劾。"① 国家如此重视识字教育和用字规范，用法律条文将文字使用提高到这样重要的地位，对整个社会肯定会产生巨大的影响。

　　由于识字、训字的数量和准确程度在读经、求仕时都起重要作用，一批童蒙识字课本之类书籍也就应运而生了。这类书籍在秦代已有李斯的《仓颉》篇，赵高的《爰历》篇、胡毋敬的《博学》篇（这三部书在汉代曾被合称为"三仓"），到汉代又有司马相如的《凡将》篇、史游的《急就》篇、李长的《元尚》篇、扬雄的《训纂》篇等，这都是见于《汉书·艺文志》的。此外，在我国文字学史上具有划时代意义的《说文解字》产生于东汉。

　　能多多辨识并正确讲解和使用汉字既然已是法律规定的做掌管文书小吏的起码条件之一，读书人通过文字训诂之学的研究还可以借读经之路走上仕途，那么，不难想象，在当时，文字学知识的丰富也是文人知识学术修养的重要标志。在汉大赋作家中，有不少人本身就精通文字训诂之学。对这一点，前人早已注意到了。清人阮元在《四六丛话·序》中说："综两京文赋诸家，莫不洞穴经史，钻研六书。"《子虚赋》《上林赋》（龚克昌先生认为它们本为一篇，题为《天子游猎赋》，后为《文选》编者误分为二，此处姑取原来通行的篇名）的作者司马相如以及《甘泉赋》《长杨赋》的作者扬雄都著有童蒙识字

汉大赋中为何多奇文僻字？

————————
① （汉）班固：《汉书》，中华书局1962年版，第1720—1721页。

419

课本一类的书，已见上述。写这类书的目的就是教人识字，所以书中往往没有重复的字，这就需要作者尽可能使用更多的汉字，其中当然也就包含一些不太常见的字。此外，扬雄还著有《方言》，为我国第一部方言词汇集，这使得扬雄在我国语言学史上也有重要地位。《两都赋》的作者班固还扩充扬雄《训纂》篇的内容。因为识字课本之类书收字是从较常用的开始，所以在原有基础上扩充，所增加的字就自然多是相对冷僻的。班固除了是《汉书》的作者之外，还著有讲论五经同异的著作《白虎通义》。《二京赋》的作者张衡曾入太学，讲授五经，著有《周官训诂》。《长笛赋》的作者马融更是一代经学宗师，他教授门徒常有千人之多，经学家卢植、郑玄等都出于他的门下。马融还有著作《春秋三传异同说》，曾给《孝经》、《论语》、《诗经》、《易经》、《尚书》、《三礼》以及《老子》、《淮南子》、《离骚》、《列女传》等书做过注，足见其朴学功底之深厚。

《凡将》篇等书今多已亡佚。从保存较为完整的《急就》篇来看，其正文先列132个假想的姓名，这样一来可以让学习者认识一些姓名常用字，二来可以把下文不便列入的字放进这一部分。姓名之下又分锦绣、饮食、衣服、臣民、器物、虫鱼、服饰、音乐、形体、兵器、车马、宫室、植物、动物、疾病、药品、丧葬等部分，按类罗列有关事物的名称。阅读这些内容，很容易使人联想到汉大赋中常见的铺排事物的内容。下面列举张衡《南都赋》中的一段文字为例：

其木则柽松楔樱，檍柏杻橿，枫柙枥枥，帝女之桑。楈枒栟榈，柍柘檍檀。结根竦本，垂条婵媛，布绿叶之萋萋，敷华藻之蓑蓑。……其水虫则有蠼龟鸣蛇，潜龙伏螭。鲟鳣鲷鱮，鼋鼍鲛鰽，巨蚌函珠，驳瑕委蛇。……其草则薕苎䕌莞，蒋蒲兼葭。藻茆菱芡，芙蓉含华。从风发荣，斐披芬葩。……其原野则有桑漆麻苎，菽麦稷黍。百谷蕃庑，翼翼与与。若其园囿，则有蓼蕺蘘荷，薯蔗薑䕬，菥蓂芋瓜。乃有樱梅山柿，侯桃梨栗。梬枣若留，穰橙邓橘。其香草则有薛荔蕙若，薇芜荪苁。晻暧蓊蔚，含芬吐芳。

在汉大赋中，这样分类铺排的文字比比皆是，内容有宫殿、山陵、川流、物产、田猎、饮宴等诸多方面，与《凡将》篇《训纂》篇之类的书很相像。赋家们能编写或熟读这类书，也就具有较深的语言文字功底，能熟练掌握一些冷僻奇异的字。他们写起汉大赋中铺排名物的内容当然能够胸有成竹、得心应手，其中出现一些不常见的字也就不足为怪了。

此外，个别作者的写作指导思想也起了一定的作用。例如班固是个思想正统的学者，与司马迁相比，二人的文风很不相同。《史记》富于激情，语言也灵活生动，而《汉书》则典雅矜持，而且比《史记》更好用古字。再比如扬雄，他甚至认为好文章就应当艰奥难读，并在《解难》中公开表达了这种看法："《典》《谟》之篇，《雅》《颂》之声，不温纯深润，则不足以扬鸿烈而章缉熙。……大味必淡，大音必希；大语叫叫，大道低回。是以声之眇者，不可同于众人之耳；形之美者，不可混于世俗之目；辞之衍者，不可齐于庸人之听。"（《汉书·扬雄传》）有了上述指导思想和写作追求，他们当然喜欢（或至少不回避）用奇异少见的字。

以上所说的是汉大赋中多奇文僻字现象的背景原因。但汉代的散文、诗歌等作品，包括一些大赋作家所写的非赋体文章，虽然也产生在相同的背景下，却不像大赋那样有那么多奇异文字。可见，上述原因只是为大赋中多僻字的现象提供了可能性，而这种现象的出现还存在某种必然性。笔者以为，这种必然性可以从以下两方面去寻求。

第一方面，大赋这种文体与其他文体在写作目的上的不同。

大赋是社会相对安定繁荣，物质文明空前发达，封建帝国空前强盛的时代的产物。前人常说赋有歌颂和讽谏两种职能，固然不无道理，但这两种职能绝不是均衡的。汉大赋既然是在上面所说的那种社会条件下产生的，它的实际创作目的和作用正如清人程廷祚所说："专于侈俪闳衍之词，不必裁以正道，有助于淫靡之思，无益于劝戒之旨。"① 这种偏重于歌功颂德的职能决定了汉大赋要描写的多是诸如皇朝宫殿的雄伟，都市的繁华，帝国疆域的辽阔，山川的秀美，物产的丰富，帝王游猎的壮观，宴饮的奢华等等内容。或者富丽堂皇，或者波澜壮阔，总之要表现封建大帝国的繁荣强盛、蒸蒸日上。这是汉大赋这种文体在内容上的突出特点。龚克昌先生认为，汉赋是中国文学自觉时代的起点，因为"（司马）相如已很明确地认识到自己是在进行艺术创作，并已能提出比较明确的创作理论，已懂得搜捕创作的对象，已能够运用形象思维进行艺术概括，已懂得选取适当的词语和音韵来表现自己的艺术理想"②。汉赋既然已经是自觉创作的文学作品，那么，赋家在写作时就自然要有意识地充分发挥自己的艺术才能，围绕上文所说的主题，把自己在文字音韵以及博物方面的知识学问全部调动运用起来，同时刻意地追求词语的绮丽、音律的和谐；同偏旁的字连续使用，还能造成一种视觉上的艺术效果，这样，奇文僻字也就派上了用场。对于这类字，那些小学功底深厚扎实又深谙文字运用技巧的赋家们便不顾堆砌之嫌，争相翻新出奇，在这

---

① （清）程廷祚：《青溪集》卷三《骚赋论》下。
② 龚克昌：《汉赋——文学自觉时代的起点》，见《文史哲》1988年第5期。

样的创作过程中，他们内心深处也未始没有炫耀博学的愿望。

第二方面，汉大赋的语言特色。

汉大赋在风格上追求典雅，这固然是多用古字的原因之一。但是以往的研究者往往忽视了这样一个事实，即汉大赋的语言在某些方面也表现出一定的口诵特色，而这种特色在造成作品多奇文僻字现象的过程中也起了一定的作用。

汉赋在创作的当时，不仅是供人阅读的，而且可以通过朗诵给人提供听觉上的享受。"赋"字本身就有吟读朗诵的意思，所谓"不歌而诵谓之赋"。作为一种文体的赋，在汉代也有很明显的口诵特色。据《汉书·王褒传》记载：汉宣帝曾召文人入宫诵读辞赋；太子身体不适时，宣帝还诏使王褒等人入宫侍奉，"朝夕诵读奇文及所自作"；"太子喜褒所为《甘泉》及《洞箫颂》，令后宫贵人左右皆诵读之"。在今天，即使是文化水平较高的人听别人读一篇自己未读过的文言文，通常是很不容易听懂的，因为文言文离今天的口语距离较大。赋在汉代既然能诵读，而且能使听者获得美感，至少能听懂，就说明它的语言与当时的口语差别并不很大。笔者通过考察发现，汉大赋中的双音词含量很大，这说明汉大赋在词汇特点上接近当时的口语。

口诵的需要使汉大赋必须能够借助于声音，诉诸听觉来发挥作用，因此，赋家在追求典丽的同时就又不能离口语太远。实际上，他们在描绘事物、抒发感情时，就用很多叠音词、联绵词、象声词等贴近口语的词，用以绘形摹声，传达事物的质地、色彩等，那么，用哪些字来记录这些口语性较强的词语？

扬雄《训纂》篇连同秦代留下的"三仓"共收字5340个，后来班固又增收了780个，可见，当时见诸一般书籍的常见字有6000个左右。不过，既然要认读九千字方能做文书之类小官，可知尚有一些不太常见的字不包括在班固修订的《训纂》篇之内。本来，用6000多个常见字记录当时的共同语应当没有太大问题，班固也说这些字"六艺群书所载备矣"（《汉书·艺文志》）；但是，要记录一些通常在书面语中见不到的口语词甚至方言词的话，6000左右汉字就穷于应付了。今天做方言调查时常会遇到一些有音无字的词语，就是这个道理。于是，赋家就要动用一些不太常见的字，甚至自己根据音义造字。这也是造成汉大赋中多奇文僻字的一条重要原因。

以下是汉大赋中的一些拟声词：

磅礚（雷声）、砰磕（众鸟齐飞时振羽声）、輣磕（钟鼓声）、铿枪（钟声）、闛鞈（鼓声）、绷缞（风吹帐声）、滂濞（水声）、澎濞（水声）、砰磅（水声）、訇磕（水声）、噍噍（鸟鸣声）、辚辚（车声）、謍嘒（风吹竹声）

它们直接取于口语，又是模拟声音，所以就常常没有固定的字来记录，赋家们只好根据声音来选字或造字。类似的情况还出现在一些表示物名的词和描情状物的联绵词上。汉大赋经常要竭尽全力表现物产品类之盛，在描绘山川、建筑、游猎、饮宴等时也要挖空心思寻求各种联绵词或其他不常见于书面语的形容词，做精心编排，以求穷形尽相，曲尽其妙。这也会造成奇异字被使用。

由于记录的是书面语中不常见的词语，赋家们必须依声选字或造字，这还会导致一种情况，即同一个词有不同的文字形式。这些词意义相同，读音相同或相近。如描写山陵之高峻，司马相如《上林赋》中有"嶵嶵"，张衡《西京赋》中则有"岪嶪""嵝嶪"；扬雄《甘泉赋》和张衡《西京赋》中都有"崔巍"，司马相如《上林赋》中除了"崔巍"之外又有"崔娄"，而班固《西都赋》中则有"崔嵬"。

总而言之，汉大赋中的奇文僻字中有不少不是用以记录较为典雅、常见于当时古籍中的词语的（记录这些词语的字有些今人看来可能较为冷僻，但却为当时的读书人所熟知），而恰恰用来记录直接采自口头、不常见于书面语的词语。也就是说，汉大赋中奇文僻字多，有一条重要的、以往常被忽视的原因是这种文体的口诵特色。

还有个值得思考的问题是，汉大赋中有这么多奇异字，会不会在当时就"读之令人生厌"，因而影响表达效果？笔者认为，对这个问题应当用历史的观点去看待。典籍资料说明，汉赋在当时的艺术感染力不应低估，上文所举《汉书·王褒传》所载史实就是证据。《史记·司马相如传》说汉武帝读了相如的《大人赋》，竟然"飘飘有凌云之气，似游天地之间意"，这也绝不是艺术低劣的作品所能收到的效果。可见，我们所说的那些冷僻字并未很严重地影响汉大赋的感染力。人们感到这些字冷僻，造成了阅读的障碍，那应当是魏晋以后的事。刘勰反对用字"诡异""联边"，但对汉大赋中多僻字的现象却能客观地看待。他在《文心雕龙·练字》中说："（赋家）并贯练《雅》《颂》，总阅音义，鸿笔之徒，莫不洞晓。且多赋京苑，假借形声。是以汉前小学，率多玮字，非独制异，乃共晓难也。……及魏代缀藻，则字有常检，追观汉作，翻成阻奥。"这个看法很有道理。汉代文人多通晓文字训诂，对古籍中的字很熟悉，至于记录当时俚俗词语的冷僻字，由于记录的是当时活在口头上的词，他们读起来也无多大障碍。魏晋及以后的读书人对《尚书》《诗经》等典籍也很熟悉，他们之所以"追观汉作，翻成阻奥"，恐怕是有些奇异字记录的是汉代口语词，而这些词由于没有在通行的书面语中使用开来，有的逐渐被淘汰，有的随语音的发展变化变得面目全非，在汉大赋中记录它们的那些字也不再常用，于是后人读汉大赋才感觉困难了。再拿上文举过的那些拟声词为例，今天的读者很可能首先会被奇异的字形弄得眼花缭乱，我们很难从语感上把这些词语同现在口语中的"乒里乓啷"或"稀里哗啦"之类词语联系起来。但是，如果因此就认为汉大赋中的奇文僻字在当时就使人生厌，或认为汉大赋在当时就只是一种古奥晦涩的文字游戏，那实在是一种误解。

※本文发表于《福建论坛》2000年第3期。收入本集时对个别词句做了修改。

试论孔子弟子的从政观念与实践

一

孔子生活在春秋末期周道衰微的历史变革时期,一生都在为实现自己的政治主张奔走呼吁。他虽然做官的时间不长,也没有系统地论述过自己的政治思想,但他创立的儒家学派所崇尚的"仁义""礼乐",所提倡的"德治""仁政",都与当时社会的政治主张密切相关。

儒家提倡积极入世,孔子本人也怀着"如有用我者,吾其为东周乎"(《论语·阳货》)的理想,表示自己是一个"待贾者也"(《论语·子罕》)。他在鲁国以大司寇摄行相事时,"有喜色"(《史记·孔子世家》),周游列国时"至于是邦也,必闻其政"(《论语·学而》),这些都说明孔子有强烈的求仕愿望。他还提出了"为政以德"(《论语·为政》),"节用而爱人,使民以时"(《论语·学而》),赞赏"一张一弛"的"文武之道"(《礼记·杂记下》),教导弟子为政要"举贤才"(《论语·子路》),"民无信不立"(《论语·颜渊》),斥责"苛政猛于虎"(《礼记·檀弓》),等等。这充分说明孔子在政治方面有自己的一整套理论和主张。他的思想理论和仕宦行为,理所当然地影响到其弟子。

据司马迁说，孔子"弟子盖三千焉，身通六艺者七十有二人"（《史记·孔子世家》）。又说，"受业身通者七十有七人"（《史记·仲尼弟子列传》）。后世典籍如《孟子·公孙丑上》《韩非子·五蠹》《论衡·问孔》等中多称"七十子"，盖取"七十有二"或"七十有七"之整数。《史记·仲尼弟子列传》中列出姓名的孔子弟子有77位，有言行记录的29人。此外，还有事迹见于其他典籍的，如《史记·孔子世家》中的颜浊邹，《左传·昭公二十年》的琴张（杜预注："琴张，孔子弟子，字子开，名牢"），《哀公三年》的南宫敬叔（杜预注："敬叔，孔子弟子南宫阅"），等等，都不包括在这29人之内。孔子弟子这一历史人物群体在继承发扬孔子思想的过程中，对儒家学派的形成和发展，无疑起到了很重要也很关键的作用。本文拟对孔子弟子从政的情况进行一些探索，为孔子以及儒家文化的研究提供一点参考。

二

在《论语》中常见这样的记载："子张学干禄"（《为政》），"子张问政"（《颜渊》），"子张问于孔子曰：何如斯可以从政矣"（《尧曰》），"子路问政"（《子路》），"子路问事君"（《宪问》），"子贡问政"（《颜渊》），"子夏为莒父宰，问政"（《子路》），"仲弓为季氏宰，问政"（《子路》），"颜渊问为邦"（《卫灵公》），等等。这些人都表现出了对政治的关心和从政的愿望。

在上面提到的这些人中，子路的年龄最大（小孔子9岁），其余依次是仲弓（小孔子29岁）、颜回（小孔子30岁）、子贡（小孔子31岁）、子夏（小孔子44岁），子张最年轻（小孔子48岁）。子路、仲弓、颜回是在孔子周游列国之前就已经入门受教的；子贡入师门的时间可能较晚，有人认为他是在孔子开始周游列国入卫之后才跟随孔子的①。即使这样，子贡也与子路等人同属孔子的前期弟子。子夏、子游则是孔子归鲁后入门的后期弟子。也就是说，这些人在年龄和入师门先后上具有一定的代表性。

孔子弟子很多，其能力兴趣各有不同。其中较有成就的，《论语·先进》中有个总结："德行：颜渊、闵子骞、冉伯牛、仲弓。言语：宰我、子贡。政事：冉有、季路；文学：子游、子夏。"这就是前人所谓"四科十哲"。十哲当中，上面所举《论语》中记载了"问政"之类言行的就有六人，而这六人当中只有子路在政事科。颜回、仲弓在德行科，而且据《论语》记载，颜回很能安贫乐道，子贡长于言语，子游、子夏以"文学"（古代典籍）著名，主要成就在传道、讲学方面。但他们不约而同地都有"问政"的行为，这又说明在孔子弟子中，对政事的关心并不受各人兴趣、能力的限制。

从颜回的表现中我们还能受到一种启示，即他对从政的兴趣并不是出于个人的目的。在孔门弟子中，颜回特别勤奋好学，"闻一知十"，并注意品行修养，"不迁怒，不贰过"（《论语·雍也》）。生活上不仅能"一箪食、一瓢饮，在陋巷"，而且能"人不堪其忧，回也不改其乐"（《论语·雍也》）。这样的人有志于从政，恐怕不是或主要不是为个人衣食考虑，而是要寻求施展自己政治才能的机会，以兴礼乐，行德治，改变"天下无道"的局面。孔子也说："天下有道，丘不与易也。"（《论语·微子》）颜回在这一点上的想法恐怕与其师是一致的。

明白了这一点，就不难理解为什么有些孔门弟子有机会却

---

① 钱穆：《先秦诸子系年考辨·孔子弟子通考》，见《民国丛书》第三编，上海书店1991年版。

不一定从政，而且有时还因为没有从政而受到孔子的赞许。闵子骞在季氏请他做费宰时，委婉而又坚决地推辞掉了（《论语·雍也》）。原宪问什么是"耻"时，孔子说："邦无道，谷，耻也。"（《论语·宪问》）这种耻，指的就是无力改变"天下无道"的局面而又为了个人利益与无道的统治者同流合污。原宪在老师去世后仍记住了这一教导，隐居乡野，过贫苦生活。这也从反面证明孔子的有些弟子求仕宦的目的是实现儒家的政治主张。

三

在孔门弟子中，有过从政实践的人很多，有些人在当时的政界还有相当大的影响。

子路和冉有是以擅长政事著称的。孔子曾分别评价他们："由也，千乘之国，可使治其赋也"；"求也，千室之邑，百乘之家，可使为之宰也"。（《论语·公冶长》）又说："由也果，于从政乎何有？""求也艺，于从政乎何有？"（《论语·雍也》）

据《左传·定公二十一年》，孔子为鲁大司寇堕三都时，子路已做了季氏宰。后来他又任薄大夫、卫大夫孔悝邑宰。因不愿跟从孔悝迎立蒉聩为卫公，被杀，其时为鲁哀公十五年。可见，子路断断续续从政近二十年。

冉有也做过季氏宰，曾帮助季氏敛财发展势力（《论语·先进》），在季氏欲伐颛臾时他和子路又没能有效地阻止（《论语·季氏》），因此屡次受到孔子的批评。但是，从上面所引的评价看，孔子并没有因此就完全否定他在政事方面的才能。据《左传·哀公十二年》，齐伐鲁，冉有统帅鲁国左军，退敌有功，孔子还称赞这次战役符合道义。此外，《左传·哀公十四年》《哀公二十三年》等处也都有冉有政事活动的记载。

在孔门弟子中，子贡的从政活动也很引人瞩目。《史记·

仲尼弟子列传》说他"常相鲁卫",那么,他应是孔门弟子中官做得最大的一个。子贡擅长言辞,孔子曾委婉地抑止他的"利辞巧辩",但在他的从政、外交活动中,这个特长却被发挥得淋漓尽致。《史记·仲尼弟子列传》载,齐国田常曾欲伐鲁,子贡受孔子委派到齐国劝止田常,又在吴、越、晋等国间奔走游说,利用他们之间的矛盾,使其与齐国之间互相牵制,"故子贡一出,存鲁,乱齐,破吴,强晋而霸越,子贡一使,使势相破,十年之中,五国各有变"。此时,子贡还是以孔子弟子的身份出面的。后来,他仕鲁为季氏宰,《左传·哀公七年》记载了他代表鲁国与吴太宰否等人交涉的事迹。哀公十二年、十五年也有他政治活动的记录。到此,子贡仕鲁已九年。哀公十六年孔子去世,子贡守墓六年。《左传·定公二十六年》还有他仕卫的记录。

樊迟曾被孔子斥为"小人"(《论语·子路》),但根据《左传·哀公十一年》载,樊迟在二十几岁时,就曾作为冉求的车右协助冉求率鲁国左军与来犯的齐军作战,并取得了胜利。由此可见,樊迟也不是一个只求"学稼""学为圃"的人。此外,子游曾任武城宰,子夏曾任莒父宰,高柴曾任费宰。南宫适得到了"邦有道,不废"(《论语·公冶长》)的评论,可见也是做过官的。《史记·孔子世家》记载了楚令尹子西谏楚昭王的一段对话:

> 昭王将以书社地七百里封孔子。楚令尹子西曰:"王之使使诸侯有如子贡者乎?"曰:"无有。""王之辅相有如颜回者乎?"曰:"无有。""王之将率有如子路者乎?"曰:"无有。""王之官尹有如宰予者乎?"曰:"无有。""且楚之祖封于周,号为子男五十里。今孔丘述三五之法,明周召之业,王若用之,则楚安得世世堂堂方数千里乎?

夫文王在丰，武王在镐，百里之君卒王天下。今孔丘得据土壤，贤弟子为佐，非楚之福也。"

这段话中提到了子贡、颜回、子路、宰予等人。子贡、子路从政的事迹已见上述。颜回安贫乐道，而且早夭，史籍中也未见他做大官的记录。至于宰予，《史记·仲尼弟子列传》说他"为临淄大夫，与田常作乱，以夷其族"。《史记索隐》考辨云："《左氏传》无宰我与田常作乱之文，然有阚止，字子我，而因争宠，遂为陈恒所杀。恐字与宰予相涉，因误云然。"查《左传》，阚止与公子阳生奔齐，事在哀公六年；阚止被杀，事在哀公十四年，当齐简公四年。"阚止"在《史记·齐太公世家》中作"监止"，《集解》引贾逵曰："监止，子我也。"但未云即孔子弟子宰予。徐喜辰先生在《春秋乡校的普及与新士人的兴起》一文中说宰予"为齐简公宰臣，死于田常之乱"[①]，可见他认为阚止即宰予。如果是这样的话，那么宰予仕齐达八年之久。即使阚止与宰予不是一人，但从令尹子西的话中可以看出，颜回、宰予是难得的辅相、官尹之才，这在当时似乎已成共识。可见，孔子弟子的政治才能在诸侯中影响之大。

四

孔子弟子间的年龄差别很大。据《史记·仲尼弟子列传》载，子路小孔子9岁，公孙龙子小孔子53岁。《史记索隐》及《孔子家语》说颜回之父颜路只小孔子6岁，而叔仲会则小孔子54岁，但这些说法不一定可靠。只根据司马迁的记载计算，

---

① 徐喜辰：《春秋乡校的普及与新士人的兴起》，见曲阜师范大学孔子研究所编《孔子思想研究论集》，齐鲁书社1987年版。

孔门弟子的年龄差就有44岁之多。而且，上文已经说过，在孔子弟子中各个年龄段都有人对从政感兴趣或有过多多少少的从政实践。但是，孔子的前期弟子与后期弟子的从政思想和风格却存在较大差异。

我们来看孔子前期弟子在从政方面的一些言行。孔子认为高柴"愚"，而子路让他做费宰，并说："有民人焉，有社稷焉，何必读书，然后为学？"（《论语·先进》）孔子表示如果主持卫国之政，将先"正名"，子路说："有是哉，子之迂也！奚其正？"（《论语·先进》）子路认为读书、正名都不是为政所必须做的。当孔子让几个弟子各自阐述志向时，子路不假思索地表示："千乘之国，摄乎大国之间，加之以师旅，因之以饥馑，由也为之，比及三年，可使有勇，且知方也。"（《论语·先进》）冉有的态度是："方六七十，如五六十，求也为之，比及三年，可使足民。如其礼乐，以俟君子。"（《论语·先进》）子路把"有勇"放在首位，而冉有无暇顾及礼乐。冉有还直接向孔子表示："非不说子之道也，力不足也。"（《论语·雍也》）子路和冉有都未能阻止季氏伐颛臾的计划，冉有还辩解说："今夫颛臾，固而近于费，今不取，后世必为子孙忧。"（《论语·季氏》）可见他内心并不想阻止季氏的行为。子贡善货殖，"亿则屡中"，孔子因此说他"不受命"（《论语·先进》）。他还不顾古礼制留存与否，主张干脆"去告朔之饩羊"（《论语·八佾》）。他从政希望"博施于民而能济众"（《论语·雍也》），也是从经济着眼考虑问题。宰予不仅因为"昼寝"受到孔子的批评，他对"仁""孝"等观念的理解与孔子思想的距离更大。他问孔子："仁者，虽告之曰'井有仁焉'，其从之也？"（《论语·雍也》）这个问题本身就带有一定的挑战性。当鲁哀公向宰予询问社主时，宰予答道："夏后氏以松，殷人以柏，周人以栗，曰，使民战栗。"（《论语·八佾》）这显然与孔子的仁政思想有差距。《论语·阳货》记载宰予甚至明确主张废除父母去世后要守孝三年的旧制。

由上面的材料可以看出，孔子的前期弟子在承道修业方面风格浑厚朴质，在从政想法和做法上都较为现实，较少学术气，相对地说更加重视政事的功利，有的人的政治思想与孔子还有一定差距。孔子一方面有求仕的愿望，另一方面又主张"君子忧道不忧贫"（《论语·卫灵公》），所以像颜回、闵子骞那样出于道义的原因不汲汲于仕进，在孔子看来尤为难能可贵。

后期弟子的情况则与此不同。首先是从政的人较前期少。孔子周游列国结束时，他的前期弟子中有些人在从政方面已经有了不少成就。归鲁后又值季康子新立国政，任用冉有、子路等人，早年做过官的一些前期弟子现在仍活跃在政坛上。而后期弟子中较为突出的如子游、子夏、子张、曾参等此时还是二十出头的年轻人，从政经验少，且受孔子晚年教学特点的影响，把更多的精力放在研究礼乐、典籍上。四科十哲中"文学"一科的子游、子夏都是后期弟子。《荀子·非十二子》中提到"子张氏之贱儒""子夏氏之贱儒""子游氏之贱儒"，说明这些人都能自立门派，那就肯定要在自己的研究和教学上下很大功夫。因此，他们不可能用很多时间和精力从事政事实践。

其次，后期弟子中少数人对政事有些论述和实践，其风格也与前期弟子有别。例如：

子之武城，闻弦歌之声。夫子莞尔而笑，曰："割鸡焉用牛刀？"子游对曰："昔者偃也闻诸夫子曰：'君子学道则爱人，小人学道则易使也。'"子曰："二三子，偃之言是也！前言戏之耳。"（《论语·阳货》）

这同冉有那种"如其礼乐，以俟君子"的态度形成鲜明的对照。子夏提出的著名的"仕而优则学，学而优则仕"（《论语·子张》）的理论，把"仕"和"学"结合得更紧密了。可见，这些人在学术上另立门派，其政治活动也与自己的思想学术研究以及教学活动紧密联系。

总之，孔子前期弟子中从政者多，他们跟随老师四处奔走，以拨乱世为己任。其中有不少人很注重政事本身的功效，忙于政务而较少顾及修道教学。但他们从政的实践多，在这方面有建树的人也多。后期弟子入师门时，孔子思想渐成完整的体系，孔子本人也不再四处奔走，把主要精力放在传道授业和整理古代典籍上。所以此时的年轻弟子也自然而然地把精力放在这些方面。他们从政为官，更多地带有为自己的学习和研究进行实习的性质。

五

孔子生活的春秋后期，是我国奴隶制衰亡，封建制生产关系开始出现的时期。这时，奴隶社会的等级制在各方面都不如以前严格，在政治上权力下移，在文化上礼崩乐坏，学术下移，孔子说的"天子失官，学在四夷"（《左传·昭公十七年》）就与此有关。

面对这样的社会现实，孔子对社会政治发展趋势持保守态度，他说："周监于二代，郁郁乎文哉！吾从周。"（《论语·八佾》）希望"君使臣以礼，臣事君以忠"（《论语·八佾》），以维护社会的等级秩序。但在许多具体的政治问题上，他的主张和做法却又起了不可忽视的进步作用。

在奴隶制时代，学校是奴隶主贵族设立的，"国之贵游子弟学焉"（《周礼·地官·师氏》）。到孔子的时代，私学兴起，这也是学术下移的表现之一。当时私人讲学的虽然不只有孔

435

子,"少正卯在鲁,与孔子并",致使"孔子之门,三盈三虚"(东汉王充《论衡·讲瑞》),但少正卯及其弟子对后世几乎未产生任何影响。孔子实行"有教无类"(《论语·卫灵公》),"自行束脩以上,吾未尝无诲焉"(《论语·述而》),所以他的弟子中许多人出身于社会下层。据《史记·仲尼弟子列传》《论语·雍也》载,仲弓之父是"贱人",颜回曾过着"一箪食,一瓢饮,在陋巷"的生活,他死后,"颜路贫,请孔子车以葬"。看来这些人的出身都是比较贫寒的。子路在入孔门前"性鄙,好勇力,志伉直,冠雄鸡,佩豭豚,陵暴孔子"(《史记·仲尼弟子列传》),分明不是贵族子弟气象。《史记集解》引徐广:"《尸子》曰:子路卞之野人。"应当可信。此外,《史记正义》引《韩诗外传》云:"曾子曰:吾尝仕为吏,禄不过钟釜,尚犹欣欣而喜者,非以为多也,乐道养亲也。"《吕氏春秋·尊师》说子张出自"鲁之鄙家",颜涿聚(颜浊邹)竟是"梁父之大盗"。这些材料虽然不一定十分准确,但起码可以说明曾点父子、子张、颜浊邹等不是出自富贵之家。子贡善货殖,后来家累千金,这也从反面说明他不是贵族出身。总之,孔子应当是我国历史上第一个大规模地把教育普及于平民的人。

孔子还希望自己的弟子在政治上有所作为。孔门四科里即有政事。他说:"雍也可使面南。"(《论语·雍也》)在弟子们侍坐时还提出了"如或知尔,则何以哉"(《论语·先进》)的问题,说明他时刻注意培养弟子的从政才能。在选拔官吏的标准方面,孔子也表现出其进步性。他主张"举贤才"(《论语·子路》),认为"举直错诸枉,能使枉者直"(《论语·颜渊》),"举善而教不能则劝"(《论语·为政》),并不重视其出身和血统。所以,他注重培养弟子的政治才能,希望弟子在政治上有所建树。上文说过,孔子的许多弟子在老师的教导下，增长了才干并走上政坛，使自己的社会地位比原来大有提高。数量较多的平民出身的"士"通过学术进身，进入了富贵者的行列，在孔子弟子以前是少有的现象。这种现象的实质是它打破了过去以血统为基础的世卿世禄制的常规，其进步作用是不可低估的。

※本文发表于《兰州大学学报》2000年第4期。

从"介"的意义看反训的几个问题

关于反训，学术界最近一二十年的讨论很活跃，涉及了反训的许多方面，甚至对反训这种现象是否真的存在，也有针锋相对的不同意见[①]。

传统训诂学中虽然有"反训"、"相反为训"、"正反同辞"或"美恶不嫌同名"等说法，但对这些现象的本质并没有也不可能在理论上做更深刻的总结，因而，"反训"这个概念的内涵并不十分清楚。在什么是反训这个问题没有取得一致意见之前，当然无法说明反训现象是否存在。事实上，从郭璞的《尔雅注》开始，直到清人段玉裁、王念孙等都列举或简要分析了一些反义同词或反义同字、反训同词的现象。这些现象鱼龙混杂，成因多种多样，而"反训"这一名目对这一切都不加区别。从这个笼统意义上说，反训现象当然是存在的，至于"反训"这个名称是否科学，是否能够看作词汇学或训诂学的一个正式术语，这是另外的问题。

如果把反训理解为在一个共时平面内的反义同词，那它的存在与否就确实值得慎重考虑了。否定反训现象的学者常常从

[①] 刘志生、黄建宁：《近二十余年以来"反训"研究综述》，见《长沙电力学院学报》2003年第2期。

语言的交际功能方面寻求依据，认为语言作为交流思想的工具，要求表达准确。从理论上讲，同一个词却同时代表对立的概念或具有相反的义项，就很容易造成歧义和误解，影响语言交际功能的发挥，所以，反训不可能存在。但问题并不如此简单。首先，对前人列举的数以百计的反训例子一笔抹杀是不容易的；其次，语言本身所具有的制约歧义的内部机制会给反义同词留下一定的生存空间。

蒋绍愚先生就把反训的概念定为"在同一个历史平面上的同一个词具有两个相反的意义"①，在对古人所说的诸多反训实例进行了梳理分析后，指出了两种反训的情况：一种是一个词有两种"反向"义（如"借"可以是"借出"也可以是"借入"），二是一个词从不同角度引申形成的反义。而下列情况被蒋先生排除在反训之外：①同一个汉字记录了两个意义相反的词；②一个词在不同时期中褒贬义的变化；③一个词具有两个对立的下位义；④修辞上的反用。这就去除了那些似是而非的情况，使我们对反训的认识更加科学化了。

笔者以为，在蒋先生说的两种反训现象中，第二种情况更值得注意。陆宗达、王宁二先生在1983年就提出："相反为训是由反正的引申造成的。"② 这个说法很有道理，因为词义向相反的方向引申常常能更典型地反映出客观事物相反相成的规律和人们"对事物发展的一种哲理性认识"③。这里举"介"的意义为例，说明这个问题。

"介"较早的意义是疆界、边界或划分边界，《说文》："介，画也。"段玉裁注："分介必有间，故介又训间。"这个"间"

----

① 蒋绍愚：《从"反训"看古汉语词汇的研究》，见《蒋绍愚自选集》，大象出版社1994年版，第33页。
② 陆宗达、王宁：《训诂方法论》，中国社会科学出版社1983年版，第152页。
③ 陆宗达、王宁：《训诂方法论》，中国社会科学出版社1983年版，第152页。

的意思是"处于二者之间"。处于二者之间的事物就有可能起两方面的作用：一是把二者联系起来，二是把二者阻隔开来。这两种作用是相反的，但都是处于二者之间的事物所最容易起到的。于是，"介"由"处于二者之间"的意义自然就引申出带有这两种相反倾向的意义。例如：

(1)《庄子·田子方》：若然者，其神经乎大山而无介，入乎渊泉而不濡。（成玄英疏："介，碍也。"）

(2)《汉书·五行志中之上》：是时虢为小国，介阳夏之厄，怙虞国之助。（颜师古注："介，隔也。"）

(3)《汉书·匡衡传》：故《诗》曰："窈窕淑女，君子好仇。"言能致其贞淑，不贰其操，情欲之感无介乎容仪。（颜师古注："介，系也。"）

(4)《汉书·谷永传》：无一日之雅，左右之介。（颜师古注："介，绍也。"）

前两例中的"介"意思与"阻隔""阻碍"有关，后两例中的"介"意思与"联系""介绍"有关，"介绍"就是通过引见使双方发生联系。

通过上面的例子可以看出，反义同词现象的产生不完全是偶然的，当一个词的一项词义处于极限范畴，或容易向极限发展，就有可能具备引申出相反的意思的条件，这其中，"相反相成"的规律起一定的作用。但是，并不是所有具备类似条件的词都能在引申发展中产生相反的词义而形成反义同词，因为词义引申和语言的表达都有自己的规律，即使"物极必反"，也不一定要以反义同词的方式表现出来。所以，反义同词不是一条普遍的规律。

事实上，反义同词现象的存在并没有影响语言的交际功能

（也正因为如此，这种现象才能存在）。这一方面因为在同时代一个词具有相反意义的例子并不多，另一方面，语言中存在着通过各种因素的调整来制约和消除歧义的内部机制。这些机制表现在如下方面。

1. 同一个词所具有的两个相反的意义并不一定是指具体的表层的义位，而可能是两个义位分属于两个相反的深层范畴。还以"介"为例，古汉语中的"介"有"划界""疆界、界限""间隔、阻碍""离间"等义位，都属于"分隔、隔阻"这个大的深层的范畴，又有"介绍""介绍人""信使、传消息的人""依凭""接近、逼近"等义位，则属于"联系、接续"这个深层范畴。这两个大的深层范畴是相反的，但具体的表层的义位并不在同一平面上相互对立，所以在具体使用中并不容易造成歧义或误解。

2. 语境的别义作用。其实，汉语特别是古汉语中不仅有反义同词现象，而且还有一词多义（包括差别很大的引申义、比喻义和假借义）、口语中的同音词、书面语中的一字多词、词性缺乏外部标志、词类活用、有形式标志的语法范畴变化贫乏等现象。孤立地看，这些现象都很容易造成歧义，但在具体的语境中，这些问题基本上都得到了解决，反义同词现象也一样。几千年来的汉语没有因为包括反训在内的上述种种现象而严重地影响交际功能，不是因为上述现象不存在，而是因为具体的语境能够有效地制约歧义，发挥汉语的正常交际功能。

3. 产生同源词或其他词，使意义重新分工。例如"介"和"界"是古今字，也是同源词，《说文》以"画"释"介"，又云："画，界也。"还有"境"（竟）"疆"等与"介"也是同源词。"界"的意义有"疆界""界限""划分"等，"境"和"疆"主要也是"边界、疆界"或"划界"义，这些意义都与"介"的"阻隔"义相通。但后来表示与疆域、土地等有关的疆界、划界等意义时多用"疆"、"界"或"境"，而"竟"和

"介"后来表示的"阻隔"或"界限"义往往相对抽象一些。此外,"疆""境""界"等除了"界"有"接界、毗连"义外,"疆"和"境"则没有与"介"的"联系"义相通的意思。

4. 构成词组或复音词。反训例多是单音词,它与别的词构成词组后就可以有效地区别意义(其实不仅是反训词,许多单音多义词都是这样)。这样的词组在后来的发展中可能凝固成复音词,原来的单音词就会变成词素,这样词和词之间就更不存在反训的问题了。现代汉语中的"介"就是作为词素用的。在由"介"构成的词中,"介于"、"介入"的"介"与"在二者之间"的意思相通,"介绍"、"媒介"、"中介"、"介词"的"介"还带有"使二者联系"或"连接"的意思。古代有词语"介绝",其中的"介"表示"隔阻"义,而现代汉语普通话中则很难找到"介"表示"隔阻"义的例子了。由于"介"字在现代汉语中不再单用,由"介"构成的复音词又都没有反义同词现象,所以也就没有由此产生的歧义了。

总而言之,语言是一个符号系统,这个系统内部的各组成因素是相互联系也相互制约的,任何因素都不可能孤立地发挥交际工具的作用。哲学上的对立统一规律也好,物极必反、相反相成的道理也好,在各种具体的事物中都有其不同的表现形式,对这些规律的认识不可以绝对化。在语言中,不能说有反训或反义同词现象就符合对立统一规律,没有就不符合。而且,语言作为人类最重要的交际工具,它的交流思想的功能是靠这个符号系统内各子系统、各因素的相互作用来实现的,其具体表达手段表现得多姿多彩,既不会违背对立统一规律,又不会听任严重影响表达效果的因素存在。

※本文发表于《山东大学学报》(哲学社会科学版)2006年第4期。